RUSSISCHES REICH
A
Dnjepr
Don
PODOLIEN
KHANAT DER KRIMTATAREN
MOLDAU
JEDISAN
BUDSCHAK
Krim
Kaffa
Schwarzes Meer
Kaspisches Meer
GEORGIEN
Tiflis
KARABACH
DAGESTAN
Konstantinopel (Istanbul)
Samsun
Angora
ERTENA
ANATOLIEN
KARAMAN
Smyrna
Konia
ARMENIEN
ASERBAIDSCHAN
Täbris
KURDISTAN
KILIKIEN
Mossul
Tigris
MESOPOTAMIEN
Teheran
Kreta
Rhodos
SYRIEN
Zypern
Damaskus
Bagdad
LURISTAN
Euphrat
PERSIEN
Meer
Alexandria
Jerusalem
Kairo
ARABIEN
EL HASA
Pers. Golf
ÄGYPTEN
HEDSCHAS
Medina
Rotes Meer
Nil
Mekka
Massaua
JEMEN
Sana
Aden

PETER
SCHOLL-LATOUR

Im Fadenkreuz der Mächte

PETER
SCHOLL-LATOUR

Im Fadenkreuz der Mächte

Gespenster am Balkan

C. Bertelsmann

Umwelthinweis:
Dieses Buch und der Schutzumschlag
wurden auf chlorfrei gebleichtem Papier gedruckt.
Die Einschrumpffolie (zum Schutz vor Verschmutzung)
ist aus umweltschonender und recyclingfähiger
PE-Folie

1. Auflage

Recherchen und Bildredaktion: Cornelia Laqua
Karten: Adolf Böhm
Umschlaggestaltung: Evelyn Schick unter Verwendung
von Fotos von Dieter Bauer (Autor) und Gamma (Die Brücke von Mostar)
Satz: Uhl + Massopust, Aalen
Reproduktionen: Lorenz + Zeller, Inning a. A.
Druck und Bindung: Wiener Verlag
Printed in Austria
ISBN 3-570-12147-X

INHALT

Aus Gründen der Diskretion und vor allem der Sicherheit für die Betroffenen habe ich in seltenen Fällen die Namen meiner Gesprächspartner verändert oder abgekürzt.

Bei der Transkription von Ausdrücken aus fremden Sprachen habe ich mich an die übliche allgemeinverständliche Schreibweise gehalten.

Gewisse Wiederholungen in den verschiedenen Kapiteln sind vom Autor absichtlich beibehalten worden. Sie sind bei der komplizierten Überlagerung der Balkan-Verhältnisse unvermeidlich und für das Verständnis der Schilderung nützlich.

EINSTIMMUNG

Die Brücke über die Neretva

Mostar, Ende Juli 1994

Die »Rache Gottes« ist über Mostar hereingebrochen. Dieser Eindruck drängt sich mir auf, während ich das Ruinenfeld auf dem Ostufer der Neretva durchstreife. Die blanke Mordlust, die sich hier austobte, hat zwar aus politischem Kalkül ihr abstoßendes Antlitz vorübergehend verhüllt. Die Angst und deren widerlichste Ausgeburt, der Haß, mögen der Erschöpfung gewichen sein. »Der Tod, der erwartungsvoll zwischen den Linien gestanden hatte, verzog sich mißmutig«, so ähnlich drückte es Ernst Jünger in seinen *Stahlgewittern* aus.

Aber vorher hatte »Freund Hein« reiche Ernte eingebracht, und seit den Grabenkämpfen in Flandern hat der Horror zusätzliche Dimensionen gewonnen. Ich wandere planlos durch die zerstörten Gassen. Plötzlich kommt mir der Gedanke an die der Auslöschung geweihten Ghettos im polnischen Generalgouvernement des Zweiten Weltkrieges. Die Überlebenden von Ost-Mostar schleppen sich mit leerem Blick durch die Trümmer. Die »ethnische Säuberung«, die Zwangsvertreibung oder physische Beseitigung von fünfzigtausend Muslimen, ist den militärisch weit überlegenen Kroaten in elf Monaten Belagerung nicht gelungen. Die koranische Gemeinde hat mit dem Mut der Verzweiflung widerstanden. Aber die Altstadt von Mostar, dieses Kleinod und Symbol türkisch-mohammedanischer Balkan-Präsenz, wurde von den Granaten Stück um Stück zerfetzt. Auch die geschwungene Brücke über die Neretva, die »Stari Most«, wurde – wie jedermann weiß – zusammengeschossen. Sie war vierhundert Jahre alt, auf Geheiß des aus Bosnien stammenden Groß-Wesirs Mehmet Pascha Sokolović, eines reinblütigen Serben, gebaut worden. Manche Wunschdenker hatten sie voreilig als Zeichen endgültiger Versöhnung der verfeindeten Konfessionen im ehemaligen Jugoslawien gefeiert.

Aus gutem Grund habe ich Mostar, das mir noch in seiner orientalischen Unberührtheit aus den siebziger Jahren in Erinnerung war, ein paar Tage vor dem Einbruch des großen Medienrummels aufgesucht. Zu diesem Zeitpunkt hat der Souvenir-Händler Safa noch nicht den roten Fez – eine in Bosnien-Herzegowina völlig verschwundene Kopfbedeckung – als Attraktion für jene Journalisten aufgesetzt, die im Troß Hans Koschnicks und hochgestellter Staatsgäste als Touristenersatz herhalten mußten. Die professionellen Brückenspringer ließen sich auch nicht in das tiefgrüne Wasser der Schlucht fallen. Es waren ja keine Kamerateams zugegen, die ein Bakschisch gespendet hätten.

»Mostar ist relativ sicher, und die ›Snajperi‹, die Heckenschützen, haben ihr blutiges Treiben eingestellt«, so ist mir im kroatischen Hafen Split versichert worden. An Ort und Stelle bestätigt mir ein deutscher Sicherheitsbeamter des europäischen Voraus-Kommandos, daß allenfalls die Serben, die die kahlen Höhen im Osten behaupten, pro Tag eine oder zwei Granaten abfeuern, die irgendwo im freien Feld einschlagen. Damit bekunden sie ihre bedrohliche Nähe. Der kleine Mitarbeiterstab des nahenden Administrators ist hart an der kroatischen Frontlinie im fast unversehrten »Ero-Hotel« untergebracht. Diese Euro-Gruppe geht mit Gelassenheit und einem Schuß Galgenhumor an ihre Aufgabe heran, gute Voraussetzungen, um wirksame Arbeit zu leisten.

Der Übergang vom »katholischen« – so sagte man in Bosnien-Herzegowina, ehe das Gerede vom »Nationalitätenkonflikt« aufkam – in den muslimischen Stadtteil, ist für die Einheimischen mit Schikanen und strikter Auslese verbunden. Für uns vollzieht er sich reibungslos. Das Internationale Komitee vom Roten Kreuz in Split hat mir für meine Expedition, die bis Tuzla in Nord-Bosnien führen sollte, einen robusten Landcruiser koreanischer Fabrikation und einen erstklassigen Begleiter beigegeben. Branko besitzt zwar die kroatische Staatsangehörigkeit, aber er mag sich nicht mit den landläufigen Ressentiments in seiner zerborstenen jugoslawischen Heimat identifizieren. Sein Vater – halb Kroate, halb Serbe – hat als Offizier einer Commando-Spezialeinheit der Armee Titos gedient, und da fällt es dem Sohn schwer, in diesem bluttriefenden Sezessionskrieg vorbehaltlos für die einen oder für die anderen Stellung zu beziehen. Branko ist sechsundzwanzig Jahre alt. Er hat sein Studium abgebrochen, um als »field officer« und Konvoi-Leiter des Roten Kreuzes ein nützliches und keineswegs gefahrloses Auskommen zu finden. Er strotzt vor Kraft, ist selbstbewußt und wohlerzogen, verfügt also über eine Mischung von Eigenschaften, die extrem selten geworden ist. Seine Braut stammt aus dem bosnischen Zenica und vollendet ein Sprachstudium in Süd-Italien.

Zwei Polizisten in dunkelblauer Uniform – ein Kroate und ein Muslim – sitzen mürrisch und schweigsam am Kontrollpunkt der schwer beschädigten Tito-Brücke. In der unerträglichen Hitze – fast vierzig Grad im Schatten – kauern sie im Schatten des weitgespannten Zeltes, das den Zugang zum provisorischen Bohlengerüst versperrt. Unsere Dokumente prüfen sie kaum. Rundum lungern »Rambos« in Tarnjacken, deren unterschiedliche Armee-Zugehörigkeit nur am Ärmelschild zu erkennen ist: weiß-rotes Schachbrett-Muster für die Kroaten, blaues Lilien-Wappen für die »Muslimani«. Die Krieger hantieren mit ihren Kalaschnikows. Weder im Typus noch in der dialektalen Färbung ihres serbo-kroatischen Idioms sind sie voneinander zu unterscheiden.

Im Hintergrund hat sich ein schneeweißer Mannschaftspanzer quergestellt, ein »Armoured Personal Carrier« (APC) der Vereinten Nationen. Die spanischen Soldaten, die hier Dienst versehen, haben den glühenden Eisenkasten ihres Fahrzeugs verlassen und bewegen sich wie schwerfällige Käfer in ihren kugelsicheren Westen. Ein andalusisches Bataillon ist zur Zeit im Raum von Mostar eingesetzt. Die fast maghrebinisch wirkenden Gesichter dieser süd-spanischen »Blauhelme« passen gut zu den maurisch verwandten Trümmern der Altstadt, zu den geborstenen Nischen und Minaretts der Moscheen, die in ihrer Heimat –

nach vollendeter Rückeroberung durch die Katholischen Könige – dem christlichen Gottesdienst geweiht wurden. Wissen diese Andalusier überhaupt, daß die muslimischen Prediger des Nil-Tals und des gesamten Maschreq das Vorgehen der Vereinten Nationen in Bosnien-Herzegowina, die angebliche Komplizenschaft der Weltorganisation mit den serbischen »Tschetniks« als eine Wiederholung der christlichen Reconquista – dieses Mal auf dem Balkan –, ja als einen neuen Kreuzzug geißeln und verfluchen?

Bei den Kroaten kommt spürbares Mißtrauen auf, wenn sie Ausländern begegnen. Sie verübeln den Vereinten Nationen, daß sie ihnen die Beute von Mostar verweigerten, daß sie ihr Bestreben, ein durchgehend kroatisches Staatsgebiet von der dalmatinischen Adria-Küste bis zur nord-bosnischen Save-Niederung zu schaffen, vereitelt hätten, und wollen sich nicht eingestehen, daß die bravouröse militärische Leistung der Muslimani zu diesem Fehlschlag weit mehr beigetragen hat als die halbherzigen und hilflosen Gestikulationen der Weltorganisation.

Branko ist auf seine Landsleute aus der Herzegowina nicht gut zu sprechen. In Split, in Dubrovnik und Pula, aber auch in Zagreb steht diese katholische Vorhut im Ruf, grob und aufbrausend zu sein, zu Brutalität und Verschlagenheit zu neigen. Die Herzegowiner seien zudem unduldsame konfessionelle Fanatiker, heißt es. Vielleicht liegt das daran, daß diese Bevölkerung, im Gegensatz zu den Dalmatinern und den Bewohnern der kroatischen Kernprovinzen, fast fünfhundert Jahre der osmanischen Herrschaft ausgeliefert war und sich die Überlebensreflexe von Unterdrückten aneignete. Die Katholiken Bosnien-Herzegowinas haben allzulang der »Raya«, der »Herde« des Sultans, angehört. Sie haben nicht vergessen, daß ihre zum Islam übergetretenen Feudalherren sie besonders hart angepackt haben. Sie schäumten natürlich vor Wut, wenn der kümmerliche Radiosender, der im Ostteil von Mostar während der Kämpfe eingerichtet wurde, immer wieder ein provozierendes Volkslied abspielte, das die Muslime als die angestammte Oberschicht rühmte und die Christen – Kroaten oder Serben – als Tagelöhner und Knechte schmähte.

Die Koran-Gläubigen der Altstadt hingegen begegnen dem

Fremden mit matter, erwartungsvoller Freundlichkeit. Die Muslimani können nur davon profitieren, daß sie einer europäischen Verwaltung unterstellt sind, daß der Wiederaufbau, den sie weder physisch noch psychisch leisten könnten, in die Hände internationaler Hilfsorganisationen gelegt wird. Es sind nur ein paar Passanten, denen ich hier begegne. Das liegt weniger an der Furcht vor eventuellen Feuerüberfällen als an der Mittagsglut, die jede Bewegung lähmt. Zwischen den ausgebrannten Mauerresten haben die Parteigänger des Präsidenten Izetbegović Wimpel und Fahnen aufgezogen. Die bosnischen Lilien werden zusehends durch das neue Emblem der Muslimani verdrängt: zwei grüne Streifen mit weißem Mittelfeld und einem goldenen Halbmond im Zentrum.

Bevor ich mich auf die Suche nach der Bürgermeisterei mache, vollziehe ich den ortsüblichen, fast rituellen Gang. Gemeinsam mit Branko besteige ich die provisorische Hängebrücke aus schmalen, wippenden Brettern, jene immer wieder gefilmte »Affenschaukel«, die die Neretva anstelle des ehrwürdigen alten Türkenbaus der »Stari Most« überspannt. Die Trümmer sind auf die schwarzen Felsen der steilen Uferböschung heruntergekracht. Dort sonnen sich Jugendliche, baden im grün schäumenden Wasser. Die Übung auf der Brücke sieht risikoreicher aus, als sie ist. »Das erinnert ja an Indiana Jones«, kommentiert Branko unseren harmlosen Balance-Akt.

Ob er das Buch *Die Brücke über die Drina* kenne, frage ich meinen Begleiter. Der bosnische Autor Ivo Andrić hat dafür im Jahr 1961 den Nobelpreis für Literatur erhalten. Da hält Branko lächelnd inne. »Bei uns wird folgender Witz erzählt: Ein westlicher Ausländer ist in Bosnien herumgereist, ist zu den Serben, zu den Muslimen und zu den Kroaten gegangen und hat sich bei allen als Intimfreund Ivo Andrič' und als Bewunderer seiner schriftstellerischen Leistung vorgestellt. Dreimal, von allen drei Konfessionsgruppen, ist er daraufhin verprügelt worden.«

So weiß ich wenigstens, was mir bevorsteht, wenn ich mich an die Schilderung der Balkan-Verhältnisse heranmache. An Kritik und Widerspruch wird es nicht mangeln, zumal jede Beschreibung dieser zerrissenen, extrem widersprüchlichen Region nur sprunghaft und fragmentarisch vorgehen kann. So will ich es auch bei der bewährten Methode belassen, mich ausschließlich auf persönliche Beobachtungen zu stützen oder auf jene historischen Recherchen, deren Fundiertheit ich an Ort und Stelle überprüfen konnte. Daß dieses Buch nur ein Torso sein wird, daß es mit dem bequemen Konformismus der »political correctness« in Konflikt geraten wird, versteht sich von selbst. An der üblichen Weinerlichkeit, an der oft heuchlerischen »Betroffenheit« will ich mich nicht beteiligen. Daß sich am Ende der Lektüre eine gewisse Ratlosigkeit einstellen wird, möge man mir als Bemühung um Ehrlichkeit zugute halten.

In einem halbwegs verschonten Gebäude finde ich die muslimische Stadtverwaltung. Die Mädchen des Sekretariats sitzen zwischen den abbröckelnden Wänden des Flures vor klapprigen Schreibmaschinen. Das weibliche Personal trägt hier weite, langfallende Hemden, und die Beine sind trotz der Hitze durch enganliegende Leggins verdeckt. Mag sein, daß diese kuriose Hochsommermode ein Zugeständnis an muslimische Sittsamkeit sein soll, aber vom »islamic dress« Teherans sind diese jungen Frauen unendlich weit entfernt.

Aus dem Büro des Amtsvorstehers, der als Verwaltungspräsident bezeichnet wird, dringt eine lebhafte Diskussion. Dann öffnet sich die Tür, und ein Besucher verläßt den Raum, mit dessen Anwesenheit ich nicht im geringsten gerechnet hatte. Plötzlich stehe ich meinem alten jugoslawischen Freund Léon Davičo gegenüber. Wir kennen uns seit vierzig Jahren und schließen uns brüderlich in die Arme. Unser Gespräch dauert nur kurz. Wir verabreden uns zum Abendessen in Medjugorje. »Das sind ganz prächtige Leute hier«, sagt Léon, »man sollte sie wirklich mit allen Mitteln unterstützen.« Dann eilt er auch schon zu seiner nächsten Verabredung aufs kroatische Gegenufer.

Als ich Davičo kennenlernte, war er Bonner Korrespondent der Zeitung *Politika*. Er war als Sohn einer angesehenen jüdisch-sephardischen Familie, die ursprünglich wohl aus Sarajevo stammte, in Belgrad geboren. Der Vater hatte auf seiten Titos gekämpft und dem Marschall sehr nahegestanden. Das kam dem Sohn zugute, der vom Journalismus zu hochrangiger Tätigkeit bei der UNESCO und dann beim UN-Flüchtlingswerk überwechselte. Das letzte Mal hatte ich ihn vor etwa zehn Jahren in

Genf getroffen, als ich dort im Auftrag des *Stern* eine Foto-Ausstellung über die »Schrecken des Krieges« im ehemaligen Völkerbundpalast einweihte. Den Abend hatten wir in Léons Villa bei Thonon auf der savoyischen Seite des Sees verbracht.

Der bosnische Verwaltungschef – er ist natürlich Muslim und trägt den Namen Rusair Čišić – hat unsere freudige Begegnung beobachtet. Der sorgenvolle stämmige Mann ist des Lobes voll für die vermittelnde Aktivität Davičos. Obwohl er inzwischen achtundsechzig Jahre alt sei, bewege sich Léon als offizieller Berater des UNHCR wie ein junger Mann, ja wie ein hilfreicher Engel zwischen den verkrusteten Fronten des Bürgerkrieges. Es sei, als könne er Mauern durchschreiten. Mir fällt das französische Buch *Le passe-muraille* ein. Die Tatsache, daß Léon Davičo der mosaischen Gemeinde angehört, bewertet Čišić überaus positiv. Offenbar standen sich im Osmanischen Reich Muslime und Juden irgendwie näher als Muslime und Christen. Das mag am strikten Monotheismus dieser Konfessionen gelegen haben, die die Dreifaltigkeit weit von sich weisen. Dazu gesellten sich der gemeinsame abrahamitische Ursprung und ein Beschneidungsritual, das die unlösbare Unterwerfung unter den Willen Allahs oder Jahwes bezeugt.

Mir war bekannt, daß mein jugoslawischer Freund über hervorragende Spitzenkontakte im Ausland verfügte, daß er in der amerikanischen Politik zu Hause war, zu den Freunden Willy Brandts zählte und im inneren Kreis Mitterrands, im »cénacle«, wie man in Paris sagte, wohlgelitten war. Seit sein jugoslawisches Vaterland auf so schreckliche Weise zerborsten war, hatte er nach allen Seiten Fühler ausgestreckt und Brücken geschlagen. Er verhandelte – mit einem vagen UN-Auftrag ausgestattet – mit dem Serben Milošević und dem Kroaten Tudjman, genoß aber auch das Vertrauen des bosnisch-muslimischen Ministerpräsidenten Haris Silajdžić. Er hätte sicherlich den Vergleich weit von sich gewiesen, aber mir erschien Léon Davičo in einem ganz neuen Licht. In dieser verzweifelten Balkan-Situation bewährte er sich als eine Art »Nathan der Weise« unserer Zeit.

Rusair Čišić ist alles andere als ein muslimischer »Fundamentalist«. Wenn er sich der koranischen Gemeinschaft überhaupt zugehörig fühlt, so weil ihn die Exzesse des Krieges dahin zurückgetrieben haben. Am liebsten wäre der Hydraulik-Ingenieur nur Bosniake. Deshalb hängt keine grüne Fahne mit dem Halbmond in seinem staubigen, zerschossenen Büro, sondern lediglich das Lilien-Wappen. Das Bildnis Alija Izetbegović' blickt auf den Besucher. Der alte Muslim-Führer aus Sarajevo mit seiner Bewegung für Demokratische Aktion – SDA in der Abkürzung – ist wohl weniger laizistisch eingestellt, und die Silbe »Beg« in seinen Namen deutet auf eine hochrangige Familienzugehörigkeit im Osmanischen Reich hin.

Čišić läßt seiner Verzweiflung freien Lauf. Vielleicht werde es wirklich gelingen, die Altstadt Stück für Stück und am Ende sogar die symbolische Brücke über die Neretva wieder aufzubauen. Aber die Feindschaft und der Argwohn zwischen den Konfessionen, die würden wohl weiterbestehen. »Für mich ist das besonders tragisch, denn meine Frau ist Kroatin und Katholikin«, sagt er. »Als was soll ich jetzt meine Tochter bezeichnen? Soll ich die Brüder meiner Frau hassen?« Die übergreifende Konvivialität, die der Kommunist Tito erzwungen hatte, ist hier zerbrochen, und mit den Flüchtlingen vom Lande haben sich uralte, atavistische Gegensätze in den Ruinen des Ostufers sowie in den modernen, weitgehend intakten Zweckbauten des kroatischen Westufers eingenistet. An der totalen Verwüstung Alt-Mostars gemessen sind jene Stadtviertel Sarajevos, die aus der türkischen und österreichischen Epoche stammen, relativ glimpflich davongekommen.

»Wir sind doch nur Marionetten auf dem Balkan«, fährt der Amtsvorsteher fort; »und die auswärtigen Mächte ziehen die Fäden, an denen wir zappeln. Elf Monate Krieg haben wir erduldet, und der hat uns 1750 Tote, 7200 Verwundete, darunter 220 Krüppel auf Lebenszeit, beschert. Europa muß endlich unerbittlich gegen Tudjman und Milošević vorgehen, damit sie dem Wahnsinn Einhalt gebieten. Sonst gleiten am Ende doch noch meine harmlosen, der Religion entfremdeten Glaubensbrüder in irgendeine Form von Fanatismus ab.« Warum die Saudis und die Iraner denn nicht mit solidarischen Gesten präsent seien, frage ich den Ingenieur. »Da üben die Amerikaner doch Druck auf die UNO aus, damit diese islamischen Länder hier nicht zum Zuge kommen«, lautet die Antwort. Am Ende des Gesprächs schimmert aber auch bei Čišić, dessen Sippe seit mehr als dreihundert Jahren in Mostar ansässig ist, das eingefleischte Superioritätsgefühl der »Osmanli« durch. »Wenn sich hier der Aufbau einstellt«, so meint er, »wird Herr Koschnick sich vor allem auf die Muslime verlassen müssen. Wir sind den Kroaten in der technischen und akademischen Ausbildung weit überlegen. Warum wurde denn die schöne türkische Architektur so systematisch vernichtet? Das entsprang vermutlich einem tiefverwurzelten Minderwertigkeitskomplex der Gegenseite.«

Wir verlassen Mostar, das in einen kahlen Felskessel eingebettet ist, und erreichen nach Süden eine fruchtbare, blühende Hochebene. Branko steuert auf das Städtchen Medjugorje zu, wo ich mich mit Léon Davičo verabredet habe. In dieser Gegend um Čitluk wächst ein vorzüglicher Wein. Mit sinkender Sonne hat die Hitze etwas nachgelassen. Unser Treffpunkt, der in einem rein kroatischen Siedlungsgebiet der Herzegowina liegt, ist auf kuriose Weise weltberühmt geworden. In der Umgebung von Medjugorje hat sich vor etwa zehn Jahren eine Marien-Erscheinung ereignet, so haben ein paar exaltierte Kinder berichtet. Der Vatikan ist zu dieser Wiederholung des Fatima-Mirakels auf Distanz gegangen. Aber die kroatische Volksfrömmigkeit hat sich dieses mythischen Ereignisses, das nachträglich als mahnende Ankündigung der grausigen Heimsuchung Jugoslawiens gedeutet wurde, mit Inbrunst bemächtigt. Hunderttausende von Pilgern setzten sich in Bewegung. Auch über die Adria und sogar über den Atlantik kamen die Wundersüchtigen in Scharen angereist.

Die fragwürdige Vision der Gottesmutter wirkt bis auf den heutigen Tag fort. Sie hat ein balkanisches Lourdes hinterlassen. Es fand eine Explosion naiver Gläubigkeit statt, und auch die anstößigen Aspekte eines verzückten Marien-Kultes blieben nicht aus. Die Devotionalien-Händler kamen mit kitschigem Angebot auf ihre Kosten. Geschäftstüchtige Immobilienspekulanten zogen in Rekordzeit Hotels und Pensionen hoch. Eine riesige Kirche wuchs aus dem Boden, die nachts von Scheinwerfern angestrahlt wird. Ganz Medjugorje lebt und profitiert im Zeichen einer schneeweißen »Virgo immaculata« aus Marmor. Das Städtchen ist zu Reichtum gekommen. Die Kneipenwirte, die Pizza und Hamburger anbieten, haben sich für ihre Lokale seltsame Namen ausgedacht. Da heißen die Imbißstuben: »Bonaparte«, »Colombo« und natürlich auch »Regina coeli«. Ein Friseursalon firmiert unter der erstaunlichen Reklame: »Invictus – Bellezze italiane«.

Während ich zu der Bergkuppe aufblicke, wo ein riesiges Kruzifix die Richtung nach Montenegro weist, kommt mir der Vergleich mit dem christlichen Libanon in den Sinn. Die dortige »Taifa« der katholischen Maroniten hat ebenfalls auf der Höhe von Bkerke ein spektakuläres Heiligtum zu Ehren von »Notre Dame du Liban« errichtet, und der dortige Patriarch trägt auf seinem Meßgewand die biblische Aussage: »Gloria Libani data est ei – die Glorie des Libanon ist ihm verliehen.« Wieder einmal stellt sich eine tragische Parallelität zwischen den Wirren des Balkans und denen der Levante ein. Die alte osmanische Einheit wirkt hintergründig fort.

Im »Restoran Colombo« wird vor allem Pizza oder Čevapčiči serviert. Wir begnügen uns mit dem örtlichen Weißwein und Ziegenkäse. Am Nebentisch sitzt eine Gruppe Militärbeobachter der Vereinten Nationen: ein Kanadier, ein Spanier, ein Kenianer, ein Franzose – dem Rang nach Major oder Oberstleutnant. Offenbar kommen sie gut miteinander aus. Ich fange ein paar Gesprächsfetzen auf. Sie beklagen sich darüber, daß die kriegführenden Parteien die Bewegungsfreiheit der »UN-Observers« drastisch eingeschränkt haben. In der Krajina, jenem Teil Kroatiens, der von serbischem Militär okkupiert wird, sind kroatische Flüchtlinge – ermutigt durch die eigene Regierung – dazu übergegangen, die dort stationierten UNPROFOR-Einheiten in ihren jeweiligen Stützpunkten zu blockieren und deren Transporte lahmzulegen. Die Anwesenheit der Blauhelme zementiere doch nur den Status quo und begünstige die Annexionspolitik Belgrads, so wird in Zagreb glaubwürdig argumentiert.

Die Offiziere wenden ihre Aufmerksamkeit einer Gruppe kroatischer Frauen zu, die das Lokal betreten. Es sind durchaus stattliche Erscheinungen darunter. Aber diese Herzegowinerinnen haben bereits den mir typisch erscheinenden Balkan-Blick, eine gewissen Strenge und Intensität des Ausdrucks, der sie irgendwie als Töchter der kaukasischen Magierin Medea ausweist. Beim Verlassen Mostars sind wir an einem abgezäunten und schwerbewachten Sportgelände vorbeigekommen, wo – wie Branko mir mitteilt – die Kroaten ihre muslimischen Gefangenen einsperrten. Ganz so bestialisch wie in den ersten Jahren des Konflikts gehen die verfeindeten Gruppen offenbar nicht mehr miteinander um. Die Fälle von sadistischen Verstümmelungen und Massenvergewaltigungen sind selten geworden. Es kommt zwar noch zu brutalen Ausschreitungen und sogar Torturen, aber insgesamt hat der Horror nachgelassen. »Schlimm wird es nur«, so erklärt mein Begleiter, der dem Roten Kreuz auch als Übersetzer behilflich ist, »wenn die Häftlinge an die Frontlinie getrieben werden, um dort Stellungen auszuheben, Leichen zu bergen oder Minen zu räumen.« Da fänden sogar heimtückische Exekutionen statt.

Endlich kommt Léon Davičo auf uns zu. Er ist frisch geduscht und hat ein buntes T-Shirt angezogen. »It's hard to be a superman« steht darauf, und diese gezielte Albernheit vermindert ein wenig seinen Nimbus als Lessingscher Dramenheld. Ich schaue mir den alten Freund mit Muße an. Spurlos sind die Jahre auch an ihm nicht vorbeigegangen. Die Taille ist runder, und die leicht gekräuselten Haare rund um die kahle Schädeldecke sind grau geworden. Aber er steckt voll Dynamik, und die großen, graublauen Augen blicken forschend und überlegen. Ich stelle mit Verwunderung fest, wie fasziniert Branko auf die Aussagen Léons reagiert und wie er ihn mit Fragen überschüttet. Beide sind sich wohl einig in ihrer postumen Hochachtung für Marschall Tito, auch wenn sie dessen Geltungs- und Repräsentationsbedürfnis mit dem seltsamen Ausdruck »Kitsch« beschreiben. Für viele Jugoslawen bleibt der Partisanenführer Josip Broz ein durchaus wohlwollender Despot, der seine auseinanderstrebende Föderation mit eiserner Faust zusammenhielt, seinen Untertanen die Tore zur Welt relativ großzügig öffnete und einen für balkanische Verhältnisse beachtlichen Wohlstand förderte.

Von Davičo möchte Branko wissen, wie er sich jenen Menschen gegenüber verhalten solle, die immer noch von Vertreibung durch den einen oder anderen Kriegshaufen bedroht sind. Soll er ihnen raten, in sicheres Territorium überzuwechseln und damit die angestrebte »ethnische Säuberung« begünstigen? Léon hat eine nuancierte Replik parat: »Du solltest versuchen, sie mit allen Mitteln zum Bleiben, zum Ausharren zu bewegen, aber wenn du spürst, daß ihr Überleben bedroht ist, dann mußt du ihnen in Gottes Namen zur Flucht verhelfen.«

Drei zivile Mitarbeiter der Vereinten Nationen, zwei Engländer und ein Australier, haben Davičo erkannt und gesellen sich zu uns. Die Angelsachsen bringen sofort einen Hauch spätkolonialer Atmosphäre in diesen verlassenen Balkan-Winkel. Die Konversation springt wahllos von einem Thema zum anderen. Da werden Zweifel an der Befriedung Mostars geäußert. Die von den Amerikanern erzwungene Konföderation zwischen Kroaten und Muslimen bleibt ja extrem brüchig. Was würde auch schon die beschlossene Entmilitarisierung Mostars erbringen? Dann hätten die Räuberbanden freie Bahn, und zu Füßen der serbischen Gebirgsstellungen entstände ein strategisches Vakuum. Einig sind sich alle in der Verurteilung des Kroaten-Führers Mate Boban, der den Konflikt mit den Muslimen gesucht und dabei den Serben in die Hände gespielt hat. Ich erinnere mich sehr wohl an meine Fahrt im gepanzerten Auto quer durch die Herzegowina und Mittel-Bosnien im Oktober 1992. Auf diesen gewundenen Schlammpisten zwischen Split und Sarajevo hatten die Kroaten damals bereits versucht, die mit ihnen noch verbündeten Muslimani an die Seite zu drängen. Sie trugen ihre Selbstüberschätzung beleidigend und provozierend zur Schau.

Davičo berichtet von seinen diversen Pressekontakten. Mit dem französischen Schöngeist Bernard-Henri Lévy, der neben so manchen anderen intellektuellen Marotten nun auch die bosnische Frage entdeckt und eine politische Bewegung unter dem Motto »L'Europe commence à Sarajevo« ins Leben gerufen hat, ist er hart und beinahe handgreiflich zusammengeprallt. Hingegen lobt er die Investigations-Arbeit der renommierten amerikanischen Journalistin Flora Lewis, die – auf der Suche nach einem bosnischen »Irangate« – heimlichen amerikanischen Waffenlieferungen an die kämpfenden Muslimani unter Umgehung der offiziellen Embargo-Politik Bill Clintons nachgeht. Sie ist zu keinem schlüssigen Ergebnis gelangt, aber hat gespürt, unter welch starken Druck seiner arabischen Verbündeten Washington in dieser Frage geraten ist.

Natürlich kommt die Rede auf den Generalsekretär der Vereinten Nationen, Boutros Boutros-Ghali. Der traurig und erschlafft wirkende Ägypter wird als tragische Fehlbesetzung an der Spitze der Weltorganisation beurteilt. »Der Mann ist doch eine Figur aus dem Alexandria-Zyklus von Lawrence Durrell«, ereifert sich der Engländer Francis; »wie dessen Romanheld Nessim ist Boutros-Ghali koptischer Christ und mit einer Jüdin – bei Durrell hieß sie Justine – verheiratet. Wie soll ein solcher kosmopolitischer Außenseiter bei aller Begabung und Intelligenz in dieser Welt neuauflebender Mythen bestehen und sich zurechtfinden können?« Der Generalsekretär trägt sich übrigens ganz offiziell mit dem Gedanken, das gesamte UNPROFOR-Unternehmen in Ex-Jugoslawien einzustellen und seine 35 000 Blauhelme nach Hause zu schicken. Die Mission der Weltorganisation auf dem Balkan sieht er als gescheitert an. Vielleicht nimmt er auch nur Anstoß daran, daß der jüngste Plan zur Aufteilung Bosniens im Verhältnis 49 zu 51 Prozent unter Umgehung seiner Person von der »Internationalen Kontaktgruppe« – bestehend aus USA, Rußland, Großbritannien, Frankreich und Deutschland – ausgearbeitet worden ist und zieht sich nun beleidigt in den Schmollwinkel zurück.

Wie es um den islamischen Fundamentalismus stehe, wird diskutiert. Aber da sind sich alle ziemlich einig. Diese Form von Radikalisierung ist bei den weitgehend verwestlichten und säkularisierten Bosniaken noch eine ferne und fragwürdige Perspektive. Unlängst, so erzählt Davičo, habe sich einer der wenigen frommen Muslime bei seinem Hodscha sogar eine »Fatwa« erwirkt, die ihm erlaube, in Zeiten des Heiligen Krieges Schweinefleisch zu verzehren, damit seine kämpferische Energie nicht nachlasse. Dennoch warnt er vor leichtfertiger Verharmlosung. Ausgerechnet in der multikulturellen Hauptstadt Sarajevo gewinne der eifernde Islam an Boden, und die »Scharia«, die koranische Gesetzgebung, habe sich stillschweigend schon so weit durchgesetzt, daß Ehen zwischen muslimischen Frauen einerseits, christlichen Männern andererseits nicht mehr toleriert würden.

»Trotz aller Finsternis sehe ich Hoffnung am Horizont«, sagt der kluge jüdische Freund jetzt plötzlich sehr ernst; »diese winzigen Gebietsfetzen, die auf dem Boden des ehemaligen Jugoslawien nach staatlichem Eigenleben trachten, besitzen doch gar keine Überlebenschance, wenn sie nicht einen gemeinsamen Rahmen enger wirtschaftlicher Zusammenarbeit finden. Diese Kohäsion kann ihnen aber nur eine erweiterte Europäische Union bieten, und wenn diese ökonomische Konstruktion erst einmal steht, dann werden sich nach und nach auch die politischen, die nationalen, die konfessionellen Gegensätze abhobeln und reduzieren.«

Welches meine nächsten Reiseziele seien, werde ich gefragt. Ich nenne die bosnischen Städte Zenica und Tuzla. Letztere Ortschaft, die hart an der serbischen Frontlinie liegt, böte ein seltsames Vorbild interkommunitärer Toleranz, kommt die Runde überein, und Zenica, wo sich unlängst noch bärtige Extremisten zur »Partei Allahs« bekannten und grüne Fahnen schwenkten, sei jetzt zur Garnison des türkischen UN-Bataillons geworden. Irgendwie erinnern die Bemühungen der »Internationalen Kontaktgruppe« an die Vorbereitungen zum Berliner Kongreß des Jahres 1878, der die Neuaufteilung des Balkans auf Kosten des Osmanischen Reiches beschlossen und die Truppen des Sultans zugunsten Habsburgs aus Bosnien-Herzegowina verdrängt hatte. Die wirren Vorgänge im damaligen Südost-Europa hatten bei Bismarck eine an Ekel grenzende Abneigung, bei seinem ganz anders gearteten Zeitgenossen Karl Marx eine unverblümte Geringschätzung ausgelöst. Diese Gegend paßte wohl nicht in das jeweilige Weltbild dieser konträr veranlagten Männer.

Seitdem hat sich so vieles verändert, und so vieles ist sich gleichgeblieben. In der aktuellen Konstellation sind die USA als letzter weltweiter Hegemon berufen, im Konzert der Mächte die Führungsrolle zu übernehmen. Aber sind sie auch dazu befähigt? »Die Türken sind nach hundertsechzehn Jahren Unterbrechung auf den Balkan zurückgekehrt«, scherzt der Engländer Francis zum Abschluß. »Wollen wir hoffen, daß sie sich hier nicht wieder ein halbes Jahrtausend lang festsetzen werden.«

Türkei

Halbmond über dem Goldenen Horn

Istanbul und Ankara, im März und Juni 1994

Die zweite Eroberung Konstantinopels durch den Islam habe am 27. März 1994 stattgefunden, so entnehme ich einer türkischen Zeitung. Das ist zweifellos eine grobe Übertreibung. Der Wahlsieg, den die »fundamentalistisch« ausgerichtete Refah- oder Wohlfahrtspartei bei den Kommunalwahlen davonträgt, läßt sich in keiner Weise mit dem Siegessturm der osmanischen Heerscharen vergleichen, der unter ihrem Sultan Mehmet II. am 29. Mai 1453 der glorreichen tausendjährigen Geschichte des Byzantinischen Reiches ein Ende setzte und die ganze Christenheit in Entsetzen erstarren ließ. Dieses epochale Ereignis hat die Historiker so stark beeindruckt, daß wir heute noch das Ende des Mittelalters und den Beginn der Neuzeit auf den Untergang von Konstantinopel datieren.

Dennoch bietet sich mir ein aufregendes Schauspiel, als ich am Freitag, dem 25. März 1994 – zwei Tage vor dem Urnengang –, zufällig in die Großkundgebung der Islamisten gerate. Die Demonstration spielt sich zwischen der ehrwürdigen, von Kaiser Justinian erbauten Basilika Hagia Sophia und der in ihren Dimensionen ebenso gewaltigen Sultan-Ahmed-Moschee ab. Mindestens hunderttausend Menschen haben sich in dieser Gartenanlage versammelt. Unzählige Fahnen der Refah-Partei – weißer Halbmond mit weißer Kornähre auf rotem Grund – wehen von den wuchtigen Kuppeln und Portalen. Sie flattern in den Bäumen des Parks, auf die begeisterte Jugendliche geklettert sind.

Ganz plötzlich, so scheint es, wendet sich dieses Herzstück der Bosporus-Metropole einem ganz anderen, Allah wohlgefälligen Staatswesen zu und entfremdet sich der säkularen, auf strikte Europäisierung bedachten Republik Atatürks. Ob der Islam tatsächlich siegen wird, steht noch in den Sternen. Aber ein Kulturbruch wird hier vollzogen an der gleichen Stelle, wo am Vorabend des osmanischen Vorstoßes durch die kaum bemannten Verteidigungsmauern der Christen der letzte Kaiser des oströmischen Reiches, Konstantin Palaiologos, ein feierliches Hochamt zu Ehren der heiligen Eucharistie zelebrieren ließ. Am Tage darauf drangen die Janitscharen des Sultans – ausnahmslos geraubte Christenknaben, die zur Elitetruppe des Osmanischen Reiches gedrillt worden waren – in das Heiligtum ein und verwandelten die Hagia Sophia in ein mohammedanisches Gebetshaus.

Nach dem Ersten Weltkrieg hatte Atatürk die rigorose Trennung von Staat und Religion vollzogen. Angeblich schreckte der Gründer der modernen Türkei vor dem Frevel nicht zurück, den Propheten Mohammed als einen verlogenen, räuberischen Beduinen zu bezeichnen. Jedenfalls entzog er die Hagia Sophia dem koranischen Kult und machte ein Museum daraus. Jetzt, bei der Wahlkundgebung der Refah-Partei, fordern die Islamisten in Sprechchören, daß das Kolossalgebäude, ursprünglich der göttlichen Weisheit geweiht, wieder der Ehre Allahs dienen, daß sich dort die Gemeinde der Rechtgläubigen – wie in den fünfhundert Jahren nach dem Sieg des Halbmonds – in Richtung Mekka zum Gebet verneigen solle.

Ich bin wohl der einzige Fremde und Nicht-Muslim, der sich in diese tosende Veranstaltung hineingedrängt hat. Die Stimmen der Redner und Prediger dröhnen aus Dutzenden von Lautsprechern. Polizisten in dunkelblauen Uniformen tasten die Neuankömmlinge nach Waffen ab. Auch ich hebe die Arme, um die Untersuchung zu erleichtern. Aber der Sergeant hat mich mit sicherem Blick als Ausländer identifiziert. Er klopft mir wohlwollend auf die Schulter, ehe er mich durchwinkt. Es ist wirklich eine merkwürdige, ganz andere Türkei, die dort zusammengeströmt ist. Viele Männer tragen den Bart, mit dem die Fundamentalisten sich gern zu erkennen geben. Manche haben wallende islamische Kleidung angelegt. Auf dem Kopf tragen diese würdigen, strengen Männer den grün-weiß geschlungenen Turban. Die meisten Frauen haben zumindest ein dezentes Kopftuch angelegt, wenn sie nicht ganz verschleiert gehen. Aber ich entdecke auch junge Mädchen in Jeans, um das offene Haar ein Stirnband mit dem Emblem der Refah-Partei geknotet. Jünglinge und Knaben tragen ebenfalls rote Tuchstreifen um den Kopf geschlungen, auf dem ich in weißen Lettern das Wort »Mucahit – Kämpfer des Heiligen Krieges« entziffere.

Dennoch liegt keinerlei Aggressivität in der Luft. Es geht eher wie bei einem Volksfest zu. Hammelbraten und Getränke – natürlich alkoholfrei – werden angeboten. Die unzähligen roten Fähnchen flattern wie auf einer Kirmes. Nur die Luftballons fehlen. Von zwei älteren Türken mit Bart, die in Deutschland gearbeitet haben, werde ich erkannt und angesprochen. Ein kleiner Kreis von Neugierigen bildet sich. Bei dem kurzen Austausch geht es höflich, fast herzlich zu. Ich möge berichten, daß hier bei der Wohlfahrtspartei keine blinden Fanatiker am Werk seien, werde ich aufgefordert. Die Türkei müsse jedoch zu sich selbst zurückfinden. »Wir sind Demokraten«, wird immer wieder beteuert, »allerdings islamische Demokraten, und wir wollen Würde, Gerechtigkeit und Brüderlichkeit für all diejenigen, die in diesem korrupten, sündigen Staat in Armut und Not leben müssen.«

Ich werde zu Speise und Trank eingeladen, und plötzlich – obwohl die Umstände und politische Grundstimmung durchaus unterschiedlich sind – fühle ich mich in jene Massenkundgebung in den trostlosen Häuserschluchten von Teheran zurückversetzt, als die Anhänger des Ayatollah Khomeini – Monate vor der Rückkehr ihres »Emam« – zu Hunderttausenden für die Gründung einer islamischen Republik auf die Straße gegangen sind und ihr Leben riskiert haben. In jenen grauen Herbsttagen des Jahres 1978 hallte die kalte Gesteinsmasse der iranischen Hauptstadt von dem Ruf »Allahu akbar« und »Tod dem Schah« wider. Auch damals bin ich mitsamt meinem Kamerateam von dieser scheinbar entfesselten Volksmenge als willkommener Zeuge des revolutionären schiitischen Aufbegehrens zuvorkommend und höflich aufgenommen worden.

Gewiß ist Istanbul an diesem sonnigen Frühlingstag – fünfzehn Jahre nach dem Khomeini-Aufstand – von dem verzückten, fast hysterischen Taumel Teherans unendlich weit entfernt. Und dennoch – welche eklatanten Wandlungen haben sich in diesem Staat Kemal Paschas vollzogen, seit ich die Türkei zum ersten Mal im Sommer 1951 von West nach Ost – von Ost-Thrakien bis zum Berg Ararat – im ungefederten Autobus der Einheimischen durchreiste. Atatürk hatte fast alle Moscheen geschlossen, die Koranschulen verboten, die arabische Sprache aus dem islamischen Kult verbannt, den Frauen den Schleier heruntergerissen, den Gebetsruf des Muezzin untersagt und die Europäisierung Anatoliens durch Einführung der lateinischen Schrift und einer durch und durch westlichen, laizistischen Gesetzgebung mit eiserner Hand forciert. Wer sich in den ersten Jahren der neugegründeten Republik von Ankara darauf versteifte, eine traditionelle Kopfbedeckung – Turban oder Fez – zu tragen, wurde kurzerhand aufgehängt. Mochte sich auch manches gelockert haben, seit der große, unerbittliche »Ghazi« 1938 gestorben war, im wesentlichen blieb die Säkularisierung im Sommer 1951 unangetastet. Auf den kahlen Hochebenen Anatoliens, wo zu jener Zeit noch das Quietschen des altertümlichen Ochsenkarrens, des «Kağni«, mit den vollen, schweren Holzrädern den melancholischen Grundton abgab, hallte nirgends mehr die Stimme des Koran-Rufers.

Seit dem 27. März 1994 stellt nun die islamische Refah-Partei – durch ein Wahlsystem der relativen Mehrheit begünstigt – die Bürgermeister von Istanbul, Ankara, Erzurum, Konya und zahlreicher anderer Provinzstädte. Sogar im umkämpften Kurdistan, in der Südost-Türkei, wie es offiziell heißt, hat sie bemerkenswerte Erfolge erzielt. Noch liegt die RP – so lautet die Abkürzung – mit achtzehn Prozent der abgegebenen Stimmen an dritter Stelle. Aber bei den Parlamentswahlen des Jahres 1996, so vermuten manche Beobachter, könnte sie im Verbund mit den radikalen Nationalisten des greisen Oberst Türkeş, die in der Bundesrepublik als »Graue Wölfe« von sich reden machten, an die zweite, vielleicht sogar die erste Stelle rücken. Wie dem auch sei, es gibt ein Zeichen, das nicht trügt: In den letzten zehn Jahren sind zwanzigtausend neue islamische Gebetshäuser gebaut und ausschließlich von Spenden der Gläubigen finanziert worden. In der Hauptstadt Ankara nimmt sich das bisherige Sanktuarium der Nation, das Mausoleum Atatürks, recht bescheiden aus neben den gigantischen Ausmaßen der eben vollendeten Freitagsmoschee Kocatepe.

*

Warum ich dieses Buch über die Wirren auf dem Balkan in der türkischen Stadt Istanbul beginnen lasse? Das hat seine Berechtigung. Hier, in Konstantinopel, am Bosporus, am Goldenen Horn, hat doch alles begonnen. Keines der aktuellen Ereignisse in Bosnien, in der kroatischen Krajina, in Albanien, in Mazedonien, ja, in der abgelegenen Republik Moldova – von Griechenland ganz zu schweigen – kann ohne Bezug auf diese alles überragende Megalopolis gedeutet werden. Istanbul behauptet sich bis auf den heutigen Tag als heimliche Hauptstadt des Balkans. Hier herrschten die byzantinischen Kaiser und übten nicht nur politische Macht, sondern auch kirchlichen Einfluß aus auf all jene Griechen, Bulgaren, Serben, Walachen – wie man damals die Rumänen nannte –, die von ihren Missionaren oder Heerführern zur christlichen Orthodoxie bekehrt wurden. Die »Kiewer Rus« wurde von Byzanz im neunten Jahrhundert christianisiert und prägte das religiöse Antlitz des Heiligen Rußland. Hier, auf dem Boden einer imperialen Gründung, der Kaiser Konstantin der Große noch den Namen »nova Roma« verleihen wollte, etablierte ab 1453 Mehmet II. Fatih, der Eroberer, die Zentrale einer osmanischen Weltmacht, die zeitweilig von den Toren Wiens bis zur Südspitze Arabiens, vom Kaspischen Meer bis nach Marokko reichte. Fünfzig Jahre später legte sich Selim I. sogar den Titel des Kalifen zu, und von nun an amtierte der türkische Sultan als Befehlshaber der Gläubigen, als Allahs Schatten auf Erden.

Als im Sommer 1807 Napoleon Bonaparte und Zar Alexander I. auf einem festlich geschmückten Floß zusammentrafen, das im Flußbett der Memel verankert war, verhandelten sie über die Abgrenzung ihrer jeweiligen Herrschaftsgebiete. Der russische Monarch forderte den Besitz von Konstantinopel, und damit war das Gespräch für den französischen Kaiser gegenstandslos geworden. Am Abend versammelte Napoleon seine Marschälle und erklärte seine Absage an Alexander mit der ihm eigenen Konzision: »Constantinople, c'est la domination du monde – der Besitz Konstantinopels bedeutet Weltherrschaft.« Im Herbst 1940 feilschte Adolf Hitler mit Stalin beziehungsweise Molotow über eine vergleichbare Aufteilung der Welt in deutsche und in sowjetische Einflußzonen. Wiederum erhob die russische Seite Anspruch auf Kontrolle der türkischen Meerengen, das heißt auf den Besitz Istanbuls. Mag sein, daß die Würfel des Krieges zu jenem Zeitpunkt längst gefallen waren. Aber diese Anmaßung des Kreml mag beim »Führer« den letzten Anstoß gegeben haben, die Vorbereitung zum »Unternehmen Barbarossa« zu forcieren.

Dreihundert Jahre lang hat der gesamte Balkan unter dem »osmanischen Joch« gestanden, und die Spuren solch langer Präsenz haben sich in die Psyche dieser europäischen Landschaft tief eingegraben. Die Türken haben der großen südost-europäischen Halbinsel sogar den Namen gegeben: Balkan heißt Berg. Erst als die Macht der Pforte allmählich schrumpfte und der Sultan im neunzehnten Jahrhundert endgültig zum »kranken Mann am Bosporus« degenerierte, geriet der Balkan ins Fadenkreuz auswärtiger Mächte. Im Südosten Europas überlagern sich die unterschiedlichen Interessen und Kulturkreise. Was der Harvard-Wissenschaftler Samuel Huntington als »the clash of civilizations«, als »Zusammenprall der Kulturen« bezeichnet, vollzieht sich heute in geradezu exemplarischer Weise in dieser Gewitterecke unseres Kontinents.

Alte Vernetzungen treten dabei zutage. Wie sollte sich der Belgrader Präsident Milošević aus seiner ererbten serbischen Geschichtsvision lösen? In der Gründung eines kroatischen und eines bosnischen Staatswesens auf dem Boden des früheren Jugoslawien sieht er zwangsläufig eine Fortsetzung jener Expansionspolitik, die in seinen Augen das westliche Abendland, repräsentiert durch das Heilige Römische Reich, die Habsburger Doppelmonarchie, die Adria-Republik Venedig, konsequent betrieben hat. Das Ganze steht für ihn wohlgemerkt unter der zielstrebigen Führung des Papsttums. Im Nordosten setzen jene slawisch-orthodoxen Kräfte wieder zum Vordringen auf die Dardanellen und das heilige Konstantinopel an, die Huntington dem orthodox-byzantinischen Kulturkreis und dessen despotischer Tradition zuordnet. Als Rivalin der russischen Zaren, die nach dem Untergang von Byzanz ihr Moskowiter-Reich zum »Dritten Rom« proklamiert hatten, und als Gegenspieler der österreichischen Kaiser von Wien gesellte sich im neunzehnten Jahrhundert die britische Seemacht diesem heillosen Hegemonialstreben bei. Otto von Bismarck hingegen, der sich auf dem Berliner Kongreß beim großen Balkan-Schacher als »ehrlicher Makler« empfohlen hatte, hielt gar nichts von diesem wirren Hinterhof Europas. Die Querelen des Balkans seien ihm nicht »die Knochen eines einzigen Pommerschen Grenadiers wert«, ließ er verlauten, und von den Albanern erklärte er rundheraus, eine solche Nation gebe es gar nicht.

Erst in der heutigen Situation, derweil der Balkan wieder zum »Pulverfaß« zu werden droht und die Europäische Union durch interne Zwistigkeiten gelähmt ist, richten sich die Hoffnungen der Atlantischen Allianz auf das erlösende Eingreifen der amerikanischen Weltmacht. Doch diese Intervention läßt auf sich warten, und das bislang bewährte Bündnis droht im Raum zwischen Donau und Bosporus Schaden zu nehmen.

Niemand weiß genau, wie viele Menschen heute in Istanbul leben – elf oder fünfzehn Millionen. Wenn wir dazu die Bevölkerung der ost-thrakischen Provinz der kemalistischen Republik addieren, die im Umkreis von Edirne auf sieben Millionen Menschen geschätzt wird, kommen wir – unter Berücksichtigung des ständigen Zustroms aus Anatolien – auf knapp zwanzig Millionen türkische Staatsbürger, die in der äußersten Südostecke Europas, auf dem Boden unseres Kontinents, in einem Territorium von den Ausmaßen Belgiens zusammengedrängt sind. Das ist – mit Ausnahme Rumäniens – eine weit höhere Zahl, als irgendein anderer Balkanstaat aufzuweisen hat.

Schon bei meinen ersten Besuchen in den fünfziger Jahren bin ich der merkwürdigen, anfangs bedrückenden Faszination dieser monströsen »Polis« erlegen. Der Orient war mir damals noch wenig vertraut, und erschwerend kam wohl hinzu, daß ich bei einem dieser frühen Aufenthalte in einem drittklassigen Hotel von schwerem Tropenfieber geschüttelt wurde und in Alpträumen versank. Seitdem hat sich meine Wahrnehmung positiv verändert. Vielleicht liegt das daran, daß neben dem Moder zerfallener Imperien, der nach wie vor wie Leichengeruch auf den Stadtmauern Konstantinopels lastet, ein neuer Wind stürmischer Veränderung aufgekommen ist, daß sich eine Art Wiedergeburt im national-religiösen Gewand abzeichnet. Wenn Istanbul heute zwar nicht mehr das Zentrum, geschweige denn die Hauptstadt des Balkans ist, so rumort an dieser Stelle doch ein gewaltiges Beben, dessen Vibrationen bis nach Bosnien, Albanien und Mazedonien zu spüren sind.

Im sonnigen Frühlings- und Vorsommerlicht des Jahres 1994 erstrahlt die Stadt am Bosporus immer noch in imperialem Glanz und in barbarischer Schönheit. Das Hotel »Cirağan Seraj« hat sich in unmittelbarer Nachbarschaft der Sultanspaläste des neunzehnten Jahrhunderts eingerichtet. Die späten osmanischen Herrscher fühlten sich vom strengen Gemäuer des Topkapi wohl erdrückt und verlegten ihre neue prunkvolle Residenz unmittelbar ans Ufer der Meerenge. Ihre Architekten haben sich dabei einen neo-orientalischen Stil einfallen lassen, der mit steinernem Zierat, mit Schnörkeln und spielerischem Schnickschnack überfrachtet ist – das französische Wort »tarabiscoté« fällt einem ein –; und dennoch entstand hier eine skurrile, aber durchaus repräsentative Harmonie. Im wuchtigsten dieser Bosporus-Schlösser ist übrigens Atatürk, der dem Raki so ungehemmt zugesprochen hat, wie das seiner maßlosen Natur entsprach, an Leberzirrhose gestorben. Trotz der Verschmutzung durch den intensiven Schiffsverkehr schimmert die Wasserstraße, die hier einem mächtigen Strom gleicht, in trügerischem Blau, verfärbt sich zu purem Gold, wenn die Sonne sich senkt. Die Silhouette der alten Kaiserstadt zeichnet sich wie gestochen vom violetten Himmel ab.

Eine leichte Brise ist aufgekommen. Die berühmten Moscheen ragen aus dem Häusergewimmel von Istanbul wie Elefanten aus einer Ziegenherde. Über den Kuppen spreizen sich Cirrus-Wölkchen wie Pfauenfedern auf dem Turban des Padischah. Aus der Ferne gibt der alte osmanische Sultanssitz Topkapi sein Ursprungskonzept zu erkennen. Dieses ist kein Fürstenschloß im üblichen Sinn, sondern ein überdimensionales

Zelt- oder Jurtenlager, das in ziseliertem Marmor erstarrt wäre. Als Mehmet der Eroberer diesen Serail in Auftrag gab, hatten die Türken ihre nomadischen Ursprünge noch nicht abgestreift. Als Zentrum und Symbol ihrer Macht schufen sie sich einen einmaligen Gebäudekomplex, in dem sich wohl auch der Groß-Khan der Goldenen Horde heimisch gefühlt hätte.

In dieser grandiosen Abendstimmung kam bei mir heimliches Verständnis auf für jene Kreuzritter des Abendlandes, die im Jahr 1204 bei ihrem vierten Versuch, das Heilige Grab den Händen der Mohammedaner zu entreißen, an dieser Etappe des schier endlosen Feldzuges ihrem frommen Gelübde untreu wurden und sich der byzantinischen, damals noch christlichen Kaiserstadt bemächtigten. In den kerkerähnlichen Burgen des Abendlandes hatte sich das rauhe fränkische Kriegsvolk solch raffinierten Luxus und Reichtum, solch ausschweifendes Wohlleben sicher nicht vorstellen können. Nun fiel diese im Auftrag des Papstes operierende Truppe wie eine Meute von Brandstiftern, Plünderern und Mördern über die Stadt Konstantins her. Drei Tage lang dauerten das Gemetzel und die Verwüstung. Der französische Chronist Villehardouin berichtete, »seit Anfang der Welt ist eine vergleichbare Beute nie gemacht worden«, während ein griechischer Zeitgenosse seine fassungslose Entrüstung folgendermaßen schilderte: »Sogar die Sarazenen sind gütig und mitleidig, verglichen mit diesen Schreckensgestalten, die das Kreuz Christi auf der Schulter tragen.«

Statt ins Heilige Land weiterzuziehen, teilten die Kreuzritter die noch verbleibenden byzantinischen Reichsfetzen unter sich auf. Konstantinopel wurde vorübergehend zu einem lateinischen Imperium unter dem flandrischen Usurpator Balduin I. Den orthodoxen griechischen Glaubensbrüdern meinten die entfesselten Krieger des Okzidents nichts schuldig zu sein, hatten diese sich doch mit teuflischer Verstocktheit in ihr ketzerisches Schisma verrannt. Fünfzehn Jahre zuvor war der griechische »Basileus« noch dem wackeren Hohenstaufer Friedrich Barbarossa in den Rücken gefallen und hatte sich mit dem Ayubiden-Sultan Saladin, dem erfolgreichsten Feldherrn des Islam, auf widernatürliche Weise verbündet. Von dem Überfall der abendländischen Soldateska hat sich Byzanz nie mehr erholt.

Die lateinische Fremdherrschaft über Konstantinopel dauerte nur sechzig Jahre, aber die Brutalität und die Raffgier dieser Barbaren haben sich mit feurigen Lettern in das Gedächtnis der Griechen und ihrer orthodoxen Kirche eingebrannt. Der abgrundtiefe Haß ist bis auf den heutigen Tag erhalten geblieben. »Lieber den Turban des Sultans als die Tiara des Papstes«, hieß es von nun an beim byzantinischen Klerus.

Einen Tag vor der Eroberung Konstantinopels zelebrierte der päpstliche Legat, der die Gleichschaltung der orthodoxen Kirche im Sinne der »Union von Florenz« erzwungen hatte, das letzte feierliche Hochamt in der Hagia Sophia nach römischem Ritus. Am 29. Mai 1453, nachdem die türkischen Bombarden breite Breschen in die zyklopischen Stadtmauern geschlagen hatten, fand der letzte griechische Kaiser Konstantin Palaiologos mit dem Schwert in der Hand einen würdigen, seinem hohen Amt angemessenen Tod.

*

Der Einwand liegt nahe, daß wir uns bei der Schilderung einer aktuellen Sachlage in historischen Rückblicken verirren. Doch wer dem ökumenischen Patriarchen der orthodoxen Kirche im Istanbuler Stadtteil Phanar – die Türken schreiben »Fener« – einen Besuch abstattet, der muß sich dieser schmerzlichen Ressentiments bewußt sein. Der Phanar liegt am kontinentalen Ende des Goldenen Horns. Die Gegend wirkt armselig, und die fast ausschließlich türkische Bevölkerung – das zeigen die schwarz verschleierten Frauen und die roten Refah-Plakate – ist fest in der Hand der Islamisten. Vor ein paar Tagen sind in der Nähe der christlichen Basilika drei kleine Bomben hochgegangen. Viel Schaden haben sie nicht angerichtet, aber die Polizei – meist in Zivil – ist nun allgegenwärtig.

Der Sitz des Oberhauptes der Orthodoxie ist mir aus dem Jahr 1985 vertraut. Damals hatte ich den Dokumentarfilm *Allahs Schatten über Atatürk* vorbereitet, und dieser Titel brachte mir bei manchen Turkologen Kritik und Widerspruch ein. Heute käme niemand mehr auf den Gedanken, an einer solchen Formulierung Anstoß zu nehmen. Zu jener Zeit stand noch der greise Dimitrios I. seiner kleinen griechischen Gemeinde von Istanbul

Neuordnung des Balkans 1878

Der Balkan zwischen den beiden Weltkriegen

Schwarz verschleierte Frauen defilieren in Istanbul unter der Fahne der islamistischen »Wohlfahrtspartei«.

Bei den Kommunalwahlen im März 1994 wird die islamistische »Wohlfahrtspartei« zur stärksten politischen Formation in Istanbul und vielen anderen Städten. Das Bild zeigt den neuen Bürgermeister von Istanbul, Tayyip Erdogan, beim koranischen Gebet. Neben ihm mit weißer Kappe der Parteiführer Erbakan.

Großkundgebung der Islamisten vor der Hagia Sophia zwei Tage vor der Kommunalwahl.

Links: Die Eroberung von Konstantinopel durch die Türken im Jahr 1453 signalisiert das Ende des Mittelalters und den Beginn der Neuzeit.
Rechts: Die Janitscharen, Elitetruppe des Sultans, setzten sich aus geraubten Christenkindern zusammen, die im Zuge der »Knabenlese« zu begeisterten Kämpfern des Islam erzogen wurden.

Der ökumenische Patriarch Bartholomeios I. von Konstantinopel, Oberhaupt der orthodoxen Kirche, repräsentiert bis auf den heutigen Tag die byzantinische Tradition.

In seinem Palast von Istanbul herrschte der osmanische Sultan und Kalif über ein Imperium, das sich von Ungarn bis zum Jemen, von Marokko bis Persien erstreckte.

Mehr als dreihundert Jahre lang galten die osmanischen Streitkräfte, an ihrer Spitze die berittenen Sipahi, als unschlagbare Militärmacht.

Prinz Eugen von Savoyen, der größte Feldherr des Habsburger Reiches, brachte dem Osmanischen Reich die entscheidende Niederlage auf dem Balkan bei und eroberte 1717 die Festung Belgrad.

Kemal Pascha, genannt Atatürk, wurde nach dem Zusammenbruch des Osmanischen Reiches der Gründer der neuen türkischen Republik und richtete sie resolut auf Europa aus.

Gemeinsam mit der pakistanischen Ministerpräsidentin Benazir Bhutto besuchte die türkische Regierungschefin Tansu Çiller die leidgeprüfte Stadt Sarajevo.

und – rein nominell – auch der weltweiten orthodoxen Masse der Gläubigen vor. Dimitrios war ein müder, kränkelnder Mann, dem man eine gewisse Verzagtheit anmerkte und der dadurch Mitleid in dieser rauhen, türkisch-muslimischen Umgebung einflößte.

Dieses Mal – im Juni 1994 – finde ich eine ganz andere Stimmung im Phanar vor. Zwar verharrt auch der neue Patriarch Bartholomaios I. in ähnlicher Reglosigkeit während des Offiziums auf seinem Thron. Er trägt sogar das gleiche violette Gewand. Während sich die eucharistische Feier hinter der Ikonostase vollzieht, hält er den silbernen Bischofsstab in der einen, das segnende Kruzifix in der anderen Hand. Die Phanar-Basilika hat den Griechen zwar schon seit vierhundert Jahren als religiöses Zentrum gedient, aber verschiedene Brände und Erdbeben haben ständige Renovierungen nötig gemacht. Die dürftigen Dekorationen und die kitschigen Gemälde sind ein schwacher Abglanz einstiger byzantinischer Pracht.

An diesem Tag sind die Bänke und Chorstühle der Phanar-Basilika nicht wie sonst von ein paar alten Männlein und Weiblein spärlich besetzt. Eine dynamische Gruppe Jugendlicher macht sich dort breit. Die jungen Männer und Frauen wirken athletisch, sind sportlich gekleidet und tragen – wenn sie sich nach orthodoxer Art bekreuzigen – ein Selbstbewußtsein zur Schau, das an diesem Ort der Diaspora völlig abhanden gekommen ist. Wie ich später erfahre, handelt es sich um eine Basketball-Mannschaft aus Zypern, die in Istanbul ein Match austrägt.

Bartholomaios – das spüre ich instinktiv – ist eine starke Persönlichkeit. Sein Bart ist früh ergraut. Am Vortage hat er seinen Namenstag gefeiert, und unser Team hat die kleine Feier gefilmt. Da ist eine merkwürdige Gratulationscour zusammengekommen, deren Zusammensetzung plötzlich die alte osmanische »Millet«-Vergangenheit wiederaufleben ließ. Führende Geistliche all jener Konfessionen waren versammelt, die schon von den osmanischen Sultanen als Repräsentanten der »Familie des Buches« anerkannt wurden, weil ihre Bekenntnisse sich auf die abrahamitische Uroffenbarung zurückführen ließen. Am Sitz der griechischen Orthodoxie haben sich der Groß-Rabbiner für die mosaische Gemeinde, ein armenischer Metropolit, ein römisch-katholischer Prälat, ein lutherischer Seelsorger und sogar ein muslimischer Imam eingefunden, um der Einheit der Monotheisten zu huldigen, was gewiß gut gemeint ist, aber der desolaten Wirklichkeit konfessioneller Entfremdung leider nicht entspricht.

Die Sultane und Kalifen von Istanbul hatten die Frage der nicht-islamischen Nationalitäten – »Millet« auf türkisch – gemäß der koranischen Rechtsprechung gelöst. Christen und Juden wurden als Schutzbefohlene des Halbmonds – mit stark limitierten Rechten ausgestattet – in diversen konfessionellen Einheiten organisiert. Die relative Selbständigkeit dieser Gemeinden stützte sich auf die ausschließliche Autorität ihrer jeweiligen Patriarchen, Erzbischöfe oder Ober-Rabbiner. Diese geistlichen Hierarchen waren gegenüber dem osmanischen Herrscher mit einer begrenzten politischen Verantwortung ausgestattet. Statt der nationalen Zugehörigkeit, die heutzutage als Unterscheidungsmerkmal herhalten würde, galt damals die koranische Auffassung, wonach die konfessionelle Eigenart als einziges Kriterium ethnisch-religiöser Differenzierung zu gelten hatte. Der islamische Grundsatz der Einheit von Religion und Staat – »din wa dawla« –, anders gesagt, der prinzipielle Vorrang der Religion über die Politik, der heute programmatischer Bestandteil des »Fundamentalismus« ist, wurde durch das türkische »Millet«-System in recht geschmeidiger Form auf die christlichen Untertanen übertragen.

Der lange Gottesdienst in der Phanar-Kirche nähert sich dem Ende. Aus den liturgischen Gesängen, die hier – weit entfernt von der Wucht russischer Chöre – eher kläglich vorgetragen werden, höre ich immer wieder die Anrufung »Kyrie eleison« heraus, die mir aus der katholischen Messe vertraut ist. Die Offizianten sind in goldene, durch langes Tragen abgewetzte Gewänder gehüllt. Die Chorknaben und Sänger gehen ganz in Schwarz. Von Weihrauchschwaden eingehüllt, verläßt schließlich Bartholomaios seinen Thron, um vor der Ikonostase geweihtes Brot an die Anwesenden zu verteilen. Auch ich werde von Father Tarasios aufgefordert, an dieser sakralen Geste teilzunehmen. Diakon Tarasios, der Berater des Patriarchen für politische und publizistische Fragen, ist ein aus Texas gebürtiger Grieche. Dieser US-Bürger, der die Tracht und die hohe Haube der orthodoxen Geistlichkeit trägt, ist mir durch seine freundliche »efficiency« und seine theologische Bildung aufgefallen. Während der Patriarch mir das Brot reicht und ich mich über seine Hand beuge, lädt er mich in fehlerfreiem Deutsch zu einem Empfang für die Gäste aus Zypern ein.

Dem Typus nach hätten die jungen Männer und Frauen von der Insel der Aphrodite auch der türkischen Oberklasse angehören können. Deutliche ethnische Unterscheidungsmerkmale sind im Umkreis des Balkans ohnehin nicht mehr auszumachen. Die kleine Versammlung findet im Verwaltungsteil des Patriarchats statt. Seit meinem letzten Besuch vor neun Jahren ist der Audienzraum aufwendig restauriert und mit Goldverzierung und rotem Samt ausgestattet worden. Es fließen wohl wieder großzügige Spenden aus dem Ausland. Bartholomaios richtet eine kurze Ansprache an seine hellenischen Landsleute aus Zypern. Der Patriarch selbst, so erklärt mir Tarasios, stamme von der winzigen Insel Imbros, die nach dem Sieg Atatürks über die griechische Invasionsarmee – gemeinsam mit Tenedos – der Türkei zugeschlagen wurde.

In Anbetracht seiner strikten Abhängigkeit von den Kultusbehörden in Ankara führt der Patriarch eine ziemlich offene Sprache. Zypern, so sagt er, stehe im Mittelpunkt eines unglücklichen Konflikts. Griechen und Türken seien nun einmal durch eine tragische historische Verstrickung unlösbar miteinander verbunden. Doch die jungen Gäste, Angehörige der hellenischen Nation, dürften nie vergessen, daß hier im Phanar ein unverzichtbares Zentrum ihrer völkischen und religiösen Substanz überlebe. Ganz leise klingt in den Worten dieses weltweiten Oberhauptes der orthodoxen Glaubensgemeinschaft die wehmütige Erinnerung an jene »megali idea« durch, jene Vision der großen hellenischen Einheit, die in der Vorstellung der Nationalisten des neunzehnten und des frühen zwanzigsten Jahrhunderts von Kleinasien bis Epirus, von Mazedonien bis Zypern reichen sollte und insgeheim auf die Rückgewinnung der heiligen Mutter Konstantinopel hinzielte.

Von der »großen Idee« ist nicht viel übriggeblieben. Die einst blühenden griechischen Kolonien des östlichen Ägäis-Ufers sind ausgelöscht worden, und in Istanbul hält sich nur noch eine klägliche Diaspora von fünftausend Versprengten. Daneben behaupten sich noch siebzigtausend armenische Christen in der gesamten Türkei, vierzigtausend davon am Bosporus, Überlebende der großen Massaker und Vertreibungen des Ersten Weltkrieges, wie der Diakon mir erklärt. Die zahlreiche jüdisch-sephardische Gemeinde von Saloniki, eine unter den Osmanen überaus rührige und wohlhabende »Taifa«, ist Opfer des Holocaust und des nazistischen Wahnsinns geworden.

Der Geistliche zeigt mir ein Gemälde, das das Konzil von Chalkedon darstellt. Im Jahre 451 nach Christus haben Vertreter fast sämtlicher Kirchen darüber beraten, ob Jesus nur eine, die göttliche Natur besitze oder ob er auch Mensch sei. Die Glaubensspaltung, die sich damals vollzog, wirkt bis auf den heutigen Tag fort, da sowohl die armenischen als auch die koptisch-ägyptischen und die assyrischen Christen weiterhin am monophysitischen Dogma festhalten. Auf dem Bild hat sich der Heilige Geist in Gestalt einer Taube auf dem Präsidiumssessel niedergelassen. Gleich zur Rechten sitzt der Legat des Papstes von Rom. »Diese theologischen Differenzen schwächen sich mit der Zeit ab«, kommentiert der Amerikaner; »mit den Monophysiten, die Christus nur als Gott verehren wollen, sind wir fast einig geworden, und der einst unversöhnliche Disput mit den Katholiken, ob der Heilige Geist aus dem Vater allein oder aus Vater und Sohn – ›filioque‹ – hervorgehe, wird heute von Rom heruntergespielt. Auch über die Existenz des Fegefeuers, die wir negieren, müßte sich ein Kompromiß finden lassen. Wir Orthodoxen sind ja sogar bereit, dem Bischof von Rom eine Vorrangstellung einzuräumen, aber keine Oberhoheit, und schon gar keine dogmatische Unfehlbarkeit. Als ›primus inter pares‹, als ›Erster unter Gleichen‹, ist uns der Papst jederzeit willkommen.«

Ganz so harmlos, wie das im Phanar von Istanbul klingt, sind die interkonfessionellen Beziehungen leider nicht. Die alte Gegnerschaft, die alte Rivalität zwischen Byzanz und Rom ist nicht erloschen. Das moderne Griechenland, das sich nach außen so liberal gibt, aber in den Personalpapieren die Erwähnung der konfessionellen Zugehörigkeit neuerdings wieder eingeführt hat, lebt in engster Symbiose mit seiner orthodoxen Kirche, die sich wiederum als Träger der national-hellenischen Idee betrachtet. In den Athener Gazetten sind in den letzten Wochen seltsame Zwangsvorstellungen laut geworden. Da sprechen die Kommentatoren von neuen Kreuzzugsabsichten des Vatikans auf dem Balkan, von einem aggressiven Vorstoß der Katholiken ausgerechnet über Albanien nach Süden, von einer papistisch-muslimischen Verschwörung in Bosnien gegen die orthodoxen serbischen Brüder.

»Mit den Protestanten, vor allem den Lutheranern, haben wir es natürlich leichter«, räumt Father Tarasios ein. »Am nächsten standen uns die Anglikaner, bis die Engländer plötzlich die Frauen zur Priesterweihe zuließen, und darauf können wir uns wirklich nicht einlassen.« Beim Abschied macht er mich auf ein prächtiges Mosaik aufmerksam, das ein Schlüsselereignis der osmanischen und christlichen Balkan-Geschichte darstellt. Der Eroberer Sultan Mehmet II. – mit riesigem Turban angetan – überreicht auf dieser Darstellung dem griechischen Patriarchen, Georg Gennadios, einen »Firman«, einen Duldungserlaß mit unabsehbaren Folgen. Gennadios, genannt Scholarios, war zur Zeit des letzten byzantinischen Kaisers der fanatische Gegner einer jeden Einigung, eines jeden Kompromisses mit Rom gewesen. Er hatte sich eindeutig zugunsten der osmanischen Mohammedaner und gegen die anmaßenden lateinischen Glaubensbrüder entschieden. Mehmet II., ein kluger und weitsichtiger Staatsmann, erkannte diese Chance. Unmittelbar nach der Eroberung Konstantinopels berief er Gennadios zum Patriarchen der gesamten griechischen Orthodoxie und dehnte dessen geistliche Autorität auf einen großen Teil des Balkans aus. In diesem verhängnisvollen Jahr 1453 wurde ein heimlicher Pakt geschmiedet zwischen dem türkischen Souverän und dem byzantinischen Oberhirten. Der hellenische Klerus erklärte sich bereit, die osmanische Herrschaft zu akzeptieren, ja ihr stellenweise den Weg bei den christlichen Balkanvölkern unter der Bedingung zu ebnen, daß die Bischöfe und Metropoliten dieser Region der strikten Oberhoheit des Patriarchen von Konstantinopel unterstellt würden.

So geschah es im Laufe der Jahrhunderte immer wieder, daß

die Sultane und Kalifen in die konfessionellen Zwistigkeiten ihrer christlichen Untertanen, »Raya« oder »Herde« genannt, eingriffen. Sie setzten aufmüpfige Patriarchatsanwärter ab und unterdrückten lokale Entwicklungen zur Autokephalie, das heißt zur kirchlichen Selbständigkeit, etwa bei Bulgaren oder Serben. Andererseits verlangten die Türken der byzantinischen Geistlichkeit, die sich nach den fetten Pfründen der Balkan-Episkopate drängte, hohe Bestechungsgelder ab. Kurzum, im Schatten des osmanischen Turbans spielte sich ein erbarmungsloser balkanischer Investiturstreit ab. Dessen Nutznießer, heimliche Kollaborateure der Pforte, waren stets die Hellenen.

Diese Praxis hat sich bis in die Neuzeit fortgesetzt. Die Donau-Fürstentümer Moldau und Walachei im heutigen Rumänien, die sich als Vasallenstaaten des Sultans recht wacker außerhalb des eigentlichen islamischen Herrschaftsbereichs, des »dar-ul-Islam«, behauptet hatten, wurden noch zwischen 1711 und 1821 der Verwaltung und Ausbeutung sogenannter Hospodare oder Hegemonen ausgeliefert, die der Padischah fast ausschließlich unter den reichen griechischen Familien Istanbuls, unter den sogenannten Phanarioten, gegen klingende Münze aussuchte. Erst die Wiedergeburt der griechischen Nationalidee im Zeichen der »Hetairia« sollte dieser schändlichen Praxis ein Ende setzen.

Die zypriotischen Basketballspieler, die an diesem Juni-Sonntag 1994 den Segen des Patriarchen von Konstantinopel mit panhellenischer Ergriffenheit entgegennehmen, fühlen sich in ihrer Heimat durch die türkische Truppenpräsenz im Nordteil der Insel existentiell bedroht. Sie haben wohl das Wissen um die Vorgänge des Jahres 1570 aus ihrem Gedächtnis verdrängt. Ihre Vorfahren hatten zu jener Zeit die Vertreibung der venezianischen, das heißt katholischen Besatzer und Unterdrücker wie ein Volksfest gefeiert. Sie begrüßten – im Gefolge ihrer Popen und der heiligen Ikone – die erobernden Türken wie Befreier. Wenn sich heute der griechische Regierungschef Andreas Papandreou als Enfant terrible der Europäischen Union aufführt, dann regt sich wohl bei ihm eine tief schlummernde Abneigung gegen das Abendland. Zur gleichen Zeit strapazieren die beiden NATO-»Verbündeten« Athen und Ankara den Zusammenhalt der atlantischen Allianz und liefern sich – wo immer sie können – militärische Provokationen.

Wir werden noch mehrfach auf die These des Amerikaners Samuel Huntington zurückkommen, der die kulturelle Gemeinsamkeit der orthodoxen Christenheit auf dem Balkan und in Rußland hervorhebt und auf das byzantinische Erbgut quasitheokratischer Tyrannis verweist. Zu erwähnen sei eine andere Parallelität. So wie die griechischen Kleriker sich unter der Osmanen-Herrschaft zu ergebener Kooperation – als Gegenleistung für großzügige Privilegien – bereit fanden, so hat sich auch die prawo-slawische Kirche Rußlands mit dem Tataren-Joch arrangiert und zeitweise eine generöse Begünstigung durch den Groß-Khan der Goldenen Horde genossen. Der russische Nationalheld, der heilige Alexander Newski, hatte einen erfolgreichen Abwehrkampf gegen vordringende Ritter des Deutschen Ordens geführt, die als waffenklirrende Missionare des Papstes gen Osten ritten. Den tatarischen, den mohammedanischen Unterdrückern seiner ost-slawischen Heimat hingegen stand Alexander Newski als gefügiger Vasall, ja als Tribut-Eintreiber zur Verfügung. Der »Zusammenprall der Kulturen« legt ungeahnte Facetten bloß.

*

»Nehmen Sie sich in acht«, warnte unser Fahrer Suleiman, »die Leute hier sind Fanatiker. Das sind Irre. Wenn Sie hier filmen, müssen Sie mit tätlichen Angriffen rechnen.« Wir haben unseren Minibus im Fatih-Viertel von Istanbul geparkt, das als Hochburg der Fundamentalisten gilt. Hier ist es für niemanden ratsam, in der Öffentlichkeit Alkohol zu trinken, allzu legere Kleidung zu tragen oder während der Fastenzeit Ramadan auf der Straße zu rauchen. Die Mehrzahl der Frauen geht verschleiert, mehrere haben jenen schwarzen Tschador übergezogen, den man in Algerien »Kohlensack« nennt. Ich forderte unseren polnischen Kameramann Piotr auf, die Girlanden mit Werbefähnchen der Refah-Partei zu filmen. »Tamam Inşallah« steht darauf: »Jawohl, so Gott will!«

Riesige Poster stellen zwei führende Persönlichkeiten der islamistischen Wiedergeburt dar. Natürlich nimmt der Parteivorsitzende Necmettin Erbakan den Ehrenplatz ein. Der Mann sieht ganz und gar nicht furchterregend aus. Er wirkt sogar väterlich und gütig, wenn man ihn mit den krampfhaft grinsenden Ganoven-Visagen mancher anderer Politiker auf den Plakaten der säkularen Parteien vergleicht. Nein, Erbakan, tritt seinen Anhängern wie ein wohlwollender, stets lächelnder »Baba« entgegen. Dieser Vatergestalt mag man weder Fanatismus noch Gewalttätigkeit zutrauen. Als Anwalt versteht er sich prächtig darauf, sein Programm so zu formulieren, daß er auf keinen flagranten Widerspruch zur kemalistischen Staatsdoktrin festgenagelt werden kann. Nur einmal hat er sich zu einer drohenden Äußerung hinreißen lassen: Der islamische Staat werde kommen, nur sei nicht sicher, ob dieser Durchbruch mit Schweiß oder mit Blut errungen werden müsse. Seine Gegner werfen dem Refah-Führer vor, daß er sich in letzter Zeit wie ein Pascha aufführe, sich in einer riesigen Staatskarosse chauffieren lasse, die – völlig ordnungswidrig – statt eines Nummernschildes den Namen »Erbakan« trägt. Unser Fahrer Suleiman, der das Innere seines Minibusses zum Beweis seiner kemalistischen Gesinnungstreue mit einem Dutzend Bilder des Staatsgründers Atatürk tapeziert hat, blickt wütend um sich. »Erbakan ist ein gefährlicher Fuchs«, brummt er.

Natürlich besitzt der neue islamistische Bürgermeister von Istanbul, der Betriebswirt Recep Tayyip Erdogan, seinen Ehrenplatz in der Bildergalerie der Parteigrößen. Auch dieser jung und energisch wirkende Mann mit dem modischen Schnurrbart flößt Vertrauen ein. Er ist Zögling jener muslimischen Imam-Hatip-Schulen, die – von den Epigonen Atatürks geduldet – immer mehr Zöglinge bis zum Hochschulstudium im Sinne der koranischen Lehre ausbilden. Der Erfolg dieser religiösen Institution läßt sich an der Zahl von vierhunderttausend Absolventen messen, die sie jedes Jahr in der gesamten Türkei ausbildet. Die türkische Armee, Wächterin der säkularen Republik, hat verfügt, daß kein Imam-Hatip-Schüler Offizier werden darf.

Erdogan ist auf fünf Jahre gewählt, und es ficht ihn gar nicht an, daß er »nur« fünfundzwanzig Prozent der Stimmen erhalten hat. »Nach unserem Wahlrecht ist das in Ordnung«, läßt er verlauten. »Bei uns geht es zu wie beim sportlichen Wettbewerb:

Der Beste, der Schnellste im Wettlauf ist Sieger.« Der Popularität des neuen Bürgermeisters kommt zugute, daß er sich als Fußballer hervorgetan hat. Tayyip Erdogan machte weltweit von sich reden, als er den Modeschöpfer Pierre Cardin einlud, eine gefällige Variante des Tschadors für die frommen türkischen Frauen zu entwerfen. Im übrigen will er die Bordelle Istanbuls schließen und streng über die Sittlichkeit wachen. So könnte demnächst eine Geschlechtertrennung in den überfüllten Autobussen verfügt werden, wie das bereits in der anatolischen Hochburg der RP, in Konya, der Fall ist. Die westlichen Kritiker sollten berücksichtigen, daß auch die orthodoxen Juden Jerusalems eine ähnliche sexuelle Segregation in ihren öffentlichen Verkehrsmitteln befürworten. Am Taksim-Platz will Erdogan ein großes islamisches Kulturzentrum errichten lassen. Ansonsten zielen seine Ambitionen und Bemühungen vorrangig auf die Verbesserung der sozialen Fürsorge, der schulischen Bildung, der Bekämpfung der Kriminalität, insbesondere des Drogenhandels.

Das Parteibüro der Refah-Partei von Fatih ist geöffnet. Ich betrete das Lokal und murmele dabei einen frommen koranischen Spruch, was mir sofort das Wohlwollen der beiden anwesenden Funktionäre einbringt. Ein muskulöser Hüne mit schwarzem Vollbart bietet mir Kaffee an, und sein Kollege, ein halbgelähmter Jüngling, überschlägt sich vor Freundlichkeit. Bei dieser Gelegenheit stelle ich wieder einmal fest, welches freundliche Mitgefühl die körperlich und geistig Behinderten in der islamischen Gesellschaft genießen. Mit der Verständigung hapert es, und Suleiman, der als Dolmetscher hätte helfen können, weigert sich, die Sicherheit seines Automobils zu verlassen. So winkt der Bärtige einen greisen Imam herbei, der – in Turban und Kaftan gehüllt – würdevoll die Straße überquert. Der Hodscha ist des Hoch-Arabischen kundig, und so entspinnt sich mit ein paar Schwierigkeiten ein Meinungsaustausch in der Sprache des Propheten.

Was ich denn im Viertel Fatih suche, fragt der Alte, wobei mir einfällt, daß er nicht viel mehr Jahre zählen dürfte als ich selbst. Ich erläutere, daß ich mich für das Erwachen, die »Nahda«, des Islam in der Türkei interessiere und die koranische Religion mit viel Fleiß studiert hätte. »Wenn du dich im Islam auskennst«, verwundert sich der Imam, »warum bist du dann nicht Muslim geworden? Du müßtest doch wissen, daß wir im einzigen Besitz der Wahrheit sind!« Ich suche mühsam nach Erklärungen. Da fordert der Imam gebieterisch: »Du kennst doch die Schahada, das islamische Glaubensbekenntnis; dann rezitiere sie doch einmal!«

Dem bin ich gewachsen, und ich hole zu der sakralen Formel aus: »Aschhadu anna la illaha illa Allah – ich bekenne, daß es außer Gott keinen Gott gibt und daß Mohammed sein Prophet ist.« Der Alte ist hellauf entzückt. »Weißt du, daß du mit dem Aufsagen der Schahada automatisch ein Muslim geworden bist?« Er schließt mich in die Arme. »El hamdulillah!« ruft er, »jetzt bist du einer von uns, und der Weg zum Paradies steht dir offen.«

Die Ernüchterung folgt am nächsten Tag. Da lese ich in der Zeitung, daß am Rande des Bazars ein kleiner Sprengsatz in der Frauen-Toilette explodiert ist und daß zwei ausländische Frauen ernsthaft verletzt worden seien. Es handelt sich angeblich um russische Prostituierte, wie sie neuerdings in den Rotlicht-Vierteln von Istanbul häufig anzutreffen sind. Die Täterinnen sind fromme Musliminnen, die in aller Deutlichkeit verkünden, für öffentliche Sünderinnen, für solch verdorbenes Pack aus dem Ausland, sei in der Türkei kein Platz mehr.

Der andere Vorfall berührt mich persönlich. Ich habe das Fernsehteam – mit einer schriftlichen Genehmigung der religiösen Behörden ausgestattet – zur Aufnahme des Freitagsgebets in die Fatih-Moschee entsandt. Piotr und seine Gefährten kommen nervös und unverrichteter Dinge zurück. Bärbeißige Moscheewächter hätten sie an der Dreharbeit gehindert. Unter den Gläubigen drohe beim Anblick dieser indiskreten Einmischung durch Christen Unruhe auszubrechen. Es müsse mit tätlichen Angriffen von seiten eifernder Beter gerechnet werden. Da sind die strengen Mullahs von Teheran, die mir das Filmen ihrer religiösen Feiern stets bereitwillig erlaubt haben, doch sehr viel duldsamer und klüger gewesen als die frischgebackenen türkischen Islamisten.

*

Eva kommt von einem Stadtbummel zurück. Sie ist beeindruckt vom friedlichen Gedränge am Ufer des Bosporus, hat die Geselligkeit in den zahllosen kleinen Imbißstuben beobachtet und auf dem Trödelmarkt Stickwaren aus Usbekistan, der türkischen Schwesterrepublik in Zentralasien, für geringes Geld erworben. »Von einem Durchbruch des Fundamentalismus kann doch hier nicht die Rede sein«, meint sie, »achte darauf, daß du nicht einer pauschalen Vereinfachung erliegst und einer Marotte nachgehst.«

Am Abend sitzen wir neben einer von Menschen wimmelnden Anlegestelle, wo die Fährschiffe zum asiatischen Ufer übersetzen, in einem erstklassigen und dennoch bescheidenen Fischrestaurant. Da fällt der Blick nicht nur auf die nahe Moschee und einige prächtige osmanische Häuser in der orientalisch verzauberten Abendstimmung. Eva überrascht sich dabei, im Gewühl die Frauen zu zählen, die unter mehr oder weniger kompletter Verschleierung einhergehen, und dieser Anteil ist erstaunlich hoch.

In die Prachtkulisse des »Cirağan-Palace« zurückgekehrt, bietet sich uns ein ganz anderes Schauspiel. Dort findet fast jeden Abend, auf der großen Terrasse über der Meerenge, irgendeine Gala-Veranstaltung der »High Society« statt.

Ob es sich um eine extrem aufwendige Hochzeit, um das Treffen der früheren Alumni einer exklusiven Erziehungsanstalt oder auch nur um die protzige Erfolgsbilanz eines reichen »businessman« handelt, hier wird ein Reichtum, eine Libertinage vorgeführt, die jeden islamischen Revolutionär in Rage versetzen müssen. Die Männer tragen natürlich Smoking, die Abendtoiletten der Frauen zeichnen sich durch extrem kurze Röcke und kühne Dekolletés aus. Die großzügig dargebotenen femininen Reize zielen eindeutig darauf hin, männliche Begierde zu wecken. Neben teuren Speisen werden Champagner und Whisky serviert. Man gibt sich bei den feinen Leuten so, wie man das in amerikanischen Fernsehserien gesehen hat. Nicht mehr eine Kopie der immer noch etwas steifen »bonne société« Europas wird hier vorgeführt, sondern ein Plagiat von *Denver Clan* und *Dallas*.

Ich muß an den mürrischen Studenten denken, mit dem ich bei

einem ähnlichen Empfang in Ankara ein paar Worte gewechselt habe. »Wenn ich diese Verschwendung, diese Exhibition üppigsten Wohlstandes sehe«, so hat er gemurmelt, »dann fällt mir ein, daß bei uns ein armer Kerl, der ein Brot stiehlt, ins Gefängnis kommt, daß aber die Schieber, die Betrüger, die auf Kosten der kleinen Leute riesige Gewinne scheffeln, frei ausgehen und hoch geehrt werden. Ich zittere vor Wut, wenn ich mir das vorstelle.«

Der junge Mann war in seiner Empörung nicht zu bremsen. In den sozialen Mißständen seines Landes sah er die eigentliche Brutstätte der allmählichen islamischen Rückwendung. Nicht so sehr die reine koranische Lehre, sondern die Bevölkerungsexplosion, gepaart mit anarchischer Landflucht und der Verzweiflungsstimmung bei den überwiegend jugendlichen Massen schaffe die Voraussetzungen für die fundamentalistische Radikalisierung. Ich versuchte ihn zu mäßigen, verwies aus eigener Erfahrung darauf, daß die Mißstände in Persien vor der Khomeini-Revolution viel himmelschreiender gewesen seien. Aber irgendwie erinnerte mich das anmaßende Auftreten der Neureichen dennoch an jene rauschenden Feste von Teheran, die die iranische Oberschicht im Sommer 1978 feierte, während sich in den Elendsvierteln des Südens bereits die Rache Allahs ankündigte.

Nun gehört auch Tansu Çiller, die türkische Regierungschefin und Führerin der Partei des Rechten Weges, einer extrem begüterten und gebildeten Elite an. Sie ist eine durchaus attraktive Frau, die mit ihrem dunkelblond gefärbten Haar, ihren angenehm rundlichen Formen und dem immer noch kindlich wirkenden Mädchengesicht dem Schönheitsideal der türkischen Männer entspricht. Bei den Auftritten während ihres jüngsten Wahlkampfes konnte man sich keinen krasseren Gegensatz vorstellen. Auf der einen Seite drängte sich die Masse düster blikkender und bäuerlich dumpfer Männer auf dem Hauptplatz irgendeiner Provinzstadt – die überwiegend verschleierten Frauen waren wie in der Moschee in eine separate Ecke verwiesen –, und auf dem Balkon der Bürgermeisterei hielt die Ministerpräsidentin, heiter und sympathisch, ihre frei gehaltene, improvisierte Rede. Dabei schritt sie mit wiegenden, fast tänzerischen Bewegungen auf und ab – das Mikrophon wie eine Night-

Club-Sängerin direkt an die vollen Lippen gepreßt. Sie war dezent ganz in Weiß gekleidet. Der Kragen ging bis zum Kinn, und unter dem langen Rock kamen Lederstiefel zum Vorschein. Sie übte dabei eine seltsame Ausstrahlung auf diese maskuline Versammlung zu ihren Füßen aus. Es entstand eine Art Faszination, die man nur als erotisch bezeichnen konnte.

Als ich Professor Ö., Ordinarius für Politische Wissenschaften in Ankara, auf dieses Phänomen anspreche, zuckt dieser an westlichen Akademien geschulte Mann geringschätzig die Schultern. Professor Ö. ist ein entfernter Verwandter der ehemaligen Sultansfamilie, drückt sich in gewähltem Französisch aus, verhält sich als Grandseigneur halb burschikos, halb distanziert und untermalt jede seiner bissigen Äußerungen mit sardonischem Gelächter.

»Madame Çiller ist trotz ihrer hohen Diplome für Volkswirtschaft, die sie im Ausland erwarb, eine törichte Emanze«, spottet er. »Überbewerten Sie die Tatsache nicht, daß eine Frau sich an der Regierungsspitze eines mehr und mehr islamischen Staates behauptet. Schon das Osmanische Reich hat eine Phase der ›Weiberherrschaft‹ gekannt, wenn der Padischah debil oder total regierungsunfähig war. Die Thronfolger wurden ja fern aller Wirklichkeit im Serail wie in einem Käfig aufgezogen. Durch die Intrigen des Harems, der Eunuchen oder der Sultansmutter waren sie von Kindheit an oft geistig verkrüppelt. Ich will unseren Staatspräsidenten Demirel nicht in deren Nachfolge einreihen, aber seine listenreiche Lethargie unterscheidet ihn nicht sonderlich von den letzten osmanischen Herrschern, auch wenn das Volk ihn bislang vergöttert. Der letzte große Staatsmann, den wir hatten, hieß Turgut Özal. Sie werden mir antworten« – das Gespräch findet unmittelbar nach den Kommunalwahlen statt –, »daß Tansu Çiller und ihre Partei sich allen pessimistischen Prognosen zum Trotz, unbeachtet der Wirtschafts- und Finanzmisere, in der wir leben, es geschafft hat, ein Viertel der Wähler hinter sich zu scharen. Das hat seinen besonderen Grund: Die Ministerpräsidentin gilt als ergebenes Werkzeug der Armeeführung, zumindest ist sie total auf die Linie des derzeitigen Generalstabschefs eingeschworen. Der relative Erfolg der Partei des Rechten Weges gilt vor allem der harten Repressionspolitik, die diese Frau gegenüber der Kurden-Revolte vertritt. Jede Stimme für Çiller sei eine Kugel gegen die PKK, die marxistische Aufstandsbewegung der Kurden, hat sie verkündet, und das Versprechen ist honoriert worden.«

Das unvermeidliche Thema des Partisanenkrieges in der Südost-Türkei tut Professor Ö. mit einer Handbewegung ab. Die Kurden sind für ihn »arische Barbaren«, die der semitischen Hochkultur der assyrischen Christen mit Mord und Totschlag den Garaus gemacht hätten. O ja, er trete dezidiert für den kemalistischen Staat ein; desto deutlicher spüre er die Anziehungskraft des Islam. Das sei eine Religion für Senioren. Die gymnastischen Übungen des regelmäßigen Gebets, die damit verbundene Konzentration auf das Jenseits, die heilsame Abmagerungskur der Fastenzeit und vor allem die Möglichkeit, auf den Bänken im Moschee-Hof mit Altersgenossen über Gott und die Welt zu plauschen, das sei ein würdiger Lebensstil »pour le quatrième âge«.

Im Stadtviertel »Neu-Bosnien«

Wer die wirklichen Gegenkräfte kennenlernen will, die sich der Machtergreifung der Islamisten in den Weg stellen und sie eventuell zu blockieren vermögen, der muß die Kasernen der türkischen Streitkräfte aufsuchen. Hier herrscht noch der streng laizistische Kurs Kemal Paschas. In der Türkei ist die Armee weiterhin die Schule der Nation, und ein junger Mann gilt nichts in seinem Dorf, ist kaum heiratsfähig, ehe er nicht seinen Wehrdienst abgeleistet hat.

In der west-anatolischen Stadt Bursa, der ersten Kapitale der Osmanen, habe ich wie vor neun Jahren die Ausbildung der Kadetten inspiziert. Die Härte des Drills, die eiserne Disziplin sind nicht gelockert worden. Bei Dienstvergehen wird in der Truppe noch die Prügelstrafe praktiziert, und es geschieht, daß ein erzürnter Oberst einen Subaltern-Offizier öffentlich ohrfeigt, wenn er mit dessen Leistung nicht zufrieden ist. Der alte, todesmutige Kampfgeist der Janitscharen soll bei den Offiziersanwärtern gezüchtet werden, und die Armee – wie einst die

Elitetruppen des Sultans – bildet eine streng abgesonderte Kaste mit manchen Privilegien und mit erdrückenden Pflichten.

Zwischen diesen beiden Formationen besteht jedoch ein fundamentaler Unterschied. Die Janitscharen waren verschleppte Christenkinder, die als Prätorianer-Garde des erobernden Islam erzogen und ihrer ursprünglichen Persönlichkeit beraubt waren. Sie hatten keine familiären Bindungen, keinen organischen Bezug zum osmanischen Milieu. Bis zur Epoche ihrer fortschreitenden Verwilderung bildeten die Janitscharen eine absolut auf den Sultan eingeschworene Verfügungstruppe. Die Offiziere und Kadetten der kemalistischen Streitkräfte hingegen, auch wenn sie heute noch in klösterlicher Zucht von ihrer Umwelt abgeschirmt werden, entstammen der türkischen Bevölkerung, sind meist Söhne von Kleinbürgern oder auch Bauern, die zwar durch eine eiserne Auslese gegangen sind, aber ihre Familien- und Sippenbande nie ganz abbrechen. Wenn wirklich die Nation vom islamischen Erneuerungswillen in ihrer Mehrheit erfaßt würde, wären sie auf Dauer dagegen nicht immunisiert, könnten sie sogar der Versuchung erliegen, sich an die Spitze einer unaufhaltsamen Entwicklung zu stellen, um sie notfalls zu kanalisieren.

Der endlose Kurdenkonflikt, die Unfähigkeit des trägen Präsidenten Demirel, den bosnischen Muslimani, den ehemals treuesten Gefolgsleuten des Osmanischen Reiches auf dem Balkan, oder den aserbeidschanischen Brüdern im Kaukasus wirksam zur Seite zu stehen, müssen langfristig wie ein Ferment der Empörung und der Auflösung auf das Offizierskorps einwirken. Hier zeichnet sich in dieser nach außen fest geschlossenen Phalanx eine Bruchstelle ab. Noch brüllen die türkischen Grenzposten bei jeder Wachablösung in Richtung des Nachbarn, des potentiellen Feindeslandes, jene Parole, die ihnen Atatürk aufgegeben hat: »Welch ein Glück für mich, ein Türke zu sein!«

Das türkische Oberkommando ist für seine Verschwiegenheit bekannt. Von Public-Relations-Arbeit hält es nicht viel. Daß ich im Verteidigungsministerium ein Gespräch mit einem hohen Offizier, Korpsgeneral der Luftwaffe, führen kann, wird als Privileg gewertet. General Oktay Karasoy hat einen Lehrgang in den USA absolviert und dort vielleicht eine größere Mitteilsamkeit erlernt. Im Generalstab ist er für Planung und Grundsatzfragen zuständig. Der Mann sieht gut aus und tritt sehr gelassen auf. Er erinnert an ein Grundprinzip des Kemalismus: »Friede nach innen, Friede nach außen.« Eine militärische Intervention, so heißt es offiziell, ob auf dem Balkan oder im Kaukasus, werde Ankara nur im Rahmen einer internationalen Aktion unternehmen, egal ob diese von den Vereinten Nationen, der NATO oder von der Konferenz für Sicherheit und Zusammenarbeit in Europa ausgehe. Die Türkei empfinde es als tiefe Genugtuung, daß die UNO trotz des vehementen Widerspruchs der Serben, der Griechen und der Bulgaren dem Einsatz eines türkischen Truppenkontingents in Bosnien endlich zugestimmt habe.

Mit knappen Worten geht der General auf die Situation im Südosten, in Kurdistan, ein. Rein militärisch sei dieser Konflikt wohl nicht beizulegen. Aber die politischen Forderungen gewisser kurdischer Politiker, vor allem der »Terroristen« der PKK, zielten ja gar nicht auf eine kulturelle Autonomie hin, wie in den USA und in Europa häufig behauptet werde, sondern auf volle staatliche Unabhängigkeit. Das sei für die Türkei total indiskutabel. Schließlich lebten die Kurden über die ganze Republik verstreut, seien mit zwei Millionen in Istanbul, mit mehr als einer Million in Ankara präsent und würden ein Schwergewicht ihres Siedlungsgebiets neuerdings in die Gegend von Adana ans Mittelmeer verlagern.

Ich verzichte auf Manöverkritik. Die allzu starke Disziplin der türkischen Einheiten, der Kadaver-Gehorsam der Troupiers lähmen natürlich jede individuelle Entscheidung, jede spontane Initiative, wie sie gerade bei der Partisanenbekämpfung unentbehrlich sind. Türkische Journalisten – durchaus keine Regimegegner – haben mir über die Vernichtung von neunhundert kurdischen Dörfern in den vergangenen Monaten berichtet. Aber das Oberkommando würde nie zugeben, daß es sich in eine Sackgasse verrannt hat. Nicht nur der Zusammenhalt, sondern das Überleben der kemalistischen Republik steht hier auf dem Spiel.

Bei Gesprächen im Außen- und im Informationsministerium, die weniger lakonisch verliefen, hatte ich zur Kurdenfrage eine neue, mit dem klassischen Kemalismus schwer vereinbare These vernommen. Während Atatürk die zum Nationalismus bekehrte Türkei noch als einen »rocher de bronze« definierte, ein in sich geschlossenes Volk aus einem Guß, dessen Ursprünge auf die kriegerischen Hethiter des frühen Altertums zurückgingen, bekannte man sich neuerdings zur extremen ethnischen Vielfalt.

»Betrachten Sie doch unsere Familien«, wurde mir immer wieder gesagt; »unsere Großväter und Großmütter sind zu einem wesentlichen Teil aus dem Balkan, aus dem Kaukasus, aus der Krim nach Anatolien eingewandert oder geflüchtet – in dem Maße, wie das Osmanische Reich an allen Ecken abbröckelte. Wir haben errechnet, daß mindestens zehn Prozent der anatolischen Bevölkerung balkanischen Ursprungs sind. Etwa drei Millionen Nachfahren geflüchteter Bosnier leben bei uns, und daneben gibt es Krim-Tataren, Lazen, Tscherkessen, Albaner, Baschkiren und viele andere. Kemal Pascha selbst wurde in Saloniki geboren, und fast unsere ganze Oberschicht stammt aus diesen verlorenen Paschaliks des früheren ›Rumelien‹. Im Laufe der Geschichte haben Hethiter, Griechen, keltische Galater, Römer, Byzantiner, Araber, Mongolen und natürlich Seldschuken und Osmanen in unserem Land Fuß gefaßt und ihre Charakterzüge vererbt. Warum beanspruchen da ausgerechnet die Kurden eine Sonderstellung, wo doch alle anderen im Schmelztiegel der modernen Türkei aufgegangen sind?«

Bei den Besprechungen mit türkischen Behörden war mir eine deutliche soziale Schichtung aufgefallen, die mit unterschiedlichen ethnischen Merkmalen einhergeht. In den Pförtnerlogen, in den unteren Wachlokalen, wo der Besucher sich anmeldete, herrschte ein fast osmanisch wirkendes, rüdes Durcheinander. Man fühlte sich manchmal in die Atmosphäre eines Gefängnisvorhofs, in eine Vorstufe zum *Midnight Express* – für diejenigen, die den Film gesehen haben – versetzt. Die Türsteher und Polizisten in Zivil schrien sich an. Die Antragsteller oder ausländischen Gäste wurden mit einer an Grobheit grenzenden Geringschätzung behandelt. Nach längerem Warten wurde man schließlich nach oben, in das gediegene Büro eines Staatssekretärs oder hohen Beamten geführt, und plötzlich öffnete sich eine ganz andere Welt. Extreme Courtoisie, Eleganz des Umgangs wurden hier gepflegt. Während am Eingang nur türkisch gesprochen wurde, drückte sich die administrative und politische Elite fließend in verschiedenen Fremdsprachen aus. Wenn auch hier noch Orient zu spüren war, dann in Gestalt vornehmer Gastlichkeit und diskreter Zurückhaltung. Ja, es schien, als hätte man es bei der Oberschicht mit einem ganz anderen Volksschlag zu tun. Während im Zerberus-Bereich des Parterres ein vierschrötiger, noch stark vom orientalischen Nomadenerbe geprägter Typus vorherrschte, wirkten die gehobenen Repräsentanten des Staates durchaus europäisch, hätten sich in jede abendländische Gesellschaft nahtlos eingefügt. Viele dieser Bevorzugten hatten von ihren bosnischen oder kaukasischen Vorfahren blondes Haar und blaue Augen geerbt. Die sozialen und ethnischen Strukturen des Osmanen-Reiches hatten ein geradezu biologisches Gefälle hinterlassen. Die »Knabenlese«, die »Devşirme«, der systematische Raub christlicher Kinder, die über die Palastschule Zugang zu den höchsten Ämtern der Pforte erhielten, hatte zweifellos zu dieser Differenzierung beigetragen.

*

Die byzantinischen Mauern liegen hinter uns. In diesem Außenviertel, das die Straße nach Edirne oder Adrianopel in Richtung Nordosten begleitet, ist von der Pracht der Bosporus-Metropole nichts mehr zu spüren. Wir gelangen in das Gelände der »Gecekondus«, der hastigen Neuansiedlungen, und da geht es ziemlich chaotisch zu. Erbarmungswürdige Elendsviertel durchqueren wir jedoch an diesem Junimorgen nicht. Armut ist gewiß bei den Zuzüglern vorhanden, die aus Anatolien und sogar aus dem fernen Kurdistan herbeigeströmt sind, Elend kaum. Überall zwischen den kleinen Häusern, die ausnahmslos mit Fernsehantennen ausgestattet sind, ragen Minaretts auf. An vielen Moscheen und ihren silbern schimmernden Kuppeln wird noch fieberhaft gearbeitet. Geld fehlt offenbar nicht für diese oft aufwendigen Gebetshäuser. Ein Straßenschild signalisiert die Abzweigung in das Viertel Yeni Bosna, zu deutsch »Neu-Bosnien«. Das klingt wie ein Programm.

Während ich in einem Labyrinth von Gassen und Industrieanlagen nach dem Redaktionsgebäude der islamistischen Zeitung

Zaman, »Die Zeit«, suche, die der Refah-Partei sehr nahesteht, muß ich an eine andere Autofahrt denken, die drei Monate zurücklag. Von Ankara aus war ich über eine kahle Hochebene nach Konya gerollt. Die leeren Felder erstreckten sich dunkelbraun bis auf ein paar grüne Rechtecke, wo Wintersaat keimte. Die Stadt Konya galt als Hochburg der türkischen Fundamentalisten, in der es schon seit geraumer Zeit ratsam war, die elementaren Verhaltensregeln des Islam zu respektieren. Für diesen Ausflug hatte sich mir ein seltsamer Begleiter angedient. Mehmet war ein junger Ingenieur, der, wie er mir selbst eingestand, das Leben genießen wollte. Er betätigte sich gern als Herzensbrecher. »In Ankara bummle ich in der Nähe des ›shopping malls‹ am Sheraton Hotel«, sagte er unverblümt; »da findet man immer reiche Mädchen, die sich abschleppen lassen.« Mehmet, der über das Aussehen eines orientalischen Don Juan verfügte, war aber keineswegs ein Mitgiftjäger. Die »reichen Mädchen« der gehobenen Bourgeoisie hatten es ihm angetan, weil sie angeblich weniger prüde und sittenstreng waren als die Töchter aus bescheidenen Kreisen.

»Aufs Geldverdienen kommt es mir nicht sonderlich an«, fuhr Mehmet fort. »Wenn ich gerade so viel habe, wie ich für eine bequeme Existenz benötige, dann bin ich zufrieden. Meine Bedürfnisse sind nicht extravagant.« Er erzählte von einem amourösen Erlebnis in Holland, wo er ein paar Jahre gelebt hatte. Aber die dortige Jugend mit ihrer sexuellen Hemmungslosigkeit und ihrer Drogenabhängigkeit hatte den jungen Ingenieur durch ihre Morbidität abgestoßen. »Das kann doch auf die Dauer nicht gutgehen«, meinte er. In Ankara hatte er sich mit einem aufregend hübschen türkischen Mädchen liiert, das ihm plötzlich den Laufpaß gab. Er habe damals entsetzlich gelitten, sei untröstlich gewesen. Doch ein Jahr später erfuhr Mehmet, daß seine untreue Freundin ein Callgirl geworden war. »Stellen Sie sich vor, sie wäre noch meine Verlobte und gleichzeitig eine Edelnutte gewesen«, ereiferte er sich. »Ich hätte sie nach hiesigem Brauch und türkischen Ehrbegriffen umbringen müssen. Ich wäre vermutlich ins Gefängnis gekommen. Aber das ist mir, Allah sei Dank, durch unsere Trennung erspart geblieben.«

Mehmet war ein resoluter Patriot und wackerer Kemalist.

Dem kommenden Wahlerfolg der Islamisten, den er ohne jede Illusion ankündigte, sah er mit Wut entgegen. »Wenn dieser Roßtäuscher Erbakan so weitermacht, geraten wir in ein paar Jahren an den Rand des Bürgerkrieges«, erregte er sich. »Es bleibt ja noch die Möglichkeit einer Koalition zwischen der Mutterlandspartei« – oder »Anap« –, »die einst Präsident Özal zum Sieg geführt hat, und der islamischen Refah-Bewegung. Aber die Gefahr von Unruhen wächst. Blicken Sie doch nach Algerien, was da vor sich geht. So unähnlich ist die Situation bei uns nicht.« Neulich habe ein fundamentalistischer Prediger behauptet, die Mutter Atatürks sei eine Hure gewesen. Zu Recht sei er sofort ins Gefängnis geworfen worden, auch wenn der Sachverhalt vielleicht gar nicht aus der Luft gegriffen sei.

Noch kategorischer zog Mehmet gegen die kurdischen Separatisten zu Felde. Da hätten doch unlängst die angeblich gemäßigten Kurden-Abgeordneten der Demokratischen Partei statt der türkischen Nationalhymne ihre eigenen Chöre angestimmt und die Legalität der kemalistischen Republik in Frage gestellt. Man habe sie verhaftet, aber in Wirklichkeit hätten sie verdient, daß man ihnen die Köpfe abschlage.

»Kennen Sie Xenophon und seine Anabasis?« fragte Mehmet plötzlich. Ich bejahte überrascht; eine klassische Bildung hatte ich bei diesem türkischen Playboy am wenigsten vermutet. »Nun, Xenophon hat doch schon im fernen Altertum die Kurden, die ›Karduchai‹, wie er sie nannte, so geschildert, wie sie sind: als heimtückische Lügner, als Menschen ohne Treu und Glauben, die zu jedem Verrat fähig sind.«

Konya ging an jenem Tag in den Wimpeln, Girlanden und Plakaten der konkurrierenden Parteien unter. Autokolonnen mit politischen Fahnen und brüllenden Lautsprechern verstopften die Alleen. Die Wohlfahrtspartei war mit Abstand am stärksten vertreten, denn in Konya wählte man bereits seit zehn Jahren zu sechzig Prozent islamistisch. Natürlich habe ich dem Heiligtum des Mevlana Celaleddin-i-Rumi einen Besuch abgestattet, dessen Tanzende Derwische heute zur Touristenattraktion geworden sind. Der berühmte Mystiker, der wie so viele »Sufi« und Tariqat-Gründer aus dem persischen Kulturraum Zentralasiens stammte, hatte im dreizehnten Jahrhundert eine

Botschaft der Friedfertigkeit und Menschenliebe gepredigt, für die sich heute noch die Orientschwärmer begeistern. Wie militant diese scheinbar weltabgewandten »Muriden« in Wirklichkeit waren, haben sie noch im Jahr 1914 bewiesen, als ihr Mevlevi-Orden eine gesonderte Kriegertruppe aufstellte, um im Auftrag des Kalifen am Suezkanal gegen die Briten zu kämpfen.

In der Gruft des heiligen Mannes ging es eher bedrückend zu. Ringsum waren hohe Würdenträger der Mevlevi-Sekte bestattet, und die Turbane aus Marmor blühten im Halbdunkel wie riesige weiße Tulpen. Ich bewunderte die grüne, blaue und gelbe Glasur der inneren Kacheldekoration, die für die Seldschuken-Periode typisch ist. Es waren zahlreiche fromme Besucher am Katafalk des heiligen Mevlana zugegen, auch Pilger aus Malaysia.

Mehmet war von dieser Frömmelei unangenehm berührt. »Die Jünger des Mevlana Celaleddin hatten sich dem Zölibat verschrieben und lebten – für den Islam völlig ungewöhnlich – in sexueller Enthaltsamkeit. Diese Derwische wohnten stets zu zweit in einer Zelle, und Sie können sich wohl vorstellen, was sich da abgespielt hat. Atatürk hat recht gehabt, diese widerliche Form des religiösen Obskurantismus zu verbieten«, meinte der Ingenieur. »Heute sind sie wieder da. Mindestens hundertdreißig Tariqats gibt es in der jetzigen Türkei, darunter jene Rufai-Bruderschaft, schaustellerische Masochisten, die sich in ihrer Trance mit spitzen Eisenstäben Wangen und Lippen durchbohren. Sie werden es kaum glauben, aber mein Großvater gehörte noch als Scheikh der Naqschbandiya, einer relativ seriösen Derwisch-Gemeinschaft, an, die auch heute wieder über den größten Anhang verfügt. Sogar der verstorbene Staatspräsident Turgut Özal soll Naqschbandi gewesen sein.«

Ich verwies darauf, daß unter den Türken in Deutschland das Tariqat-Wesen weit verbreitet sei, was Mehmet, der über einen analytischen Verstand verfügte, mit der Isolation dieser Volksgruppe, mit ihrer Alienation inmitten einer andersartigen, oft abweisenden Umgebung erklärte. In den Bruderschaften fänden die Türken in vertrauter, nach außen abgeschirmter Gemeinde eng zueinander. »Sie können sich nicht vorstellen, wie stark die anatolischen Dörfer von der Wiedergeburt des Sufi-Unwesens heimgesucht werden. Da versuchen die kleinen Ortschaften, sich in exzentrischen Frömmigkeitsübungen zu übertreffen. Da treten Scharlatane auf, die behaupten, ähnlich wie der Prophet Mohammed bei seinem ›Mi'radj‹ über Nacht riesige Strecken auf magischen Schwingen zurückzulegen.«

Die Parteizentrale der Refah in Konya fanden wir mühelos. Sie logierte im ersten Stockwerk eines Hochhauses, das von oben bis unten mit knallroten Plakaten beklebt war. Beim Betreten des Büros zogen wir die Schuhe aus. Ringsum hantierten athletische junge Männer mit Sprechfunkgeräten und dirigierten irgendwelche Propaganda-Trupps. In der oberen Etage – so deutete ein Schild an – war ein Club für Kampfsport, Taekwondo und Karate untergebracht. Die jungen türkischen Islamisten, so hatte ich bereits erfahren, legen überall – auch in Deutschland – großen Wert auf physische Ertüchtigung und aktive Wehrbereitschaft.

Der Empfang durch den gestreßten Parteifunktionär in Konya war freundlich. Der gedrungene, ernste Mann trug einen Vollbart. Er ließ Tee servieren. Das Gespräch kam nur in Bruchstücken zustande, weil es bei ihm wie in einem Taubenschlag zuging. Eine offene Hinwendung zum islamischen Gottesstaat konnte er natürlich nicht öffentlich propagieren, sonst wäre er mit der säkularen Verfassung Atatürks in Konflikt geraten und hätte sich strafbar gemacht. Auf einen Vergleich mit den algerischen Verhältnissen angesprochen, winkte er heftig ab. »Wir haben keine Probleme mit der türkischen Armee im Gegensatz zur algerischen Heilsfront«, beteuerte er. »Im übrigen sind in unserer Bewegung viele pensionierte Offiziere tätig.« Die Frage nach der Aktivität der Mevlevi-Sekte stimmte ihn nachdenklich. Bei diesen Bruderschaften handle es sich meist um einen degenerierten Islam.

Am Ende kam ich auf den zentralen Punkt zu sprechen. »Sehen Sie irgendeinen real existierenden islamischen Staat, der für die frommen türkischen Muslime als Modell dienen könnte?« forschte ich. »Ganz bestimmt nicht der Iran«, kam die Antwort spontan und überzeugend. Es entstand eine nachdenkliche Pause, und dann sagte der Refah-Funktionär: »Der ideale islamische Staat, das war in unseren Augen das Osmanische Reich.« Bei der Ausfahrt von Konya entdeckten wir das unvermeidliche Atatürk-Denkmal. Es war unter den Wimpeln und Werbesprüchen der Islamisten kaum noch zu erkennen.

*

Im Stadtviertel »Neu-Bosnien« am Rand von Istanbul erwartet mich – drei Monate später – im Juni 1994 eine durchaus vergleichbare Begegnung. In der Redaktion der Refah-Zeitung *Zaman* geht es allerdings sehr viel disziplinierter und intellektueller zu als im Parteibüro von Konya. Mustafa Basari führt als Herausgeber und Chefredakteur ein straffes Regiment. Mit Jacke und Schlips ist er betont westlich gekleidet, wirkt fast wie ein Militär, aber als Absolvent einer Imam-Hatip-Schule darf auch er nicht türkischer Offizier werden. Neben der koranischen Theologie hat er Rechtswissenschaften studiert und als Anwalt praktiziert, ehe er sich auf das Zeitungsgeschäft verlegte. Basari kommandiert ein paar Redakteure herbei. Wir essen eine schmackhafte Hammelmahlzeit. Dazu gibt es natürlich keinen Alkohol. Was diese türkischen Kollegen vor allem beschäftigt, ist der missionarische, naive Wunsch, der Islam möge sich auch in Mittel- und West-Europa ausbreiten. Deutschland zum Beispiel sei doch ein ideales Terrain für die Propagierung der unübertrefflichen Lehre des Propheten.

»Wir suchen ein freundschaftliches Verhältnis zu den Christen«, bremst der Herausgeber die voreiligen Eiferer. »Wir sollten uns dabei Sultan Mehmet II., den Eroberer, zum Vorbild nehmen.« Daß diese Referenz für einen Abendländer nicht gerade verlockend klingt, will ihm offenbar nicht in den Sinn kommen. Ich verweise deshalb auf ein völlig fruchtloses, ja zutiefst peinliches Gespräch, das im Jahr 1974 zwischen Muslimen und Christen in Tripolis stattfand und an dem ich teilgenommen habe. Am Ende einer endlosen, höflichen Diskussion zwischen arabischen Ulama und katholischen Klerikern, die im Gefolge des Kardinal Pignedoli speziell aus Rom angereist waren, resümierte Oberst Qadhafi das Ergebnis der Beratungen. Dem Kardinal hatte es nichts eingebracht, daß er in kläglicher Selbstverleugnung die christlichen Kreuzzüge, die europäische Kolonisation und die Gründung des Staates Israel als westliche Aggressionsakte gegen den Islam tadelte. Der libysche Diktator

– im Auftrag der versammelten Koran-Gelehrten sprechend – streckte dem Beauftragten des Papstes Paul VI. die Hand der Versöhnung auf sehr besitzergreifende Weise entgegen. »Wir sind doch alle Brüder in der abrahamitischen Verkündung. Wir glauben an den einzigen wahren Gott«, so holte er aus. »Wir haben die gleichen Propheten, ihr seid – aufgrund bedauerlicher Irrungen – vom rechten Weg abgewichen, aber es genügt, daß ihr Mohammed als das Siegel, als die Vollendung der Offenbarung anerkennt, und unserer Einheit im gemeinsamen gottgefälligen Bekenntnis steht nichts mehr im Wege, die Einheit ist perfekt.«

Wir wechseln das Thema. Auch die Zeitungsrunde in Istanbul macht sich Sorgen über den zunehmenden Einfluß der Derwisch-Bruderschaften, der Tariqat. Noch ratloser stehen die türkischen Islamisten offenbar dem Phänomen der Alevi-Sekte gegenüber, die im östlichen Anatolien über eine beachtliche Anhängerschaft verfügt und zu einem politischen Faktor ersten Ranges zu werden verspricht. »Wir wissen recht wenig über die Alevi«, beginnt der Chefredakteur zögerlich. »Sind sie eine religiöse Gemeinschaft von zehn oder zwanzig Millionen Anhängern, niemand weiß das genau. Man sagt ihnen heidnische, schamanistische Bräuche nach, aber den Schiiten sind sie wohl enger verwandt.« Jedenfalls seien die Alevi Meister in der Kunst der Verstellung, der Verheimlichung ihrer intimsten Überzeugungen, wie das auch bei der »Schiat Ali« unter der Bezeichnung »Taqiyat« oder »Ketman« üblich sei. Manche Historiker hielten sie für Nachfahren jener »Rot-Köpfe« der »Kisilbas«, die sich mit den persischen Safaviden verbündet hatten. Sultan Selim I. hatte im frühen sechzehnten Jahrhundert seine ganze kriegerische Energie gegen die Ketzer aufbieten müssen. In Kreisen der laizistischen Parteien von Ankara waren mir die Alevi als liebe, harmlose Außenseiter geschildert worden. Die ehemaligen »Kisilbas«, die sich einst durch rote Kappen zu erkennen gaben, hätten ihre religiöse Exaltiertheit längst gegen eine liberale, laizistisch geprägte Ideologie eingetauscht und sich vorübergehend mit den Sozialdemokraten verbündet. Die Alevi, so hörte man in den kemalistischen Salons der Refah-feindlichen Bourgeoisie, bildeten neben der Armee die wirksamste Abwehrkraft gegen den politisch-religiösen Ansturm des sunnitischen Fanatismus.

Mustafa Basari wundert sich über die mangelnde Kenntnis namhafter Publizisten des Westens, die vor den religiösen Urkräften Anatoliens bislang krampfhaft die Augen verschlossen hätten, um ihre kemalistischen Illusionen nicht preisgeben zu müssen. »Die europäischen Menschenrechts-Verfechter irren sich, wenn sie die Kurdenfrage stets nur als politische und völkische Problematik angehen. Die Kurden sind von Natur aus fromme, sunnitische Muslime. Zur Zeit der osmanischen Sultane haben sie sich in die Ordnung des islamischen Gottesstaates reibungslos eingeordnet, und wir werden mit ihnen auch wieder zurechtkommen, wenn wir uns von den nationalistischen Kriterien des staatlichen Zusammenlebens abkehren und in der islamischen ›Umma‹ eine brüderliche Gemeinschaft auf religiöser Basis praktizieren.« Dabei hütet sich der Herausgeber der *Zaman* der Wiedereinführung der »Scharia«, der koranischen Gesetzgebung, das Wort zu reden oder gar die Ausrufung einer islamischen Theokratie zu fordern. »Es genügt zunächst, wenn die Türken die fünf Grundgebote, die ›Säulen‹ des Islam, wieder zur obersten Richtschnur ihres religiösen Verhaltens machen«, so lenkt er ein, »dann stellt sich die wahre, gottgefällige Gesellschaft nach und nach von selbst ein.«

Auf Bosnien und die unzureichende türkische Hilfeleistung an die dortigen Muslimani angesprochen, entgegnet Basari: »Wir leisten mehr für unsere bosnischen Brüder, als allgemein bekannt ist. Aber diese Diskretion wollen wir aus guten Gründen weiterhin wahren.« Über die neue russische Expansionspolitik auf dem Balkan und im Kaukasus macht man sich bei *Zaman* keine Illusionen. »Wir kennen die Russen. Wir haben achtunddreißig Kriege gegen sie geführt. Aber wir müssen Vorsicht walten lassen, zumindest so lange, wie wir nicht über eigene Atomwaffen verfügen«, mischt sich ein junger Redakteur ein.

»Unsere wirkliche Stärke liegt in der Innenpolitik, in unserer Sozialarbeit«, fährt der Herausgeber fort. Er zählt die Fakten auf: »Die Jugendlichen unter fünfundzwanzig Jahren machen die Hälfte der türkischen Bevölkerung aus, und sechsunddreißig Prozent davon sind arbeitslos. Die Inflation bewegt sich bei hundert Prozent im Jahr. Die Auslandsverschuldung beträgt zehn Milliarden US-Dollar. Die von Frau Çiller angekündigten Deflations-Maßnahmen werden die Unruhe bei den Beschäftigten zusätzlich schüren. Die Zukunft der Refah liegt bei den Enterbten, den Entrechteten, und unsere Aktion konzentriert sich auf soziale Beihilfe, auf den Bau von Krankenhäusern und Schulen, auf Armenspeisung, auf die Sorge um Witwen und Waisen, ja, wenn nötig, auf die bei uns übliche Beschaffung von Brautgeschenken. In diesem Bereich liegt unsere Kraft, sie nährt sich aus dem wahren Glauben an Allah und den Propheten.«

Ein junger bärtiger Hüne namens Zemai hat das Gespräch gedolmetscht. Er hat einige Jahre im Schwarzwald gelebt. Nun geleitet er mich nach einem überaus herzlichen Abschied von der Redaktion ins Hotel zurück. Wir kommen während der Fahrt ins Plaudern. Die Familie Zemais stammt ursprünglich aus dem Kaukasus. Deshalb verfolge er mit besonderer Aufmerksamkeit die Bemühungen der Regierung Çiller, bei den überwiegend islamischen Nachfolgerepubliken der Sowjetunion im Namen der gemeinsamen turanischen Volkszugehörigkeit politisch und kommerziell Fuß zu fassen.

»Washington stellt sich wohl vor, wir würden in Aserbeidschan und in Zentral-Asien die laizistische Staatsform Atatürks heimisch machen und die Fortschritte der Re-Islamisierung eindämmen«, spottet er. »Wir sollen den Kemalismus exportieren, wo er doch schon in der Türkei in den letzten Zügen liegt. Kennen Sie übrigens die alte, vielzitierte Anekdote aus der Osmanenzeit, die irgendwie auf den mangelnden Realitätssinn der heute regierenden Oberschicht wieder zutrifft? Sultan Abdul Aziz wog dreihundertfünfzig Pfund, und er konnte den Anblick seiner eigenen monströsen Leibesfülle nicht mehr ertragen. Da ließ er einen aus dem Westen importierten schlankmachenden Spiegel, wie man sie auf Jahrmärkten antrifft, aufstellen, um sich selbst etwas vorzumachen.« Zemai wird wieder ernst. Er zweifelt nicht im geringsten am Sieg des militanten Islam in der Türkei. »Aber bis dahin kann viel Schlimmes passieren«, sagt er. »Was ich für meine Heimat befürchte, ist die Wiederholung bosnischer Zustände.«

*

Ein Hauch osmanischer Dekadenz und osmanischen Plunders ist im »Pera-Palace« erhalten geblieben. Dieses Plüsch- und Stuck-Hotel im Herzen Istanbuls, nicht allzu weit vom Taksim-Platz gelegen, war früher das hochelegante Reiseziel der versnobten europäischen »Globetrotter«, die den Orientexpress benutzten. Die Erinnerung an Agatha Christie geht in diesem einst prächtigen Bau wie ein Gespenst um. In der Bar mit dem großen Aquarium in der Mitte sind die Möbel verstaubt. Aber die schöne Kacheldekoration kündet von verflossenen besseren Zeiten. Auf den alten Kellnern scheint die Müdigkeit von Jahrtausenden zu lasten. Zwei betagte Engländerinnen, die den rituellen »five-o'clock tea« schlürfen, versetzen sich krampfhaft in jene Empire-Zeit, »when the going was good« und »Britannia ruled the waves«. Auch ein paar blondgefärbte fette Damen des türkischen Bürgertums haben sich eingefunden. Eine hochzivilisierte, kosmopolitische Levante ruft sich hier in Erinnerung. Die Revolution der Jung-Türken und dann vor allem der streitbare Kemalismus haben diesem altmodischen Zauber ein Ende gesetzt. Irgendwie tut dieser Verlust weh. Der unduldsame türkische Nationalismus, der sich an die Stelle spät-osmanischer Schlampigkeit drängte, war wohl gar kein so positiver Wechsel, und auch er tritt heute offenbar in seine Existenzkrise ein.

Die Teestunde wird vom Geklimper eines matten Pianisten begleitet, der »Stormy Weather« spielt. Der Gebetsruf des Muezzin dringt in diese einst exklusive Domäne verschlissenen europäischen Luxus. Neben den Freunden nostalgischer Stimmungen haben im »Pera-Palace« neuerdings auch Rucksacktouristen ihr Quartier aufgeschlagen. Als gelte es, den Niedergang zusätzlich zu betonen, hat sich in den Gassen gleich gegenüber ein Bordellviertel angesiedelt. Die Bars, die mit rotem Schummerlicht Sex und Erotik versprechen, wirken wie Bedürfnisanstalten, die Stundenhotels wie Verbrecherhöhlen. Die Damen des Gewerbes, fett wie Nilpferde, haben sich in einer schmuddeligen Kaschemme zum frühen Abendessen getroffen. Ich muß an die fünfziger Jahre denken, als ich vom Libanon aus mit einem befreundeten französischen Hauptmann unseres Sprachzentrums mehrere Erkundungsreisen quer durch Anatolien unternahm, und dabei das eine oder andere Rotlicht-Viertel in der

Provinz besichtigte. Diese Stätten des Lasters wurden von Polizisten abgeschirmt, die jeden Besucher nach Waffen abtasteten. Was sich in den Höhlen der Prostituierten bot, war wohl die abscheulichste Fleischschau, die mir je vor Augen gekommen ist. Auch der Capitaine, der in seiner Dienstzeit in Afrika manches erlebt hatte, wandte sich mit Grausen. Wenn wirklich der neue islamische Bürgermeister Erdogan dem sündigen Treiben in Istanbul ein Ende setzt, wird das für die Bosporus-Stadt kein Verlust sein.

In der Bar des »Pera-Palace« sind die Getränke weiterhin gepflegt, und der eiskalte Martini Dry ist gut gemischt. Man gibt sich da ganz von selbst einer wohltuenden Melancholie hin. Der Rückblick auf die morbide »splendeur« ist nicht ohne Reiz. Der skurrile Professor Ö. aus Ankara kommt mir wieder in den Sinn. »Die Jung-Türken wollten uns mit Gewalt nach Europa verfrachten«, hatte er resigniert gesagt. »In Wirklichkeit haben sie uns mit ihrem blinden Modernismus, mit ihrer nationalen Verbohrtheit der angestammten Kultur entfremdet, und den Zugang zum tiefen Wesen Europas haben sie uns versperrt. Jetzt drängen die Hungerleider Anatoliens nach Istanbul vor und nehmen die ehrwürdige Sultanstadt in Besitz.«

Im morschen Treppenhaus des Hotels entdecke ich eine Balkankarte des Jahres 1870. Da reichte das Osmanische Reich noch mit einer breiten Landbrücke bis an die adriatische Küste Albaniens. Bosnien-Herzegowina war über den Sandschak von Novi Pazar noch fest in die Besitzungen des Sultans eingebunden. Um 1870 hatten sich zwar Süd-Griechenland, Nord-Serbien und die Donaufürstentümer aus der Bevormundung von Istanbul endgültig gelöst, aber Süd-Rumelien im heutigen Bulgarien und ganz Mazedonien standen noch in der Abhängigkeit der Pforte. Nur acht Jahre später, auf dem Berliner Kongreß, wurden die politischen Verhältnisse auf Kosten der Osmanen grundlegend verändert. Österreich holte zum fatalen Zugriff auf Bosnien-Herzegowina aus. In Sankt Petersburg kam nach und nach die selbstmörderische These auf: »Der Weg nach Konstantinopel führt durch das Brandenburger Tor.« Der »ehrliche Makler« Otto von Bismarck zeigte sich auf dem Berliner Kongreß nicht von seiner staatsmännischsten Seite, als er bemerkte, »ces gens là« – diese seltsamen Leute auf dem Balkan – scherten ihn soviel, wie wenn sein Pokal leer sei. Der Eiserne Kanzler hatte keinen Instinkt für Südost-Europa. Es gelte das orientalische Geschwür offenzuhalten und dadurch die Einigkeit der anderen Großmächte zu vereiteln, äußerte er und übersah dabei, daß sich blanker Zynismus auf Dauer nicht auszahlt.

Wieder befindet sich der Balkan heute im Fadenkreuz der Mächte, und die Gespenster seiner blutigen Historie üben den Totentanz. Doch welche politisch-strategischen Kräfte sind es, die sich da anschicken, in das Vakuum hineinzustoßen, das durch den Kollaps der »pax sovietica« in dieser Gewitterecke Europas entstanden ist? Die meisten Bürger der Bundesrepublik Deutschland, die im Verbund mit Österreich operiert, haben eine Kehrtwendung vom bramarbasierenden Militarismus der Väter zum blökenden Pazifismus oder zur «Ohne-mich«-Mentalität vollzogen. Doch, ob sie es wollen oder nicht, unerbittlich und schicksalhaft werden die Deutschen in die historische Nachfolge des Heiligen Römischen Reiches und der habsburgischen Stabilitätspolitik gedrängt – eine Aufgabe, der sie zur Stunde gar nicht gewachsen sind und die sie aus guten Gründen von sich weisen möchten.

Letztlich sind es lauter »kranke Männer«, die sich um eine neue Ordnung im chaotischen Südosten, um die Entschärfung dieses klassischen Pulverfasses Europas bemühen. Die stramme Republik Atatürks droht wieder in die Rolle des »homme malade du Bospore« zurückzufallen, wie wir in Istanbul und Ankara, ganz zu schweigen vom »wilden Kurdistan«, zu ahnen vermeinten. Die Franzosen – ursprünglich auf eine romantisierende Waffenbrüderschaft mit den Serben eingeschworen – haben paradoxerweise auf das Morden in Bosnien heftiger und leidenschaftlicher reagiert als die übrigen Völker Europas. Diese Anteilnahme gipfelte darin, daß die blassen Intellektuellen der Pariser Salons, Bernard-Henri Lévy an der Spitze, sich anschickten, für die Wahl zum Straßburger Parlament eine gesonderte Partei unter dem Motto »Europa beginnt in Sarajevo« aufzustellen. Wären sie nicht ihrer eigenen Inkonsequenz erlegen, hätten sie damit vielleicht sogar einigen Erfolg gehabt. Diese allzu brillanten Geister, deren zentraler Programmpunkt die Aufhebung des Waffenembargos für die bosnischen Muslimani war, glaubten in aller Einfalt, im Umkreis von Sarajevo einen Ansatz jener multikulturellen Gesellschaft fördern zu können, die sie auf ganz Europa ausdehnen möchten. Inzwischen dürfte man an der Seine begriffen haben, »que l'Europe finit à Sarajevo«.

Die britische Diplomatie – besessen von der obsoleten Vorstellung der »balance of power« – verfolgt seit Ausbruch des Jugoslawien-Konflikts eine Linie, die der Bismarckschen »Therapie« für das Balkan-Geschwür nicht unähnlich ist. Der englische Vermittler Lord Owen hat sich mit Schmach bedeckt, als er sich – ungerührt vom Elend der ethnischen Säuberungen – zu endloser Hinhaltetaktik bereitfand und dabei wohl das prioritäre Ziel verfolgte, den nach Südosten ausufernden deutschen Einfluß zu begrenzen. Als Vollstrecker dieser Eindämmungspolitik tat sich der britische UNPROFOR-Kommandeur für Bosnien, Sir Michael Rose, hervor, der von der Generalität der Bundeswehr zwar als hervorragender Soldat anerkannt, aber auch – wegen seiner rüden Einseitigkeit in Goražde und Tuzla – als »schlimmer Finger« bezeichnet wird.

Wie stets in der Geschichte, wenn ihm die innere Misere bis zum Hals stand, drängt sich Rußland mit imperialem Anspruch nach vorn. Um sich freien Zugang zur Donau-Mündung zu verschaffen, wird Moskau zunächst das ukrainische Hindernis aus dem Weg räumen müssen. Die kleinlichen Querelen, die die Erben Peters des Großen mit der Duodez-Republik Moldova um den Gebietsfetzen am Dnjestr bei Tiraspol austragen, ermutigen nicht dazu, diesem maroden Koloß irgendeine ordnungspolitische Funktion zuzuweisen. Selbst die letzte weltweite Hegemonialmacht, die USA, hat auf erschreckende Weise binnen vier Jahren an Glanz und Ansehen verloren. George Bush hatte noch Anfang 1991 Freund und Feind vorgeführt, wo sich das universale Entscheidungszentrum befand. Gestützt auf eine halbe Million GIs und ein gigantisches Materialaufgebot, zelebrierte er seinen Triumph im Golfkrieg, auch wenn es sich am Ende um einen Pyrrhussieg handeln sollte. Der Nachfolger Bill Clinton ist kaum noch in der Lage, eine vergleichbare Streitmacht aufzubieten, geschweige denn seinem Land die notwendige kriegerische Motivation zu vermitteln. Wer sich in Somalia verheddert und von dem nomadisierenden Bandenführer Aidit demütigen läßt, wer nur die Muskeln spielen läßt, wenn es gilt, eine Putsch-Kamarilla auf Haiti im Namen von Demokratie und Menschenrecht zu beseitigen, der hat natürlich nicht das Zeug, auf dem Balkan, in Bosnien, als »deus ex machina« oder gar als »Jupiter tonans« aufzutreten. Über die Organisation der Vereinten Nationen, der eine Reihe deutscher Politiker allen Ernstes das Gewaltmonopol zur Lösung sämtlicher weltweiter Probleme übertragen wollte, über die Arroganz und die Ohnmacht des UN-Generalsekretärs wird noch ausführlich zu berichten sein.

An diesem Abend im »Pera-Palace« von Istanbul, als ich fasziniert die Landkarte aus dem Jahr 1870 studiere, fällt mir die Permanenz, die Unveränderlichkeit der bosnischen Nordgrenze auf. Ende des siebzehnten Jahrhunderts hatten sich die Janitscharen des Padischah hier festgerannt und festgekrallt, nachdem ihr Versuch gescheitert war, die Stadt Wien – den »Goldenen Apfel«, wie es in Istanbul hieß – im Sturm zu nehmen. Von nun an bohrte sich der geographische Keil von Bihać tief in das österreichisch-ungarische Kerngebiet hinein, so wie er heute die großserbische Konstruktion der »Republik Krajina« zur Lebensunfähigkeit verurteilt. Kein Wunder, daß im Zipfel von Bihać die Kämpfe zwischen Serben und Muslimen stets von neuem aufflackern.

In dieser osmanischen Hotel-Atmosphäre des Fin de Siècle drängt sich mir die Erinnerung an die Oktobertage des Jahres 1992 in Sarajevo auf. Damals lag die bosnische Hauptstadt unter dem pausenlosen Beschuß der serbischen Belagerer. Ich hatte den muslimischen Stadtkommandanten Mustafa Hajrulahović in seinem Hauptquartier aufgesucht. Dort erlebte ich, wie dieser wackere Offizier schier verzweifelte, weil er seinen todesmutigen Verteidigern nur veraltete Gewehre und ein paar Granatwerfer als Ausrüstung anzubieten hatte. Ob denn die muslimischen Brüder, zumal die alte türkische Schutzmacht, ihm keine Waffenhilfe und Unterstützung zukommen ließen, hatte ich gefragt. »Die Deutschen sind uns nützlicher als die ganze islamische Welt«, hatte Hajrulahović wütend geantwortet. Dabei war mir das kleine türkische Fähnchen aufgefallen, das den Schreibtisch des Kommandanten von Sarajevo zierte. Durch die Sandsäcke, die die Fenster seines Befehlsraums abschirmten, drang der dumpfe Lärm serbischer Granateinschläge. Doch an dieser Stelle behauptete sich wie ein Zeichen unverbrüchlicher, verzweifelter Treue das bescheidene rote Symbol der Osmanen-Macht mit weißem Halbmond und weißem Stern.

Am 14. Juni 1994 entnehme ich der *Turkish Daily News*, daß die Entsendung von rund 1400 türkischen Blauhelmen endlich vom Weltsicherheitsrat genehmigt worden sei. Der erste türkische Vortrupp ist bereits im kroatischen Hafen Split an Land gegangen. Ein Ereignis von Bedeutung. Eine Vorhut hat sich in Marsch gesetzt.

Der großserbische Besitzstand nach dem Zerfall des jugoslawischen Bundesstaates

Oben: Die Schicksalsschlacht am Amselfeld 1389 – damals ging das serbische Reich unter den Schlägen der Osmanen unter – prägt bis auf den heutigen Tag das Nationalbewußtsein des serbischen Volkes.

Links: Peter I. von Serbien reitet zur Krönung im Jahre 1903.

Eine französische Darstellung kommentiert den Sieg der christlichen Balkanvölker im gemeinsamen Feldzug von 1912 mit den Worten: Das Kreuz vertreibt den Halbmond aus Europa.

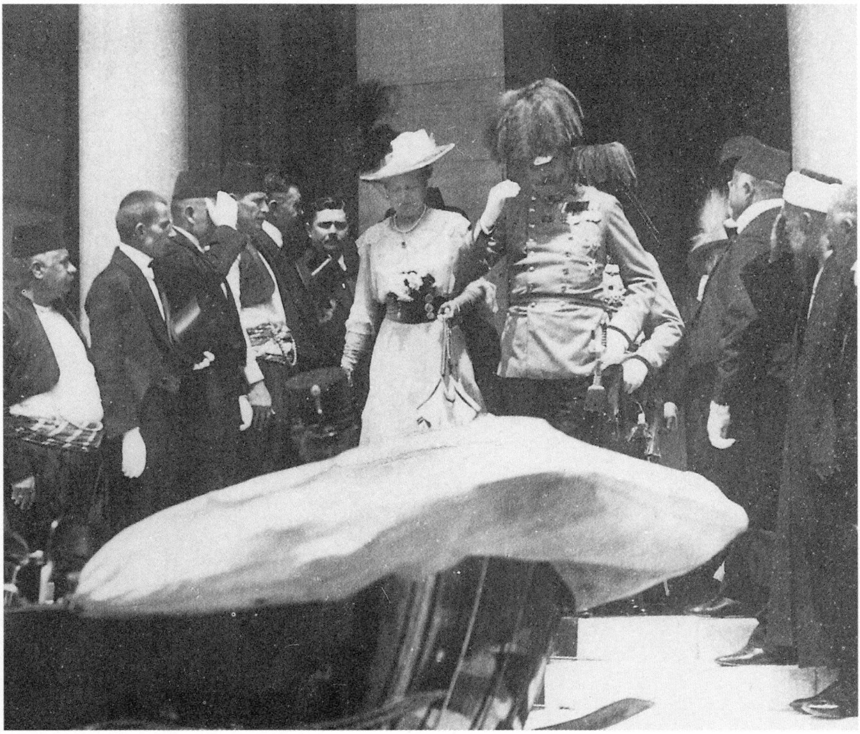

Am 28. Juni 1914 wurde Erzherzog Franz-Ferdinand in Sarajevo ermordet. Das Bild zeigt den österreichischen Thronfolger wenige Minuten vor dem Attentat.

Kurz nach der Eroberung Jugoslawiens durch die Achsenmächte bildeten sich die ersten kommunistischen Partisaneneinheiten, die bis zum Kriegsende erfolgreich Widerstand leisteten.

In erbitterter Feindschaft zu den kommunistischen Partisanen Titos formierten sich in Jugoslawien königstreue Verbände, Tschetniks genannt, deren Anführer Draga Mihailović nach dem Krieg von einem jugoslawischen Gericht zum Tode verurteilt wurde.

Bosnische Muslime bildeten im Jahr 1943 eine Gebirgsjägerdivision der Waffen SS, »Krummdolch« genannt. Hier schreitet der Großmufti von Jerusalem Amin el Husseini, ein Verbündeter Hitlers, die Front dieser Truppe ab.

Josip Broz, genannt Tito, wurde zur legendären Gestalt des jugoslawischen Abwehrkampfes gegen Deutschland und Italien. Nach dem Krieg regierte er Jugoslawien bis zu seinem Tod 1980 als kommunistischer Alleinherrscher.

Oben: Als Marschall Tito seinen 70. Geburtstag feierte, galt er noch als Garant des jugoslawischen Zusammenhalts und als einer der bedeutendsten Staatsmänner im Lager der Blockfreien.

Rechts: Slobodan Milosević, Präsident von Serbien, hat sich als rücksichtsloser, aber fähiger Exponent der großserbischen Idee durchgesetzt.

In der neugegründeten Republik Bosnien behauptet sich Radovan Karadžić als extremer Verfechter der exorbitanten serbischen Gebietsansprüche.

Im November 1991 eroberten überlegene serbische Streitkräfte die kroatische Stadt Vukovar gegen heftigsten Widerstand.

Serbien
Der Traum vom Großreich

Belgrad, im Dezember 1993

Die grauen Nebel kriechen aus der Donau- und Save-Niederung an den Mauern des Kalemegdan hoch und hüllen die alte Türkenfestung ein, als sei hier der »Verpackungskünstler« Christo am Werk. Nur sind keine internationalen Snobs zugegen, um diesem vermeintlichen Kunstakt zu applaudieren. Das ist mein liebster Blick über Belgrad in diesem tristen Wintermonat. Im kleinen Frühstücksraum der Executive-Etage meines Hotels suche ich mir stets einen Tisch, von dem sich die Vereinigung der beiden Ströme beobachten läßt.

Sonderlich imponierend ist der Kalemegdan nicht, und dennoch ragt er aus dieser Sumpfebene wie ein strategischer Keil, wie ein Sperriegel oder – je nach Kräfteverhältnissen – wie eine Sturmschanze gegen Norden. Dreihundert Jahre lang hatten die Festungswälle, die heute größtenteils geschleift sind und durch belanglose Neubauten verharmlost wurden, die Macht des Osmanischen Reiches über den Balkan verkörpert. Entscheidend angeschlagen wurde dieses imperiale Bollwerk der Sultane und Kalifen erst an jenem Tag, als die christliche Heerschar des »edlen Prinzen« Eugen von Savoyen im Auftrag der in Wien regierenden Habsburger – noch mit dem Titel »Römischer Kaiser« ausgestattet – »Stadt und Festung Belgerad« erstürmte.

Eine sehr ansehnliche Siedlung sei Belgrad unter den Türken nie gewesen, so hatten mir serbische Gesprächspartner versichert. Der Sultan hatte seine letzte Garnison erst im Jahr 1867 abgezogen. Die meisten Städte des Balkans seien zur Zeit des »osmanischen Jochs« fast ausschließlich von muslimischen Gläubigen, von Türken, Bosniaken oder anderen Renegaten bewohnt gewesen und hätten ein eher anatolisches Bild geboten. Allenfalls ein paar geschäftstüchtige Juden und Griechen seien »intra muros« geduldet worden. Die Masse der unterworfenen christlichen Völker, die »Herde« oder »Raya« des Sultans, wie sie offiziell genannt wurde, lebte während dieses halben Millenniums der Unterwerfung unter die Pforte fast ausschließlich auf dem Land, trieb Ackerbau im Umkreis ihrer ungeschützten Dörfer oder nomadisierte als Hirten, je nach dem Rhythmus der Jahreszeiten. Den Christen war es wohl unter der Herrschaft der Osmanen besser gegangen, als manche Horrorgemälde einer späteren Geschichtsschreibung glauben machen wollten, aber auch schlechter, als manche nachträglichen Apologeten des Sultanats in ihrer krampfhaften Verharmlosung zu suggerieren suchten.

Uralter serbischer Siedlungsboden war diese einst menschenleere Sumpflandschaft ohnehin nicht gewesen, ehe die kaiserlich-christlichen Armeen Süd-Ungarn, Slavonien und die heutige Vojvodina Stück für Stück frei kämpften. Erst um das Jahr 1690 hatte der serbische Patriarch von Peć seine geknechteten Gläubigen, die zwischen den Muslimen Albaniens und des Sandschak von Novi Pazar eingeklemmt lebten, aufgerufen, ihre angestammte Heimat im Kosovo zu verlassen und einen geradezu biblischen Exodus anzutreten. So hatte sich ein Großteil des damals nur durch gemeinsame Sprache, durch die Erinnerung an verflossene kriegerische Größe, die Treue zum serbisch-orthodoxen Glauben geeinten Volkes auf den Weg gemacht und Siedlungsgebiete unter der Obhut der Österreicher gesucht.

Damals machte man sich offenbar keine Gedanken darüber, daß die Apostolische Majestät von Wien sich zum katholischen Papismus bekannte, daß die römische Kirche dem Zusammenbruch des heiligen Patriarchats von Konstantinopel tatenlos zugesehen und den Verzweiflungskampf der orthodoxen Balkanvölker, die verstockt im byzantinischen Irrglauben verharrten, mit sträflicher Gleichgültigkeit ignoriert hatte. Wir werden auf dieses aufschlußreiche Kapitel der Balkan-Geschichte immer wieder zurückkommen müssen.

So geschah es jedenfalls, daß der heutige Patriarchatssitz von Belgrad, das administrative Zentrum der serbisch-orthodoxen Kirche, seine wuchtigen, aber künstlerisch anspruchslosen Gebäude im Schatten einer Kirche hochgezogen hat, deren verspielt barocker Turm den katholischen Kathedralen kroatischer Bistümer zum Verwechseln glich. Diese unwillkürliche Huldigung an Habsburg war den serbischen Nationalisten am Ende wohl doch unerträglich geworden, so daß sie im späten zwanzigsten Jahrhundert den Bau einer kolossalen Basilika beschlossen – zu Ehren des Bischofs Sava, des serbischen Nationalheiligen.

Dabei suchten sie, an die Architektur süd-slawischer Klöster anzuknüpfen, in Wirklichkeit jedoch – schon aufgrund ihrer Dimension und ihrer gewaltigen Kuppel – erinnert die neue Patriarchatskirche an die Hagia Sophia von Konstantinopel. Die seltsamen Winkelzüge der Geschichte hatten bewirkt, daß ausgerechnet dieses erhabene Bauwerk byzantinischer Frömmigkeit am Bosporus – von Kaiser Justinian, dem größten oströmischen Imperator, im sechsten Jahrhundert auf der Höhe seiner das ganze Mittelmeer umspannenden Macht errichtet – nach der Eroberung Konstantinopels durch den osmanischen Sultan Mehmet II. in eine Moschee umgewandelt wurde. Sie hatte von da an den Grundriß für unzählige islamische Gebetshäuser abgegeben, die die osmanischen Herrscher nach diesem einheitlichen Modell in ihren weitverstreuten Dependenzen errichten ließen.

Nur die spitz zulaufenden Minaretts, die sich wie weiße Orgelpfeifen in den balkanischen oder anatolischen Himmel bohrten, waren ein origineller Beitrag osmanischer Baukunst. Die mächtige Basilika zu Ehren des heiligen Sava, die nach etlichen Jahren zögerlicher Betongießerei zwar die neue Innenstadt von Belgrad erdrückte, aber immer noch nicht vollendet war, wies deshalb eine kuriose Ähnlichkeit mit jener gigantischen Kocetepe-Moschee im Herzen der türkischen Hauptstadt Ankara auf, die als Frucht islamischer Wiedergeburt in der spät-kemalistischen Republik aus dem spröden anatolischen Boden gewachsen war.

Meine Betrachtungen im Frühstücksraum des Hotels »Hyatt« werden an diesem Morgen durch die Ankunft eines Unbekannten unterbrochen, der sich nach höflicher Vorstellung – mir bleibt nur der Vorname Milan haften – zu mir an den Tisch setzt und unverblümt ein politisches Gespräch beginnt. Er hat wohl länger in der Bundesrepublik gelebt, denn er gibt vor, mich vom Bildschirm zu kennen, und seine Deutschkenntnisse sind trotz des rauhen slawischen Akzents fast perfekt.

»Wir sind froh, daß Sie als objektiver Beobachter zu uns gekommen sind«, holt Milan aus. »Ihre meisten Kollegen meiden Serbien, als handele es sich um eine Quarantänestation, als seien wir alle von der Pest befallen. Wir sind in West-Europa zu Verfemten geworden, und niemand will sich daran erinnern, daß wir jahrhundertelang ein Bollwerk des Christentums gegen die türkischen Eroberer, ja einen Schutzwall des Abendlandes behauptet haben.«

Ich sehe mir den Mann länger an. Mit dem kühlen Blick hinter der randlosen Brille und dem gewählten Wortschatz gibt er sich betont akademisch. Aber dafür ist die Statur zu muskulös und durchtrainiert, das Haar zu kurz und militärisch gestutzt. Ich habe mir in langen Jahrzehnten journalistischer Beobachtung in aller Herren Länder angewöhnt, flüchtige Begegnungen nicht mit Fragen nach ihrer wahren Identität zu belästigen, die sie mit wohlvorbereiteten Notlügen beantwortet hätten.

Milan wiederholt eine geschichtliche Darstellung, die mir wohlbekannt ist. Als im sechzehnten Jahrhundert das Heilige Römische Reich und die österreichischen Erblande nach dem Untergang des Königreichs Ungarn in der Schlacht von Mohács in die vorderste Front gegen die türkische Invasion Europas gedrängt wurden, hatten sie auf die massive Zuwanderung serbischer Flüchtlinge aus dem Zentral-Balkan zurückgegriffen, um durch systematische Ansiedlung von Wehrbauern die sogenannte Militärgrenze zu schaffen. Die Serben waren als rauhe, unbändige Krieger bekannt, die weit mehr als die unter ungarischer Feudalherrschaft erschlafften Kroaten einen wirkungsvollen Schutzwall gegen die Janitscharen des Sultans errichten konnten.

Plötzlich ereifert sich Milan: »Die Welt erregt sich darüber, daß wir in der Krajina rings um Bosnien herum, auf dem Boden des heutigen Staates Kroatien, unsere serbische Identität behaupten wollen. Aber es waren doch die Habsburger, die uns dorthin als zuverlässige Verbündete verpflanzt hatten, als es galt, den Sturm des Islam einzudämmen. Als freie Krieger und Bauern wurden wir dort zu Verbündeten des Kaisers in Wien. Jedesmal wenn die Horden unter dem Halbmond sich von Bosnien aus auf den Vormarsch nach Norden begaben, dann leisteten unsere Vorfahren den ersten Widerstand. Sie hielten aus, bis die Brandsignale, die von Höhe zu Höhe gezündet wurden, der kaiserlichen Armee in der Steiermark das Signal tödlicher Bedrohung übermittelten und die österreichische Kavallerie sich dem türkischen Gegner entgegenwarf.«

Während Milan spricht, muß ich an die Nächte von Sarajevo im Oktober 1992 denken. Wenn ich damals im Zimmer des Hotels »Holiday Inn« keinen Schlaf fand, weil der serbische Beschuß plötzlich zunahm und die Einschläge sich an die ausgebrannten Skelette der benachbarten Hochhäuser herantasteten, hatte ich die Vorhänge sorgfältig zugezogen, um den Scharfschützen keine unnötige Chance zu geben, meine Nachttischlampe angezündet – sofern Strom vorhanden war – und in geschichtlichen Werken über den Balkan geblättert. Die Tragödie, die sich in Bosnien vollzog und in Sarajevo einen spektakulären Höhepunkt fand, war ja keine plötzliche balkanische Innovation, sondern reihte sich in eine gespenstische Serie von tausendjährigen Eroberungszügen und Partisanenkämpfen ein, in eine grausige Überlieferung von Massenvergewaltigungen und Stammesvertreibungen – heute würde man »ethnic cleansing« sagen. Die Türken verhängten häufig die entsetzliche Strafe des Pfählens, von der fälschlich behauptet wurde, sie sei von den Walachen, den heutigen Rumänen, erfunden worden, wo doch schon der spät-mongolische Welteroberer Timur Lenk, Tamerlan, sie bereits weidlich praktiziert hatte. Warum traute man auf dem Balkan den Rumänen eigentlich jede nur erdenkbare Missetat und Hinterhältigkeit zu?

Jedenfalls, so wird glaubhaft berichtet, habe sich der Fürst Vlad Tepeş, ein wackerer Streiter gegen die türkischen »Ungläubigen« übrigens, ein perverses Vergnügen daraus gemacht, sich mit gepfählten, vor Schmerzen brüllenden Feinden zu umgeben und sich beim Blut- und Kotgeruch der Sterbenden üppige Mahlzeiten servieren zu lassen. Kein Wunder also, daß »Vlad der Pfähler« als »Graf Dracula« in die Gruselgeschichte der Karpaten eingegangen ist. Wer überleben wollte in diesen Jahrhunderten der Willkür und des Grauens, mußte sich auf Verstellung und Verrat verstehen, er mußte befähigt sein, die Seite zu wechseln, sich zu ducken und plötzlich zuzuschlagen, zu terrorisieren und notfalls zu kriechen.

Es sei denn, er griffe wie jener Fürst Lazar, der im Jahr 1389 auf dem Amselfeld im heutigen Kosovo den Heldentod unter dem Türkensäbel suchte, nach der Krone des Martyriums. »Wer Serbe ist, von serbischer Geburt und nicht zum Amselfelde zieht, um Krieg zu führen gegen Türken, soll weder einen Sohn noch eine Tochter je erzeugen und ohne jede Ernte sein«, hatte am Vorabend seines Untergangs Prinz Lazar gemahnt, so las ich in einer alten serbischen Legendensammlung. Tatsächlich sind in den folgenden fünf Jahrhunderten die Serben zum harten Kern des anti-osmanischen Widerstandes geworden. Ihre Hajduken waren die Vorläufer jener Aufstandsbewegung, die von Beginn des neunzehnten Jahrhunderts an die türkische Herrschaft im europäischen Reichsteil – Rumelien genannt – Stück für Stück auflösen sollte und untergrub.

Aber einer Studie über den Würgeengel Tamerlan entnahm ich ebenfalls, daß schon wenige Jahre nach ihrer epischen Niederlage auf dem Amselfeld serbische Kriegshaufen auf der Seite des berühmten osmanischen Sultans Bayazid, »Yildirim der Blitz« geheißen, den türkischen Eroberern zu treuen Diensten standen. In der Schlacht von Ankara, die der steilen Karriere Bayazids ein Ende setzte, bildeten die Serben das letzte, zum Äußersten entschlossene Karree und opferten sich für den osmanischen Fremdherrscher.

Ich hüte mich, diese schier unerklärliche Episode aus dem Jahr 1402 in meiner Diskussion mit Milan zum besten zu geben, aber sie sollte jene oberflächlichen Beobachter der jüngsten Kämpfe um Sarajevo stutzig machen, die aus der Präsenz von ein paar kroatischen oder sogar serbischen Militärs in den überwiegend muslimischen Reihen der bosnischen Verteidigung zwingende

Schlüsse über die Kompromißfähigkeit, ja, die potentielle Harmonie unter den süd-slawischen Völkern anstellen.

Mein serbischer Gelegenheitsbekannter im Hotel »Hyatt« hat sich mir nicht nur zugesellt, um über Balkan-Geschichte zu diskutieren, obwohl es sich da bei den meisten Serben um ein geradezu obsessionelles Thema handelt. Er will mich ein wenig aushorchen, und so breitet er die jüngste, in Belgrad ziemlich pünktlich erhältliche Ausgabe der *New York Herald Tribune* vor sich aus. Er verweist mich auf einen fettgedruckten Aufmacher der ersten Seite, der sich mit den Ergebnissen der jüngsten Wahlen zum russischen Parlament, zur Duma, befaßt. Der Name Wladimir Schirinowski prangt dort in großen Lettern. In dem Artikel folgt die Aufzählung der wirren, aber zutiefst bedrohlichen Deklarationen dieses politischen Hasardeurs, der über Nacht zur Weltberühmtheit gelangt war, nachdem er mit seiner sogenannten Liberaldemokratischen Partei die stärkste Fraktion der Duma bilden konnte und sich als demagogischer Künder großrussischer, faschistischer, ja rassistischer Parolen zu erkennen gab.

Milan scheint über diese Wende in Moskau ehrlich bestürzt zu sein. »Die Russen sind doch unsere natürlichen und historischen Verbündeten«, beteuert er, »und wir haben diese Freundschaftsbekundungen stets aufrichtig und hoffnungsvoll erwidert. Daß die westliche Demokratie auf Rußland nicht zu übertragen ist, darüber haben wir uns in Belgrad nie Illusionen gemacht. Die Amerikaner sollten begreifen, daß die ehemaligen Teil-Republiken der Sowjetunion und sogar die meisten Staaten des erloschenen Warschauer Paktes bei der Neuformierung ihrer Gesellschaft auf eine führende Rolle der ehemals kommunistischen Kader und Eliten gar nicht verzichten können. Nur in der Ex-DDR können die Deutschen es sich leisten, die früheren SED-Funktionäre und Stasi-Zuträger durch Zuwanderer aus der alten BRD zu ersetzen. Weiter östlich, das gilt auch für das offiziell blockfreie Jugoslawien, dürfen wir allenfalls erhoffen, daß sich die Marxisten-Leninisten von gestern einer post-kommunistisch geprägten Form von Sozialdemokratie zuwenden. Glauben Sie mir, ob die Amerikaner und die Deutschen ihn mögen oder nicht, bei uns gibt es keinen Ersatz für den Sozialisten Slobodan Milošević.«

Aber was nun in der riesigen Russischen Föderationsrepublik vor sich gehe, das spreche aller Vernunft Hohn, da sei es doch vielleicht besser gewesen, die Opponenten Boris Jelzins hätten sich am 4. Oktober durchgesetzt. Mit Alexander Ruzkoi, einem schlichten, aber rechtschaffenen Militär und russischen Patrioten, sei man möglicherweise besser gefahren als mit dem psychisch und physisch erschöpften Staatschef Jelzin, der bereits im bedenklichen Schatten Schirinowskis stehe. Moskau treibe ohnehin auf eine expansive Wiedergeburt seines Machtanspruchs hin, es sei denn, es versinke im Strudel der Anarchie und des Bürgerkrieges. In Belgrad frage man sich, ob sich Boris Jelzin nicht auf den tragischen Spuren des Zaren Boris Godunow bewege.

Milan B., er hat mir endlich seine Visitenkarte überreicht, auf der er sich als Bauingenieur ausweist, geht seinen sorgenvollen Gedanken weiter nach. »Moskau riskiert viel mit dieser sogenannten rot-braunen Koalition«, fährt er fort; »wie kann ein Russe sich als ein Bewunderer Adolf Hitlers bezeichnen, wo dieser Prophet des nordischen Herrenmenschen doch sämtliche slawischen Völker zu einer Herde von Arbeitssklaven und Heloten der germanischen Edelrasse degradieren wollte? Wofür haben unsere Väter, ob sie nun bei den roten Partisanen Titos oder den monarchistischen Tschetniks des Oberst Mihailović standen, überhaupt gekämpft?«

Der »Ingenieur« verweist auf eine Neueinteilung Europas, die von Schirinowski in groben Zügen auf einer Landkarte entworfen worden war. Mit dem Balkan sei er recht mutwillig umgesprungen. Den Bulgaren habe er den größten Teil Mazedoniens und Thrakiens zugeschlagen, erläutert Milan, und die Ungarn hätten demnach die Nordhälfte Siebenbürgens zurückgewonnen. Den Rumänen, die der »russische Hitler« als »italienische Zigeuner« bezeichne und mit besonderer Verachtung strafe, sei neben den Polen, die übrigens Lemberg zurückerhalten würden, am übelsten mitgespielt worden. Aber auch der traditionelle serbische Allierte kommt auf dieser groben Skizze zu kurz. Die Balkan-Vorstellungen Schirinowskis erinnern Milan in bedenklicher Weise an den Wiener Schiedsspruch von 1940 und an die willkürlichen Grenzziehungen, die das Dritte Reich in den folgenden Kriegsjahren dieser Region auferlegt hatte. Schon müsse man sich in Belgrad fragen, ob den Bulgaren nicht die prioritäre Rolle beim imperialen Zugriff Moskaus auf die Dardanellen und auf das heilige Konstantinopel zufalle.

In dieser Hinsicht kann ich meinen redseligen Kaffeehausstrategen beschwichtigen. In zahllosen Gesprächen ist mir in Rußland immer wieder versichert worden, daß die Solidarität mit den slawischen und orthodoxen Brüdern Serbiens absoluten Vorrang genieße. Im Sommer 1992 war mir sogar in Moskau der Vorschlag gemacht worden, ein Ausbildungslager für russische Freiwillige, die sich zum Einsatz in Bosnien – natürlich auf serbischer Seite – gemeldet hatten, zu besuchen und sie eventuell ins Kampfgebiet zu begleiten, ein Angebot, auf das ich vielleicht eingegangen wäre, wenn ich zwanzig Jahre jünger gewesen wäre.

Französische Offiziere hatten mir überdies von flagranten Verletzungen der den UNPROFOR-Verbänden auferlegten Zurückhaltungspflicht bei dem in Slavonien eingesetzten russischen Fallschirmbataillon berichtet. Russische Offiziere – das blaue UN-Barett auf dem Kopf – hatten serbische Tankisten am T54-Panzer ausgebildet. Die pro-serbische Stimmung der heutigen post-sowjetischen Armee erinnerte an den Interventionswillen des zaristischen Offizierskorps in den Tagen der ausgehenden Romanow-Dynastie. Damals war der Major Wronsky, Liebhaber der Anna Karenina, mit einer Anzahl von Kameraden zur Unterstützung des Befreiungskampfes der Serben aufgebrochen, motiviert durch pan-slawistische Begeisterung und durch den heimlichen Wunsch, der besitzergreifenden Leidenschaft seiner hochgestellten Mätresse zu entkommen.

Der reaktionäre Provokateur Schirinowski hingegen, dem Milan vielleicht zuviel Bedeutung beimißt, trat allen Anrainerstaaten Rußlands mit grober Mißachtung entgegen. Vermutlich hatte er den Satz von Karl Marx, der die Balkan-Bewohner als »ethnischen Müll« bezeichnet hatte, nie gelesen, aber er verhielt sich demgemäß. Was war das überhaupt für ein Verfechter der prawo-slawischen Orthodoxie, der in einer Moskauer Kirche erst mühsam die elementaren christlichen Frömmigkeitsbekundungen erlernen mußte und sich zum Entsetzen der ihn umringenden Babuschkas und Popen zunächst einmal auf römisch-katholische Art – die linke Schulter vor der rechten mit der Hand berührend – bekreuzigte.

Am Ende, bevor er sich abrupt verabschiedet, rafft sich Milan noch zu einer kategorischen Feststellung auf. Nach einer vierzigjährigen trügerischen Phase der »pax sovietica« zerfalle der Balkan wieder in seine angestammten Spannungsfelder. Während Nationalismus und Konfessionalismus ihre blutigen Gräben aufrissen, gerate der Raum zwischen Karpaten und Bosporus, zwischen Adria und Schwarzem Meer ins Fadenkreuz der drei klassischen Macht- und Einflußzentren: die deutsch-habsburgische und katholische Komponente im Nordwesten, der panslawische und neo-byzantinische Anspruch Moskaus im Nordosten und – last not least – die osmanische Erbverwaltung am Goldenen Horn von Istanbul. »Seit in Sarajevo soviel Blut vergossen wurde, haben die hartnäckigsten Geschichtsverweigerer erkannt, daß der Schein des islamischen Halbmonds über dem Balkan längst nicht erloschen ist.« Nach dieser Äußerung schreitet der Unbekannte mit strammem Schritt auf den Fahrstuhl zu.

*

Eine schöne und attraktive Stadt ist Belgrad nicht. Dennoch geht eine fremdartige Faszination von ihr aus. Zum ersten Mal hatte ich die jugoslawische Hauptstadt im Sommer 1951 besucht. Obwohl Marschall Tito drei Jahre zuvor den extrem riskanten Bruch mit Stalin und der Komintern vollzogen hatte, war die Atmosphäre damals noch durch und durch kommunistisch und selbst der banalste Alltag von der Allgewalt der Geheimdienste durchsponnen. Zu jener Zeit war mir Belgrad ziemlich orientalisch erschienen. Autos waren selten, Pferdekarren beherrschten das Straßenbild. Das Nachkriegselend lastete schwer über dem mit eiserner Faust regierten Land. Ich hatte mich im Hotel »Moskwa« einquartiert, das den sowjetischen Intourist-Maßstäben entsprach, aber den Charme der Zwischenkriegszeit nicht ganz verdrängt hatte. Viele Zigeuner waren im Stadtzentrum zu sehen, und die wenigen muslimischen Frauen, die sich dorthin verirrten, trugen knallbunte Kopftücher und flatternde türkische Pumphosen.

In dem AFP-Korrespondenten Julien B., der etliche Jahre älter war als ich, hatte ich einen ortskundigen und freundschaftlichen Mentor gefunden. Die Agence France Presse genoß in jenen Tagen einen relativ großzügigen Sonderstatus. Der leicht angegraute, sportliche Franzose hatte während des Krieges im Widerstand gedient und der »Armée Secrète« angehört. Er war wohl nicht ohne Grund von seiner Pariser Zentrale ausgesucht worden, um diese extrem kritische Außenstelle als Beobachter zu besetzen. Da Julien des Serbo-Kroatischen nicht mächtig war, mußte er sich auf die Übersetzungskunst einer weiblichen Ortskraft verlassen, die bestimmt nicht ohne Zutun des einschlägigen Geheimdienstes dem Journalisten aus dem immer noch höchst suspekten Westen zugeteilt worden war.

Ilja war eine rassige junge Frau von etwa dreißig Jahren. Mit ihrem rabenschwarzen Haar, ihren lebhaften Augen und der süd-slawischen Schönheit, deren sie sich voll bewußt war, strahlte sie eine gewisse Wildheit aus. Im Gegensatz zu den übrigen Frauen Belgrads, die arm und verwahrlost dahergingen, war sie elegant gekleidet und bewegte sich auch in den für normale Jugoslawen unerschwinglichen Devisen-Lokalen mit lässigem Selbstbewußtsein. Ilja war binnen kurzem Juliens Geliebte geworden. So lautete wohl auch ihr Auftrag, und beide machten aus dieser Liaison keinen Hehl. Der AFP-Korrespondent verwies mit Stolz darauf, daß seine Freundin und Mitarbeiterin dem Geschlecht der Obrenović entstammte, daß sie gewissermaßen von königlichem Blute sei, was in Serbien allerdings nicht allzuviel bedeutete.

Die beiden sich mörderisch befehdenden Dynastien, die Obrenović und die Karageorgević – letztere sollte schließlich nach einem bluttriefenden Palastgemetzel im Jahr 1903 die Königswürde an sich reißen – führten ihren Ursprung auf großbäuerliche, kriegerisch veranlagte Clanchefs zurück, die es mit Hilfe von Schweinezucht zu relativem Wohlstand und Einfluß gebracht hatten. Milan der Große aus der Sippe der Obrenović, der Gründer des modernen serbischen Staates, soll seine Laufbahn sogar als Ochsenknecht begonnen haben, und er war des Lesens und Schreibens nie kundig. Immerhin konnte sich Serbien als einziger unabhängiger Balkan-Staat rühmen, seine Monarchen nicht aus Deutschland oder Dänemark importiert, sondern auf bodenständige Hajduken-Gestalten zurückgegriffen zu haben. Im Gegensatz zu Rumänen, Bulgaren, Griechen und Albanern hatte nicht der mitteleuropäische Gotha am Taufbecken der staatlichen Wiedergeburt der Serben gestanden.

Über die Gewaltherrschaft Titos und dessen Hang zum Personenkult machte Julien sich keine Illusionen. Aber der ehemalige Partisanenführer imponierte ihm zutiefst. Heute weiß jedermann um Herkunft und Werdegang jener ungewöhnlichen Persönlichkeit, die unter dem wirklichen Namen Josip Broz von einem kroatischen Vater und einer slowenischen Mutter geboren worden war, der als junger Unteroffizier noch in der k.u.k.-Armee diente, sich zum Kommunismus bekehrte und schon mit präzisen Komintern-Aufgaben im Spanischen Bürgerkrieg kämpfte, ehe er sich im Untergrundkampf gegen die großserbisch orientierte Dynastie der Karageorgević engagierte. Besser als jeder andere war sich dieser kommunistische Internationalist der ethnischen und konfessionellen Realitäten bewußt, die seine Heimat belasteten.

In den letzten Wochen des Krieges, als ich als Gestapo-Häftling mit Fleckfieber-Erkrankung ins Gaukrankenhaus Graz eingeliefert wurde, machte ich meine ersten persönlichen Entdekkungen auf diesem Gebiet. Ich teilte den großen Quarantänesaal mit einem ganzen Sammelsurium widerstreitender Bürgerkriegsschicksale, die ihre wahre politische Zugehörigkeit erst ganz allmählich, oft nur im Fieberwahn zu erkennen gaben. Da gab es Serben, die für die Wiederherstellung der Monarchie der Karageorgević unter dem Oberst Draža Mihailović in die Berge gegangen waren. Diese »Tschetniks«, wie sie sich in Anlehnung an anti-osmanische Vorläufer damals schon nannten, taten sich durch Tapferkeit und Brutalität hervor. Schon in den Jahren 1942 bis 1944 machten sie sich eine nationale Pflicht daraus, möglichst viele Muslime zu massakrieren und deren Dörfer niederzubrennen. Gleichzeitig kämpften sie mit Löwenmut gegen die Deutschen und Italiener. Erst als sie gegenüber der genialen Partisanenstrategie des Kommunisten Tito ins Hintertreffen gerieten, gingen sie in ihrer Verzweiflung örtliche Zweckbündnisse mit den Repräsentanten der Achsenmächte ein und suchten am Ende Zuflucht bei den zurückflutenden Truppen des Dritten Reiches.

Unter den Bettlägrigen von Graz befand sich wohl auch der eine oder andere Tito-Partisan. Diese straff geführte, ideologisch inspirierte Truppe fand ihren stärksten Zulauf bei den Serben von Bosnien und Montenegro. Der Landesteil Bosnien-Herzegowina war trotz seiner relativ geringen kroatischen Bevölkerung 1941 dem Satellitenstaat des »Poglavnik«, des Führers Ante Pavelić von Zagreb – damals sagte man Agram – zugeschlagen worden. Die Kommunisten kämpften in den Schluchten und Wäldern Bosniens nicht nur gegen ein beachtliches deutsches Aufgebot, sondern vor allem gegen die kroatische Ustascha-Miliz, die an Grausamkeit nicht zu überbieten war und unter ihren orthodoxen, also serbischen Gegnern Zwangskonversionen zur katholischen Kirche veranstaltete. Schon damals unterschied sich ein Kroate von einem Serben ausschließlich durch seine konfessionelle Zugehörigkeit.

Sogar ein versprengter Soldat des Generals Nedić vertraute mir auf der Fleckfieber-Station seine politisch-militärische Zugehörigkeit an, während ich mich mit fortschreitender Genesung als fiebermessender Hilfspfleger betätigte. Nedić, eine Art serbischer Pétain, hatte versucht zu retten, was zu retten war, und in seinem Ministaat von Belgrad dezidiert mit den verfehmten Deutschen kollaboriert. Er und der wackere Mihailović wurden nach Kriegsende von Tito hingerichtet.

Im Kunterbunt der Bürgerkriegsfraktionen meiner Infirmerie fehlte lediglich irgendein muslimischer Kombattant. Die bosnischen Muslimani – dem Staat Kroatien ohne jede Volksbefragung eingegliedert – hatten mehrheitlich mit Zagreb sympathisiert, sich teilweise sogar in die Ustascha eingereiht, bis im Jahr 1943 Heinrich Himmler auf den Gedanken kam, bei dieser traditionell kriegerischen Bevölkerung, bei diesen slawischen Nachkommen von osmanischen Sipahi und Janitscharen eine spezielle Gebirgsjägerdivision der SS auszuheben, die den Namen »Handžar«, das heißt Krummdolch, trug. Diese muslimischen Waffen-SS-Männer, denen der Großmufti von Jerusalem, Amin el Husseini, ein Parteigänger der Achse, einen propagandistisch wirksamen Besuch abstattete und deren Reihen er mit faschistischem Gruß abschritt, trugen zur feldgrauen Uniform den überlieferten roten Fez der osmanischen Vorfahren. Diese ursprünglich maghrebinische Kopfbedeckung war mit dem Totenkopf der nationalsozialistischen Verfügungstruppe geschmückt.

Bei meinem Belgrader Aufenthalt im Sommer 1951 erfuhr ich von Julien, daß die Muslime gegenüber der gottlosen Ideologie Titos während des großen Krieges auf Distanz geblieben waren. Obwohl sich die heftigsten und blutigsten Kämpfe in Bosnien-Herzegowina abspielten, hatten sich allenfalls zwei Prozent der dort lebenden Muslimani auf die Seite der roten Partisanen geschlagen. Der französische Korrespondent gab seinem zynischen Wirklichkeitssinn freien Lauf. Unter heftiger Zustimmung Iljas, die weder für den einen noch für den anderen Kriegshaufen irgendwelche Sympathien aufbrachte und die als gebürtige Obrenović die Karageorgević-treuen Guerilleros des Obersten Mihailović zutiefst haßte, vertrat er die Ansicht, daß Tito nach seinem Sieg, den er wohlweislich ohne nennenswerte sowjetische Hilfe, hingegen mit aktiver Unterstützung britischer Intelligence-Offiziere errungen hatte, die einzig richtige Entscheidung traf. Er hatte den schäumenden Nationalismus der Serben und Kroaten gedämpft, indem er die Tschetniks auf der einen, die blutrünstigen Ustaschi auf der anderen Seite massenweise hinrichten ließ. Daß im späteren jugoslawischen Heer dennoch die serbischen Offiziere das Sagen hatten, lag wohl am zutiefst kriegerischen Instinkt dieser Balkan-Rasse, die durch das jahrhundertelange Fegefeuer schwelender Auseinandersetzung mit den osmanischen Okkupanten und deren Verbündeten, der zur Religion des Propheten bekehrten Muslimani Bosniens, gegangen waren.

Aber der Marschall und Staatschef schob auch den großserbischen Ambitionen seiner Militärs einen Riegel vor, indem er den föderalistischen Strukturen den Vorzug gab. Es hatten ja immerhin auch Kroaten auf seiner Seite gekämpft, etwa jener Partisanenkommandeur Franjo Tudjman, der beim Zerfall des jugoslawischen Vielvölkerstaates eine entscheidende Rolle spielen sollte. So wurde nicht nur die Teilrepublik Mazedonien – zu diesem Behuf wurde eine mazedonische Nationalität erfunden –

von Alt-Serbien losgetrennt. Die Albaner des Kosovo blieben in ihrer autonomen Provinz nur sehr locker an Belgrad angebunden, und ihnen wurde eine spezielle wirtschaftliche Begünstigung zuteil. Vor allem Bosnien gestaltete sich allmählich zu einem verwirrenden, aber halbwegs selbständigen Konglomerat. Ursprünglich war Tito von der Annahme ausgegangen, die zwei Millionen Koran-Gläubigen Bosniens sowie deren Glaubensbrüder des Sandschak von Novi Pazar würden sich nach und nach zum serbischen beziehungsweise kroatischen Volkstum bekennen oder aber sich für den Sammelbegriff »Jugoslawen« als »ethnische« Zugehörigkeit entscheiden, was seinen ursprünglich auf zentrale Führung angelegten Vorstellungen vom süd-slawischen Bundesstaat entgegengekommen wäre. Es bedurfte einer langen, komplizierten Entwicklung, ehe die Nationalität der Muslimani im Jahr 1968 endgültig als separate pseudo-völkische Einheit anerkannt und gefördert wurde.

Als durchreisender Journalist stand ich 1951 unter strikter Beobachtung der Behörden. Immerhin wurde ein Ausflug über Land für mich organisiert. Tito hatte im Gegensatz zur bolschewistischen Praxis an der Erhaltung des Kleinbauerntums in Jugoslawien weitgehend festgehalten. Die Schaffung von einigen Staatsgütern bot ein ideologisches Alibi. Auf einem dieser Agrarkombinate südlich der Save wurden mir endlose Maisfelder vorgeführt, und in einer herzlichen Runde früherer serbischer Tito-Partisanen bewirtete man mich mit Brot, Speck, Zwiebeln und einem Dutzend wohlgefüllter Gläser Slivovitz. Nördlich der Save fiel mir ein Dorf auf, das mit seinen Barockkirchen und gepflegten Anlagen beinahe österreichisch anmutete.

»Sie haben den Nagel auf den Kopf getroffen«, prostete mir der joviale Gutsdirektor zu; »die da drüben jenseits des Flusses haben Glück gehabt. Sie wurden relativ früh unter die Obhut der Habsburger genommen, während wir armen Schweine auf dem Südufer bis ins neunzehnte Jahrhundert von den Türken drangsaliert wurden.«

*

Seit meinen früheren Besuchen hat sich der eigentliche Stadtkern von Belgrad gar nicht so drastisch verändert. In den letzten Jahren ist der hypermoderne Stadtteil Sava hinzugekommen. Er wird mit der ursprünglichen Zitadelle durch eine weitgeschwungene Brücke verbunden. In Sava befindet sich auch das hochmoderne und luxuriöse Hotel »Hyatt«, dem ich dieses Mal den Vorrang vor dem ehrwürdigen »Moskwa« gebe. Der Stil des Wohn- und Büroviertels Sava erinnert mich in seiner traurigen Mediokrität an jene phantasielosen Großbauten und Hochhäuser von Sarajevo, die dort anläßlich der Winterolympiade von 1984 aus dem Boden geschossen waren und heute zu makabren Beton- und Stahlgerippen ausgebrannt sind. Immerhin unterschied sich die jugoslawische Architektur der jüngsten Vergangenheit vorteilhaft von den sowjetischen Wohnsilos und deren erbärmlicher Verwahrlosung. In Sava hatte man sich mit viel Chrom und mit getönten Glasfassaden sogar redlich Mühe gegeben. Der neo-serbische Nationalismus hatte sich von dem kroatischen Kommunisten Tito, der in den letzten Jahren seiner Regierungszeit einen verschwenderischen, protzigen Lebensstil entfaltet hatte, resolut distanziert. Die ehemalige Marschall-Tito-Avenue war in »Straße der serbischen Fürsten« umbenannt worden, und an ihrem Ende wölbte sich der unvollendete Betonklotz der Basilika, die dem heiligen Sava, dem frühen König des legendenverklärten Nemanjiden-Staates, geweiht ist.

Es liegt jetzt Schneematsch in den Straßen von Belgrad. An diesem grauen Wintertag werden die Folgen des Bürgerkrieges in Bosnien, der jederzeit auf die kroatische Krajina oder andere Landesteile des ehemaligen Jugoslawien überzuspringen drohte, auf eindringliche Weise spürbar. Seit 1991 hatte sich die schleichende Inflation des Dinar dramatisch beschleunigt und in den letzten Monaten des Jahres 1993 groteske Ausmaße angenommen. Am Vortag hatte das Finanzministerium den Neudruck von Banknoten zu fünf Milliarden Dinar bekanntgegeben, die bei Ausgabe einem Gegenwert von etwa 14 D-Mark entsprechen sollten, am folgenden Tag jedoch voraussichtlich schon um ein Drittel entwertet sein würden. Für den serbischen Nationalstolz mußte es zutiefst schmerzlich sein, daß die inoffizielle, aber allgegenwärtige Valuta, die allein den Kauf brauchbarer und sonst unauffindbarer Konsumgüter ermöglichte, die harte Mark jener Deutschen war, die man insgeheim und auch öffentlich für das Auseinanderbrechen der jugoslawischen Föderation, für die Prüfungen des Belgrader Reststaates, für den neuen Balkankrieg verantwortlich machte.

Während ich mich über die Straße »Knež Mihailova« am Hotel »Moskwa« vorbei auf den parkähnlichen Vorplatz zubewege, wo sich das monumentale Kuppelgebäude des jugoslawischen Parlaments, die Skupština, erhebt, zischt man mir von allen Seiten das Angebot »Devise« in die Ohren. Die Finanzlage ist so verzweifelt, daß die Bürger der Serbischen Republik unmittelbar nach Auszahlung ihrer Gehälter oder Löhne auf die armseligen Märkte stürzen und versuchen, die sich rasant entwertenden Dinare in dicken Paketen an den Mann zu bringen. Der hochqualifizierte Wirtschaftsprofessor Popov hatte mir von einem besonderen Trick erzählt, mit dem clevere Spekulanten den absurden Wertverfall ihres Geldes zu kompensieren suchten. Sie zahlten dort, wo sich die Gelegenheit bot, mit Schecks und schrieben somit astronomische Summen auf ihre völlig ungedeckten Bankkonten aus. Von den Geldinstituten wurden sie zwar mit horrenden Debet-Zinsen belegt, aber die Inflation galoppierte immer noch schneller als die permanenten Diskonterhöhungen, so daß der Schuldner über die Runden kam, manchmal sogar ein Geschäft dabei machen konnte.

Dennoch unterscheiden sich die Menschen in diesem Dezember 1993 positiv von ihren russischen oder ukrainischen Leidensgenossen, deren respektive Währungen – am serbischen Dinar gemessen – noch relativ stabil wirken. Gewiß gibt es hier auch jene armseligen Trödelmärkte, wo fröstelnde und ausgemergelte Gestalten ihre letzte kümmerliche Habe gegen Lebensmittel einzutauschen oder für ein paar D-Mark zu verhökern suchen. Aber irgendwie hat dieses Balkan-Volk mehr Würde und Stolz bewahrt. Vielleicht ist das ein oberflächlicher Eindruck, aber mir scheint, als hätte sich die zweifellos stark vorhandene und verästelte Mafia von Belgrad nicht so hemmungslos aller Kommandohebel der Wirtschaft bemächtigt wie jene in Moskau oder St. Petersburg.

Bei unserem Frühstücksgespräch hatte Milan diese Parallele

zu den post-sowjetischen Verhältnissen energisch zurückgewiesen: »Sie können doch das ehemalige Jugoslawien nicht mit Rußland vergleichen. Wir lebten vor dem Bürgerkrieg zwar relativ bescheiden, aber an unseren ost-slawischen Brüdern gemessen, genossen wir doch ein durchaus erträgliches Niveau, versuchten immerhin, dank Massentourismus und Rückfluß der Gastarbeiterlöhne aus Deutschland uns mitteleuropäischen Maßstäben anzunähern.«

Die Hauptverkehrsader von Belgrad ist ursprünglich in stattlichem Jugendstil errichtet worden. Einfallslose Neubauten füllen heute die Lücken, die die deutsche Bombardierung des April 1941 gerissen hat. Nach und nach wird die Chaussee rechts und links von Botschaftsanwesen gesäumt. Die meisten ziehen durch frischen Verputz und gute Instandhaltung den Blick auf sich. Die neue deutsche Kanzlei fällt durch ihre architektonische Unzulänglichkeit, ja durch ihre Häßlichkeit auf. Ganz armselig steht die diplomatische Vertretung der west-afrikanischen Republik Guinea da. Die einst prächtige Villa ist total heruntergekommen und muß im Inneren ein trostloses Bild bieten. Dabei hatte – zu Lebzeiten des Präsidenten Sekou Touré – Guinea einmal die Rolle eines progressistischen Leuchtturms der Dritten Welt für sich beansprucht. Erst nach dem Tod dieses schwarzen Diktators hatte sich der ganze Horror eines verelendeten KZ-Staates zwischen Conakry und Kankan der entsetzten und stets fehlinformierten Weltöffentlichkeit dargeboten. Mir kommen sehr persönliche Reminiszenzen beim Anblick dieses verfallenen Gemäuers. Es war im frühen September 1961 gewesen, und Belgrad fühlte sich damals ein paar Tage lang als Mittelpunkt des Universums.

Für Marschall Tito mochte die Einberufung der ersten Gipfelkonferenz des überwiegend afro-asiatischen Verbundes der blockfreien Nationen als Krönung seines Lebenswerkes erscheinen. Zu jener Zeit war ich Afrika-Korrespondent der ARD und von Kinshasa, das damals noch Léopoldville hieß, nach Jugoslawien gereist. Im Kongo, dem heutigen Zaire, hatte die UNO unter der Anleitung ihres Generalsekretärs Dag Hammarskjöld zu einer aufwendigen Befriedungsaktion ausgeholt, die zum Zeitpunkt des Belgrader Treffens bereits die Anheizung bluttriefender Bürgerkriege im Herzen Afrikas beschleunigt hatte. Der eigentliche Held der afrikanischen Unabhängigkeit, Patrice Lumumba, war unter schauerlichen Umständen ermordet worden, und die Friedensstifter aus Manhattan hatten dabei die Nachfolge des Pontius Pilatus angetreten.

Heute ist die Weltöffentlichkeit um manche Illusion ärmer geworden. Der Schwarze Kontinent, die Emanzipation der »jungen Völker«, wie man damals in Verkennung der tatsächlichen frühesten Menschheitsentwicklung im ost-afrikanischen Rift-Valley schrieb, inspirierte zahllose Skribenten zu neo-rousseauistischen Visionen. Endlich hatte man den »guten Wilden – le bon sauvage« wiederentdeckt, der seit den Tagen der *Encyclopédie* in Vergessenheit oder in Verruf geraten war. Die Naivität der Kommentatoren ging so weit, daß sie sich von der Organisation der Blockfreien einen Ausweg erhofften aus der damals unerbittlichen Konfrontation zwischen der »Ersten«, der kapitalistischen, und der »Zweiten«, der sozialistischen Welt. Der Mythos einer menschheitserlösenden »Dritten Welt« kam auf, und kaum jemand wollte zur Kenntnis nehmen, welch tiefe Risse dieses merkwürdige Konglomerat von Anfang an aufwies. Um nur zwei Beispiele zu nennen: Die stramm auf Moskau ausgerichteten Nord-Vietnamesen Ho-Tschi-Minhs gehörten ebenso selbstverständlich dem Club der »non-aligned nations« an wie der philippinische Präsident Marcos, damals ein eingeschworener Satellit der USA.

In jenen Sommertagen bot sich in Belgrad ein prächtiges, malerisches Schauspiel. Der Persönlichkeit Marschall Titos und seinem selbstbewußten Kurs an der Spitze der jugoslawischen Föderation war es zu danken, daß die Stadt am Zusammenfluß von Donau und Save zum ersten Konferenzort gewählt wurde. Der alternde Partisanenführer stand auf dem Gipfel seines internationalen Ansehens, seit der Generalsekretär der KPdSU, der bullige Ukrainer Nikita Chruschtschow, den Canossa-Gang zu diesem Abtrünnigen des Moskowiter-Reiches angetreten hatte und die Administration John F. Kennedys sich um sein Wohlwollen bemühte.

Die Repräsentanten von vierundzwanzig »blockfreien« Staaten traten in denkwürdiger Prozession an, wenn sie, oft in bizarrer, exotischer Landestracht, die Stufen zum Rundbau der Skupština hinaufschritten oder sich auf den vorderen Bänken des parlamentarischen Amphitheaters im Bewußtsein ihrer Bedeutung für das universale Geschehen niederließen. Besondere Aufmerksamkeit erntete der indische Ministerpräsident Jawaharlal Nehru. Der mächtigste Mann des Subkontinents, Erbe der Mogul-Kaiser und der Vizekönige Ihrer britischen Majestät, bewegte sich leicht gebeugt, in studierter Abwesenheit, mit der unvermeidlichen roten Rose im Knopfloch und dem angeborenen Überlegensheitsbewußtsein der reinsten Brahmanen-Kaste kaschmirischen Geblüts.

Der »Rais« der Vereinigten Arabischen Republik, der Ägypter Gamal Abdel Nasser, hatte auf jeden Mummenschanz verzichtet und erschien, athletisch und hochgewachsen, im dunklen europäischen Anzug. Nasser verkörperte in jenen Tagen die Hoffnungen der arabischen Nation. Er war als Sieger aus dem Suezkrieg von 1956 gegen Engländer, Franzosen und Israelis hervorgegangen, und die Massen zwischen Persischem Golf und Indischem Ozean jubelten diesem Hoffnungsträger, diesem – wie sich später herausstellte – trügerischen Herold eines revolutionären arabischen Sozialismus begeistert zu.

Als Herrscher über tausend Inseln war Ahmed Sukarno mit betonter Lässigkeit ans Rednerpult getreten. Er stützte sich damals noch auf das prekäre Gleichgewicht der Kommunistischen Partei Indonesiens und einer zusehends machthungrigen Armee. Frau Bandaranaike von Ceylon war in einen knallbunten Sari gehüllt, der eine breite Speckfalte um die Hüfte freiließ. Sie wurde als Symbol weiblicher Emanzipation unter den Farbigen gefeiert. Der Staatschef von Ghana, Kwame N'Krumah, in jenen Tagen noch als Kultfigur afrikanischer Selbstbehauptung angesehen, hob triumphierend seinen Häuptlingsstab und ließ sein wohlgeformtes Profil bewundern. Zu den angesehensten Potentaten dieser Runde zählte Haile Selassie, der letzte Negus von Äthiopien, Löwe von Juda, Nachkomme Salomons und der Königin von Saba. Er trippelte zwergenhaft in den Parlamentssaal. Wer kannte schon alle Namen dieses Aufgebots? Der König von Nepal huschte im Dhoti die Stufen hinauf, dicht gefolgt von Kronprinz Mulay Hassan, dem späteren Hassan II. von Marokko, der eine allzu modisch taillierte Pariser Eleganz zur Schau trug. Den stärksten Applaus erntete die Delegation der Algerischen Befreiungsfront, FLN, mit dem gewieften Taktiker Ferhat Abbas an der Spitze.

Nicht alle Staaten der Dritten Welt waren im September 1961 in Belgrad zugelassen. Die sogenannte Gruppe von Brazzaville, jene frankophonen Länder Afrikas, die sich mit der früheren französischen Kolonialmacht nicht überworfen hatten und einen Kurs der Mäßigung steuerten, waren durch ihre Gegner der Casablanca-Allianz – Ghana, Guinea, Mali, Marokko, Vereinigte Arabische Republik – ausgeschlossen worden. An dieser flüchtigen Konstellation werden die Vergänglichkeit und Brüchigkeit zweckbedingter Koalitionen der sogenannten Dritten Welt im Rückblick exemplifiziert. Bezeichnend für die Anmaßung der neutralistischen Runde war die herablassende Behandlung, die dem eben zur Unabhängigkeit gelangten Nigeria zuteil wurde, diesem afrikanischen Koloß, dessen demographisches und wirtschaftliches Schwergewicht alle übrigen Partner des Schwarzen Kontinents weit überragte.

Die Kongo-Krise stand wohlweislich nicht im Vordergrund der Belgrader Tagung. Die Welt hatte zwingendere Sorgen. Am 13. August hatte der Mauerbau rings um West-Berlin begonnen. Die alte Reichshauptstadt wurde wieder zum Objekt des großen Pokerspiels. Im Weltraum hatten die Russen die Amerikaner vorübergehend überrundet und sich an die Spitze der kosmonautischen Entwicklung gesetzt. Präsident Kennedy, von den amerikanischen »liberals« als »Camelot« gefeiert, von den Westeuropäern fast kniefällig verehrt, hatte seine kubanische Schlappe an der Schweinebucht noch nicht verwunden und verrannte sich bereits – ohne es recht zu merken – im vietnamesischen Labyrinth.

Die Kreml-Führung schätzte die Psychologie der Blockfreien offenbar realistischer ein als so mancher westliche Diplomat oder Leitartikler. Chruschtschow spürte instinktiv, daß diese heterogene Versammlung von Belgrad durch Kraftmeierei und hartes Auftrumpfen nachhaltiger beeindruckt würde als durch Beschwichtigung, Anbiederei und gutes Zureden. Auf dem eisigen Testgelände von Nowaja Semlja ließ er nukleare Megatonnen explodieren, um seiner Drohung gegen West-Berlin Nachdruck zu verleihen. Er durchbrach damit ein atomares Versuchsmoratorium, das seit Oktober 1958 zwischen den Supermächten eingehalten wurde. Die Kennedy-Administration hatte gehofft, diese brüske sowjetische Herausforderung werde unter den Blockfreien einen gemeinsamen Schrei der Entrüstung auslösen. Aber das war eine verfehlte Spekulation. Die fünfundzwanzig Teilnehmer von Belgrad formulierten nach langer Debatte eine wachsweiche Resolution, die die Sowjetunion nicht einmal namentlich erwähnte, hingegen beide Supermächte zur Rüstungsbeschränkung und zu einer versöhnlichen Haltung in Berlin aufrief.

Kennedy quittierte die Belgrader Konferenz mit den Worten: »Die Neutralen waren fürchterlich.« Der US-Botschafter bei den Vereinten Nationen, Adlai Stevenson, maßgeblicher Sprecher der amerikanischen »Tauben«, sah der kommenden Generalversammlung der Weltorganisation mit trüben Erwartungen entgegen. Dag Hammarskjöld mußte unter dem gemeinsamen Druck des Warschauer Paktes und der Blockfreien um seine Position als Generalsekretär bangen. Was lag näher als die Forcierung einer Kongo-Lösung? In Belgrad schlug die Totenglocke für die Kupferprovinz Katanga, die sich mit Hilfe der ehemaligen belgischen Kolonialmacht von der Kongo-Republik gelöst hatte. Die Preisgabe des Katanga-Separatisten Moise Tschombe, notfalls seine gewaltsame Beseitigung, waren beschlossene Sache.

So wurde gegen Ende der Belgrader Tagung der Kongo doch noch ein paar Stunden lang zum beherrschenden Thema. Präsident Sukarno von Indonesien trat an das Rednerpult, forderte die Repräsentanten der neutralen Welt auf, sich zu erheben und zu Ehren Patrice Lumumbas eine Minute schweigend zu verharren. Unter den Männern, die von ihren Sitzen aufstanden, befand sich der kongolesische Außenminister Justin Bomboko, engster Vertrauter eines gewissen Generals Mobutu, der ein gerüttelt Maß an Verantwortung am tragischen Tod Lumumbas trug. Wer erinnert sich heute noch an diesen »wahren Sohn Afrikas«, wie ihn ein sowjetischer Propagandafilm titulieren sollte?

Warum komme ich so ausführlich auf diese schillernde Tagung im September 1961 zurück? Sie illustriert den rasenden und unberechenbaren Gang der Zeiten. Im heutigen Bürgerkrieg um Bosnien verfügen die Staaten der Dritten Welt, die in der UNO in so erdrückender Zahl vertreten sind, immer noch über ein unangemessenes und lähmendes Gewicht.

An den warmen Sommerabenden von damals, wenn wir unsere Berichte durchgegeben hatten, ging ich meist mit dem ARD-Kollegen Ulrich Schiller im Parkgelände des Kalemegdan spazieren. Schiller war Korrespondent in Belgrad und erfahrener Balkan-Kenner. Es war schon ein seltsamer Gedanke, daß sich die Vertreter der Dritten Welt, unter denen die muslimischen Staaten ein beachtliches Kontingent stellten, im Schatten dieses einst stärksten Bollwerks osmanischer Macht in Südost-Europa trafen. »Die Vorposten fremder Kontinente«, so berichtete ich in einem Radio-Kommentar, »haben sich bedenklich nahe an die Grenzen des Abendlandes herangeschoben. Sie entfalten vor den Toren Mitteleuropas ihre Ambitionen und ihre Eitelkeiten. Noch fehlt ihnen die Macht eines Suleiman des Prächtigen.«

*

Von ausschweifender Pressefreiheit konnte wohl in Belgrad nie die Rede sein, aber selbst in diesen erdrückenden Kriegs- und Krisentagen haben sich ein paar oppositionelle Stimmen behauptet. Am großserbischen Anspruch wird zwar von niemandem gerüttelt, aber an der Alleinherrschaft der Sozialistischen Partei, die sich aus dem früheren Bund der Kommunisten herausgeschält hat wie so manche andere Nachfolgebewegung im ehemaligen Ostblock – man denke nur an die PDS der neuen Bundesländer –, wird heftige Kritik geübt. Auch die Person des Regierungschefs Slobodan Milošević, sein Verharren in autokratischer Unfehlbarkeit, sein Festhalten an kollektiven Wirtschaftsformen werden gerügt, und wenn das Thema des Krieges in Bosnien weitgehend tabu ist, wird doch die brutale, unversöhnliche Durchsetzung der Ziele tadelnd anvisiert.

Eines der wenigen Nester des demokratischen Widerstandes ist die Zeitung *Borba*, deren düstere Redaktionsräume, mit altmodisch-bürgerlichen Clubsesseln garniert, bessere Zeiten gesehen haben. Der außenpolitische Redakteur, an den ich verwiesen wurde – wir wollen ihn Zoran nennen –, greift vor allem die Behauptung an, die wirtschaftliche Misere, die über Serbien hereingebrochen ist, sei ausschließlich die Folge der Verhängung wirtschaftlicher Sanktionen durch die Weltgemeinschaft. Dieser endlose, weitverzettelte Krieg habe das Land seiner Einkünfte beraubt und in die bodenlose Inflation getrieben, für die lediglich die frühen Jahre der Weimarer Republik eine Parallele böten.

Wie der durchschnittliche Serbe noch halbwegs über die Runden komme? Zunächst habe man alle nur verfügbaren Reserven verbraucht. Darüber hinaus komme der Stadtbevölkerung zugute, daß der Sippen- und Familiengeist auf dem Balkan relativ intakt geblieben ist. Aus geschichtlicher Tradition seien die Serben ein Bauernvolk, und fast jeder verfüge über Verwandte auf dem Land – Reste der alten »Zadruga« –, die für eine spärliche Belieferung mit Lebensmitteln immer noch zur Verfügung stünden. Schließlich fließe von seiten der Gastarbeiter – allein in Deutschland sind dreihunderttausend etabliert – ein Strom diskreter finanzieller Subvention in die ausgepowerte Heimat. Nicht umsonst sei die D-Mark die überall akzeptierte und maßgebliche Leitwährung.

Zoran sitzt hinter einem mächtigen Schreibtisch. Um sein holzgetäfeltes Büro hätte ihn mancher westeuropäische Chefredakteur beneidet. Aber die Zeit, da Titos Gunst über der regimeergebenen Zeitung *Borba* strahlte, ist längst vorbei. Mit seinem Bart, den dicken Brillenrändern und dem vorsichtigen Blick erinnert Zoran an jene Reformpolitiker in Moskau, an jene pro-westlichen Intellektuellen, die »Zapadniki«, der ehemaligen Sowjetunion, in denen die ortsansässigen Auslandskorrespondenten bereits die Gewähr einer slawischen Wiedergeburt im Geiste des politischen Pluralismus und einer langsam erblühenden Marktwirtschaft erblicken. Aber ähnlich wie seine Moskauer Gesinnungsgenossen ist Zoran zur Ohnmacht verurteilt, Angehöriger einer kleinen Elite, die Stück um Stück an Einfluß verliert, falls sie jemals welchen besessen hat. Ihre größte Leistung hat darin bestanden, westlichen Beobachtern, die in ihren Heimatländern als ausgewiesene Fachkenner galten, die Illusion zu vermitteln, den ost- und süd-slawischen Völkern stehe der Weg zum politischen »Disneyland« eines Francis Fukuyama offen, jenes amerikanischen Soziologen japanischer Abstammung, der unter dem Applaus der Medien »das Ende der Geschichte« proklamiert und den Siegeszug des »American way of life« rund um den ganzen Erdball prophezeit hat.

In Zorans feudalem Büro geht es zu wie in einem Taubenschlag. Von draußen dringt die blasse Wintersonne durch die seit Jahren ungewaschenen Scheiben. Der Verkehrslärm ist trotz Benzinknappheit so intensiv, daß die Verständigung darunter leidet. Jedesmal, wenn ein Kollege den Raum durchschreitet, um durch eine andere Tür gleich wieder zu verschwinden, verstummt vorübergehend unsere Konversation. Zoran fühlt sich beobachtet und bedroht. In Serbien ist ein Wahlkampf im Gange und steigert sich in die letzte Phase.

»Ungefährlich ist es nicht, gegen die kollektive Verblendung anzugehen und zu patriotischer Mäßigung zu mahnen«, sagt der Redakteur. »Auf den Straßen von Belgrad haben Sie vermutlich gesehen, wessen Plakate von allen Mauern und Laternenpfählen blicken. Milošević hat es offenbar gar nicht nötig, sein Mussolini-Kinn an jeder Ecke plakatieren zu lassen. Hingegen sehen Sie überall das feiste Gesicht des Demagogen Vojeslav Šešelj, der mit Hilfe seiner Radikalen Serbischen Partei einen nationalistischen Korporatismus predigt und sich in der Krajina bei der Bekämpfung der Kroaten mit seinen Partisanenhaufen wie ein Schlächter aufgeführt hat. Doch den größten propagandistischen Aufwand hat ein polizeilich gesuchter Bandenführer, genannt Arkan, entfaltet, dessen Mafia die blühende Unterwelt von Belgrad beherrscht und der seine Partei der serbischen Einheit als Schlägertruppe zur Knebelung eines jeden liberalen Widerspruchs gegen seine faschistischen Terrormethoden einsetzt. Ich habe ihn persönlich in diesem Zimmer auftauchen sehen, begleitet von schwerbewaffneten Leibwächtern, und er hat mir unmißverständlich gedroht. In einem Land, wo sie einen Mörder für den Gegenwert von ein paar hundert Mark dingen können, müssen solche Erpressungsgesten ernstgenommen werden.«

Tatsächlich sind mir die zahllosen Werbeanschläge Arkans, der in Wirklichkeit Zeljko Raždanović heißt und aus dem Kosovo stammt, überall begegnet. Ein freundliches, offenes Gesicht über einem dezenten Anzug mit Krawatte lächelt werbend auf die Passanten herab, ein junger Mann, dem man – wie es auf französisch heißt – die Kommunion ohne Beichte gegeben hätte. Am Aufwand seiner Werbung gemessen, muß Arkan über unbegrenzte finanzielle Mittel verfügen. Er ist gefürchtet, und man munkelt von schrecklichen Verbrechen, deren sich seine kriminellen Anhänger in Bosnien schuldig gemacht hätten. Seine Chancen, einen nennenswerten Stimmenanteil einzuheimsen, werden jedoch gering veranschlagt. Entgegen einer im Ausland weitverbreiteten Meinung sind die Serben – wenn sie nicht von blutigen Dämonen geschüttelt werden – ein pragmatisches, realitätsbezogenes Volk. Wenn Slobodan Milošević auf einen so konstanten Anhang bei den Massen zählen kann, so verdankt er das seiner steinharten Beharrlichkeit, einer durch nichts zu beirrenden Zielstrebigkeit, die er jedoch mit schlauem Taktieren und listigen Schachzügen nuanciert.

Alle anderen Rivalen erscheinen – an diesem Felsblock serbischen Überlebens- und Hegemonialwillens gemessen – wie Statisten am Rande der politischen Bühne. So auch jener Vuk Drašković, der 1993 von den westlichen Medien bereits als Held der demokratischen Erneuerung gefeiert wurde und mit seinem theatralischen Hungerstreik für Schlagzeilen und publikumswirksame TV-Aufnahmen sorgte. Zoran hält gar nichts von diesem »serbischen Rasputin«, der einen wallenden Tschetnik-Bart trägt, spektakulär die heiligen Ikonen küßt und auf orthodoxe Art unablässig das Kreuz schlägt. Die Serbische Erneuerungsbewegung von Vuk Drašković ist mindestens so nationalistisch und expansionistisch wie die regierenden Sozialisten. Zudem umgibt sie sich mit mystischer Polit-Romantik, von der sich der bullige Realismus Milošević' fast wohltuend abhebt. Wie dieser Obskurantist von vielen Journalisten als Hoffnungsträger der Freiheit und des Pluralismus gefeiert werden, wie dieser byzantinische Pseudo-Pope sogar die diskrete Unterstützung der US-Diplomatie gewinnen konnte, bleibt eines der Rätsel jener westlichen Beurteilungsfehler, die die Periode des Postkommunismus begleiten.

»Serbien wird nicht verhungern«, gesteht Zoran ein, »aber ich teile nicht den Optimismus unserer offiziellen Ökonomen. Die haben im Auftrag der Regierung Sanierungsprogramme entworfen, inklusive einer drastischen Währungsreform nach Erhardschem Modell.« Ob es auf die Dauer wohl etwas bringen würde, der Hyper-Inflation ein radikales Ende zu bereiten, alle umlaufenden Geldscheine mit ihren Millionen- und Milliardenbeträgen zu entwerten und den Dinar auf den theoretischen Wert der deutschen Mark zu bringen? Mit Willensakten und Proklamationen allein lasse sich keine tragbare Währungsreform durchführen. Gewisse Planer im Umkreis von Slobodan Milošević hätten sich dazu durchgerungen, die total defizitären Staatsbetriebe abzubauen und deren Personal drastisch zu reduzieren. Vielleicht könne man damit zusätzliches Personal für die Armee freistellen, der es an Mannschaftsbeständen weit mehr mangele als an schwerem Kriegsmaterial. Doch populär seien solche Maßnahmen, die die Arbeitslosigkeit drastisch hochtrieben, natürlich nicht, und mit der Kriegsbegeisterung der Arbeiter sei es auch nicht weit her. Man denke daran, sogenannte Doppelverdiener zu entlassen, womit vor allem berufstätige Ehefrauen gemeint seien, und schließlich sei sogar die massive Rückführung überzähliger Stadtbevölkerung in die ländlichen Regionen vorgesehen, wobei allerdings der Verdacht aufkomme, daß damit ethnische Flurbereinigungen getarnt werden sollen.

Völlig illusionär klängen die Regierungsprojekte, unmittelbar nach Aufhebung der Sanktionen die serbischen Exporte nach Westen mit Dumping-Methoden und die Ausfuhr nach Osten durch »Barter-Verkehr« wiederzubeleben. Inzwischen habe sich ja herumgesprochen, daß die GUS-Staaten als Handelspartner für primitiven Warenaustausch kaum noch in Frage kämen, sondern auf harte Barzahlung pochten, während die Europäische Gemeinschaft die bisherigen Lieferungen aus Ex-Jugoslawien – billige Textilien zum Beispiel – längst durch Ersatzprodukte aus anderen und qualitativ mindestens gleichwertigen Dritte-Welt-Ländern ersetzt habe.

Natürlich kommt bei dieser Begegnung in der Redaktion der *Borba* – eine ähnlich oppositionelle Haltung nahm wohl nur noch das Wochenblatt *Vreme* ein – das Gespräch auf die neue Duma der Russischen Föderativen Republik und den furchterregenden Aufstieg der rot-braunen Koalition. Zoran verwundert sich über die Blindheit, mit der die westlichen Beobachter in Moskau – Diplomaten und Korrespondenten – geschlagen gewesen seien. Im Rückblick erscheine der Augustputsch des Jahres 1991, dessen Vereitelung die westliche Öffentlichkeit in einen wahren Begeisterungsrausch versetzt und Tränen der Rührung ausgelöst hatte, wie eine Harlekinade, wie ein stümperhaftes Komplott, an dem Michail Gorbatschow – davon sei man in Belgrad überzeugt – maßgeblich, wenn auch heimlich, beteiligt gewesen sei.

Die heldenhafte Verteidigung des »Weißen Hauses« in Moskau sei doch ein abgekartetes Spiel, eine Farce gewesen. Wie anders als mit Hilfe des KGB habe Jelzin bis zum russischen Parlament gelangen können, wohin die aufgefahrenen Panzer, deren Mannschaften er mit Händedruck begrüßte, eher zu seinem Schutz als zu seiner Beseitigung angerollt waren? Wie anders lasse sich erklären, daß der russische Vizepräsident Ruzkoi und der später vielgeschmähte Parlamentspräsident Chasbulatow sich als unentbehrliche Kampfgefährten auf seiten Jelzins und nicht bei den Putschisten der Janajew-Clique befunden hätten? Die Verteidigung des »Weißen Hauses« habe – wie sich schon bald herausstellte – nur als Nebeneffekt die vorübergehende Inhaftierung des Putschkomitees im Kreml bewirkt, in Wirklichkeit die endgültige Ausschaltung des verhaßten Gorbatschow bewirkt, der – der Verschwörungstheorie gemäß – mit den Organisatoren des Staatsstreichs in diskretem Kontakt gestanden habe.

Das Thema der peinlichen Irreführung durch die Medien – später sollte der Ausdruck »foreign policy by CNN« aufkommen – beschäftigt mich seit langem. Die Ursachen dieser folgenschweren Fehleinschätzungen sind wohl immer die gleichen: Die ortsansässigen Medienvertreter und Diplomaten, die oft über profunde Sprach- und Landeskenntnisse verfügten, hatten sich ein sehr persönlich gestricktes Netz von Informanten und Sympathisanten aufgebaut. Natürlich rekrutierten sich diese Zuträger meist unter jenen Reformern und Intellektuellen, die der Menschenrechts-Ideologie des Westens anhingen, auf eine heilsame Veränderung der heimischen Regimeverkrustung hinstrebten und im persönlichen Umgang höchst angenehme Gefährten waren. Dabei wurde jedoch übersehen, daß diese elitäre und aufmüpfige Minderheit in keiner Weise repräsentativ für die große Mehrheit der Bevölkerung und daß sie den eingeübten Repressionsapparaturen der herrschenden Diktatoren hilflos ausgeliefert war. Wenn selbst die West-Deutschen in den romantischen Tagen der Wende die Kräfteverhältnisse im Lager ihrer ost-deutschen Landsleute völlig falsch einschätzten und den winzigen Gruppen von Bürgerrechtlern, die sich rund um das Neue Forum und ein paar wenige mutige Pastoren scharten, eine extrem übertriebene Bedeutung beimaßen, die beharrende Kraft von SED-Apparat und Stasi-Strukturen hingegen sträflich herunterspielten, wie schwierig war es dann erst, aus fremden, exotischen Regionen eine realitätsbezogene Berichterstattung zu vermitteln!

Ich erzähle Zoran von meiner Erfahrung mit der Volksrepublik China unmittelbar nach der Niederschlagung des Aufstandes am Platz des Himmlischen Friedens. Hier hatte sich tatsächlich der besserwisserische Cliquengeist der beruflichen Beobachter mit gefühlsbetontem Engagement gepaart, um der Welt ein völlig verzerrtes Bild zu präsentieren. Der einsame Student, der sich mit der weißen Friedensfahne in der Faust von einem Panzer überrollen ließ, wurde zum Symbol heldischen, demokratischen Widerstandes gegen die brutale Staatsgewalt. Aus dem dazugehörigen Filmstreifen ging jedoch hervor, daß der Tank der chinesischen Volksarmee vor diesem mutigen Protestler gebremst hatte und stehengeblieben war, daß der Panzerfahrer dreimal versuchte, an dem menschlichen Hindernis vorbeizumanövrieren und keineswegs darauf aus war, den Fahnenträger niederzuwalzen. Am Ende war der Rebell auf das stählerne Ungetüm hinaufgeklettert, aber diese Bildfolgen wurden wohlweislich unterschlagen. Mag sein, daß der Mann später hart bestraft, vielleicht sogar hingerichtet wurde, aber die Tatsache bleibt, daß auf dem Tien An Men selbst nicht geschossen wurde und daß das Massaker an den jungen Demonstranten, das man gar nicht scharf genug anprangern kann, in Seitenstraßen oder in verschwiegenen Gefängnishöfen vollstreckt wurde. Schließlich verschloß sich die westliche Öffentlichkeit der Erkenntnis, daß ein Entwicklungsland, wie es China damals noch in vollem Umfang war, seine 1,2 Milliarden Menschen nach anderen Kriterien regieren muß, als sich das hochentwickelte westliche Industriestaaten erlauben können. Bei der Studentenrevolte ging es im Grunde für die Machthaber darum, eine neue, völlig konträr orientierte, aber vermutlich nicht weniger chaotische »Kulturrevolution« zu verhindern, wie sie zur Zeit des greisen Mao das Reich der Mitte an den Rand des Bürgerkrieges gedrängt und mindestens fünf Millionen Opfer erfordert hatte.

Unmittelbar nach Tien An Men stieß man bei den in Peking ansässigen Kollegen auf allgemeine Katastrophenstimmung. Es waren nur noch Kassandra-Rufe zu vernehmen. Peking habe jetzt unwiderruflich den Weg in den Abgrund angetreten, so klang es überall. Statt dessen setzte nach der blutigen Unterdrückung dieser Oppositionsbewegung, bei der die Söhne und Töchter der privilegierten Nomenklatura übrigens als treibende Kräfte aufgetreten waren, jener sensationelle, atemberaubende Aufschwung der kontinentalchinesischen Wirtschaft ein, den man – dieses Mal zu Recht – als »großen Sprung nach vorn« bezeichnen könnte. Von nun an befindet sich die Volksrepublik Deng Xiaopings, auch wenn dessen Tod unmittelbar bevorstehen dürfte, in der vordersten Reihe der Großmächte. »Der schlafende Riese«, um mit Napoleon zu sprechen, ist erwacht, und es ist nur eine Frage der Zeit, bis die bisherigen Hegemonen – seien es die USA oder sei es Rußland – unter seiner Kraftentfaltung »erbeben« werden.

Ähnlich war es ja auch den laizistisch engagierten europäischen Interpreten der »Islamischen Revolution« ergangen. Hier befinde ich mich mit Zoran auf einem Terrain, das ihn als Serben, dessen Vorfahren zur »Herde des Sultans« gehört hatten, unmittelbar anging. Wie viele deutsche Ideologen hatten im Orient die blaue Blume der Romantik gesucht! Natürlich waren ihre dortigen »Gewährsleute« in jener aufgeklärten, okzidentalisierten Schicht beheimatet, die die liberalen Werte des Westens mit durchaus anerkennenswerter Absicht in ihre jeweiligen Staaten importieren wollten. Dazu kam für viele europäische Marxisten, »Alternative« oder Friedenskämpfer, die sich – gestandene Atheisten – paradoxerweise als berufene Deuter des Islam ausgaben, der geradezu missionarische Wunsch, die Welt Mohammeds an ihrer eigenen säkularen Elle zu messen, sie auf ihre geographisch und kulturell begrenzte Subjektivität zu reduzieren.

So schwärmte man von der Modernisierung des Maschreq und des Maghreb, verliebte sich hemmungslos in das Objekt wissenschaftlicher oder pseudo-wissenschaftlicher Studien – vor allem die angehenden Orientalistinnen taten sich dabei hervor – und verrannte sich in eine kulturelle Wunschvorstellung, die mit den erhabenen, unerbittlichen Vorschriften des Korans nichts mehr zu tun hatte. Die breite religiöse Rückbesinnung auf die Ursprünge und die Wurzeln der Offenbarung, der Islamismus oder die »Usuliya« der Rechtgläubigen paßten natürlich nicht in das Konzept dieser Scheinwelt und wurden vehement negiert. Eine geradezu haßerfüllte Ablehnung schlug all jenen entgegen, die aus intimer Erfahrung, gründlicher Feldforschung und intellektueller Unvoreingenommenheit einen anderen Standpunkt vertraten.

Aber – ohne es zu merken – war Zoran wohl zu lange in den marxistischen Denkschablonen aufgewachsen, als daß ihn theologische Betrachtungen über die Maßen interessiert hätten, obwohl den Serben die bosnisch-muslimische und die albanisch-muslimische Frage auf den Nägeln brennt. Statt dessen erkundigt er sich nach den Friedens- und Versöhnungsaussichten in Palästina. Auch im Heiligen Land hatten die Medien es geschafft, schönfärberische Verwirrung zu verbreiten. Mit meiner zutiefst pessimistischen Beurteilung des palästinensisch-israelischen Friedensprozesses stand ich in jenen Tagen noch völlig allein. Aber es gehörte nun einmal zu einer opportunistischen, auf Beifall bedachten Fehlkonzeption des Fernsehjournalismus, daß man den widerstrebenden Körperkontakten Arafats mit Rabin oder Peres einen unvergleichlich größeren Publizitätsrummel einräumte als dem Blutvergießen der schleichenden Intifada in den besetzten Gebieten.

»Ihr Serben solltet euch die Bilder aus dem Nahen Osten ganz genau ansehen«, rate ich dem Belgrader Kollegen. »Nicht nur der Libanon war ein Präzedenzfall. Die Muslime Bosniens und des Sandschak von Novi Pazar drohen demnächst in eine Rolle gedrängt zu werden, die der Demütigung der Araber von Gaza und Hebron entspricht. Die bosnischen Muslimani könnten die Palästinenser des Balkans werden, und der UN-Versuch der unsäglichen Owen-Stoltenberg-Mission, zwischen den Enklaven der bosnischen Muslime territorial zerstückelte Kantone und Kommunikationskorridore zu schaffen, mutet noch absurder an als die Behauptung der Israelis, in den geographisch getrennten Gebieten von Gaza und Jericho lasse sich eine lebensfähige und friedfertige Autonomie der Palästinenser entfalten.«

Der serbische Redakteur begleitet mich bis zur Außentür, die sehr lässig bewacht wird. Auf der Hauswand gegenüber prangt ein großes Plakat des Ultra-Nationalisten Vojeslav Šešelj. Darunter haben seine Parteigänger einen Stand mit Werbeslogans und schwarzen Tüchern aufgebaut, die mit Totenköpfen dekoriert sind. Šešelj werde am kommenden Sonntag in Novi Sad, der Hauptstadt der Vojvodina, die zu habsburgischen Zeiten »Neusatz« hieß, eine Großkundgebung abhalten.

»Fahren Sie doch nach Novi Sad, und schauen Sie sich den Auftritt an«, rät mir Zoran. »Dann werden Sie den Realitäten unseres Landes ein Stückchen näherkommen!«

In den Trümmern von Vukovar

Vukovar, im Dezember 1993

Der Himmel hängt tief und grau über der Vojvodina. In dieser Autonomen Provinz Serbiens, deren Selbständigkeit nur noch ein Schatten ist, wollte Tito einst der ungarischen Minderheit eine Art Schutzzone schaffen. Aber die Magyaren machen jetzt nur noch siebzehn Prozent der Bevölkerung aus. Die Serben sind in der Mehrheit. Daneben behaupten sich Splittergruppen: Slowaken, Rumänen, Zigeuner und ein Rest von sechs- bis achttausend Deutschen, sogenannten Donau-Schwaben, die die Nachkriegsmassaker und die Vertreibung überlebt haben. Eine riesige leere Fläche, platt wie ein Teller, erstreckt sich bis zum trüben Horizont. Auf den Feldern haben schwärzliche Maisstummel die winterliche Kälte überdauert. Sie heben sich von schmuddeligen Schneeflecken ab. Die Ortschaften ducken sich in die fruchtbare dunkle Erde, ärmlich und recht verwahrlost. Schwärme von riesigen Krähen flattern beim Nahen des Autos auf. Die Straßen sind in gutem Zustand, aber fast leer. Das Benzin ist Mangelware in Rest-Jugoslawien.

Diese beklemmende Trostlosigkeit der Landschaft weckt plötzlich Erinnerungen an den Titel eines Balkan-Buchs des belgischen Autors Georges Simenon, *La neige était sale – Schmutziger Schnee*, das eindrucksvoll mit Daniel Gélin in der Hauptrolle verfilmt wurde. Die Geschichte spielt irgendwo in Ungarn, Rumänien oder Kroatien zur Zeit der deutschen Militärbesatzung im Zweiten Weltkrieg. Die Hauptfigur, ein junger Mann, Sohn einer Bordellwirtin, lebt von Schwarzhandel, Zuhälterei und Denunziation, bis er sich seiner Ehrlosigkeit bewußt wird, zu einer versprengten Widerstandsgruppe Kontakt aufnimmt und irgendwo zwischen leeren Bahngleisen erschossen wird. Der Balkan scheint zu dieser makabren Stimmung zurückgefunden zu haben.

Ein paar Tage zuvor war ich mit der Eisenbahn quer durch die ganze Vojvodina gerollt. Die direkteste Reiseroute nach Belgrad führt über Budapest, seit der Flugplatz der serbischen Hauptstadt wegen der UN-Sanktionen für internationale Flüge gesperrt wurde. Es war eine geruhsame Fahrt durch die pannonische Ebene. Auch dort war alles konturenlos, und die Grenze erschien als willkürlicher Strich quer über die Landkarte. Ich saß als einziger Passagier in meinem Abteil und behielt als letzte Erinnerung an Budapest die Vision des k.u.k. Bahnhofes, eines kühnen und für damalige Zeit monumentalen Eisengerüstbaus, ein Entwurf des Franzosen Gustave Eiffel, des Erbauers des nach ihm benannten Wahrzeichens von Paris.

Im Wartesaal von Budapest, wo viel gemischtes Volk aus der Provinz und wohl auch aus Siebenbürgen zusammengewürfelt war, hatten mich der zutiefst bäuerliche Charakter, das immer noch plumpe Auftreten dieser Bevölkerung frappiert, die mit der Urbanität der ungarischen Metropole kontrastierten. Zahllose Völker und Rassen hatten sich hier überlagert. Die wartenden Passagiere redeten leise, fast im Flüsterton untereinander. Die Sprache klang weich, melodisch und ein wenig unterwürfig. In kurzen Abständen tauchten Polizeistreifen auf und prüften vor allem die Papiere jener Männer, deren dunkle Gesichtshaut sie als Zigeuner auswies. Auch Albaner und Araber befanden sich übrigens unter den Wartenden. Mir fiel die seltsame Kopfbedekkung vieler ungarischer Bauern auf, spitz zulaufende Kappen, die am unteren, hochgeklappten Rand mit Pelzimitation garniert waren. Irgendwie kamen mir diese Hüte bekannt vor, bis mir einfiel, daß die kirgisischen Hirten Zentralasiens ein ähnliches Kleidungsstück, allerdings aus Filz, über den Ohren tragen. Schließlich waren auch einmal die Magyaren als gefürchtetes Reitervolk aus den Tiefen Asiens in die pannonische Puszta hineingestürmt,

Die Grenzkontrolle dauerte etwa eine Stunde lang. Die ungarischen Zöllner sprachen mich auf deutsch an, die jugoslawischen auf englisch. Die Überprüfung vollzog sich mit großer Höflichkeit. Der Zug rollte schließlich an und durchquerte die Stadt Subotica, die mehrheitlich ungarisch bevölkert ist, aber bereits zu Ex-Jugoslawien gehört. Minderheiten- und Grenzkonflikte waren hier für die Zukunft nicht auszuschließen. Doch an diesem Abend wirkte die Gegend zutiefst friedlich, obwohl die zwischen Kroaten und Serben heiß umkämpften und mit Blut getränkten Städte Ost-Slavoniens nur knappe hundert Kilometer entfernt lagen. Die Dämmerung senkte sich. Die Glühbirnen in den Abteilen waren gestohlen worden, und ich mußte an den Ratschlag denken, diese Strecke nicht bei Nacht zu benutzen. Dann wurden die Züge angeblich von räuberischen Banden heimgesucht, und man mußte froh sein, wenn man mit heilen Knochen davonkam.

In den Bahnhöfen wurden die lateinischen Inschriften, je weiter wir nach Süden vordrangen, durch kyrillische Buchstaben verdrängt. Noch häufiger waren beide Alphabete zugleich verwendet. In seinem Einigungs- und Gleichschaltungsbemühen hatte Marschall Tito die kroatischen und die serbischen Schulen gezwungen, in beiden Schriftformen zu unterrichten und die einzige sichtbare Barriere zu verwischen, die in seinem jugoslawischen Bundesstaat die Katholiken von den orthodoxen Serbokroaten voneinander unterschied. Dichter Nebel stieg aus der Save-Niederung. Ein junges serbisches Paar war zugestiegen, schöne große Menschen, die verliebt miteinander tuschelten und mir freundlich von dem Popcorn anboten, das sie in großen Mengen verzehrten.

Wie weit war ich vom Budapester Luxushotel entfernt, wo ich am Vorabend getafelt hatte. Der livrierte Kellner hatte neben gefüllter Taubenbrust auch eine Vorspeise aus kalten Schnecken und Kiwi-Früchten serviert, eine kuriose gastronomische Erfindung, die wohl hohe westliche Raffinesse andeuten sollte. Mit großer Freude entdeckte ich den alten Freund Laszlo in der Hotelhalle des »Corvinus-Kempinski«. Wir hatten uns telefonisch verabredet. Bunte, exotische Erinnerungen drängten sich mir beim Anblick des ungarischen Kollegen auf, dessen dunkles Haar inzwischen graue Streifen aufwies. Unsere Bekanntschaft reichte in die Zeit des amerikanischen Indochina-Krieges zurück.

Laszlo hatte aufgrund seiner Zugehörigkeit zur marxistischen Staatspartei – er hatte sich als junger Jude den ungarischen Kommunisten schon vor Kriegsende als Halbwüchsiger angeschlossen – große Bewegungsfreiheit auf seiten der Nord-Vietnamesen genossen und insbesondere über die Höhlenkrieger am laotischen Rande der »Ebene der Tonkrüge« sensationelle Filmaufnahmen gemacht. Wir waren uns nach dem Prinzip des »do ut des« nahegekommen, wenn er in unserem Pariser ZDF-Büro auftauchte. Ich kaufte ihm die Bildsequenzen aus dem mir verschlossenen Norden zu einem bescheidenen Preis ab und stellte ihm dafür mein eigenes Material aus dem Süden zur Verfügung. Unsere Beziehungen waren immer herzlicher geworden und gipfelten in einer konspirativen Aktion, die sich in Saigon abspielte.

Im Frühjahr 1973 war ich acht Tage lang in die Gefangenschaft der Vietcong, besser gesagt der Nord-Vietnamesen, geraten. Nachdem die journalistische Identität meines Kamerateams einwandfrei erwiesen war, durften wir die Krieger Ho-Tschi-Minhs in ihren Bereitstellungen – knappe achtzig Kilometer von Saigon entfernt – filmen, aber als es galt, das noch unbelichtete Material durch die Frontlinie der beiden Bürgerkriegsparteien zu transportieren, stießen wir auf Schwierigkeiten. Die Süd-Vietnamesen hätten unsere Filmrollen aus guten Gründen beschlagnahmt. Der uns betreuende nord-vietnamesische Major ließ sich jedoch nicht beirren. »Versuchen Sie, heil nach Saigon zurückzukommen«, meinte er verschmitzt lächelnd. »Ihr Filmmaterial wird Sie schon irgendwie erreichen.«

Fünf Tage später, als ich bei einem Presseempfang der französischen Botschaft meine Erlebnisse beim Vietcong zum besten gab, war plötzlich und ganz unvermittelt der Ungar Laszlo auf mich zugekommen. Wir umarmten uns, und er zog mich zum vertraulichen Gespräch in eine verschwiegene Ecke. »Du mußt wissen, daß ich als Mitglied der Internationalen Kontrollkommission für die Einhaltung des Pariser Abkommens hier anwesend bin«, begann er. »Ich gehöre der ungarischen Militärmission an und habe freien Zugang zu den Offizieren der Nationalen Befreiungsfront von Süd-Vietnam, die in der Nähe des Flugplatzes Tan Son Nut einquartiert sind. Sie sind gewissermaßen unsere Verbündeten. Gestern wurde mir mitgeteilt, daß dort ein Paket für dich bereitliegt. Du weißt sicher, worum es geht. Die Übergabe muß vertraulich erfolgen. Deshalb schlage ich vor, daß ich mit meinem Dienstwagen in die Botschaft der BRD komme. Ich genieße diplomatische Immunität und riskiere nicht, gefilzt zu werden. Warte dort übermorgen um elf Uhr auf mich, und sprich mit niemandem darüber.«

Am besagten Termin wurde Laszlo von seinem Chauffeur in den Innenhof der deutschen Vertretung gefahren. Er entstieg dem schwarzen luxuriösen Wagen und begab sich direkt in das Amtszimmer des Botschafters von Rom, den ich diskret verständigt hatte und der – obwohl er immer noch auf einen Sieg der mit Amerika verbündeten Süd-Vietnamesen baute – sofort zu dieser Transaktion bereit war. Mit einer größeren Ledertasche in der Hand trat Laszlo auf Herrn von Rom zu. Kaffee wurde serviert, und es entspann sich eine freundliche, völlig nichtssagende Konversation im besten k.u.k.Stil. Dann verabschiedete sich der Ungar, ohne seine wirkliche Mission auch nur mit einem Wort erwähnt zu haben. Die Ledertasche hatte er im Büro des Botschafters stehen lassen.

»Ich habe ein paar eigene Filme dazugepfercht«, sagte er mir, während ich ihn zum Auto zurückbegleitete. »Bitte lasse sie in Deutschland entwickeln, und schicke das Material an das ungarische Fernsehen in Budapest.« Auf der ersten Etage der diplomatischen Vertretung hatten die Mitarbeiter des Militärattachés schon mit dem Umpacken der Rollen begonnen. Zwei Tage später waren meine Aufnahmen vom Vietcong über diplomatischen Kurier auf dem Weg nach Bonn und zum ZDF.

»Die Erinnerungen an den Vietnam-Krieg verjüngen uns nicht gerade«, meinte ich zu Laszlo im Hotel »Corvinus« von Budapest. In meiner Jugend hatte man die weitschweifigen Veteranenerzählungen der älteren Generation mit der Bemerkung abgetan: »Hör auf, uns die Schlacht von Verdun zu erzählen! – Cesse de nous raconter Verdun!« Jüngeren Kollegen gegenüber würden wir darauf achten müssen, daß wir nicht eines Tages in unseren Rückblicken mit dem Hinweis unterbrochen würden: »Hört doch auf, von den Dschungeln und Reisfeldern Indochinas zu schwafeln!« Der neue, aktuelle Krieg spielte sich auf dem Balkan ab, in unmittelbarer Nachbarschaft des vom sowjetischen Joch befreiten Ungarn.

Um mir wertvolle Informationen über diesen unberechenbaren Konflikt jenseits von Donau und Save zu vermitteln, hatte Laszlo einen interessanten Gast aus dem ehemaligen Jugoslawien mitgebracht. Professor Tibor Varady gehörte der ungarischen Volksgruppe der Vojvodina an, vertrat seine Landsleute im Belgrader Parlament und war sogar Minister in der Regierung Rest-Jugoslawiens – bestehend aus Serbien und Montenegro – gewesen, als deren Ministerpräsident noch der in USA aufgewachsene und zu Reichtum gelangte Serbe Milan Panić war. Von Panić hieß es damals in Belgrad, er sei ein Trojanisches Pferd des US-State Department und von Washington begünstigt worden, um dem hemmungslosen Expansionismus von Slobodan Milošević entgegenzusteuern.

Wie dem auch sei, Tibor Varady machte auf mich einen extrem positiven Eindruck. Der besonnene, kluge Jurist besaß internationales Format und drückte sich perfekt in einem halben Dutzend Sprachen aus. Bei Tisch wollte ich Varady natürlich sofort nach seiner Beurteilung der muslimischen Frage im ehemaligen Tito-Staat befragen, aber Laszlo unterbrach uns. Er schweifte zum 1. Februar 1979 zurück, als ich gemeinsam mit dem Ayatollah Khomeini von Paris nach Teheran zurückgeflogen war und den Sieg der »Islamischen Revolution« hautnah erleben konnte. Zu meiner großen Überraschung war damals auch Laszlo zu später Nachtstunde im Flughafen Roissy aufgetaucht, um als einziger Vertreter eines Ostblock-Staates an diesem historischen Flug, »Operation fliegender Teppich« genannt, teilzunehmen. Dieses Mal konnte ich mich erkenntlich zeigen. Dem Ungarn war die Begleitung durch ein Fernsehteam untersagt worden, und so stellte ich ihm unsere eigene ZDF-Mannschaft zur Verfügung, als er vor der Kamera seinen On-Kommentar zum sensationellen Umsturz in Teheran abgab.

Jetzt bat ich ihn, endlich zur bosnischen Tagesordnung überzugehen. Aber Laszlo verwehrte sich. »Es greift doch das eine in das andere über«, beteuerte er. »Wenn heute im Westen voreilig von einem Durchbruch des islamischen Fundamentalismus in Ex-Jugoslawien gewarnt wird, so gehen diese Ängste auf unseren Ayatollah zurück, der weiterhin – und nicht nur bei den persischen Schiiten – als große religiöse Erweckerfigur verehrt wird.«

Tibor Varady war der endlosen Diskussionen über Bosnien offenbar überdrüssig. Er blickte zutiefst pessimistisch in die Zukunft. Die ungarische Regierung Antall habe seinerzeit einen schweren Fehler begangen, als sie ihr Territorium für die Belieferung der Kroaten mit Kriegsmaterial zur Verfügung stellte, auch wenn es sich im wesentlichen nur um Kalaschnikows gehandelt habe. »Die Serben sind nun einmal der dynamischste und robusteste Faktor auf dem Balkan«, betonte der Professor. »An dieser Tatsache kommen wir nicht vorbei, ob wir es mögen oder nicht. Diese ungarischen Transit-Begünstigungen zugunsten der Kroaten haben in Belgrad großen Zorn ausgelöst, und die Leidtragenden sind die Angehörigen der magyarischen Minderheit in der Vojvodina.« Im übrigen halte sich die Sympathie Zagrebs für Budapest in Grenzen. Die Kroaten hätten nicht vergessen, daß ihre Landbevölkerung jahrhundertelang von magyarischen Feudalherren und Magnaten beherrscht und teilweise auch drangsaliert worden war.

Die blutige Absurdität der bosnischen Tragödie ließ den Ex-Minister Varady sprachlos. Da ich mit meiner Feststellung, daß die Kampflinien in Bosnien weder ethnisch, linguistisch oder ideologisch definiert seien, sondern sich an angestammten religiösen Gegensätzen orientierten, in Deutschland auf heftige Kritik gestoßen war, fragte ich Varady, ob denn das Gerede von einer multikulturellen bosnischen Nation überhaupt Sinn mache. Die Antwort war ein trauriges Lächeln. »Ich spreche serbokroatisch so gut wie meine Muttersprache«, antwortete der Ungar, »und glauben Sie mir, die dialektalen Differenzen zwischen Split und Niš sind weit geringer als die zwischen München und Hamburg. Was gar Bosnien betrifft, so gibt es eine spezifisch bosnische Mundart, die zwischen Muslimani, Serben und Kroaten nicht im geringsten differiert.«

In Sarajevo hatte ich mich im Oktober 1992 kundig gemacht und von unserer Dolmetscherin Miranda erfahren, daß man in ihrer Heimat nicht zwischen serbischen und kroatischen Dörfern unterschied, sondern zwischen orthodoxen und katholischen Siedlungen. Daß die konfessionellen Gruppen sich vor allem unter dem unitaristischen Regime Titos vielfältig versippt und verschwägert hatten, war unbestreitbar. Aber wie schnell waren die Trennungslinien und kulturellen Abgründe wieder aufgebrochen, als der selbstherrliche Marschall zu Grabe getragen wurde.

Im neunzehnten Jahrhundert, als auch auf dem Balkan das unheilschwangere Zeitalter der Nationalitäten anbrach, so hatte ich in klugen Abhandlungen gelesen, hatten sich die serbokroatischen Sprachforscher, die vor allem im Bereich des Habsburger-Reiches die völkische Wiedergeburt der Süd-Slawen betrieben, auf die »jekavische Variante des štokavischen Dialekts« und auf das Prinzip geeinigt: »Schreib, wie du sprichst«, was die Transkription erheblich erleichterte. Natürlich blieb der Unterschied des lateinischen Alphabets bei den katholischen Kroaten und des kyrillischen bei den orthodoxen Serben. Nicht nur das Kirchenschisma zwischen Rom und Byzanz, zwischen Papst und Patriarch im Jahr 1054 spielte hier eine entscheidende Rolle, sondern man konnte sogar auf die Reichsteilung des Kaisers Theodosius im Jahr 395 zurückgehen, der den Balkan – entlang einer heute noch existierenden Trennungslinie, die insbesondere der Drina folgt – in zwei Zonen unterteilte. Auf der einen Seite wurde nunmehr dem Lateinischen, auf der anderen dem Hellenischen der Charakter einer Amts- und Verkehrssprache zugewiesen und folgerichtig die jeweilige liturgische Ausrichtung der West- und der Ostkirche bestimmt.

»Wer erinnert sich heute noch daran, daß die süd-slawische Wiedergeburt der ethnischen Toleranz der Habsburger soviel verdankt?« fuhr Varady fort. In Wien wurde ab 1841 die erste serbo-kroatische Zeitung gedruckt. Es waren österreichische oder deutsche Sprachkundler, die dem kroatisch-katholischen Bischof Strossmayer von Zagreb – oder Agram, wie man damals sagte – das kulturelle Rüstzeug für das süd-slawische »Risorgimento« lieferten. Diese Wiedergeburt vollzog sich in den relativ tolerant regierten Reichsteilen der Habsburger natürlich viel freier und dynamischer als in jenen alt-serbischen Gebieten, die noch unter der Fuchtel der türkischen Pforte standen. Um nur ein Beispiel zu nennen: Es war der kroatische Dichter Petar Preradović, der um die Mitte des neunzehnten Jahrhunderts von einer besonderen süd-slawischen Mission an der Grenze zweier Welten zu schwärmen begann. Glauben Sie mir, als ungarischer Abgeordneter im jugoslawischen Parlament, als neutraler Beobachter gewissermaßen, habe ich meine konkreten Beobachtungen sammeln können. Wann immer man einen Serben fragt, wem er sich näher fühle, einem Kroaten oder einem Muslim, fällt die Antwort immer zugunsten der Kroaten aus.«

Varady, das gestand er ein, war kein Islam-Experte. »Von mir können Sie keine Erleuchtungen über die kollektive psychische Verfassung der Muslimani in Bosnien und im Sandschak von Novi Pazar – jener strategischen Region zwischen Serbien und Montenegro – erwarten. Auch bei diesen Muslimani handelt es sich um fast hundertprozentige Serbo-Kroaten. Die wenigen in Bosnien ansässigen Türken sind fast ausnahmslos in die osmanischen Restgebiete auf dem Balkan abgewandert, als Wien seine Militärverwaltung 1878 auf Bosnien-Herzegowina ausdehnte oder spätestens, als diese Neuerwerbung im Jahr 1908 dem Habsburger-Reich auch völkerrechtlich eingegliedert wurde.« Die zum Islam bekehrten Bosnier, so erfuhr ich, hätten sogar den serbo-kroatischen Typus, der sich durch blaue Augen und blondes Haar kennzeichnet, möglicherweise reiner erhalten als ihre christlichen Landsleute, weil die Frauen dieser Koran-Gläubigen von den Vergewaltigungen marodierender Janitscharen und Sipahi des Sultans weitgehend verschont geblieben seien.

»Wir wollen uns nicht in Theorien verlieren«, fuhr der Ungar fort. »Ich erzähle Ihnen am besten eine Anekdote. Vor etwa zwei Jahren bin ich in meiner Eigenschaft als Minister mit dem jugoslawischen Regierungschef Milan Panić zum kroatischen Präsidenten Franjo Tudjman nach Zagreb gereist, um behutsame Versöhnungsgespräche anzubahnen.« Der joviale Panić sei damals fröhlich lächelnd auf Tudjman zugegangen und habe ihn in breitem Amerikanisch angesprochen. Die Reaktion des kroatischen Staatschefs sei frostig gewesen. »Ich spreche nur Deutsch«, lautete die Antwort, obwohl – wie Varady versicherte – es mit Tudjmans Deutschkenntnissen nicht weit her war.

Panić wollte beschwichtigend einlenken. »Dann reden wir eben in unserer serbo-kroatischen Muttersprache«, schlug er vor, löste damit aber noch größere Verstimmung aus. »In unserer Verfassung ist verankert, daß es so etwas wie Serbo-Kroatisch nicht gibt; wir kennen nur ein kroatisches Idiom.«

Panić war ratlos. »Aber was ich mit Ihnen und was ich in Belgrad spreche, das ist doch Serbo-Kroatisch«, beteuerte er. An dieser Stelle mischte sich der Volksungar Varady ein. »Herr Ministerpräsident«, so wandte er sich an den Jugoslawen, »ich muß Sie darauf aufmerksam machen, daß auch in der serbischen Verfassung nur von einer serbischen Sprache die Rede ist und daß der Ausdruck ›Serbo-Kroatisch‹ in Belgrad ebenso verpönt ist wie hier.« Am Ende wurde das Gespräch der beiden Politiker natürlich doch in einer »lingua franca« geführt, die nur als Serbo-Kroatisch bezeichnet werden konnte.

Was aus Milan Panić geworden sei, wollte ich wissen. Er sei nach Kalifornien zurückgekehrt, nachdem der erhoffte Brückenschlag und die anvisierte Mäßigung der großserbischen Politik mißlangen. Schon hatte es bei den Tschetniks geheißen, Panić sei im Auftrag der CIA tätig gewesen.

In Bosnien, so spekulierten wir bei unserem Gesprächsabend im »Corvinus«, waren bereits unverrückbare Tatsachen geschaffen worden. Die Serben hatten rund siebzig Prozent der Republik an sich gerissen, und jetzt stand nur noch die restliche Aufteilung zwischen Kroaten und Muslimen zur Debatte, wobei letztere Gefahr liefen, jede Hoffnung auf ein eigenes, zusammenhängendes Staatsgebiet preisgeben zu müssen. Tibor Varady verwies uns auf eine andere brisante Gefahr, die Frage Groß-

Albaniens. Spätestens seit Slobodan Milošević im Sommer 1991 die verfassungsrechtlich garantierte Autonomie der Kosovo-Provinz annulliert, den dort lebenden Albanern – sie stellten mehr als neunzig Prozent der Bevölkerung – alle politischen Rechte geraubt und ihre kulturelle Entfaltung erstickt hatte, trieb diese brodelnde Krisenecke auf die offene Konfrontation zu. Starke Polizeiverbände und Eliteeinheiten der serbischen Armee seien im Kosovo stationiert, um der süd-slawischen Willkürherrschaft Nachdruck zu verleihen und jede Aufstandsbewegung im Keim zu ersticken.

Im Gegensatz zu den Muslimani von Bosnien sind die überwiegend Koran-Gläubigen Albaner jedoch nicht geographisch vom Ausland abgeschnürt. Der Kosovo grenzt an die unabhängige Republik Albanien, und es war nur eine Frage der Zeit, bis dieses vom Kommunismus ruinierte und zutiefst demoralisierte Land sich aufraffen würde, um seinen geknechteten Landsleuten in Rest-Jugoslawien zu Hilfe zu kommen. Das albanische Bevölkerungselement stand bereits im Begriff, die eben gegründete Republik Mazedonien zu destabilisieren, wo die Skipetaren, die »Adlersöhne«, wie sie sich selbst bezeichneten, nach offiziellen Angaben fünfundzwanzig Prozent, nach anderen Schätzungen jedoch vierzig Prozent der Einwohner ausmachten.

Ich erwähnte ein Gespräch, das ich mit einem Botschaftsrat der serbischen Vertretung in Paris vor meiner Abreise geführt hatte. »Auf den Kosovo können wir nicht verzichten«, hatte der beteuert, »dort befinden sich die Wurzeln der serbischen Nation, unsere ehrwürdigsten Heiligtümer und Klöster. Auf dem Kosovo Polje, auf dem Amselfeld, erlag unsere Streitmacht unter dem Heldenkönig Lazar der osmanischen Übermacht und opferte sich auf für die Rettung Europas, für die gesamte Christenheit. Mögen noch so viele Albaner heute im Kosovo siedeln, hier können wir nicht nachgeben.«

Nach einer Pause hatte er allerdings gestanden, daß er von schrecklichen Ahnungen geplagt sei. Über kurz oder lang werde es zu blutigen Auseinandersetzungen kommen, die serbischen Streitkräfte würden dann mit extremer Härte zuschlagen. »Stellen Sie sich vor: dreißigtausend Tote im Kosovo, die ganze Welt würde sich gegen uns verbünden, die islamischen Staaten – die

Türkei an der Spitze – stünden dann zu aktiver Waffenhilfe bereit. Die Mannschaftsstärke des serbischen Heeres ist heute schon unzureichend. In Bosnien und in der Krajina würden neue Schlachten entbrennen. Ein Blutbad im Kosovo könnte das Ende Serbiens bedeuten.« Es war selten, daß sich serbische Diplomaten mit solcher Offenheit äußerten.

Tibor Varady hingegen vertrat eine ganz andere Meinung. »Die Serben haben sich eine seltsame völkische Theorie zurechtgelegt«, sagte er. »Auf dem Balkan, so heißt es in Belgrad, gebe es nur drei starke Völker: die Serben natürlich, die Kroaten und die Albaner. Letztere wachen zwar erst aus langer historischer Dämmerung auf, aber die Serben haben nicht vergessen, daß die Albaner dem Sultan von Istanbul als gefürchtete, tapfere Soldaten und überdies als Gendarmen des Balkans zur Verfügung standen.«

In Wirklichkeit sei Milošević ein Realist. Insgeheim habe er die totale Herrschaft Serbiens über den Kosovo bereits abgeschrieben. Hier besitze er eine Trumpfkarte für die anstehenden Verhandlungen über die völkerrechtliche Anerkennung Groß-Serbiens. Wenn Belgrad eine Slawisierung der einst autonomen Provinz Kosovo ernsthaft anstreben würde, hätte es doch versucht, die serbischen Flüchtlinge aus Kroatien und Bosnien – mindestens ein halbe Million Menschen – dort anzusiedeln. Aber dazu habe man sich nicht entschließen können. Es finde im Gegenteil eine permanente Abwanderung ortsansässiger Serben aus dem Kosovo statt.

Er zitierte den Fall einer jungen serbischen Richterin. Die hatte in einer Kleinstadt gelebt, wo die Albaner mit sechsundneunzig Prozent eine absolut erdrückende Mehrheit bildeten. Nach der widerrechtlichen Autonomie-Abschaffung durch Milošević seien sämtliche elf Richterämter ihres Bezirks gebürtigen Serben zugewiesen worden, während zur Zeit der bundesstaatlichen Selbständigkeit sieben albanische Richter sich mit vier Serben diese Posten geteilt hätten. Doch durch diese willkürlichen Neuberufungen sei seine Bekannte in keiner Weise beruhigt worden. Im Gegenteil, sie fühle sich nunmehr physisch bedroht, befürchte das Schlimmste und bereite ihre Abreise nach Belgrad vor. Was könne man schon gegen diese urwüchsige, rauhe Gebirgsrasse der Skipetaren ausrichten, wo die muslimische Bevölkerung sich ebenso explosiv vermehre wie etwa in Algerien, Anatolien oder Usbekistan. Ganz überzeugt schien der ungarische Minister von seiner eigenen These nicht zu sein.

»Das Schreckliche auf dem Balkan«, meinte er, »ist diese heillose Vermischung und Verworrenheit. Wo haben wir schon klare ethnische oder konfessionelle Verhältnisse? Hier wird das Nationalitätenprinzip ad absurdum geführt; das Selbstbestimmungsrecht der Völker, das der amerikanische Präsident Woodrow Wilson in seiner transatlantischen Naivität anmahnte, wird hier zum Instrument des Massenmordes oder des ›ethnic cleansing‹, und die Minderheiten werden nicht geschützt, sondern schikaniert. Zwangsassimilierungen sind an der Tagesordnung.«

Der Kellner des Restaurants forderte uns zur Bestellung des Desserts auf. Varady studierte das Menü, und plötzlich lachte er laut auf. »Nehmen Sie doch – um beim Thema zu bleiben – eine ›Macédoine de fruits‹. Unser früherer südlichster Bundesstaat Mazedonien ist so heterogen bevölkert – Bulgaren, Albaner, Serben, Zigeuner, Walachen, Juden, Slowaken, Türken, Griechen –, daß die Franzosen ihren gemischten Fruchtsalat als ›Macédoine‹ bezeichnen.«

Als ich wieder ernsthaft diskutieren wollte und nach einer eventuellen Reislamisierung der Albaner fragte, winkte der Ungar ab. »Wir wollen uns vor den ›self-fulfilling prophecies‹ hüten«, warf er ein.

Kurz vor dem Aufbruch konnte Laszlo doch noch die Probleme Ungarns und seine – wie sich herausstellen sollte – übertriebenen Ängste zur Sprache bringen. Es finde eine allmähliche Hinwendung nach rechts statt. Schon sei das Fernsehen in Budapest von Bewunderern des ehemaligen Reichsverwesers Horthy durchsetzt. Die Hoffnungen, die man auf Liberalismus und radikalen Neubeginn gesetzt habe, seien teilweise verflogen. Ein schleichender Antisemitismus lebe auf, auch wenn der faschistische Volksverhetzer Albert Szabó, der, aus dem australischen Exil heimgekehrt, die Massenhinrichtung von Juden durch die Pfeilkreuzler Szálasis im Jahr 1944 bestreitet, keinen nennenswerten Anhang gefunden habe. Doch das ethnisch-religiöse Chaos in Jugoslawien färbe auf die politische Mentalität der

Ungarn ab. Da gehe es nicht nur um die siebenhunderttausend Magyaren der Vojvodina, sondern vor allem um die zwei Millionen Landsleute, die den Schikanen der rumänischen Behörden in Siebenbürgen ausgeliefert seien, und um die sechshunderttausend Ungarn, die in der südlichen Slowakei ein geschlossenes Siedlungsgebiet bildeten. Bisher hätten sich Ungarn und Bulgarien wie Musterschüler einer außer Rand und Band geratenen Klasse verhalten. Aber der Virus des territorialen und völkischen Revisionismus gehe um, seit der Bleimantel der »pax sovietica« zerbrochen sei.

Ich erzählte kurz von einem Abstecher in die Süd-Slowakei und nach Bratislava, den ich im Herbst 1993 unternommen hatte. Der Nationalitätenkonflikt äußerte sich damals in der Entfernung sämtlicher Ortsschilder, die ungarische Namen plakatierten, selbst in Gegenden, wo die Dörfer rein magyarisch waren. Verglichen mit den Zuständen im benachbarten, nunmehr durch eine Staatsgrenze getrennten Mähren, erschien mir die Slowakei in einem ziemlich erbärmlichen Zustand, erinnerte mich an die tristen Verhältnisse im ukrainischen Galizien. Die Stadt Preßburg – Bratislava – die selbst in den ärmlichen und repressiven fünfziger Jahren noch einen traurigen Charme, einen wehmütigen Hauch alter k.u.k.Vergangenheit bewahrt hatte, war in schrecklicher Weise verkommen, durch monströse Industrieanlagen und Wohnblocks umzingelt, im Zentrum von abscheulichen Betonklötzen verunstaltet worden.

Als Ungar könne er über die Slowakei nicht objektiv urteilen, wandte Laszlo ein. Dieses Land sei unter dem Namen »Oberungarn« seit dem Mittelalter stets der Stephanskrone zugeordnet gewesen, und in der südlichen Randzone würden uralte Ressentiments ausgetragen. »Wenn wir Ungarn uns schon im Kreise drehen, wie sollt ihr West-Europäer da zu einem halbwegs vernünftigen Urteil kommen? Die Deutschen haben sich für die Slowenen, vor allem für die Kroaten, und dann für die Muslime stark gemacht. Aber ihr müßt eines bedenken: In dieser Weltgegend und vor allem in Ex-Jugoslawien hüte man sich vor moralisierenden Kriterien. Auf dem Balkan gibt es keine ›good guys‹ und ›bad guys‹, sondern nur Starke und Schwache. Wehe den Schwachen!

Fragt die Juden, die hier noch übriggeblieben sind. Die bekommen schon wieder am eigenen Leibe zu spüren, daß die von ihnen aus Gründen der Selbsterhaltung propagierten Ideale des Kosmopolitismus und der Völkerfreundschaft sich in Lüge und in Heuchelei verkehrt haben. Die Juden wissen wohl am besten, daß der Balkan wie zu Zeiten der Ustaschi des Kroaten Pavelić, der ›Eisernen Garde‹ des Rumänen Codreanu, des Pfeilkreuzlers Szálasi von bluttriefendem Haß regiert wird. Der aus Ungarn stammende Devisenspekulant und Tycoon George Soros, der natürlich jüdischer Abstammung ist, wird zwar von den jungen Schwarzmarktprofiteuren und Mafiosi als Kultfigur bewundert, von der Masse der kleinen Leute jedoch als Symbol ewig wiederkehrender Ausbeutung und Übervorteilung beargwöhnt.«

Varady verabschiedete sich mit unnachahmlicher ungarischer Höflichkeit und entschuldigte sich für die Unzulänglichkeit seiner Informationen, für die Verworrenheit seiner Prognosen. Auch Laszlo ging kurz danach in die kalte Nacht hinaus. Ein paar Schneeflocken leuchteten wie Glühwürmchen im Schein der Laternen auf. Jenseits des Parks flammten grelle Neonröhren und warben für westliche Permissivität, Nachtlokale und Bordelle. Ukrainische Prostituierte trafen sich ja schon zur Teestunde in den vornehmen Salons des »Corvinus-Kempinski«. Ich winkte dem alten Indochina-Freund eine Weile nach. An der Straßenecke pries der Night-Club »Dolce Vita« die Vorzüge seiner Bardamen an, die sich ihren Gästen »topless« darboten.

*

Genug dieses magyarischen Intermezzos. Mit Dušan fahre ich von Belgrad nach Novi Sad. Es war ein glücklicher Zufall, daß ich diesen stämmigen Serben mit seinem komfortablen Mercedes vor dem Hotel »Hyatt« entdeckt hatte. Auf meinen Wunsch, mich in die Provinzhauptstadt der Vojvodina zu begeben, um dort der Wahlkundgebung des Ultra-Nationalisten Šešelj beizuwohnen, hatte der Fahrer knapp geantwortet: »Kein Problem!« Dušan war fast fünfzehn Jahre in Bochum an der Ruhr in einem großen Fuhrunternehmen beschäftigt gewesen und hatte dort auch seine serbische Frau kennengelernt, die seinerzeit in einer Fabrik in Schwerte arbeitete. Aufgrund seines Fleißes hatte er es zu bescheidenem Wohlstand und einer ansehnlichen Wohnung in Belgrad gebracht.

An seinen Aufenthalt im Ruhrgebiet erinnert er sich gern und fast mit Wehmut. Er habe sich stets wohl gefühlt in Deutschland, versichert er, und seine Frau auch. Als er nach fünfzehn Jahren von seinen deutschen und ausländischen Kollegen Abschied gefeiert habe, sei große Rührung aufgekommen. Sie hätten die ganze Nacht gezecht und dann gemeinsam geweint. »Dušan, bleib doch bei uns«, hätten die Deutschen immer wieder gesagt. So schlimm, wie es die Medien darstellten, konnte es also mit dem angeblichen Fremdenhaß der Deutschen auch nicht her sein. Immerhin lebten dreihunderttausend Serben in der Bundesrepublik.

Es ist Sonntag. Die Straßen sind leer. Nach einer Fahrtstunde erreichen wir Novi Sad, keine schöne Stadt. Nur ein paar Jugendstilbauten erinnern an bessere Habsburger-Zeiten. Das Stadtzentrum ist im nüchternen Tito-Stil errichtet. Immerhin ist hier solider gebaut worden als in den groben Fertigblocks der Sowjetunion. An den Straßenkreuzungen fallen bewaffnete Trupps serbischer Bereitschaftspolizei oder Milizionäre auf. Sie tragen Helme und horizontblaue, in sich gemusterte Uniformen. Diese vom Regime gehätschelte Schutztruppe bildet heute den Rückhalt der serbischen Staatsgewalt und ist mit schweren Waffen ausgerüstet. Ihr Mannschaftsstand wird auf achtzigtausend geschätzt und kann sich beinahe mit dem der Heeresdivisionen messen. Politisch sind die Grau-Blauen wohl sehr viel zuverlässiger als die Militärs, deren Infanteriebestände den geographischen weit ausgreifenderen Aufgaben der Überwachung des Kosovo, der Kriegführung in Bosnien, der aktiven Gegenwart in Kroatien ohnehin kaum gewachsen sind.

Die nationalen Kräfte des großserbischen Nationalismus – die Killer, Plünderer und Vergewaltiger – stammen, wie mir versichert wurde, in der Mehrzahl aus jenen ethnischen Mischzonen, die heute zwischen Knin im Westen und Goražde im Südosten außerhalb der eigentlichen Kernlande gelegen sind. Die Befürworter multikonfessioneller Gesellschaften sollten gelegentlich zum Anschauungsunterricht auf den Balkan reisen.

Für die Wahlkampfversammlung, die in einer häßlichen

Sporthalle aus Beton stattfinden soll, ist es noch zu früh. So bestellt Dušan zwei Orangensäfte für den horrenden Preis von neun D-Mark, wenn man bedenkt, daß ein unteres Durchschnittseinkommen in Belgrad beim Gegenwert von vier D-Mark liegt. Die Getränke werden uns von einer mißmutigen Kellnerin mit strohblond gefärbtem Haar und gelblich schimmernden Wolfsaugen serviert. Beim Weg in die Halle stecken uns Šešelj-Anhängerinnen bunte Nadeln der Radikalen Serbischen Partei an. Offenbar erkennt man hier gar nicht, daß ich Ausländer bin.

Der Zustrom und die Begeisterung der Šešelj-Fans hält sich in Grenzen. Etwa achttausend Menschen haben sich auf den Sitzbänken der überdachten Arena installiert. Die meisten wirken kleinbürgerlich und durchaus gesittet. Ihre Zahl reicht bei weitem nicht aus, um die zentrale Sportbahn zu füllen. Dort tummeln sich ein paar Agitationstrupps, junge Männer mit stechenden Augen und brutalen Kinnladen. Sie schwenken die rot-blau-weißen Fahnen Serbiens und schwarze Banner mit dem Totenkopf. Einige dieser jungen Leute haben sich mit hohen schwarzen Mützen, lang fallendem Haar und dichten Bärten als Tschetniks zurechtgemacht. Der Totenkopf ist ein beliebtes Symbol ihres Kampfes gegen Kroaten, Bosnier und Albaner. Teilweise sind sie mit Kalaschnikows bewaffnet, und man traut diesen Schlägern so ziemlich jede Brutalität zu.

Ihre rabiate Wichtigtuerei unterscheidet sich kraß vom zurückhaltend und harmlos wirkenden Publikum. Trachtengruppen führen in Erwartung der Redner der Radikalen Serbischen Partei folkloristische Darbietungen auf dem Podium vor. Es erklingen jene balkanischen Weisen, die zunächst so unbekümmert und fröhlich klingen, auf die Dauer jedoch klagend und schmerzerfüllt anmuten. Ein großer Unterschied besteht wohl nicht zwischen der Volksmusik Bosniens, der Karpaten, des Peloponnes einerseits und dem orientalischen Rhythmus des »Dabke« andererseits, zu dem die jungen Libanesen sich im Reigen drehen und singen. Die Choristen und Solo-Tänzer sind überwiegend weiß kostümiert, die Männer mit breiter roter Bauchbinde, die Mädchen mit grellbunten Schürzen und roten Stiefeln ausstaffiert.

Vojeslav Šešelj hat sich aus irgendeinem Grund verspätet, und ich döse zum Stampfen und Singen der Tanzenden vor mich hin. Plötzlich fällt mir jener Belgrader Germanistikprofessor ein, ein korpulenter, selbstbewußter Mann, der mir beim Abendessen in Belgrad seine Verzweiflung über die deutsche Einstellung zur Jugoslawienfrage eindringlich schilderte.

»Unsere gesamte kulturelle und völkische Wiedergeburt verdanken wir doch den deutschen Philosophen, Philologen und Wissenschaftlern«, beteuerte er. »Die Gebrüder Grimm haben unsere Märchen gesammelt, und selbst Goethe hat sich um die Entdeckung unserer halbverschütteten Poesie verdient gemacht. Damals unterschied man in Weimar und Jena nicht zwischen Serben und Kroaten. Johann Gottfried Herder hat seinen Platz im Pantheon unserer nationalen Wiedergeburt.«

An diesem naßkalten Morgen in Novi Sad, früher Neusatz genannt, wurde mir bewußt, welche explosiven Kräfte die deutschen Volkstumsromantiker des frühen neunzehnten Jahrhunderts entfesselt hatten. Instinktiv waren Johann Gottfried Herder und seine Jünger der westeuropäischen Aufklärung mit Mißtrauen begegnet. Die Nationalidee – ursprünglich von deren jakobinischen Vätern rationalistisch, universalistisch, voluntaristisch angelegt – konnte jenen deutschen Dichtern und Denkern nicht behagen, die sich schon seit Lessing in der düsteren Fabelwelt des »Ossian« gefielen und in ihrer berechtigten Bewunderung für Shakespeare auf der Suche nach dem »Originalgenie« waren. Bei Herder und seinesgleichen, die mit ihrer oft artifiziellen, aber stets gutgemeinten Förderung der kleinen slawischen und baltischen Volksgruppen gegen die späteren Auswüchse des Pan-Germanismus paradoxerweise starke östliche Gegenkräfte geweckt hatten, herrschte im Widerspruch zu den aufklärerischen Postulaten der Französischen Revolution ein auf Blut und Boden bezogener Nationalgedanke vor, der zu ihren Lebzeiten noch edelmütig und geradezu selbstlos wirkte, im Endeffekt jedoch unberechenbare, langfristig sogar chaotische Kräfte freisetzte.

Mit der schönen Sammlung der *Stimmen der Völker in Liedern* und der Förderung des »Selbstbewußtseins der jungen Völker des europäischen Ostens« verband sich die Enthüllung von »angeblichen Urgründen« und die Erweckung eines schlummernden Volksgeistes, die durch die künstlerische Schöpfung der »Besten« inspiriert sei. Aus diesem ethnischen Nebenaspekt des »Sturm und Drang« hatte insbesondere der keimende Nationalismus des Balkans einen Teil seiner späteren Motivation bezogen. Die mikrokosmische Übersteigerung hatte tribalistische Zersplitterung und chauvinistischen Wettbewerb aller gegen alle erzeugt. Johann Gottfried Herder und seine Mitstreiter – darunter viele Pastoren – hatten in ihrer sympathischen Einfalt geglaubt, einer friedlichen europäischen Vielfalt zu dienen. Sie hatten gewähnt, die blaue Blume der Romantik zu pflanzen, und in Wirklichkeit säten sie wie der Held Kadmos der antiken Sage Drachenzähne, aus denen waffenklirrende Krieger erwuchsen. Die germanischen, slawischen, baltischen Sängerbünde – im Verbund mit den Turnvereinen oder »Sokol«, die sich im neunzehnten Jahrhundert zu mächtigen patriotischen Ritualen trafen – verwandelten sich, ohne es recht zu merken, zur erbitterten Phalanx des Volkstumskampfes.

Wie nahe Serben und Deutsche sich einmal gestanden hatten, wurde mir bewußt, als ich in den Archiven des Belgrader Fernsehens stöberte. Dort entdeckte ich die rührend naive Verfilmung einer Begegnung zwischen Johann Wolfgang von Goethe mit dem serbischen Historiker und Literaten Vuk Karadžić. Die Szene hatte sich tatsächlich in Weimar abgespielt. Der serbische Schauspieler, der seinen Landsmann Karadžić darstellte, bedankte sich bei dem Dichterfürsten ehrerbietig für das Interesse, auf das die serbischen Heldenlieder und Sagen bei ihm selbst und bei den Gebrüdern Grimm gestoßen seien. Goethe drückte seine Bewunderung für diese Balkan-Epen aus, worauf der Serbe auf die Rückständigkeit, auf das weitverbreitete Analphabetentum in seiner Heimat verwies.

»Auch Homer war Analphabet«, lautete die Erwiderung des Deutschen in diesem Filmausschnitt, »und wir wissen gar nicht, ob Homer eine Person war oder ob das ganze griechische Volk – ähnlich wie bei den Serben – diese unvergeßlichen Verse geschmiedet hat.«

Anschließend wurde Vuk Karadžić bei der Verleihung der Würde eines Ehrendoktors der Philosophie in der Universität

Jena gezeigt, ein bewegender Auftritt, während im Hintergrund die Studenten »Gaudeamus igitur« anstimmten. Man könnte lange Betrachtungen anstellen über die Fehlentwicklungen der Geschichte. Aber zurück nach Novi Sad.

Endlich treffen die Matadoren ein. Eine Militärkapelle verdrängt die Balkan-Musik. Französische Clairons waren im Verlauf der Waffenbrüderschaft des Ersten Weltkrieges Bestandteil dieser martialischen serbischen Märsche geworden. Die Redner repräsentieren die diversen, nach staatlichem Zusammenfluß strebenden Bestandteile der großserbischen Nation. Von Leibwächtern in schwarzer Uniform umgeben – schwarzes Tuch, schon von der SS bevorzugt, übt wohl eine magische Kraft auf Extremisten aller Breitengrade aus –, tritt ein Politiker aus Knin als erster ans Mikrophon. Er vertritt jene Gebietsfetzen Kroatiens, die dem Zagreber Staatsverband 1992 durch die überlegenen jugoslawischen Streitkräfte entrissen wurden und sich seitdem unter dem Sammelnamen »Krajina« präsentieren.

Am selben Tag findet in diesem Drittel Kroatiens, das unter serbischer Kontrolle steht und sich sogar eine fiktive eigene Währung zugelegt hat, eine Präsidentenwahl statt. Vor allem zwei Rivalen – beide aus der Gegend von Knin, in unmittelbarer Nachbarschaft Dalmatiens, stammend – stehen sich gegenüber: der ehemalige Polizeiinspektor Milan Martić, der als Favorit des mächtigen Belgrader Drahtziehers Milošević gilt, und der Zahnarzt Milan Babić, der das Scheingebilde einer serbischen Teilrepublik Krajina beiseite schieben will und ohne Verzug die totale Union mit Serbien fordert. Die Sympathien der Radikalen Serbischen Partei befinden sich natürlich auf seiten dieses letzteren Kandidaten, obwohl beide sich bei der Durchführung ethnischer Säuberungen in ihrem »Grenzgau« ähnlich brutal aufgeführt haben.

Nach einem serbischen Partisanenführer aus Bosnien und einem Montenegriner tritt endlich der Held des Tages, Vojeslav Šešelj, ans Mikrophon. Die serbische Hymne erklingt, dröhnend und bombastisch. Ihr Text kündet von Heldentum und vergossenem Blut. Alle Anwesenden sind aufgestanden. Die rächenden Geister des Balkans verscheuchen auch musikalisch die trügerisch lieblichen Hirtenklänge.

Der Führer der Radikalen Serbischen Partei, der als hemmungsloser Chauvinist auch bei serbischen Patrioten höchst umstritten ist, verfügt über eine mächtige Stimme. Aber er entfaltet keine Begeisterung bei seinen Zuhörern von Novi Sad, während er den Präsidenten Milošević der kläglichen Nachgiebigkeit gegenüber der Europäischen Union beschuldigt. Šešelj gilt als vorzüglicher Anwalt. Er hat brillante Studien hinter sich gebracht. Mit seinem blonden Haarschopf und der professoralen Brille würde er auch nach Deutschland passen.

Die Anklage des Demagogen gipfelt in der Behauptung, daß die kämpfenden Serben Bosniens, von UNPROFOR, den Blauhelmen der Vereinten Nationen, mehr Unterstützung erhalten hätten als von der Regierung in Belgrad.

Šešelj hat in den letzten Monaten wohl erheblich an Körperfülle zugenommen, denn sein politischer Gegner Arkan, der ihn an nationalistischer Maßlosigkeit noch weit übertrifft, wirft ihm vor, er habe in letzter Zeit so viel Wurst und Schinken gefressen, daß er fünfzehn Kilo angesetzt habe. Šešelj tue gut daran, dieses Übergewicht im bosnischen Kriegsgebiet herunterzutrainieren. Das plumpe Rüpelspiel gehört offenbar zum Alltag dieses lustlosen Wahlkampfes. Auch Dušan scheint sich zu langweilen. Wir drängen uns durch die Menge zum Ausgang, und man macht uns höflich Platz.

Die ganze Widerlichkeit dieser Volksverhetzer wird mir erst später bewußt, als ich aus zuverlässiger Quelle von ihren Greueltaten in Nord-Bosnien erfahre. In dem Städtchen Brčko, das für die Serben von entscheidender strategischer Bedeutung ist, hatten die Mörderbanden Šešeljs, die sich »Weiße Adler« nennen, und die Henkertruppe Arkans, die unter dem Namen »Tiger« wütet, eine große Zahl Muslimani auf entsetzliche Weise umgebracht. Sie hatten sie in eine Fleischfabrik getrieben und wie geschlachtetes Vieh »verarbeitet«. Dabei konnten sie sich auf den Präzedenzfall der rumänischen Faschisten der »Eisernen Garde« im Jahr 1941 berufen. Um die Ermordung ihres Führers Corneliu Codreanu zu rächen, hatten diese Sadisten wahllos zweihundert Juden aufgegriffen und sie ebenfalls in einem Schlachthof lebend zerstückelt.

*

»Wie weit ist es bis Vukovar?« frage ich, sobald wir im Mercedes sitzen. »Etwas mehr als hundert Kilometer«, lautet die Antwort. Ob wir bis dort durchkommen würden? Der Fahrer ist zuversichtlich.

Starker Regen, mit Schnee untermischt, geht über der Save-Ebene nieder. Bei diesem Wetter seien die Kontrollen oberflächlich. In der deutschen Botschaft war mir gesagt worden, ohne UNPROFOR-Ausweis sei Vukovar so gut wie gesperrt, gebe es kein Durchkommen zu dieser zerstörten Ortschaft Slavoniens, wo sich Serben und Kroaten ihre blutigste, verbissenste Schlacht geliefert haben. Meine UNPROFOR-Akkreditierung aus dem Oktober 1992, die in Sarajevo und Umgebung gute Dienste geleistet hatte, ist mir abhanden gekommen. »Wir versuchen es eben«, stimme ich Dušan zu.

Wir folgen traurigen Landstraßen. Die wenigen Autos, die uns begegnen, tragen oft deutsche Nummernschilder, sind in Esslingen oder Gelsenkirchen registriert. Nach ein paar Kilometern sind wir ganz allein in der winterlichen Feuchtigkeit. Pappeln säumen die Chaussee, und Maisfelder reichen bis zum verwaschenen Horizont. Die Straßendörfer, die wir passieren, scheinen verrammelt und verlassen zu sein.

»Hier lebten früher viele Deutsche«, erklärt Dušan. »Wir nannten sie Schwaben.« Ganz spontan hatten diese Volksdeutschen mit der vorrückenden deutschen Wehrmacht im Frühjahr 1941 sympathisiert. Ihre jungen Männer hatten freiwillig oder gezwungen in der SS-Division »Prinz Eugen« Dienst getan. Jetzt wohnen Serben in diesen einst so schmucken Siedlungen.

Die Landschaft wird welliger. Zu unserer rechten Seite fließt die Donau. Die schlammigen Wasser stehen hoch. Bei Sonnenschein hätte diese Gegend, wo sich nun Weinpflanzungen mit Weiden ablösen, recht anmutig gewirkt. Ähnlich wie seinerzeit in Zentral-Bosnien fallen mir ansehnliche Villen auf, die auf einen gewissen Wohlstand schließen lassen und in ihrem behäbigen Baustil deutschen Vorstädten angepaßt sind. Zweifellos ist diese mitteleuropäisch wirkende »Wohnkultur« durch heimgekehrte Gastarbeiter aus der Bundesrepublik auf den Balkan verpflanzt worden und legt Zeugnis dafür ab, wie segensreich sich die starke jugoslawische Präsenz in Deutschland auch für die bedürftigen Ursprungsländer ausgewirkt hat.

Nur selten begegnen wir serbischen Milizpatrouillen in blauer Uniform. Ein Straßenpanzer überwacht eine Kreuzung. Plötzlich versperrt ein Schlagbaum die Weiterfahrt. Ein serbischer Milizionär mit kugelsicherer Weste und Kalaschnikow hält uns an, und ich überlasse Dušan das Palavern. Aber der Posten fragt nur, woher wir kommen. »Aus Novi Sad«, antwortet der Fahrer. »Dann seid ihr hoffentlich auf der patriotischen Kundgebung unseres Freundes Šešelj gewesen?« fragt der Polizist, und nach Dušans Bejahung werden wir mit strahlendem Lächeln durchgewinkt.

Über eine kurvenreiche Strecke, an Trauerweiden vorbei, nähern wir uns dem nächsten Kontrollpunkt. Ein Schilderhäuschen und wiederum ein Schlagbaum werden dieses Mal von einer blauen UNO-Fahne gekrönt, die klatschnaß am Mast klebt. Das Wasser strömt wie eine Dusche aus dem trostlos grauen Himmel. Der einsame Mann mit dem Blauhelm sieht uns mißmutig entgegen und denkt gar nicht daran, sein schützendes Holzdach zu verlassen.

»Hier sind Russen stationiert«, erklärt Dušan, »ein Bataillon Fallschirmjäger. Sie sollen den Waffenstillstand in Slavonien garantieren. In Wirklichkeit kümmern sie sich um nichts, treiben ein wenig Schwarzhandel und fühlen sich in dieser verwandten slawischen Umgebung offenbar recht wohl.« Der Russe nimmt gar keine Notiz von uns, und wir bewegen uns weiter nach Nordwesten, nunmehr auf einem Territorium, das zu Zeiten Titos der kroatischen Teil-Republik angehört hatte.

Ich bin jetzt hellwach, nähern wir uns doch einer der intensivsten Kampfzonen dieses neuen Balkan-Krieges. Die Dörfer in dieser Donau-Save-Niederung haben noch eine gewisse österreichische Behäbigkeit bewahrt. Menschen sind kaum zu sehen, und das kann nicht nur am Regen liegen. Die Kroaten bildeten in diesem Grenzabschnitt – hier beginnt ja die sogenannte Krajina – früher einmal die Mehrheit der Bevölkerung, etwa zwei Drittel. Durch »ethnische Säuberung« sind sie schon in der ersten Phase des jugoslawischen Desasters von mordenden und plündernden Serben verjagt worden. Offenbar hat diese plötzliche Vertreibung fast ohne Gegenwehr stattgefunden, denn Einschüsse oder Verwüstungen sind hier nicht zu entdecken. Seltsamerweise sind jedoch aus Alt-Serbien nur wenige neue Kolonisten nachgerückt, als trauten die Eroberer ihrem eigenen Sieg noch nicht. Der verbrecherische Bandenführer Arkan hingegen hat sich die Situation zunutze gemacht. Durch Bestechung und Erpressung hat er sich angeblich weite Agrarflächen und eine gut funktionierende Weinkelterei angeeignet, die zu den wenigen florierenden Unternehmen dieses umstrittenen Landstriches zählt.

»Wir nähern uns Vukovar«, sagt Dušan. Für die kroatischen Patrioten klingt dieser Name ähnlich wie Verdun für die Franzosen des Ersten Weltkrieges. In Vukovar war der Waffengang zwischen den eng verwandten süd-slawischen Völkern ausgebrochen, als kroatische Polizisten von serbischen Tschetniks zusammengeschossen wurden, so wird erzählt. Präsident Milošević hatte sich wohl vorgestellt, daß er mit den Gegnern in Zagreb leichtes Spiel haben würde. Er hatte die Wucht und Überlegenheit der schwerbewaffneten jugoslawischen Bundesarmee gegen eine bunt zusammengewürfelte, in aller Eile zusammengetrommelte Schar von kroatischen Freischärlern überschätzt. Er hatte die Rechnung ohne die verzweifelte Gegenwehr der Kroaten gemacht. In dieser Anfangsphase des Konflikts ist es zu den schlimmsten Greueltaten gekommen. Massenhinrichtungen, denen auch Kinder und Greise zum Opfer fielen, waren an der Tagesordnung. Es fanden jene Folterungen, Verstümmelungen und Vergewaltigungen durch die rasenden Tschetniks statt, die selbst die Greuel des endlosen Krieges in Libanon in den Schatten stellten. Eine vergleichbare Bestialität, das wußte ich aus eigener Beobachtung, hatte sich im Land der Zeder in der arabischen Levante nicht ausgetobt.

Plötzlich taucht ein durch schwere Treffer halbierter Wasserturm auf. Wir erreichen die Zone des Krieges. Über die Verwüstung der Stadt Vukovar ist in sämtlichen Medien ausführlich berichtet worden. Wochenlang wurden hier Straßenkämpfe ausgetragen, haben die schlechtbewaffneten Kroaten den Panzern und der schweren Artillerie der Serben standgehalten. Jetzt tauchen die Trümmer, die Skelette ausgebrannter Häuser, eingeäscherte Straßenzeilen auf. Besonders auf die katholischen Kirchen – im klassischen österreichischen Sakralstil errichtet – hatte es die serbische Artillerie abgesehen. Dušan wendet ein, die Glockentürme seien von den Kroaten als Beobachtungsposten und als Hochsitze ihrer Scharfschützen mißbraucht worden, was diese barbarische Zerstörung erkläre.

Mit Vukovar war eine prächtige Barockstadt, ein Vorposten abendländischer und habsburgischer Kultur auf dem Balkan, in Schutt und Asche gelegt worden. Von der Kathedrale bleiben nur die rosa getönten Grundmauern übrig. Dennoch kommt beim Anblick der Ruinen Vukovars kein Entsetzen bei mir auf. Hier war ja nicht alles platt gewalzt, dem Erdboden gleichgemacht worden, sondern die Umrisse der ausgehöhlten, verkohlten Häuser ragen wie Scherenschnitte gegen den düsteren Himmel. In der vietnamesischen Frontstadt Quangtri am 17. Breitengrad hatten die Bombenteppiche der amerikanischen B 52 dagegen nur ein paar Schutthügel, einen Brei aus Zement und Lehm hinterlassen. In Khorramshahr, jenem irakischen Hafen am Schatt-el-Arab, den die Iraker vorübergehend erobert hatten, war buchstäblich kein Stein auf dem anderen geblieben. Das ausgebrannte Vukovar mochte an verwüstete Ortschaften des Dreißigjährigen oder des Siebenjährigen Krieges erinnern.

Der Boden dieses Schlachtfeldes bleibt mit Blut und Haß getränkt. Auf Vukovar würden die erobernden Serben nie verzichten wollen, und die »friedenserhaltende« Präsenz russischer Blauhelme sichert ihnen diese endgültige Besitznahme faktisch zu. Doch in der Erinnerung der Kroaten wird Vukovar, das nach ruhmreichem Kampf gefallen ist, in der Heldenlegende weiterleben und die Feindschaft gegen die Serben stets von neuem anfachen. Ich erinnere mich, in Sarajevo kroatischen Rundfunksendungen gelauscht zu haben. Fast stündlich wurde dort eine feierliche Hymne an die heldischen Verteidiger von Vukovar abgespielt.

»Wir wollen versuchen, meine Schwester zu finden, die in einem Außenbezirk von Vukovar lebt«, schlägt Dušan vor. »Früher hat sie im Zentrum gewohnt, ist jetzt jedoch auf ein Häuschen am Rand ausgewichen, das sie gemeinsam mit ihrem Mann wetterfest machen konnte.« Wir kreisen eine Weile in dieser trübseligen Umgebung. Kontrolliert werden wir kein einziges Mal. Die Polizisten nehmen kaum Notiz von uns, obwohl die kroatischen Linien sechs bis acht Kilometer entfernt sind. Schließlich stoßen wir auf einen Tankwart, den einzigen Zivilisten im ganzen Umkreis, der uns zwar kein Benzin anbieten kann, aber die Richtung kennt.

Unser Mercedes hält schließlich vor einem niedrigen Gehöft, das durch verschiedene Treffer auf die Ausmaße einer Baracke reduziert wurde. Die Fenster sind mit Holz verrammelt, die Tür hängt schief in den Angeln. Dušan muß mit den Fäusten gegen den Eingang trommeln, ehe ihm aufgemacht wird. Seine Schwester und sein Schwager haben ihr Transistorradio auf volle Lautstärke gestellt, sich irgendeine stupide Quizsendung aus Belgrad angehört und unsere Ankunft gar nicht wahrgenommen. Jetzt ist die Begrüßung um so herzlicher.

Die Schwester und der Schwager sind bäuerliche, derbe Gestalten. Sie mögen beide vierzig oder fünfzig Jahre alt sein. Er arbeitet in der Weindestillerie, die Arkan an sich gerissen hat, während sie sich mit Näherei ein Zubrot verdient. Der Schwager beteuert gleich, daß er sich politisch nicht engagiere, daß es ihm völlig gleich sei, ob bei den Wahlen der Krajina Milan Martić oder Milan Babić die Mehrheit davontrage. Diese Politiker würden doch nur Unheil stiften.

Natürlich sind Dušans Verwandte wackere serbische Patrioten. Im Zweiten Weltkrieg hätten die faschistischen Ustaschi tatsächlich in den umliegenden serbischen Dörfern Zwangstaufen vorgenommen und den Übertritt zum katholischen Glauben erpreßt. Wer sich nicht fügte, sei oft erschossen, zumindest aber vertrieben worden. Nach der Eroberung Ost-Slavoniens durch die Tschetniks im Herbst 1991 hätten die serbischen Extremisten den kroatischen Gefangenen, ihren katholischen Erzfeinden, zwei Finger der rechten Hand abgehackt, damit sie sich nur noch mit drei Fingern nach orthodoxem Ritus bekreuzigen konnten. »Dabei hatten wir doch vor dem Ausbruch dieses Wahnsinns recht harmonisch miteinander gelebt«, beklagt die Schwester. Heute verbleiben noch fünfzig Kroaten in ihrer weiteren Nachbarschaft, und denen tue niemand mehr etwas zuleide.

Die balkanische Gastfreundschaft kommt in dieser Hütte zu ihrem Recht. Die Verwandten Dušans leben zwar unter erbärmlichen Verhältnissen in ihrem zerbombten Erdgeschoß, aber im Nu kreist die Slivovitzflasche, und sogar Kognac wird zu Ehren der unerwarteten Gäste serviert. Die Schwägerin breitet duftende Scheiben geräucherten Schinkens auf das schmackhafte Landbrot. Dazu gibt es Salat und Paprika. Von Deutschfeindlichkeit, die den Serben so hartnäckig nachgesagt wird, ist hier nichts zu spüren. Ein Gaskocher wird in Gang gesetzt, und zum säuerlichen Save-Wein werden gebratene Fleischgerichte jeder Art gereicht.

Mir ist von Anfang an die Vorliebe der Serben für Schweinefleisch aufgefallen. Selbst in dieser Krisen- und Mangelzeit werden die Märkte großzügig mit Säuen und Ferkeln beliefert, ja damit vollgestopft. Dem Borstenvieh fiel hier wohl schon immer eine besondere, fast demonstrative Bedeutung zu. Die Christen des Balkans – so scheint es – hatten durch die Bevorzugung von Schweinefleisch ihren trotzigen Widerstand gegen die türkischen Eroberer betonen wollen, denen aus religiösen Gründen der Genuß dieses »unreinen« Tieres verboten war. Die beiden serbischen Herrscherfamilien – die Karageorgević und die Obrenović – führten, wie erwähnt, ihre dynastischen Ursprünge auf robuste Bauern zurück, die als Schweinezüchter zu erstem Wohlstand gelangt waren. Die unversöhnliche Auseinandersetzung Belgrads mit Österreich-Ungarn hatte im Jahr 1906 den »Punkt ohne Wiederkehr« erreicht, als die k.u.k.Behörden eine Schweinepest zum Anlaß nahmen, um ihre Grenzen für den Import von serbischem Schlachtgut zu sperren. Diese scheinbar belanglose Schikane, die die Belgrader Interessen jedoch empfindlichst traf, ist als »Schweinekrieg« in die Geschichtsschreibung eingegangen und hat die ohnehin schwelende Feindschaft zum Sieden gebracht.

In der bescheidenen Hütte von Vukovar hat der reichlich genossene Obstschnaps die Stimmung angeheizt. Zum Abschied liegen wir uns wie alte Freunde in den Armen. Erst auf der Rückfahrt, während wir nach problemlosem Passieren der Kontrollen über die transjugoslawische »Autoput« auf Belgrad zusteuern, überkommen uns Katzenjammer und stille Melancholie. »Was ist aus diesem schönen, fruchtbaren und gastlichen Land geworden«, stöhnt Dušan. Die Lichter Belgrads färben die niedrigen Wolken rötlich, und der Regen prasselt unaufhörlich auf unser Blechdach.

Die »Herde« des Sultans

Belgrad, im Dezember 1993

Mein ganzes Leben lang habe ich die Auflösung von Imperien erlebt und beschrieben. Es war ein faszinierendes Schauspiel, wie unter gewaltigen Erschütterungen ehrwürdige, angestammte Kulturen – soweit sie vorhanden waren – sich aus der europäischen Bevormundung herauslösten oder wie sich urzeitliche Barbarei der »befreiten Gebiete« bemächtigte. Meine Sympathien befanden sich meist auf seiten der alten Kolonialmächte. Den Verrat vieler westlicher Intellektueller am oft utopischen Universalanspruch der eigenen Zivilisation habe ich stets abgelehnt. Die Alternativen dazu erschienen wirklich nicht beglükkend. Aber die »Bürde des weißen Mannes« entsprach nun einmal der Vorstellungswelt einer vergangenen Epoche, war zu einer unerträglichen Last geworden, seit eine Handvoll weißer Offiziere an der Spitze farbiger Hilfstruppen nicht mehr in der Lage war, sich halbe Kontinente zu unterwerfen, seit die Entsendung von Kanonenbooten niemanden mehr schreckte. Die sukzessiven Rückzüge und Niederlagen von Briten, Franzosen, Holländern und Portugiesen in ihren jeweiligen zerbröckelnden Überseegebieten entsprachen der Nemesis eines unerbittlichen Geschichtsablaufs. Das aussichtslose Aufbäumen gegen diese Entwicklung kam einer sträflichen Selbstüberschätzung gleich, auch wenn sie oft mit bravouröser Pose einherging.

Als dann die weißen Supermächte an die Reihe kamen, die aufgrund einer merkwürdigen Autosuggestion glaubten, sie seien, im Gegensatz zu den klassischen europäischen Kolonialherren, Bundesgenossen der brodelnden »Dritten Welt« und überdies mit dem Konzept einer globalen Menschheitserlösung ausgestattet – die Sowjetrussen mit ihrer Heilsbotschaft von der klassenlosen Gesellschaft, die Amerikaner mit dem Glücksrezept des »American way of life« –, da hatte ich als Augenzeuge in der vordersten Loge auch diese große Zeitenwende registriert. Das Scheitern der USA in Vietnam, das Versagen der Roten Armee im Kampf mit den islamischen Partisanenhaufen Afghanistans widerlegten die törichte Fehleinschätzung, der zufolge das »Ende der Geschichte« erreicht sei.

Seit dem Fall von Saigon und der Räumung von Kabul schien jede Fortschrittsperspektive im Sinne der hegelianischen Dialektik versperrt. Zwar hatte der Blitzsieg Amerikas in der irakischen Wüste noch einmal das ungeheuerliche Überlegenheitspotential dieses Hegemonen offenbart, aber zur Schaffung einer »neuen Friedensordnung«, wie Präsident Bush sie für den ganzen Orient angefordert hatte, reichte auch diese überdimensionale Kraftanstrengung nicht mehr aus. Fast zur gleichen Zeit vollzog sich – ohne Einwirkung äußeren oder inneren Zwanges – die lautlose Auflösung der gefürchteten und kolossalen Sowjetmacht. Gewiß, aus der Asche des marxistisch-leninistischen Staatswesens erhob sich bereits wie ein doppelköpfiger Phönix oder Geier der uralte Expansionsinstinkt der großrussischen und prawo-slawischen Überlieferung. Doch diese nostalgische Rückwendung war von allzu vielen Unwägbarkeiten belastet. Das nukleare Megatonnen-Potential Moskaus war keine ausreichende Kompensation für eine ökonomische Fehlentwicklung ohne Beispiel. Die vielgerühmte Masse von hundertfünfzig Millionen Russen ist kein »Mastodon« mehr, der eine Milliarde Muslime, der 1,2 Milliarden Chinesen beeindruckt. Die Teilerfolge imperialer Rückgewinnung zaristischen Besitzes in Tadschikistan oder in Georgien, morgen vielleicht in der Ukraine, könnten am Ende vielleicht darauf hinauslaufen, die »Rußländische Föderation« in die Situation eines katastrophalen »Super-Jugoslawien« zu verstricken.

Schon im Oktober 1992, als ich unter dem Bombardement Sarajevos in nächtlicher Meditation die wirren Vorgänge auf dem Balkan zu deuten suchte, und jetzt wieder, im Dezember 1993, wenn ich im Komfort des Luxushotels, das an dieser Stelle geradezu surrealistisch anmutet, das Fernsehgerät ausschalte, das mir neben dem Nachrichtenprogramm von CNN auch die diversen deutschen Kanäle einspielt, bemächtigt sich meiner immer wieder eine bedrückende Ratlosigkeit. Dann hole ich mir die unterschiedlichsten Abhandlungen über die jugoslawische Frage heraus. Die dort vertretenen Thesen widersprechen sich ebenso kompromißlos, sie sind genauso inkohärent wie die Aussagen jener ortskundigen Gesprächspartner, denen ich tagsüber gelauscht habe.

Eine Anhäufung von Greueln, von unbeschreiblichen Grausamkeiten hat sich der trügerischen Touristenidylle des Balkans bemächtigt. Dieses Gemetzel, diese sadistischen Ausschreitungen werden von kleinlichen, oft erbärmlichen Disputen und Querelen über ethnische, konfessionelle und territoriale Ansprüche oder Interpretationen begleitet. Angeblich hatten die Senatoren von Konstantinopel einen erbitterten Streit über das Geschlecht der Engel ausgetragen, während der osmanische Sultan Mehmet II. zum Sturm auf das »Zweite Rom« ansetzte. Die Konflikte des Balkans – das unterscheidet sie grundsätzlich von den tragischen und grandiosen Umwälzungen, die mein bisheriges Chronistenleben begleitet hatten – erschienen byzantisch, gehässig und unnötig grausam. Vielleicht hatte jener Harvard-Professor Samuel Huntington, der meinen eigenen Thesen über den derzeitigen Zustand der Menschheit so opportun zu Hilfe gekommen war, eben doch recht, wenn er die ost-europäische Zivilisation als eine Gemeinschaft definierte, die auf der einen Seite von steriler byzantisch-orthodoxer Despotie geprägt war, andererseits aber auch das Brandzeichen einer langen islamischen Fremdherrschaft trug – ein halbes Jahrtausend unter den Osmanen auf dem Balkan, ein Vierteljahrtausend unter den Tataren in Rußland. Jedenfalls fiel es mir schwer, den Zerfall des ehemaligen Tito-Staates mit jener faszinierenden Anteilnahme zu begleiten wie jene Rückzugsgefechte des Abendlandes, die die Kehrseite des Ruhmes früherer Conquistadoren war. »Grandeur«, um mit de Gaulle zu sprechen, offenbart sich wohl am anschaulichsten im Untergang. Ich kann mir andererseits vorstellen, daß ein Schicksalskampf, in den die heutige Republik Türkei, die Tochter Atatürks, demnächst verwickelt würde, ein Spektakel böte, neben dem die Balkan-Querelen von heute kläglich erschienen.

Vielleicht haben die Informationsfetzen über Bosnien, die von den internationalen Fernsehstationen angeboten wurden, stärker zu der Irritation beigetragen, die sich meiner in Sarajevo und Belgrad bemächtigte, als die widersprüchlichen Exegesen der Lektüre, in die ich mich vertieft hatte. Schon während meines Aufenthalts in Bosnien war mir bewußtgeworden, daß die Heimatredaktionen an einer Berichterstattung über die historisch-religiösen Hintergründe des Jugoslawien-Konflikts, seine tragische Zwangsläufigkeit, ja nicht einmal an einer Auflistung der kriegerischen Optionen ernsthaft interessiert waren. Gefragt war »human interest«. Wer sich überschlug in der Darstellung von Scheußlichkeiten, der hatte die Nase vorn, der brachte, so nahmen die Meinungspäpste wenigstens an, die hohen Einschaltquoten, um die sich alles drehte. Daß sich mit dem Vorzeigen verstümmelter Kinder, weinender Frauen, erniedrigter Männer, brennender Häuser auch eine gewisse Abstumpfung gegenüber so viel menschlichem Elend einstellte, daß durch die Meldungen über Massenvergewaltigungen und bestialische Folterungen möglicherweise auch ungesunde Instinkte gekitzelt wurden, daß der Voyeurismus auf der ganzen Linie triumphierte und die Würde des betroffenen Menschen oft durch eine rücksichtslose Kameraführung oder Befragung zutiefst verletzt wurde, das wollten sich offenbar nur die wenigsten eingestehen. Immer wieder wurde jener Bosnier mit dem unschuldigen Knabengesicht gezeigt, den die Serben angeblich gezwungen hatten, die Hoden seiner Mitgefangenen im Lager abzubeißen. Als ob die wandelnden Skelette, die die serbischen Konzentrationslager überlebt hatten, nicht Anklage genug gewesen wären.

Ein deutscher CDU-Bundestagsabgeordneter, dessen katholisches Jungmanngesicht in der Debatte plötzlich die eifernden Züge eines Savonarola annahm, verstieg sich zu der erwiesenermaßen falschen Erklärung, serbische Horrorgestalten hätten ihren weiblichen muslimischen Gefangenen Tierembryos eingepflanzt. Die Realität des Grauens reichte ihm wohl nicht aus. Wer nicht das Schwergewicht seiner Berichterstattung auf anklagende Betroffenheit und deklamatorische Empörung ausrichtete, fand wenig Beifall bei den Nachrichtenmachern der Heimatredaktionen. Während die dümmlichsten Quiz- und Tratsch-Sendungen über unbegrenzte Sendezeit verfügten, wurde der Abgrund, der sich in unmittelbarer Nachbarschaft auf europäisch-balkanischem Boden auftat, in knapp bemessenen Minuten abgetan oder im Stammtisch-ähnlichen Tollhaus der Talkshows abgehandelt. Die »Friedensbewegten«, denen die gewohnten Feindbilder und Schimären abhanden gekommen waren, fanden sich in dieser Welt des Grauens, die ideologisch nicht mehr einzuordnen war, ohnehin nicht zurecht und mußten von nun an mit dem Vorwurf der Heuchelei leben. In der neuen Balkan-Krise sahen sich die schrecklichen Vereinfacher, »les terribles simplificateurs«, ihrer einfältigen Schablonen beraubt.

*

An der Belgrader Akademie der Wissenschaften brauche ich eine ganze Weile, ehe ich das mir angewiesene Portal finde. Ich bin mit dem Historiker Milorad Ekmečić verabredet, und bei meiner Suche schiebe ich mich durch fröhlich lärmende Studentenscharen, erklettere Repräsentationstreppen im Stil der Jahrhundertwende und habe nicht eine Sekunde das Gefühl, mich in der Hauptstadt eines Landes zu bewegen, das um sein Überleben kämpft.

»Sie wollen mit diesem großserbischen Chauvinisten Ekmečić sprechen?« bin ich von deutscher Seite mit leichtem Vorwurf gefragt worden. Doch es wird eine lebhafte Unterhaltung. Ich bin eine halbe Stunde verspätet, als in einem zugigen Flur ein weißhaariger Herr auf mich zukommt und sich als der gesuchte Professor vorstellt. Die blauen Augen lächeln verschmitzt in einem faltenreichen, schmalen Gesicht. Milorad Ekmečić hat nicht die geringste Ähnlichkeit mit seinen bulligen Landsleuten, die mit der militärischen Schaffung Groß-Serbiens befaßt sind. Er wirkt eher zerbrechlich.

»Unsere Universität ist spät gegründet worden«, berichtet der Akademiker, während er mich zu seinem Büro geleitet. »Athen verfügte schon 1837 über eine Hochschule, Bukarest ab 1864, Agram – Zagreb kam 1869 dazu, und sogar Sofia folgte im Jahr 1889. Wir haben bis 1896 warten müssen, waren leider die Nachzügler.«

Der Arbeitsraum des Historikers ist spärlichst möbliert, ungemütlich und ungeheizt. Wir behalten unsere Mäntel an. »In allen anderen Räumen herrscht eine erträgliche Temperatur, aber bei mir ist es eisig. Vielleicht geht ja ein böser Geist um. An diesem Schreibtisch hat nämlich mein Vorgänger Nikola Pašić gearbeitet, ein strammer serbischer Nationalist, der um die Jahrhundertwende kurze Zeit hier lehrte, unter König Alexander I. sogar Ministerpräsident Jugoslawiens wurde und dessen Thesen heute eine beklemmende Aktualität zurückgewonnen haben.«

Als ich meine Unkenntnis eingestehe und zugebe, daß ich über diesen ominösen Politiker unzureichend informiert sei, setzt Ekmečić wieder sein fröhliches Lächeln auf. »Nikola Pašić hat im Jahr 1917 verkündet, daß eine Lösung der anstehenden Probleme sehr viel einfacher wäre, wenn die religiösen Trennungslinien unserer Bevölkerung mit klar definierten Regionen einhergingen. Die konfessionelle Streuung sei so verworren und verwischt, daß sich nur ein Ausweg anböte: Man müsse die religiösen Antagonismen durch ein System von Emigration und Immigration entschärfen, mit massiven Umsiedlungsmethoden – heute würde man ethnische Säuberung dazu sagen.« Als Ministerpräsident zwischen den beiden Weltkriegen habe der eifernde Ministerpräsident Nikola Pašić sogar versucht, seine These in die Wirklichkeit umzusetzen und zumindest die Albaner des Kosovo in die Türkei abzuschieben.

Ein besonders kalter Luftzug weht durch die zerbrochene Fensterscheibe herein. »Merken Sie es?« meint mein Gastgeber, »das Gespenst meines Vorgängers hat sich wieder geregt.«

Milorad Ekmečić sei unerträglich, weil er den ganzen Jugoslawien-Konflikt auf konfessionelle Konflikte und Sprengkräfte reduziere, hatte mir einer seiner serbischen Kollegen und Rivalen gesagt. Aber ich selbst war ja zu dem Schluß gekommen, daß zumindest der Krieg in Bosnien gar nicht anders als aus religiöser Perspektive gedeutet und erklärt werden könnte, selbst wenn das koranische Bewußtsein nach vierzig Jahren atheistischer Umerziehung durch das Tito-Regime stark geschrumpft war. Selbst jene Muslimani, die sich als Bosnier oder Bosniaken bezeichneten und jede geistliche Einordnung von sich wiesen, waren in den Augen ihrer kroatischen und serbischen Mitbürger eben doch ein Fremdkörper geblieben, auch wenn für dieses durch und durch serbo-kroatische Bevölkerungselement die summarische und vereinfachende Bezeichnung »Türken« verschwunden war. Die jungen bosnischen Intellektuellen, die sich krampfhaft bemühten, sich von Allah und seinem Propheten zu distanzieren – allenfalls ihre Großeltern waren ja noch zur Moschee gegangen –, waren sich offenbar nicht bewußt, daß die Zugehörigkeit zur islamischen »Umma«, zur Gemeinschaft der Gläubigen, ein »signum indelebile« ist, ein unauslöschliches Zeichen, ähnlich wie das, das die katholischen Priester einst für die Taufe beanspruchten.

Ekmečić zieht eine merkwürdige und diskutable Parallele zwischen den konfessionellen Gegensätzen bei den Süd-Slawen und bei den Deutschen. »Die religiösen Unterschiede zwischen den Orthodoxen, den Katholiken und den Muslimen«, so hatte er in der *Tribune of International Affairs* im April 1993 geschrieben, »waren der einzige Grund für den Fehlschlag der nationalen Wiedergeburtsbestrebungen, die darauf zielten, diese süd-slawische Nation unter einem einheitlichen politischen Banner zu scharen. Als die nationale Einigungsbewegung 1790 bei uns einsetzte, glich sie in bemerkenswerter Weise der gleichen Bestrebung, die sich in Deutschland entwickelt hatte, und sie scheiterte ebenso kläglich wie in Deutschland. Ähnlich wie die deutschen Katholiken Österreichs die Idee einer gemeinsamen Nation verwarfen, die sich durch die Einheit der Sprache definierte, und statt dessen für einen getrennten eigenen Staat optierten, so handelten die jugoslawischen Katholiken. Im Hinblick auf die dynamische Entwicklung ihrer nationalen Identität sind die Jugoslawen eine geistige Kolonie Deutschlands. Dieser Vorgang ist weit bedeutender als die derzeitige Beherrschung jugoslawischer Straßen durch deutsche Automobile. Das Schisma der christlichen Kirche zwischen Ost und West wurde nach 1054 noch um eine zusätzliche Spaltung vertieft, als – vom vierzehnten Jahrhundert an – die Islamisierung eines beachtlichen Bevölkerungsteils als Folge der türkischen Eroberungen stattfand.«

Ich verstehe jetzt, weshalb die Geschichtsinterpretation meines Mentors auf so heftigen Widerspruch gestoßen ist. Aber in seiner Analyse war er konsequent. Ekmečić bedauert zutiefst, daß die Hoffnungen des ausgehenden neunzehnten Jahrhunderts, in einem vereinten Süd-Slawien könne Serbien die Rolle Piemonts beim »Risorgimento« Italiens spielen, Kroatien hingegen den kulturellen Auftrag der Toskana übernehmen, an der kombinierten Separationspolitik des islamischen Imamats und des Vatikans gescheitert seien. Die jetzige Verfassung der neugegründeten Republik Kroatien, die seit dem 22. Dezember 1990 in Kraft ist, erscheint ihm unerträglich. »Kroatien ist ein nationaler Staat des kroatischen Volkes«, heißt es dort.

»Angesichts der Tatsache, daß der einzige wahre Unterschied zwischen Serben und Kroaten religiöser Natur ist«, so doziert er weiter, »beinhaltet dieser konstitutionelle Grundsatz, daß etwa ein Viertel der Bevölkerung des kroatischen Staates – gemeint sind die Serben – den Normen einer katholischen Ideologie unterworfen und zu Objekten der Assimilation degradiert wird.« In seinen Vorlesungen widmet er natürlich den Zwangsbekehrungen orthodoxer Serben, die während des Zweiten Weltkrieges in Groß-Kroatien stattgefunden hatten, weiten Raum. Etwa zweihundertfünfzigtausend Serben seien damals durch das Zusammenspiel der faschistischen Ustaschi und des römischen Klerus zu Kroaten, das heißt Katholiken, gemacht worden.

»Ich kann nur die traurige Realität wiedergeben!« kommentiert der Professor. »Aus heutiger Sicht erscheint das Kirchenschisma aus dem Jahr 1054 ohnehin absurd, aber es hat sich tief in das Bewußtsein der Bevölkerung eingegraben. Ich habe mich einmal mit chinesischen Kollegen über unsere europäischen Dogmenkonflikte unterhalten«, fügt er lächelnd hinzu, »und diese pragmatischen Konfuzianer konnten einfach nicht begreifen, daß in dem Kirchenstreit zwischen Rom und Byzanz das Wörtchen ›filioque‹ eine so entscheidende Rolle gespielt hatte, daß wir uns heute noch die Schädel einschlagen, weil für die Katholiken der Heilige Geist aus dem Vater ›und dem Sohn‹ hervorgegangen ist, während sich bei den Orthodoxen die Filiation auf den ›pater‹ beschränkt.«

Ich stelle wieder einmal die Frage, die ich systematisch an alle Serben richte und auf die ich stets die gleiche Antwort erhalte. »Wenn Sie zwischen den Kroaten und den Muslimani zu wählen hätten, welchen Partner würden sie vorziehen?« Die Aussage ist kategorisch: »Die Kroaten natürlich.«

Milorad Ekmečić ist ein dezidierter Gegner der Bogumilen-

Theorie, und in diesem Punkt kann ich nicht mit ihm übereinstimmen. In meinem Buch *Eine Welt in Auflösung* habe ich der mittelalterlichen Sekte der Bogumilen eine Passage gewidmet und das seltsame Übergreifen der manichäischen, das heißt dualistischen Lehre von ihrem iranischen Ursprungsland auf dem Weg über Bulgarien bis hin in das südwest-französische Okzitanien erwähnt. Dort, im Raum zwischen Béziers und Toulouse, hatten die Katharer, die »Reinen«, wie sie sich selbst bezeichneten, die Albigenser, wie sie nach der Stadt Albi benannt wurden, die katholische Kirche und den mit Rom verbündeten König der Franzosen herausgefordert. Papst Innozenz III., der der Vorstellung eines christlich-abendländischen Gottesstaates, der Augustinischen »civitas Dei«, wohl am nächsten gekommen war, hatte mit diesen Ketzern exemplarisch aufgeräumt. Der Dominikaner-Orden übernahm die Aufgabe der heiligen Inquisition, um die Abtrünnigen zum wahren Glauben zurückzuführen. Der heilige Ludwig IX. entfachte einen Kreuzzug gegen die Albigenser, der seinem überwiegend nord-französischen Staatswesen die Eroberung des »Midi« und den Zugang zum Mittelmeer sicherte.

Die Spuren dieser kombinierten Aktion kirchlicher und weltlicher Macht, die mit eifernder Grausamkeit einherging, sind noch heute lebendig. Im ehemaligen Okzitanien des Grafen von Toulouse haben der Anti-Klerikalismus wie auch der anti-monarchistische Republikanismus stets seinen fruchtbarsten Nährboden gefunden, und als Charles de Gaulle, der als Nachfolger der Kapetinger empfunden wurde, bei einer Wahlschlacht gegen den Sozialisten Mitterrand im französischen Südwesten 1965 besonders schlecht abgeschnitten hatte, kommentierte der damalige Premierminister Georges Pompidou die Ergebnisse mit den Worten: »Ah, ces Albigeois!«

Das Schicksal der Bogumilen auf dem Balkan, des östlichen Flügels der umfassendsten, bis nach England reichenden Häresie des Mittelalters – die ein dualistisch-manichäisches Weltbild propagierte –, ist weit weniger bekannt. Nach ihrer Ausmerzung in Bulgarien und Mazedonien, wo ein gewisser Bogumil als Prediger gewirkt haben soll, verlagerte sich ihr Schwerpunkt in die unzulängliche Gebirgswelt Bosniens. Dort suchten sie Zuflucht vor dem Bannstrahl des römischen Pontifex wie auch vor dem Anathema des Patriarchen von Konstantinopel. Immerhin hat sich die Sekte der Bogumilen, die Ende des zwölften Jahrhunderts unter dem Landesherrscher Ban Kulin in Bosnien heimisch wurde, in diesem Refugium etwa zweihundert Jahre lang behauptet und dem auch dort tätigen Dominikaner-Orden erfolgreich getrotzt.

Den aufsässigen Balkan-Fürsten blieb die demütigende Abschwörung der Ketzerei erspart, der sich die Grafen von Toulouse im Westen unterwerfen mußten. An der Spitze dieser »bosnischen Kirche« stand ein sogenannter »Djed«, und ihm zur Seite amtierten die »Gosti« und »Stasi«, die wohl den »parfaits« der Albigenser entsprachen. Auch im Balkan rief der Bischof von Rom zum Kreuzzug auf und stützte sich hier auf die fromme Ergebenheit des ungarischen Königs Andreas. Am Widerstand des einheimischen Adels und des häretischen Klerus sind diese Unterwerfungsbemühungen, die zwischen 1234 und 1239 in einem regelrechten Eroberungskrieg gipfelten, immer wieder gescheitert. Bosnien muß auch damals schon ein ideales Terrain für den hinhaltenden Partisanenkampf religiös motivierter Freischärler gewesen sein. Wer diese kontinentale Glaubensbewegung gering einschätzt oder als künstliches Konstrukt bezeichnet, wie das gewisse Rezensenten meines Buches taten, liefert den Nachweis mangelnder historischer Bildung.

Natürlich versucht Milorad Ekmečić in keiner Weise die Existenz einer kraftvollen Bogumilen-Bewegung auf dem Balkan zu leugnen. Doch er sträubt sich gegen die auch von mir vertretene These, daß die vehemente Verfemung dieser dualistischen Ketzerei durch die beiden Kirchen in West und Ost die Bogumilen in eine Stimmung verzweifelten Widerstandes gedrängt und sie somit – anläßlich der Eroberung ihrer Heimat durch die Türken, die kurz nach dem Fall Konstantinopels erfolgte – in die Arme des Islam getrieben habe. Es ist immerhin ein bemerkenswertes Phänomen, daß in Bosnien der massive Übertritt einer rein slawischen, heute würde man sagen »serbo-kroatischen« Bevölkerung zum koranischen Glauben stattfand und daß diese Bekehrung, die offenbar ziemlich spontan verlief, sowohl beim örtlichen Adel als auch bei der Bauernschaft auf breite Zustimmung stieß. In ähnlicher Weise hatte sich ja anläßlich der arabischen Eroberung des bislang byzantinischen Orients eine massive Konversion zahlreicher christlicher Sekten zum Islam vollzogen, die in den Kriegern des Kalifen Omar ihre Befreier vom erdrückenden dogmatischen und fiskalischen Zwang Konstantinopels begrüßten.

Der serbische Professor stemmt sich gegen diese Bogumilen-Argumentation, weil sie die großserbischen Ansprüche relativiere und die muslimischen Bosnier mit einer soliden historischen Tradition ausstatte. Solche Übertritte zum Islam seien ja nicht auf Bosnien beschränkt geblieben, wendet Ekmečić deshalb ein. In seinen Augen ist Opportunismus eine maßgebliche Triebfeder für die Unterwerfung der ehemaligen Bogumilen unter die Glaubenslehre Mohammeds gewesen. Auf diese Weise konnte der slawische Adel seine Privilegien im Pfründensystem der osmanischen Verwaltung verankern, während das einfache Volk vor dem erniedrigenden Status des »Dhimmi«, des Schutzbefohlenen, bewahrt blieb, keine Kopfsteuer zu zahlen hatte und sich auf die Seite des siegreichen Halbmondes schlug. Schließlich hätten ja auch die Albaner mehrheitlich eine vergleichbare Hinwendung zum Koran vollzogen, und diese Serie von Übertritten habe dort noch bis in das neunzehnte Jahrhundert fortgedauert, nachdem in zahlreichen Dörfern des Kosovo die katholischen Seelsorger, meist Franziskaner, durch die türkische Verwaltung verdrängt worden seien. Im byzantinisch-orthodoxen Bereich der südlichen Skipetaren hingegen habe das verhaßte Autoritätsgehabe der überwiegend griechischen Prälaten eine zutiefst abstoßende Wirkung ausgeübt und einen großen Teil der Bevölkerung dem Koran zugetrieben.

Hier kommen wir wohl der Wirklichkeit näher. Im Gegensatz zu den serbo-kroatischen Bosniern verfügen die Albaner über eine ethnische und sprachliche Identität, die angeblich auf die Illyrer zurückgeht. Seit langem fühlte sich dieses Volk wohl durch süd-serbische Assimilationsbestrebungen und durch die griechische Überheblichkeit, die sich in Epirus breitmachte, in seinem Überleben bedroht. Eine Hinwendung zum Islam bot den Albanern die Möglichkeit einer Abgrenzung gegenüber diesen dynamischen Nachbarn und versetzte sie zusätzlich – im

Dienste der Pforte – in die Rolle von bevorzugten Hütern der osmanischen Herrschaft. So hatten wohl auch die Muslimani Bosniens – bis zur Errichtung der österreichischen Militärverwaltung im Jahr 1878 – als verläßliche Stützen des Sultans und Kalifen fungiert. Angeblich gingen diese »Renegaten« sehr viel härter und rücksichtsloser mit ihren im christlichen Glauben verharrenden Landsleuten um als die ansonsten gefürchteten türkischen Fremdherrscher.

Die islamische Wiedergeburt, der wir heute weltweit begegnen, ist offenbar einer recht einheitlichen Gesetzmäßigkeit unterworfen. Bosnien, so heißt es immer wieder im Rückblick, sei ein Vorbild für multikonfessionelles Miteinander, ja für harmonische Verschmelzung gewesen. Etwa vierzig Prozent der Bevölkerung hätten in gemischten Familien- und Sippenverhältnissen gelebt. Aber man hüte sich vor solch idyllischen Beschreibungen. Selbst die vielgerühmte Toleranz des andalusischen Islam in Spanien beruht weitgehend auf einer Mystifikation. Unter der Herrschaft der maurischen »Reyes de Taifa« wurden zwar Juden und Christen gemäß der koranischen Vorschrift als Angehörige der »Familie des Buches – ahl el kitab« – in gewissem Umfang geschont. Von Gleichberechtigung waren sie weit entfernt, und der häufig zitierte jüdische Philosoph Maimonides, dessen Haus in Cordoba den Touristen als Denkmal islamischen Großmuts vorgeführt wird, mußte unter dem Druck der fanatischen Almohaden nach Marokko flüchten. Die Almohaden hatten die »Einzigkeit« Allahs auf ihr Panier geschrieben und waren aus dem Atlas-Gebirge nach Spanien übergesetzt, um gegen die christliche Reconquista Front zu machen. In Fez hat Maimonides überlebt und ist sogar seinen Studien nachgegangen, indem er sich als Muslim tarnte. Von Lehrtätigkeit konnte in dieser maghrebinischen Hochburg koranischer Frömmigkeit, wo die »Ulama« der Karaouiyina-Universität den Ton angaben, für diesen getarnten Israeliten natürlich nicht die Rede sein.

In seinen Schriften verweist Ekmečić auf das Zweckbündnis des Zweiten Weltkrieges, das zwischen Kroaten und Muslimani zustande kam. Bosnien-Herzegowina war in jenen Jahren dem Ustascha-Staat voll einverleibt, und die Katholiken von Zagreb, die sich unter der Habsburger Krone relativ frei entfalten konnten, hatten natürlich nicht die gleichen Gründe wie die orthodoxen Serben, die jahrhundertelang als »Herde« des Sultans malträtiert worden waren, die Muslimani, diese Verleugner ihres eigenen Volkes, zu verabscheuen. Allenfalls zwei Prozent der Partisanentruppe Titos habe sich im Zweiten Weltkrieg unter den Muslimen rekrutiert; dagegen hätten sich die Kroaten im Widerstand gegen den Faschismus weit zahlreicher engagiert. Ekmečić kramt ein Foto aus jener Zeit heraus, das den Mufti von Jerusalem, Amin el Husseini, beim Abschreiten einer SS-Formation bosnischer Muslimani zeigt.

Es war einzig und allein Marschall Tito zu verdanken, daß der kommunistische Vielvölkerstaat auf den Trümmern des Königreichs Jugoslawien trotz des angestauten Hasses der Kriegsjahre, trotz der Hekatomben von Ermordeten und Gefolterten, zu einer organischen Föderation zusammengeschweißt werden konnte. Dieser marxistische Pragmatiker erkannte sehr bald den Vorteil, den er aus der starken muslimischen Minderheit in seinem Bundesstaat ziehen konnte. Einerseits benutzte er die Muslimani – wie weiter südlich die Mazedonier –, um gegen das serbische Übergewicht in Jugoslawien einen numerischen Ausgleich zu schaffen. Andererseits wirkten sich die Konzessionen an die Koran-Gläubigen Bosniens, denen mehr und mehr Selbständigkeit zugebilligt wurde, als wirksamer Trumpf in Titos Bemühen um einen Führungsanspruch bei den »Blockfreien« aus, wo die weltweite »Umma« über beachtliches Gewicht verfügte. Paradoxerweise vollzog sich die Schaffung einer »muslimanischen Nationalität« auf Anweisung des Kommunisten Tito parallel zu einer intensiven Gottlosen-Kampagne, die tatsächlich – wie mir die empörten Imame bereits bestätigt hatten – eine weitgehende Entfremdung ihrer Gemeinde gegenüber der Botschaft Allahs und seines Propheten zur Folge hatte. Im Zuge dieser scheinbar gelungenen Säkularisierung und nachdem der großserbische Innenminister und heimliche Gegenspieler Ranković kaltgestellt war, konnte Marschall Tito Schritt für Schritt dazu übergehen, der »muslimischen Bevölkerungsgruppe« die Geschicke der Autonomen Republik Bosnien anzuvertrauen, ja im Jahr 1969 eine muslimische Nationalität zu proklamieren, die sie ebenbürtig neben Serben und Kroaten einreihen sollte. Auch innerhalb des Bundes der Kommunisten hat es wohl heftigen Widerspruch gegeben. Vor allem der greise Staatspräsident Moshe Pijade verwehrte sich gegen diese Aufwertung der Muslimani, wobei seine jüdische Abstammung eine Rolle gespielt haben mag.

Fast zur gleichen Zeit hatte Mao Tsetung im Roten Reich der Mitte einen ähnlichen Weg mit seinen Koran-Gläubigen beschritten. Die seit langem zum Islam bekehrten Han-Chinesen – von den türkischen Uiguren und Kasachen in Sinkiang ist hier wohlweislich nicht die Rede – wurden ebenfalls als eigene Nationalität unter der Bezeichnung »Hui« eingestuft und erhielten sogar die Autonome Region Ningxia in der Hoangho-Schleife zugewiesen, obwohl dort nur ein bescheidener Bruchteil der auf über dreißig bis vierzig Millionen geschätzten Gemeinschaft ansässig ist. Ohne es zu wissen, hatten die beiden kommunistischen Herrscher Tito und Mao Tsetung dem ur-islamischen Grundsatz von der Einheit von Religion und Staat, von »din wa dawla«, Rechnung getragen. Durch eine seltsame Fügung hatten sie anerkannt, daß es für einen gläubigen Jünger des Propheten Mohammed nur eine politische wie religiöse Zugehörigkeit geben kann, nämlich die islamische »Umma«.

In den Augen durchreisender westlicher Touristen war der Islam in Bosnien, ja in ganz Jugoslawien zu Zeiten Titos und in den folgenden Jahren zu einer malerischen orientalischen Folklore geschrumpft. Selbst ernsthaftere Beobachter gingen in ihrer Begeisterung für den Säkularismus von der Annahme aus, das koranische Bekenntnis lasse sich auf dem Balkan von der Politik beliebig manipulieren. Die Zeichen der religiösen Auflösung waren ja offenkundig. Da fanden nicht nur Heiraten zwischen muslimischen Männern und christlichen Frauen statt, was der Koran erlaubt, sondern auch zwischen christlichen Männern und muslimischen Frauen, was die »Scharia« strikt untersagt. Die Muslimani hielten sich nur in den seltensten Fällen an die rituellen Verbote ihrer Konfession. Sie waren standfeste Trinker, und viele gewöhnten sich sogar an den Genuß von Schweinefleisch.

Doch bei diesen Schilderungen einer religiösen Entfremdung verfielen die angeblichen Experten des Auslands wohl wieder einmal dem Irrtum, dem so viele ihrer Kollegen zwischen Maghreb und Hindukusch erlegen sind. Infolge ihrer engen Verbindung, ihrer spontanen Zuwendung zu den aufgeklärten Intellektuellen, die sich von den Überlieferungen der frommen Ahnen losgesagt und innerhalb der a-religiösen Staatshierarchie und im offiziellen Kulturleben durch Anpassung einen Platz verschafft hatten, vernachlässigten sie die Grundstimmung und das atavistische Beharrungsvermögen der kleinen Leute, vor allem der Landbevölkerung, die instinktiv um den Erhalt ihrer höchsten ethischen Werte, ja um die Grundnormen ihres familiären Zusammenlebens bangen mußten. Zu keinem Zeitpunkt war Bosnien ein utopisches »Andalusien«. Die unendliche Heerschar der Ermordeten und Gequälten, die Verfolgten aus naher und ferner Vergangenheit, die Gespenster des Balkans warteten nur auf die Stunde ihrer grausigen Wiedererweckung, auf das Signal zur Blutrache.

Mein serbischer Lehrmeister Ekmečić verweist mich auf ein anderes Phänomen, das die Entwickung des sogenannten Islamismus in Nord-Afrika, in Iran und vor allem im ehemals sowjetischen Zentral-Asien aus dem Bereich der religiösen Schwärmerei auf die Ebene realer praktischer Militanz anhebt, nämlich die Bevölkerungsexplosion. Auch bei den Muslimen des Balkans war ein solcher Vorgang zu verzeichnen, während die christlichen Slawen seit geraumer Zeit keinerlei Zuwachs anzeigten. Einer österreichischen Volkszählung aus dem Jahr 1879 zufolge lebten damals in Bosnien-Herzegowina 42 Prozent Orthodoxe, 39 Prozent Muslimani und 18 Prozent Katholiken. Im Jahr 1931 kam das Königreich Jugoslawien auf dem gleichen Territorium noch zu folgenden Anteilen: In der besagten Reihenordnung waren es 44, 31 und 23 Prozent. Dieses Verhältnis hatte sich beim Zensus von 1991 auf substantielle Weise modifiziert. Nur noch 31 Prozent Serben und 14 Prozent Kroaten standen einer relativen Mehrheit von 44 Prozent Muslimani gegenüber.

Die österreichisch-ungarische Besetzung Bosniens und Herzegowinas nach dem Berliner Kongreß, so entrüstet sich der liebenswürdige Professor, und die Annexion dieser Provinzen durch die Habsburger Krone im Jahr 1908 hätten darauf hingezielt, die Vereinigung der serbischen Nation in einem einzigen

Staat zu verhindern. Die Ermordung des Erzherzogs Franz Ferdinand durch den serbischen Patrioten Gavrilo Princip – das Attentat fand am 28. Juni 1914, am Sankt-Veits-Tag statt, das heißt am mystischen Erinnerungsfest der Serben an die Schicksalsschlacht auf dem Amselfeld – entsprach deshalb einer unerbittlichen Dramaturgie. Auf ähnliche Weise, so behauptet er, habe die Anerkennung der Unabhängigkeit Bosniens durch die Europäische Gemeinschaft am 6. April 1992 – die ersten Gefechte waren in Sarajevo bereits Ende Februar aufgeflackert – die längst verschüttet geglaubten Gräben wieder aufgerissen und die Dämonen des Völkermords entfesselt. »An diesem 6. April«, so schrieb Ekmečić in einer seiner Studien, »war der Bürgerkrieg auf religiöser Basis längst im Gange.«

In Sarajevo hatte ich seinerzeit festgestellt, daß eine Re-Islamisierung Bosniens, die vor wenigen Jahren noch als Phantasterei abgetan worden wäre, nunmehr in den Bereich des Möglichen rückte. Zwischen dem unerbittlichen Zugriff des großserbischen Chauvinismus einerseits und des kroatischen Hegemonialwillens andererseits konnten jene Serbo-Kroaten, die sich zur Nationalität »Muslimani« bekannten, ihren politisch-religiösen Sondercharakter doch nur im Koran finden, blieb ihnen als spezifische Identität nur die Rückwendung zum Islam übrig. Durch Unterdrückung, Massenmord, Vergewaltigung und Terror wurden die Erben der Bogumilen – ähnlich wie zu Zeiten der Bannflüche aus Rom und Konstantinopel – in die Arme der weltweiten »Umma« gestoßen.

Die Frömmigkeit und die theologische Kenntnis der eigenen Lehre mochten noch gering sein, dafür offenbarten sich der Überlebens- und Kampfwille der bosnisch-muslimischen Kriegshaufen und Partisanentrupps auf eindrucksvolle Weise. Mehr und mehr wurde übrigens in den vordersten Frontlinien das harmlose Lilien-Wappen der unabhängigen Republik Bosnien-Herzegowina durch die grüne Fahne des Propheten ersetzt. Gelegentlich erscholl sogar der Kampfruf »Allahu akbar«, auch wenn die tatkräftige Hilfe der ausländischen Glaubensbrüder in schändlicher Weise auf sich warten ließ. Die dezidiertesten Mitstreiter der Bosnier kamen übrigens aus dem Sandschak von Novi Pazar herbeigeeilt. Die dortigen Serbo-Muslime hatten sogar die Gottlosen-Kampagnen der Tito-Ära ziemlich unbeschadet überlebt und boten nun ein Beispiel für eifernde Todesbereitschaft »auf dem Wege Allahs«. Geringeres Ansehen hingegen genossen jene »Mudschahidin« – allzu viele waren es ohnehin nie gewesen –, die aus dem Orient und aus dem Maghreb angereist waren. Der Schwerpunkt dieser buntscheckigen Truppe befand sich in der mittel-bosnischen Stadt Zenica. In dieser durchaus europäischen Umgebung wirkten die Frömmler, die Fundamentalisten aus dem fernen Afrika und Asien doch allzu anmaßend und exotisch.

Eine Verschwörung des Schweigens hatte bewirkt, daß zumindest in den westlichen Medien jener islamische Widerstand gegen die erzwungene Laizisierung, der schon in den achtziger Jahren das Mißtrauen der jugoslawischen Marxisten erregt hatte, bagatellisiert wurde. In der Terminologie des Post-Titoismus wurde zwischen »laizistischem muslimischem Radikalismus« und »religiösem muslimischem Radikalismus« unterschieden. Erster versuchte wohl, eine Art bodenständigen Sozialismus zu proklamieren, mit dem aus dem arabischen Orient bekannten Argument, alle marxistischen oder pseudo-marxistischen Thesen von menschlicher Gleichheit und gesellschaftlicher Gerechtigkeit seien ja bereits im Koran enthalten. Die zweite, als fundamentalistisch bezeichnete Tendenz machte aus ihrer religiösen Motivation keinen Hehl. Aber auch hier waren keine Fanatiker am Werk. Es ging eher um die Rettung des bedrohten Kulturgutes, der bereits zitierten islamischen Eigenart.

Die Kampagne gegen diese Form von »Radikalismus« gipfelte Anfang April 1983 in der Verhaftung einer Anzahl von Bosniern, die der »konterrevolutionären Aktivität mit religiös-muslimischer Inspiration« beschuldigt wurden. Unter der Bezeichnung »Islamische Erklärung« sei von den Angeklagten die Umwandlung Bosnien-Herzegowinas in einen rein islamischen Staat angestrebt und dafür die Unterstützung aus dem Ausland angefordert worden. Die Urteile, die nach einer recht zwielichtigen Prozeßführung gefällt wurden, waren hart; sie betrugen Strafen von fünf bis fünfzehn Jahren Gefängnis.

Unter den prominentesten Beschuldigten und Verurteilten befand sich das heutige Staatsoberhaupt von Bosnien-Herzegowina, Alija Izetbegović, jener stets traurig wirkende Professor, der mit dem Lilien-Wappen auf der Baskenmütze die ergebnislosen internationalen Konferenzen wie ein steinerner Gast heimsucht. Er war erst 1990 rehabilitiert worden, nachdem ihn das Gericht sieben Jahre zuvor noch beschuldigt hatte, der Schaffung einer politisch geeinten islamischen »Umma« zwischen Marokko und Indonesien anzuhängen. Immerhin hat sich Izetbegović seitdem als unbezähmbarer Verfechter der bosnischen Interessen in fast aussichtsloser Lage bewährt.

Nach unserem langen Gespräch begleitet mich Milorad Ekmečić zum Portal der Akademie der Wissenschaften. Trotz der ernsten Grundstimmung scherzen wir miteinander. Bei allem kompromißlosen Eintreten für die großserbische Nation und die pan-slawische Solidarität wirkt der Professor locker und entspannt. Dem Auftreten und Temperament nach könnte dieser Historiker mit dem Voltaire-Kopf ein skeptischer Aufklärer sein. Wir verabreden uns für ein späteres Treffen.

Ekmečić hatte mir eine seiner Veröffentlichungen mitgegeben, die im April 1992 erschienen war, zu einem Zeitpunkt also, als von aktiver russischer Balkan-Intervention noch keine Rede sein konnte. Bei der Lektüre dieses Aufsatzes in meinem Hotelzimmer stellt sich denn doch ein Schock ein. Die Schlußpassage lohnt, wörtlich zitiert zu werden:

»Die Vereinigten Staaten von Amerika haben den Fehler begangen, eine ›neue Ordnung‹ errichten zu wollen, deren demokratische Prinzipien, deren Anspruch auf Selbstbestimmung nur jenen Nationen zugute kommen, die den deutschen und türkischen Interessen nahestehen«, so dozierte mein Gesprächspartner. »Dadurch ist ein Vakuum entstanden, das durch andere demokratische Bewegungen eines Tages aufgefüllt werden muß. Unter diesen Kräften befindet sich Rußland. Während der ganzen Geschichte Rußlands hat sich diese Bewegung sehr langsam entwickelt und stand stets im Verdacht des unheilvollen Konservatismus und der imperialen Expansion. In einem Brief an seine serbischen Freunde hat I. S. Aksakow schon 1876 die russische Volksbewegung mit der ›großen Glocke des Zaren Iwan‹ verglichen. Diese Glocke wird nur mit Mühe zum Schwingen gebracht, sie pendelt träge, und sie braucht Zeit, um mit dem

Läuten zu beginnen. Sehr viel Zeit braucht sie, ehe sie durch die Steppen Europas und Asiens dröhnt und donnert. Heute stellen wir fest, daß die große Glocke des Zaren Iwan in Rußland wieder zu schwingen beginnt.

Wenn es dieser Bewegung gelingt, die vorherrschende soziale Unzufriedenheit mit neuen, weltweiten Forderungen nach Demokratie zu verbinden – Forderungen, die eine Alternative zum religiösen Fundamentalismus bieten –, dann wird dieses russische Erwachen die Welt so gründlich verändern wie nach den Revolutionen von 1905 und vom Februar 1917. Katholischer Klerikalismus und islamischer Fundamentalismus – geistige Strömungen, die der europäische Westen im Zusammenhang mit der jugoslawischen Krise der übrigen Welt als Grundlage für eine neue Form der Demokratie anbietet – können lediglich neue Bürgerkriege auslösen. Diese giftigen Pflanzen gedeihen nur auf dem Dünger des frisch vergossenen Blutes und des entfesselten Terrorismus.«

Zeitbombe Kosovo

Novi Pazar, im Dezember 1993

Wir wollen den widersprüchlichen Theorien und Spekulationen der Historiker den Rücken kehren und uns der konkreten Wirklichkeit zuwenden.

Seit den frühen Stunden der Dämmerung fahre ich nach Süden. Wir benutzen die »Autoput«, die in Richtung Mazedonien führt. Bei Kragujevac biegt Dušan östlich ab, und wir dringen in die alt-serbischen Kernlande ein. Welche Veränderung ist hier seit den fünfziger und sogar noch seit den frühen siebziger Jahren vor sich gegangen! Damals waren die serbischen Kleinstädte und Dörfer eine Ansammlung grauer, schmuckloser Häuser, in der Mehrzahl einstöckig, fast Katen. Die einzige urbanistische Anstrengung widmete sich dem zentralen Platz, wo ein Kriegerdenkmal – den französischen Vorlagen oft zum Verwechseln ähnlich – an den heldenhaften Überlebenskampf im Ersten Weltkrieg erinnerte. Jetzt ist überall Industrie aus dem

Boden gewachsen, vielleicht nicht sonderlich rentabel, aber wir befinden uns nun einmal im Herzen des Balkans, und die Wohnsilos, die auch hier nicht fehlen dürfen, unterscheiden sich positiv von den erbärmlichen Fertigplattenbauten der Ex-DDR. Die Serben mochten Marschall Tito neuerdings schmähen, ihn sogar in absurder Verleumdung als »heimlichen kroatischen Ustaschi« beschimpfen, doch dieser Gewaltmensch hatte auch ihrer Heimat weit wirkungsvoller den Weg zu Fortschritt und bescheidenem Wohlstand gewiesen als jene bodenständige Dynastie der Karageorgević, deren sich die nationale Nostalgie allmählich wieder bemächtigt.

Es ist ein herrlicher Wintermorgen. Die Sonne strahlt auf dunkelbraune Felder, und die Hügel ringsum sind mit Schnee bedeckt. Im Autoradio werden die russischen Wahlen kommentiert. Auch der Fahrer Dušan zeigt sich schockiert über die neuen Kräfteverhältnisse in Moskau. Die Erfolge der Altkommunisten überraschen ihn nicht, aber diese faschistischen Extremisten des Schirinowski-Flügels wollen ihm absolut nicht behagen. Dušan ist klug genug, um zu spüren, daß jede tiefgreifende Veränderung der früheren Sowjetunion auch im ehemaligen Jugoslawien widerhallen und neue Mächtekonstellationen auf den Plan rufen wird.

Den Sandschak von Novi Pazar habe ich als Ziel angegeben, und es bedarf nicht der geringsten Genehmigung, dieses potentielle Krisengebiet anzusteuern. Jenseits von Kraljevo leert sich die Asphaltstraße. Die Höhenzüge rücken näher. Wir schlängeln uns durch eine dichtbewaldete Gebirgsgegend, ideales Partisanengelände. Novi Pazar stellt die serbische Führung unter Milošević vor ein schwieriges Problem. Die Türken hatten die strategische Bedeutung dieses Sandschak, ein türkischer Ausdruck für »Fahne«, nach dem die größeren Verwaltungseinheiten benannt wurden, klar erkannt. Diese schroffe Naturfestung schiebt sich zwischen das von ihnen unterworfene Serbien und das stets rebellische Montenegro, wo der bewaffnete Widerstand gegen die Osmanen in fünfhundert Jahren nie erlahmt war. Der Sandschak von Novi Pazar beherrscht auch den Übergang zum albanischen Siedlungsgebiet des Kosovo. Kein Wunder, daß das Habsburger-Reich auf diesen Sperriegel Anspruch erhoben und beim großen territorialen Balkan-Schacher, der 1878 in Berlin stattfand, seine Militärverwaltung über Bosnien und Herzegowina um den Westen dieser Region vorübergehend erweitert hatte.

Ähnlich wie Bosnien zeichnet sich die Gegend von Novi Pazar durch den Umstand aus, daß hier eine massive slawisch-orthodoxe Bevölkerung zum Islam übergetreten war. An dieser Stelle hatte die ketzerische Sekte der Bogumilen tatsächlich bei der Bekehrung keine Rolle gespielt. Schon in Sarajevo hatte ich erfahren, daß die bosnischen Streitkräfte eine beachtliche Verstärkung durch muslimische Freiwillige aus dem Sandschak erhielten, daß diese Kämpfer sich durch besonderen Mut und einen andernorts verkümmerten Religionseifer auszeichneten. Eine beachtliche militärische Reserve konnten diese verwandten Muslimani, deren Territorium unter den rest-jugoslawischen Teil-Republiken Serbien und Montenegro aufgeteilt ist, allerdings nicht aufbieten. Im gesamten Sandschak, der etwa achttausendsechshundert Quadratkilomter groß ist, leben nicht mehr als vierhunderttausend Koran-Gläubige. Die übrigen zweihunderttausend Bewohner sind slawische Christen. Dennoch blickt Belgrad mit nervöser Wachsamkeit auf Novi Pazar, wo sich angeblich ein Hort heimlicher osmanischer Nostalgie erhalten hat.

Ein Straßenschild gibt die Entfernung zum Kloster Studenica mit sechs Kilometern an, und ich bitte Dušan, diese Abzweigung einzuschlagen. Wilde Einsamkeit umgibt uns, bis wir plötzlich in einer engen Talmulde das abgelegene Monasterium entdekken. Es ist wie eine Festung mit hölzernen Wachttürmen und hohen Steinmauern umgeben, die mit Schießscharten ausgestattet und von orientalisch wirkenden Zinnen gekrönt sind. Im Inneren dieses Bollwerks, das in seiner Grundkonzeption den Kirchenburgen Siebenbürgens oder noch mehr dem Rila-Kloster in Bulgarien ähnlich ist, befinden sich neben einem zweistöckigen modernen Gebäude mit Unterkünften für die Mönche zwei kleine orthodoxe Heiligtümer, deren Ursprung auf das späte zwölfte Jahrhundert datiert wird. Das kunsthistorische Interesse Dušans ist offensichtlich bescheiden, denn er parkt sein Auto auf einer Erhebung mit einem schönen Ausblick auf die Radočdo-Berge und verweist mich an einen jungen

Mann, der seine Dienste als Fremdenführer anbietet und angeblich Student der Geschichte ist.

»Das Kloster Studenica ist von Stefan Nemanja, dem Gründer der ruhmreichen Nemanjiden-Dynastie, gegründet worden, lange ehe die türkischen Horden über diesen heiligen Boden herfielen«, beginnt der Student seine Erklärung. Die beiden Sakralbauten, vor allem die Kirche der Heiligen Jungfrau, erinnern mich an die christlichen Gotteshäuser des Kaukasus, in Georgien oder Armenien. Über dem Portal ist ein prächtiger byzantinischer Löwe in Stein gemeißelt, aber er kann nicht über die bescheidenen Proportionen dieses Sanktuariums hinwegtäuschen. Das Innere ist eng und schmal. Nur nach oben öffnet sich der Chor zu einer völlig unproportionierten und dadurch eindrucksvollen Höhe. Die Mauern sind mit Fresken bemalt, die biblische Szenen oder Vorgänge aus irgendeiner Heiligen-Vita darstellen. Die Lebhaftigkeit und Ausdruckskraft der Darstellung unterscheidet sich deutlich von der starren, nach strengen Normen ausgerichteten Ikonen-Malerei der griechischen oder russischen Orthodoxie. Wie Figuren der Früh-Renaissance leuchten die leidenden Helden des serbischen Christentums von den brüchigen Wänden, und der Student bestätigt mir, daß hier italienische Einflüsse, vermutlich aus Apulien, unleugbar vorhanden sind.

Es haben sich nur wenige fromme Besucher eingefunden, rauhe, meist alte Männer, betagte Frauen mit tief gekerbten Runzeln eines schweren Lebens unter dem streng geknoteten Kopftuch. Sie bekreuzigen sich nach byzantinischer Art, entzünden Kerzen vor den Ikonen und lauschen einem bärtigen Priester, der eine rote Stola über die Soutane gehängt hat. Der klägliche Chor der Betenden ist vom mächtigen Tonschwall der russischen Liturgie weit entfernt. Ein paar junge serbische Männer kommen hinzu, aber sie bewegen sich unbeholfen in diesem für sie scheinbar ungewohnten Rahmen und wirken fast wie Touristen.

»Die Serben sind ihrem christlich-orthodoxen Glauben zutiefst verbunden«, belehrt mich mein Cicerone, »aber ihre Frömmigkeit ist wenig ausgeprägt. Von einem durchschnittlichen serbischen Mann sagt man, daß er dreimal in seinem Leben die Kirche betrete: zur Taufe, zur Hochzeit, zur Beerdigung. Im übrigen sind die landesüblichen Flüche, bei denen stets von Gott und seinen Heiligen die Rede ist, eine Folge von Blasphemien. Aber verschätzen Sie sich nicht: Die Verankerung im wahren Glauben an die Dreifaltigkeit hat unserem Volk die Kraft gegeben, das Joch der türkischen Eroberer und später den Terror der katholischen Ustaschi aus Kroatien standhaft zu überleben. Die Europäer danken es uns Serben schlecht, daß wir als Schild der Christenheit jahrhundertelang dem Sturm des erobernden Islam zumindest unser Beharrungsvermögen und die Treue zum Kreuz entgegengesetzt haben.«

Ich werde einem älteren Mönch vorgestellt, wohl einer Art Prior, der – wie ich später erfahre – als Sprecher des Klosters zu amtieren pflegt. Er weiß mir allerdings nicht zu erklären, was es mit einem Davidstern auf sich hat, der in einen mächtigen Felsblock vor der Kirche eingraviert ist. Dafür trägt er sehr dezidierte politische Ansichten vor. Er beklagt den derzeitigen Kirchendisput, den die serbischen Brüder von Montenegro mit einer zusätzlichen, völlig überflüssigen Forderung nach einem eigenen Patriarchat ausgelöst hätten. Den Marschall Tito betrachtet der Geistliche im nachhinein als eine Verkörperung des Antichristen, der die Blüte der Nation, die Tschetniks, massakriert habe. Das Christentum, das die Balkan-Slawen über das osmanische Joch hinübergerettet hätten, sei eine Religion der Liebe. Der Islam hingegen, und hierbei ereifert sich der alte würdige Pope, sei eine Weltbedrohung. Die Lehre Mohammeds habe sich durch Zwangsbekehrung oder Auslöschung anderer Bekenntnisse ausgebreitet, und nun bahne sich auf dem Balkan ein neuer Schicksalskampf zwischen Kreuz und Halbmond an. Das Gesicht des heiligen Mannes hat sich vor Zorn gerötet.

Der Übergang ins Moslem-Gebiet vollzieht sich unmerklich. Die spärlich bevölkerte Landschaft mit ihren tiefen Flußbetten erinnert mich an süd-kaukasische Täler. Den Menschen, denen wir begegnen, ist die unterschiedliche Konfession nicht anzumerken. Sie sind alle Serben, tragen die gleiche Kleidung, sprechen die gleiche Sprache, weisen die gleichen ethnischen Merkmale auf. Lediglich die Grabsteine auf den Friedhöfen, wo orthodoxe Kreuze mit den schmucklosen Steinstelen der Koran-

Gläubigen alternieren, verewigen die Gegensätzlichkeit der Bekenntnisse.

Als Ausländer reist man erstaunlich frei und unkontrolliert quer durch Serbien. Kein einziges Mal bin ich bisher angehalten worden, die Serben müssen sich ihrer Sache ziemlich sicher sein. Endlich – kurz vor Novi Pazar, das zur Türkenzeit Yeni Pazar geheißen hatte, werden wir von serbischen Milizionären in ihrer horizontblauen Tarnuniform angehalten. Sie werfen einen flüchtigen Blick in den Kofferraum, um sich zu vergewissern, daß wir keine Waffen transportieren, wechseln ein paar Grußworte mit Dušan, und schon geht es weiter. Der vorzügliche Straßenzustand mag auf strategische Absichten verweisen. Im Notfall wären die Eingreiftruppen im Schnelleinsatz zur Stelle.

In Novi Pazar umgibt mich plötzlich eine andere Welt. Das liegt nicht nur an den spitzen türkischen Minaretts der achtzehn Moscheen, die der Stadt ihr Gepräge geben. Von den fünfzigtausend Einwohnern bekennen sich hier achtzig Prozent als »Muslimani«, auch wenn ihnen ihre Religionszugehörigkeit, anders als in Bosnien-Herzegowina, keine Anerkennung als separate Nationalität gewährt. Um nicht als »muslimische Serben« eingestuft zu werden, bezeichnen sich viele von ihnen als »Bosniaken«, was ihnen jedoch auch nicht viel einbringt, wie Dušan achselzuckend bemerkt.

Kriegerische Spannung ist in diesem alten Marktplatz und Verkehrsknotenpunkt nicht zu spüren, und die Belgrader Nummer an unserem Auto trägt uns keine feindseligen Blicke ein. Von algerischen Zuständen ist man in Novi Pazar weit entfernt. Dagegen fühle ich mich in irgendeinen Winkel Anatoliens versetzt. Im Gegensatz zu den serbisch-orthodoxen Gebieten ist die Erinnerung an Marschall Tito in Novi Pazar nicht ausgelöscht. Der zentrale Platz ist weiterhin nach ihm benannt, und in manchen Stuben hängt das Porträt des Gründers der kommunistischen Föderation Jugoslawien noch an der Wand.

Immerhin hat sich Tito um diesen abgelegenen Sandschak, der auch in Rest-Jugoslawien zwischen dem eigentlichen Serbien und der Republik Montenegro aufgeteilt blieb, verdient gemacht. Es ist ihm zwar nicht gelungen, gegen den Widerstand des christlichen Staatsvolks hier eine Autonomie durchzusetzen wie im benachbarten, albanisch bevölkerten Kosovo, aber er hat nach Kräften zur Modernisierung dieses verwahrlosten Militärbezirks des einstigen Osmanischen Reiches beigetragen. Kleine Fabriken sind entstanden, deren Rentabilität fragwürdig bleibt. Rings um den Markt, am Flüßchen Raška, wo es recht orientalisch zugeht, ragen die üblichen Wohnsilos auf. Ein besonders klotziges Haus, das wie eine Betonfestung in den schlammigen Boden gerammt ist, löst mit bizarren pseudo-osmanischen Schnörkeln Verwunderung aus. Noch extravaganter wirkt das Hotel »Urbak«, das von irgendeinem auf Originalität versessenen Architekten in einem Stil entworfen ist, der die Bezeichnung »maghrebinisches Zement-Rokoko« verdient hätte.

Zwischen den Verkaufsbuden des Marktes – christliche und muslimische Händler stehen säuberlich getrennt –, geht es überaus lebhaft zu. Hier feilschen noch Frauen in bunten türkischen Pumphosen und alte Männer mit der weißen albanischen Rundkappe. Ansonsten ist das Angebot viel reichhaltiger als etwa in Belgrad oder Kragujevac. Die Sanktionen, die Serbien heimsuchen, gehen an Novi Pazar ziemlich spurlos vorbei. In diesem Gebirgswinkel bewährt sich offenbar eine alte Schmuggler- und Zwischenhändler-Tradition, und es gibt viele Schleichwege, die sich jeder Überwachung entziehen. Mazedonien ist ja nicht fern, und die adriatische Küste auch nicht. Die meisten Waren stammen wohl aus Bulgarien. Mir fällt eine Vielfalt selbstgebastelten Spielzeugs auf, das die Zigeunerkinder mit begehrlichen Blicken mustern.

Die Muslime des Sandschak, so ist mir ja schon in Belgrad berichtet worden, seien ihrer Religion viel stärker verbunden geblieben als ihre bosnischen Glaubensbrüder. Sie haben sich spontan der Partei der Demokratischen Aktion – SDA – angeschlossen, die 1990 für Gesamt-Jugoslawien gegründet worden ist und in der der Bosnier Alija Izetbegović sehr schnell die führende Rolle übernahm. Doch diese Bindung an die Politiker von Sarajevo ist längst untersagt worden, auch wenn manche junge Männer des Sandschak – um der Einberufung in die Bundesarmee Rest-Jugoslawiens zu entgehen – oft über die Gebirgspässe nach Bosnien entweichen und sich den dort kämpfenden Partisanenhaufen anschließen. Die Mehrzahl sucht sich durch die

Flucht ins Ausland, vorzugsweise nach Deutschland, dem Wehrdienst eines verhaßten Staates zu entziehen.

Der junge Arzt Rasim Ljajić, der sich als Ministerpräsident des Sandschak von Novi Pazar bezeichnet, obwohl dieser Region niemals ein autonomer Status zuerkannt wurde und die dort lebenden Christen – etwa ein Drittel der Bevölkerung – ihm jede Autorität absprechen, ist zur Zeit meines Besuches nicht anzutreffen. Seine Gefolgsleute der SDA, die sich auf eine massive Zustimmung der ortsansässigen Muslime berufen, haben die Schwelle zum bewaffneten Widerstand noch nicht überschritten. Aber ihren entschlossenen Mienen nach ist ihnen gewaltsame Auflehnung gegen die serbische Unterdrückung wohl zuzutrauen. Sie haben eine ganze Reihe von Fotos parat, die die Zerstörung von Grenzdörfern im bosnischen Grenzgebiet und Spuren von Folterungen durch die serbische Polizei an muslimischen Aktivisten belegen. Radikale Tschetniks hätten Vertreibungsparolen ausgegeben, und tatsächlich seien siebzigtausend Glaubensbrüder bereits abgewandert, an ihrer Spitze der frühere Vorsitzende des »Nationalrates« Ugljanin, der – wie so viele seiner Vorfahren – anläßlich der christlichen Reconquista auf dem Balkan im späten neunzehnten und frühen zwanzigsten Jahrhundert sein Heil in der Türkei gesucht hat.

Dušan verwundert sich immer wieder über die Warenfülle, die die fliegenden Händler für harte D-Mark auf ihren improvisierten Ständen ausbreiten. Natürlich ist viel Plunder darunter, halb verrostete Ersatzteile und kümmerlicher Familienbesitz, der im Zeichen nackter Not verhökert wird. Aber daneben gibt es amerikanische Zigaretten, diverse Alkoholsorten, Bananen und an allen Ecken Benzin. Wie in vielen Ländern der Dritten Welt wird der Treibstoff teilweise in Kanistern, aber auch in Flaschen abgefüllt. Während von der nahen Moschee der Gebetsruf hallt – er wird natürlich von einer Kassette abgespielt, denn zur Ausbildung eines im Surengesang geübten Muezzin reicht der Unterricht in der kümmerlichen kleinen Koran-Schule nicht aus –, betrete ich mit Dušan das ansehnlichste Restaurant des Platzes, einen Holzbau im türkischen Stil, der an eine Karawanserei erinnert. Immerhin läßt die koranische Sittenstrenge keinen Verzehr von Schweinefleisch zu, aber der landesübliche Obstschnaps, der Slivovitz, wird uns ohne Bedenken von schnauzbärtigen, höflichen Kellnern serviert. An den Tischen sitzen auch Frauen, die sehr dezent gekleidet sind, aber die Haare offen tragen. In einem kleinen Séparée entdecken wir die Porträts zweier bärtiger Männer mit riesigen Turbanen, irgendwelche Ahnen aus der Osmanen-Zeit. Die Gespräche unserer Nachbarn werden tuschelnd geführt, und die Atmosphäre wirkt konspirativ. In der ost-anatolischen Stadt Diyarbakir, bei den dortigen Kurden, hätte es ähnlich zugehen können. Politische Unterdrückung ist hier zweifellos vorhanden, wenn sie auch von den Belgrader Behörden geschickt kaschiert wird. Die brutalen Polizei-Interventionen finden meist bei Nacht statt.

Von krasser Armut kann in Novi Pazar jedenfalls nicht die Rede sein. Mag in Belgrad die monatliche Inflation die astronomische Schwelle von einer Million Prozent überschritten haben, in Novi Pazar hält man sich an die harte Währung der Bundesrepublik, und die Preise liegen hier deutlich unter dem Niveau der serbischen Hauptstadt.

An welcher Stelle wir die Grenze zum Kosovo überschritten, haben wir gar nicht gemerkt. Wir folgen dem Flußlauf der Ibar. Auf den Höhen wechseln sich orthodoxe Kirchen mit Moscheen ab. Irgendwo streckt ein Kriegerdenkmal sein drohendes Schwert in den blaßblauen Himmel. Rein landschaftlich gesehen gleicht auch diese Balkan-Region den umstrittenen Teilrepubliken des Süd-Kaukasus. Die braunen Hecken, die die Straße säumen, tragen weiße Winterblüten. Vergebens spähe ich nach serbischen Militärposten und Schützenpanzern aus. Offenbar verstehen sich die Serben, die die albanische Provinz Kosovo in ein Zwangskorsett politischer und kultureller Unterdrückung gepreßt haben, meisterhaft auf die Kunst der Tarnung. Manchmal drängt sich jedoch die Frage auf, ob die Lage in dieser Krisenregion von den Beobachtern in Belgrad nicht über die Maßen dramatisiert worden ist. Ich hüte mich vor voreiligen Schlüssen, denn diese Fahrt soll nur eine flüchtige Vorinspektion sein. Immerhin kann ich jetzt erste Eindrücke sammeln, nachdem mein erster Besuch des Kosovo im August 1970, den ich von der dalmatischen Küste und der Touristen-Idylle Sveti Stefan aus angetreten hatte, in einem überraschenden Schnee- und Hagelsturm abgebrochen werden mußte. In knapp zweitausend Meter Höhe war damals die Paßstraße durch das Unwetter blockiert, und wir wurden zur Umkehr gezwungen.

*

In den Botschaftskreisen von Belgrad war im Dezember 1993 die Kosovo-Frage das Thema Nummer eins. Zwei Tage vor meinem Aufbruch mit Dušan hatten sich im »Diplomatischen Club« Geschäftsträger fast aller akkreditierten Länder, die Botschafter waren aufgund der UN-Sanktionen abberufen worden, bei türkischem Essen – Hammel, Kebab, Joghurtgerichten und Baklava – gesellig zusammengefunden, um den Ausführungen eines albanischen Zeitungsherausgebers namens Veton Surroi zu lauschen. Dessen Blatt *Koha* verdankte sein regelmäßiges Erscheinen wohl gewissen Konzessionen an die serbische Militärverwaltung. Surroi war ein selbstbewußter Hüne. Sein Bart war kunstvoll gestutzt, und er drückte sich in einem vorzüglichen, amerikanisch gefärbten Englisch aus. Mir fiel auf, wie zahlreich die arabischen und muslimischen Länder bei dieser Informationsveranstaltung vertreten waren, von Marokko bis Indonesien.

Die Aussagen des Albaners klangen gemäßigt und wenig sensationell. Er verlangte die Wiederherstellung des Autonomiestatus für seine Provinz und bot als Gegenleistung den Verbleib des Kosovo im serbischen Staatsverband an. Natürlich beklagte er sich über die Bevormundung und die Demütigung seiner Landsleute. Ob der Westen den Kosovo-Albanern zu Hilfe kommen würde, wenn es eines Tages zu einer Art balkanischer Intifada, zum Aufstand der Steineschleuderer gegen die schwerbewaffneten Sicherheitskräfte käme, bezweifelte er. Er beklagte die westliche Passivität. Eine Volkserhebung im Kosovo sei so oft angekündigt worden, daß es ihr ergehen könne wie dem Wolf in der Fabel, an den niemand mehr glaubte, als er tatsächlich über die Herde herfiel. Alles hänge schließlich von Amerika ab.

Wieviel unterschiedliche Prognosen über die Zukunft des Kosovo habe ich doch vernommen! So hatte, wie erwähnt, der Vojvodina-Ungar Varady allen Ernstes über die Absicht des serbischen Staatschefs Milošević spekuliert, den Albanern weitgehende Konzessionen zu machen, wenn die Serben nur ihre Ansprüche in Bosnien und in der kroatischen Krajina befriedigen könnten. In Belgrad hingegen verglichen die Diplomaten der Europäischen Gemeinschaft das Kosovo-Drama mit zwei Lokomotiven, die auf demselben Gleis mit hoher Geschwindigkeit aufeinander zurasen. »Der tatsächliche Zusammenprall ist unvermeidlich«, hieß es da, »und das Schlimmste dabei ist, beide Zugführer wissen genau, was auf sie zukommt.«

Bei den verschiedenen Empfängen, die zu meinen Ehren von der deutschen und von der französischen Vertretung veranstaltet wurden – diese karolingische Harmonie verwunderte die Serben zutiefst, die noch in der Überlieferung deutsch-französischer Erbfeindschaft zu denken pflegten –, kamen vor allem die Vertreter von Menschenrechtsorganisationen oder jene liberalen Oppositionellen zu Wort, die das Entsetzliche einfach nicht wahrhaben wollten und sich an die Illusion irgendeines Kompromisses klammerten. Es war wohl kein Zufall, daß sich unter diesen krampfhaften Optimisten manche serbischen Juden befanden, hochrangige Intellektuelle, die das Aufflammen der nationalen und konfessionellen Gegensätze auf dem Balkan als persönliche Bedrohung empfinden mußten. Sie waren ja noch durch die familiären Tragödien der nahen Vergangenheit traumatisiert. Es war kein Zufall, daß dieselben jüdischen Gesprächspartner zu diesem Zeitpunkt das Gaza-Jericho-Abkommen zwischen Rabin und Arafat mit geradezu messianischen Hoffnungen akklamierten.

Die interessanteste Theorie stammte von jenen europäischen »Scouts«, die von ihren jeweiligen Botschaften regelmäßig in den Kosovo entsandt wurden, um dort – nicht ohne Risiko – westliche Präsenz zu demonstrieren und mörderische Entwicklungen rechtzeitig aufzuspüren. »Bei uns zu Hause wird diese Frage völlig falsch gesehen«, erklärte mir ein junger deutscher Botschaftsrat, »die Albaner werden immer als die Schwachen, die Wehrlosen, die armen Schweine hingestellt. Spätestens seit dem Studentenaufstand von 1981 und dem Generalstreik von 1986 haben sogar die Serben erkannt, daß sie es mit einer vitalen, knorrigen Rasse zu tun haben. Das Ausland ist durch die Elendsbilder jener albanischen Flüchtlinge getäuscht worden, die aus der Republik von Tirana unmittelbar nach dem Zusammenbruch des kommunistischen Zwangsregimes auf erbärmlichen Frachtern nach Süd-Italien – nach Bari und Brindisi – gelangen wollten und die tatsächlich in ihrer Verwilderung wie rasende, hungrige Wölfe auftraten. Im Kosovo stoßen wir auf eine ganz andere Realität. Hier hat der ›Bund der Kommunisten‹ unter Titos Regie jahrelang eine systematische Kaderausbildung betrieben und in dieser rückständigen Zone Ex-Jugoslawiens bemerkenswerte wirtschaftliche, kulturelle und gesellschaftliche Resultate erzielt. Nicht Tirana, sondern Priština, die Hauptstadt des Kosovo, ist zum Sammelplatz, zum Nervenzentrum des großalbanischen Nationalismus geworden. In diesem ethnischen Einigungsprozeß, der unvermeidlich bevorsteht und auch auf die Albaner Mazedoniens übergreifen dürfte, fällt dem Kosovo jene Rolle zu, die Piemont einst beim Zusammenschluß Italiens gespielt hat.« Offenbar galt auch hier die Apenninen-Halbinsel als politischer Präzedenzfall.

Die Situation sei auf Dauer natürlich unhaltbar, hörte ich allenthalben. Die Serben würden sich mit fanatischer Besessenheit an dieses Territorium klammern, wo sie seit ihrer massiven Abwanderung im sechzehnten und vor allem im ausgehenden siebzehnten Jahrhundert nur noch eine verschwindende Minderheit von etwa acht Prozent ausmachen. Der Kosovo galt dennoch im Geschichtsbewußtsein dieses kriegerischen Volkes als Ursprung, als einfach unveräußerliche Heimstatt ihrer Nation. Auf dem Amselfeld, auf dem «Kosovo Polje«, hatte am Sankt-Veits-Tag 1389 jene Schicksalsschlacht gegen die Türken getobt, die dem unabhängigen, christlichen Großreich der serbischen Nemanjiden das Rückgrat brach und dieses stolze slawische Volk dem osmanischen Joch auslieferte.

»Unterschätzen Sie die Albaner nicht«, nahm der junge Diplomat, der gerade von einer Erkundungsreise zurückgekehrt war, das Gespräch wieder auf. »Ihre Schulen wurden geschlossen, und der Zwangsunterricht wurde in serbischer Sprache eingeführt. Ein nennenswertes islamisches Leben findet hier ohnehin seit den kommunistischen Gottlosen-Kampagnen nicht mehr statt, noch weniger als in Bosnien, denn im Gegensatz zu den Muslimani von Sarajevo, Tuzla oder Bihać, die als

Serbo-Kroaten auf das Festhalten an ihrer islamischen Identität angewiesen waren, konnten sich die ›Adlersöhne‹, die Skipetaren, auf eine klar definierte illyrische Nationalität und Sprache berufen, die keinerlei Verwandtschaft zum Slawentum aufweist.

Alle Behörden, Gerichte, ja sogar Hospitäler im Kosovo sind systematisch serbisiert worden, ganz zu schweigen von der Polizei. Und dennoch behaupten sich die Albaner. Mit Hilfe ihrer Landsleute im Ausland, die mindestens eine Million zählen und die zu Abgaben in Höhe von drei Prozent ihres Verdienstes verpflichtet sind, mit Hilfe eines schwunghaften Handels, den sie um so erfolgreicher betreiben, als sie aus den staatlich geförderten Verteilernetzen verdrängt wurden, verfügen die Kosovarer über die finanziellen Mittel, albanische Parallel-Schulen, Krankenhäuser, ja Munizipalverwaltungen zu organisieren und ihren Zusammenhalt in der Abwehr der Serben unterschwellig zu festigen. Unter Führung des angesehenen Schriftstellers Ibrahim Rugova haben sie sich sogar eine eigene Schattenregierung zugelegt. Gewiß kommt es zu Abwanderungen, vor allem junger Wehrpflichtiger, aber die verziehen sich oft in Richtung jener Republik Mazedonien, wo sie das bereits vorhandene skipetarische Bevölkerungspotential zusätzlich vermehren. Vor allem die Geburtenrate spielt zugunsten der Skipetaren. Familien mit zwölf Kindern sind keine Seltenheit, während die serbische Bevölkerung stationär ist, ja sich teilweise aus Sicherheitsgründen auf das eigentliche serbische Kerngebiet absetzt.«

Wem soll ich glauben? Wer hat recht? Neben vielen Widersprüchen stellt sich eine gewisse Kontinuität der Beobachtung ein, wiederholen und bestätigen sich wesentliche Feststellungen. Dušan liefert seinen eigenen Erfahrungsbeitrag. Ihm ist ein Albaner bekannt, der einundzwanzig Kinder gezeugt hat und offenbar nicht mehr in der Lage ist, die diversen Sprößlinge seiner ausufernden Familiengemeinschaft voneinander zu unterscheiden.

*

Eine große fruchtbare Ebene öffnet sich. Die weißen Hänge der Berge rücken in die Ferne. Die Dörfer sehen hier nicht viel anders aus als im Umkreis Belgrads. Die Moscheen sind relativ selten. Die serbischen Ortschaften kommen mir paradoxerweise ärmlicher vor als die albanischen Siedlungen. Sie sind an den massiven politischen Plakaten zu erkennen. Die Wahl zum serbischen Parlament steht unmittelbar bevor, und in dieser slawischen Diaspora herrscht natürlich die Werbung für die ultranationalistischen Kandidaten Šešelj oder Arkan vor. Letzterer sei sogar aus dem Kosovo gebürtig, meint Dušan. Die Albaner hingegen boykottieren diesen Urnengang. Nach Süden hin verdüstert sich der Himmel. Die alten türkischen Festungen auf den Hügeln jenseits von Mitrovica verschwinden fast im Qualm. Riesige Industrieanlagen stoßen Ruß- und Staubwolken aus. Zementfabriken lösen sich mit gewaltigen Elektrizitätswerken ab, die mit Kohle betrieben werden. Langgestreckte Wohnkasernen schieben sich zwischen die Fabriken. Sie erdrücken eine bescheidene Moschee, deren Minarett neben den weit ausladenden stählernen Elektrizitätspilonen zur Miniatur schrumpft. Die Bilanz der Tito-Zeit wirkt – an Balkan-Verhältnissen gemessen – durchaus positiv. Aber der Name des selbstherrlichen Marschalls ist auch hier ausgelöscht worden. So wie in Montenegro aus der Stadt Titograd wieder Podgorica geworden ist, so hat man am Amselfeld Titova Mitrovica in Kosovska Mitrovica umgetauft.

Die Menschen, denen wir hier begegnen, entsprechen durchaus nicht mehr jener erbärmlichen Beschreibung, die der begabte amerikanische Reporter Robert Kaplan in seiner Balkan-Studie entworfen hatte. Wir entdecken kein total verarmtes, verwahrlostes Lumpenproletariat. Die Lebensbedingungen müssen sich seit Kaplans Buch erheblich verbessert haben. Bescheiden, aber ordentlich gekleidete Männer kommen mir entgegen, deren Selbstbewußtsein durch die serbische Unterdrückung nicht gebrochen zu sein scheint. Von tödlichen Spannungen merkt man wenig. Serbische Streitkräfte sind immer noch nicht in Sicht. Die einzigen Uniformen sind Milizionäre und Verkehrspolizisten. Die Ortsschilder allerdings sind oft mit roter Farbe überpinselt, um die serbischen Bezeichnungen in kyrillischer Schrift zu löschen. Auf einer Fabrikmauer ist in großen lateinischen Lettern die Forderung gemalt: »Republik Kossova!«

In der seelenlosen Hauptstadt Priština haben sich wieder skurile Stadtplaner ausgetobt. Eine monumentale Bibliothek ist von einem riesigen Stahlnetz wie von einem Spinnengewebe überdacht. Die Fassade der Verwaltungsbehörde für Import und Export ähnelt einer gigantischen Orgel aus Beton. Der Autoverkehr ist hier viel intensiver als in den serbischen Städten, und längs der Fahrbahn drängt sich eine Mischbevölkerung, bei der blondes und rabenschwarzes Haar alternieren. Die Jugendlichen bilden die große Mehrzahl. Ihr Anteil beträgt rund siebzig Prozent, ähnlich wie in Algerien oder Ägypten. Die Passanten bewegen sich lässig, sie sind modern gekleidet. Trotz der repressiven Kulturpolitik muß es noch viele Studenten geben. Die Mädchen mit den Büchern unter dem Arm sind fast ebenso zahlreich wie ihre männlichen Kommilitonen. Zu Zeiten Titos gab es in der Provinz Kosovo einen höheren Anteil angehender Akademiker als in allen anderen Republiken. Daß die meisten dieser Studiker sich für Albanologie entschieden, kam einem kulturellen Referendum gleich. Kein Wunder, daß 1981 in Priština der große Universitätsaufstand gegen die Belgrader Bevormundung ausbrach, der blutig niedergeschlagen wurde. Im benachbarten industriellen Mitrovica nahmen 1986 die Grubenarbeiter die Fackel nationaler Erhebung auf. Zwar haben die Serben sich mit einem massiven Miliz- und Armeeaufgebot brutal durchgesetzt, aber es dürfte nur eine Frage der Zeit sein, bis der palästinensische Aufruhr der Intifada oder der erfolgreiche Partisanenkampf der algerischen Fundamentalisten hier Schule machen. An der geballten Widerstandskraft dieses Volkes könnten sich die Serben die Zähne ausbeißen, so ist mein erster Eindruck, und die Belgrader – so bestätigt mir Dušan – sind sich dessen bewußt.

Plötzlich sind wir doch wieder im Orient. Die Altstadt mit ihrem Gewimmel nimmt uns auf. Hier ragen die Minaretts über dem Bazar. Ein paar osmanische Holzhäuser haben überlebt, mit vergitterten Balkonen und flachen Ziegeldächern. Bei der Abfahrt aus Priština entdecke ich endlich eine serbische Kaserne. Sie liegt etwas abseits und ist durch Bunker und leichte Artilleriestellungen gesichert. Hinter einer Tarnmauer sind Panzer aufgefahren. Die Armee und die gefürchtete Bereitschaftspolizei stehen auf dem Sprung. Ich verzichte aus Zeitgründen auf einen Abstecher zum historischen Amselfeld. Aus der Ferne entdecke ich den Denkmalsturm »Kosovska Bitka«, im Volksmund auch »Gazimestan« genannt. Ein häßliches, hohes Rechteck, das an den glorreichen Untergang des Serbenkönigs Lazar erinnert. Überall im Kosovo wird hektisch gebaut. Große Gehöfte und mehrstöckige Privathäuser schießen aus dem Boden. Die meisten dieser Backsteinbauten sind nicht verputzt, weil erst nach kompletter Fertigstellung die Eintreibung der Immobiliensteuer fällig wird. Die albanischen Anwesen sind mit hohen Mauern umzogen, so will es die orientalische Sippenüberlieferung, die das Familienleben von Außenstehenden abzuschirmen sucht. Die Serben ärgern sich über diese Abkapselung und beargwöhnen sie.

Wir nähern uns der großen jugoslawischen Transversale, der »Autoput«, auf der Höhe der Stadt Niš. Ob ich jene grausige Pyramide besichtigen wolle, die die Türken dort mit den Schädeln ihrer erschlagenen Feinde errichtet hätten, fragt Dušan. Ich verzichte auf diesen Abstecher. Der Abend senkt sich auf eine idyllische Landschaft. Die Sichel des Mondes wird sichtbar, der »Hilal« der Araber. Meines Begleiters hat sich nach der langen Fahrt Müdigkeit und eine leise Melancholie bemächtigt. »In der Nähe von Belgrad sind drei Wölfe gesichtet worden«, bemerkt er, »diese Raubtiere, so hatte man geglaubt, seien bei uns ausgestorben. Ihr Wiederauftauchen wird von den Leuten als ein böses Zeichen, als Hinweis auf weiteren Krieg gedeutet.«

*

Belgrad, im Dezember 1993

Die Dunkelheit ist früh über Belgrad hereingebrochen. Schwarze Wolken treiben niedrig über dem Kalemegdan. Feuchter Schnee rieselt nieder, und die Laternen der Straße »König Peter« verbreiten ein fahles Licht. Endlich habe ich das Portal des Patriarchats gefunden, eines Verwaltungsbaus in einfallslosem, neo-byzantinischem Stil. Ein alter gebückter Pope öffnet die Tür und führt mich durch ein finsteres Treppenhaus.

Der Geistliche humpelt, trägt einen schmutzigen schwarzen Kaftan. Ein kränkliches Zucken entstellt sein Gesicht. Die Atmosphäre eines schlechten Gruselfilms kommt auf.

Dann öffnet sich das Zimmer, wo der Hieromonk Jovo mich erwartet. Der große, nackte Raum ist anspruchslos wie eine Mönchszelle. Eine billige Ikonenkopie hängt an der abblätternden Wand. Doch das weitläufige Büro ist durch die Gestalt meines Gesprächspartners eindrucksvoll ausgefüllt. Der Hieromonk mag höchstens vierzig Jahre alt sein, und seine schwarze Soutane ist abgewetzt. Auf dem Kopf trägt er eine schwarze Wollmütze. Darunter kommt ein blasses, ausgezehrtes Gesicht zum Vorschein, das von schütterem blondem Haar umrahmt ist. Aus den blaßblauen Augen sprechen Güte und Milde, ein Hauch von Heiligkeit. So stelle ich mir einen Staretz der orthodoxen Kirche vor, einen jener Einsiedler und Mönche, denen das Volk zulief und zutraute, Wunder zu vollbringen.

Jovo indessen ist weltgewandt und freundlich. Er ist in Deutschland, im Ruhrgebiet, aufgewachsen, wie er gleich mitteilt, und spricht fast perfekt Deutsch. Sein Aufenthalt in der Bundesrepublik bleibt ihm offenbar in guter Erinnerung. »Meine wirkliche, meine geistige Heimat habe ich jedoch an einem anderen Ort gefunden«, betont er. »Ich habe ein paar Jahre in der abgeschlossenen Klosterwelt des Berges Athos am Rande des Ägäischen Meeres verbracht. Das war die glücklichste Zeit meines Lebens, angefüllt mit Kontemplation und Askese. Dostojewski hat vom Berg Athos gesagt, er sei ›der Altar der heiligen Orthodoxie‹, und so habe auch ich ihn empfunden.«

Was er denn von der russischen These halte, die auf Iwan III. zurückgeht und der zufolge Moskau nach der Eroberung Konstantinopels durch die Türken das »Dritte Rom« geworden sei. Da lächelt der Mönch: »Das ist eine unverschämte Anmaßung«, meint er. »Für mich befindet sich das Zentrum der rechtgläubigen Christenheit weiterhin am Bosporus, auch wenn dort die Mohammedaner seit mehr als fünfhundert Jahren ihre Herrschaft ausüben.« Mir fällt die Bemerkung eines amerikanischen Experten ein, der – lange in Griechenland lebend – zu dem Schluß gekommen ist, das nationale und historische Bewußtsein der modernen Hellenen sei nicht etwa auf das antike Mahnmal

Athens, den Parthenon, ausgerichtet, sondern auf die gloriose Silhouette der Hagia Sophia in Byzanz. Im Patriarchat am Kalemegdan wird die Achse Athen – Belgrad wohl besonders gepflegt. Man will sich nicht ausschließlich auf die feste Verbindung mit Moskau festlegen.

»Es fällt schwer, in unserem zerrissenen Land die Botschaft des Friedens und der Versöhnung zu verkünden«, fährt Jovo fort. »Unser guter Patriarch Pawle bemüht sich ehrlich darum.« Tatsächlich gilt das hochbetagte serbische Kirchenoberhaupt als ein versöhnlicher, wenn auch schwacher Mann. Aus den Dokumenten, die mir unterbreitet werden, geht hervor, daß Pawle sich in aller Form für die Zerstörung zweier historischer Moscheen im bosnischen Banja Luka durch serbische Tschetniks bei der »Rijaset« der jugoslawischen »Ulama«, bei der Direktion der Koran-Gelehrten von Sarajevo, entschuldigt hat. Das Wüten der Bürgerkriegsparteien und ihrer abscheulichen Exzesse führte der Patriarch auf die sittliche Verrohung, die Erosion aller sittlichen Werte zurück, die unter der kommunistischen Gottlosigkeit stattgefunden haben.

Im September 1992, etwa zu der Zeit als ich mich in Sarajevo aufhielt, war es im schweizerischen Schloß Bossey bei Genf zu einem ökumenischen Treffen zwischen Pawle, dem kroatischen Kardinal Franjo Kuharić und dem muslimischen Delegationsführer, dem »Rais el Ulama«, Jakub Selimowski aus Sarajevo, gekommen. Aber bei allen Bekundungen abrahamitischer Gemeinsamkeit waren die gegenseitigen Vorwürfe dieser hohen Geistlichen nicht zu überhören gewesen. Die orthodoxe Delegation hielt dem kroatischen Erzbischof vor, daß ihre serbischen Landsleute während des Zweiten Weltkrieges in den von der Ustascha annektierten Gebieten Bosniens angeblich zu einem Drittel vertrieben, zu einem Drittel umgebracht und zu einem Drittel zum katholischen Bekenntnis zwangskonvertiert worden seien. Al Hadschi Jakub Selimowski gab die Zahl der in den letzten zwei Jahren von serbischen Streitkräften zerstörten Moscheen in Bosnien mit fünfhundert an.

»Gleichfalls sind dreizehn geistliche Personen, Imame, auf bestialische Weise ermordet worden, meistens vor den Augen ihrer Familienmitglieder«, lautete die Anklage der Muslimani,

»wobei sie vorher aufgefordert wurden, das Kreuz zu küssen, Alkohol zu trinken und andere im Islam verbotene Dinge zu tun... Zahlreich sind die frevlerischen Beispiele des Mißbrauchs von Glaubenssymbolen der Orthodoxie. Das gipfelte darin, daß Kreuze in die Körper der Muslime eingeschnitten und daß ihnen zwei Finger abgehackt wurden und die Gefolterten sich anschließend nach orthodoxem Ritus mit den verbleibenden drei Fingern bekreuzigen mußten. Auf diese Weise tendiert dieser Konflikt dahin, in einen Religionskrieg auszuarten... Wer begeht schlimmeres Unrecht als derjenige, der verhindert, daß in Allahs Gebetsstätte sein heiliger Name angerufen wird und der wütend deren Zerstörung betreibt? Den Frevler erwartet im Diesseits Schande, und im Jenseits wird ihm schlimme Strafe zuteil«, so zitierte der »Rais el Ulama« die zweite Sure des Koran, »El Baqara«.

Wie hätte schon am Genfer See eine religiös übergreifende Versöhnlichkeit aufkommen können, wo doch den Worten des Patriarchen Pawle zufolge Satan, der »Scheitan« der Muslime, der »Menschenmörder von Anfang an«, gegen Gott aufgestanden sei und die Bewohner des einstigen Jugoslawien angestachelt habe, »wie Kain die Hände in das Blut des eigenen Bruders zu tauchen«. Ein Jahr später sollte das serbische Patriarchat eine Denkschrift an eine hochgestellte französische Persönlichkeit richten. Da wurde die alte geschichtliche Klage wieder laut: »Wenn der bosnische Präsident Alija Izetbegović«, so lautete der Vorwurf, »seine Zustimmung zur Aufteilung Bosniens in drei Landesteile honoriert hätte, wäre es nicht zu diesem gräßlichen Krieg gekommen. Aber er hat sich mit den Kroaten verbündet und gehofft, er könne die Serben Bosniens und Herzegowinas wieder in den alten unterwürfigen Zustand der ›Raya‹ des osmanischen Sultans zurückzwingen... Alle drei Kriegsführenden sind schuldig«, heißt es weiter, »und Gott allein weiß, wer die meisten Untaten begangen hat... Aber, wie schon der französische Dichter Apollinaire geschrieben hat: ›Es ist ein Glück, jenseits der serbischen Gebirgskämme zu kämpfen. Und Serbien kämpft heute wieder gegen die türkische Barbarei.‹«

Es war bezeichnend, daß das gemeinsame Dokument von

Bossey mit dem Vermerk ausgestattet war, die Übersetzung ins Deutsche, Englische und Französische sei anhand des Bosnischen, das heißt serbo-kroatischen Originaltextes vorgenommen worden. Von höchster Stelle war somit die linguistische Einheit zwischen Belgrad, Sarajevo und Zagreb bestätigt worden.

»Nur die Vergangenheit kann die Gegenwart erklären«, sagt der Hieromonk, nachdem ich die Papiere gesichtet habe. »Alle unsere Könige haben sich am Ende ihrer Herrschaft in ein Kloster zurückgezogen. Sie sind Mönche und Heilige geworden – mit Ausnahme natürlich des großen Dušan, des Eroberers, dessen Krieger sich den größten Teil des Balkans bis vor die Tore von Konstantinopel unterworfen hatten. Sveti Sava, dem die große Basilika in Belgrad geweiht ist, wird als unser Nationalheiliger verehrt, und Sie können sich vorstellen, welche Schmach es für uns war, als die Türken im Zuge einer Strafaktion im achtzehnten Jahrhundert die Reliquien dieses verehrungswürdigsten unserer Herrscher öffentlich verbrannten.« Jovo fragt mich, ob der alte islamische Begriff des »dar-ul-harb«, des »Hauses des Krieges«, der im Gegensatz steht zum »dar-ul-Islam«, zum »Bereich der Unterwerfung unter den Willen Allahs«, heute wieder auf dem Balkan Anwendung finden könne. Was soll ich antworten?

Wie sich denn die serbische Kirche zur Kosovo-Frage verhalte, wie sich der Patriarch Pawle dazu stelle, daß auf dem Amselfeld neunzig Prozent albanische Muslime durch eine verschwindende christlich-serbische Minderheit unterdrückt und drangsaliert würden? Das ist offenbar ein schmerzliches Problem. Auf wirtschaftlicher Ebene sei eine Einigung mit den Kosovo-Albanern möglich. Die unter Tito errichteten Industrie-Unternehmen, so habe ihm ein Experte gesagt, könnten weiterhin der serbischen Wirtschaft zugute kommen, wenn Belgrad eine einundfünfzigprozentige Beteiligung beibehalte. Doch das eigentliche Drama spiele sich wieder einmal auf konfessionellem Terrain ab. Der Kosovo sei das Ursprungsgebiet des Serbentums, und dort befänden sich seit dem Mittelalter die ehrwürdigen, unverzichtbaren Heiligtümer des serbisch-orthodoxen Glaubens. »Sollen wir auf Peć und Dečani verzichten?

ÖSTERREICH-UNGARN
KGR. UNGARN
RUSSLAND
Bessarabien
RUMÄNIEN
Moldau
Walachei
Dobrudscha
SERBIEN
BULGARIEN
MONTE NEGRO
OSMANISCHES REICH
KGR. ITALIEN
Venetien
Salzburg
Steiermark
Kärnten
Krain
Küstenland
Kroatien
Krajina
Slawonien
Batschka
Banat
Siebenbürgen
Bosnien
Herzegowina
Dalmatien
Albanien
Rumelien
Linz
Wien
Preßburg
Gran
Budapest
Debrecen
Graz
Klagenfurt
Triest
Venedig
Fünfkirchen
Szegedin
Arad
Temesvar
Hermannstadt
Jassy
Kischinew
Odessa
Vukovar
Neusatz
Bihać
Banja Luka
Belgrad
Bukarest
Crajova
Knin
Sarajevo
Split
Mostar
Novi Pazar
Niš
Pirot
Sofia
Varna
Burgas
Schipka-Paß
Dubrovnik
Kosovo
Durrës
Ohrid
Thessaloniki
Istanbul
(Konstantinopel)
Ancona
Adriatisches Meer
Schwarzes Meer
Donau
Drau
Sava
Theiß
Mieresch
Pruth
Dnjestr
Bug
Maritza
Vardar
Po
0
100
200
300 km
Österreichische Militärgrenze gegen die Türken 17.–19. Jh.

Die Kämpfe zwischen Serben und Kroaten wurden in der Krajina mit mörderischer Verbissenheit ausgetragen.

ARE
EADY
O KILL

Der Ministerpräsident der »Serbischen Republik Krajina« zeigt auf das hufeisenförmige Gebilde, als das sich sein Staatsgebiet präsentiert.

Ministerpräsident Franjo Tudjmann von Kroatien präsentiert sich gerne der Öffentlichkeit als wohlwollender Landesvater. Im Zweiten Weltkrieg kämpfte er als General bei den Tito-Partisanen.

Als tragende Kraft des jungen kroatischen Staates behauptet sich die römisch-katholische Kirche unter ihrem Kardinal Franjo Kuharić.

Während des Zweiten Weltkrieges hatte sich die faschistische Bewegung der kroatischen Ustaschi bedingungslos auf die Seite der Achsenmächte geschlagen. Adolf Hitler empfängt den kroatischen »Staatsführer« Ante Pavelić auf dem Berghof.

Alltag des Partisanenkrieges in Ex-Jugoslawien.

Ein Franziskaner, Angehöriger eines Ordens, der vom Papst mit der Ausbreitung des katholischen Glaubens auf dem Balkan beauftagt war, vor dem zerstörten Altar seiner Kirche.

Der Wahnsinn des Bürgerkrieges auf dem Balkan tobt sich vor allem an den Kirchen und Moscheen aus.

Das wäre so, als würden die Juden sich zur Preisgabe Zions bereitfinden. Der Kosovo ist unser Jerusalem!«

Ich erinnere daran, daß der muslimische Haupt-Imam und Hadschi Jakub Selimowski in seiner Aussprache mit den christlichen Prälaten den Koran-Vers »Allahu maa es sabirin« zitiert hat. Unter dem Titel »Allah ist mit den Standhaften« oder – je nach Interpretation: »Allah ist mit den Geduldigen, den Langmütigen« – hatte ich ja ein umfangreiches Buch über die islamische Revolution veröffentlicht. Die blauen Augen des Hieromonk sehen mich ernst an: »Glauben Sie mir, über Langmut und Standhaftigkeit verfügt auch die heilige serbische Orthodoxie.«

Kroatien und Krajina

Habsburgs »Militärgrenze«

Knin, im April 1994

Im Regierungsgebäude von Knin entsteht plötzlich Unruhe. Von den jungen Beamten der »Serbischen Republik Krajina« war ich zwar mit äußerster Höflichkeit zum Warten in einen komfortablen Ledersessel komplimentiert worden. Türkischer Kaffee, von manchen übereifrigen Nationalisten auch als »serbischer Kaffee« bezeichnet, wird serviert. Ich solle mich bitte ein paar Minuten gedulden, dann stehe mir Ministerpräsident Djordje Bjeković zum Gespräch zur Verfügung. Aber da kommt ein ungepflegter, dicker Mann in das Vorzimmer gerannt. Unter der Jacke zeichnet sich das Pistolenhalfter ab. Nervosität breitet sich aus, während der Stimmenschwall im Sekretariat zunimmt. Jetzt kommt auch unser Tontechniker, der Ungar Szaba, im Zustand höchster Erregung die Treppe heraufgestürmt. »Da draußen sind Wahnsinnige, die unseren Minibus zertrümmern wollen. Ich wurde von einem Kerl bedroht, der doppelt so groß und doppelt so breit ist wie ich«, bringt der gedrungene, aber durchaus nicht winzige Szaba atemlos heraus.

Ich eile auf die Straße, wo ein Volksauflauf von etwa hundert Personen sich in drohender Haltung um das Fahrzeug geschart hat. Mir fällt gleich der erwähnte Hüne auf, ein blonder Koloß, der jedem Catcher-Schauspiel zur Ehre gereichen würde. Mit geballten Fäusten steht er vor unserem polnischen Kameramann Piotr, der versucht, Contenance zu bewahren. Der riesige Unhold, der außer einer gesprenkelten Tarnhose als Zivilist gekleidet ist, tritt mit einer wohlgezielten kräftigen Fußbewegung das hintere Nummernschild herunter. Dieses Kennzeichen ist tatsächlich das Corpus delicti. Als die UNPROFOR-Behörden in Zagreb uns provisorische Genehmigungen für das Passieren der kroatisch-serbischen Linien südlich der Stadt Karlovac ausgehändigt haben, sind wir darauf hingewiesen worden, daß wir die kroatischen Nummernschilder entfernen sollten, um keinen Ärger mit den Krajina-Serben zu bekommen. Das Kamerateam hatte nach ein paar vergeblichen Versuchen darauf verzichtet, diese Kennzeichen abzureißen, und sie statt dessen mit Lace-Band überklebt. Dabei wurde nicht bedacht, daß unter der Folie die Buchstaben ZG, für Zagreb, noch vage zu erkennen waren.

Der riesige Gewaltmensch von Knin ist der Anführer einer ganzen Rotte zwielichtiger Gestalten mit brutalen Gesichtern und haßerfüllten Augen, aber er stellt die weitaus größte Gefahr dar. Piotr, der mit seinem buschigen Schnurrbart, seiner intellektuellen Brille und dem zurückhaltenden Auftreten im Gedränge dieses Pöbels beinahe aristokratisch wirkt, löst bei den entfesselten jungen Serben von Knin die größte Feindseligkeit aus. Auch als ich mich neben ihn stelle und meinen Propusk der »Serbischen Republik Krajina« präsentiere, der mich als Deutschen und verantwortlichen Teamleiter ausweist, bleibt der Pole im Zentrum der Anfeindungen.

Der Koloß, dem man jedes Verbrechen, jede sadistische Grausamkeit zutrauen könnte, drückt sich in einem Gemisch englischer und deutscher Brocken aus. Die Entfernung des verhaßten Nummernschildes läßt ihn nicht zur Ruhe kommen. »Polen ist Scheiße!« brüllt er. »Euer Papst ist Scheiße! Mazowiecki« – gemeint ist der ehemalige polnische Ministerpräsident, der in Ex-Jugoslawien als Menschenrechtsbeobachter tätig war – »ist Scheiße. Wir Orthodoxen werden siegen!« Jetzt geht er ins Englische über: »We kill all the Papists«, und an die Adresse Piotrs: »I kill you, you are a catholic spy.« Wenn diese angekündigte Lynchjustiz nicht stattfindet, so ist das wohl den blau uniformierten Milizionären zu verdanken, die sich diskret unter die tosende Gruppe gemischt haben. Den entfesselten Ganoven traue ich durchaus zu, daß sie in ihrer Freizeit und aus reinem Sadismus Jagd auf Kroaten und Muslime machen und bestimmt schon manche Greuel begangen haben. Ein Polizei-Offizier entsichert unauffällig seine Waffe.

Zwei ältere Männer in Zivil mischen sich ein. Der eine trägt einen eleganten Blazer und spricht fließend Deutsch: »Mußten Sie auch mit diesem kroatischen Nummernschild einreisen?« fragt er mich. Als er sich beruhigend an den monströsen Grobian wendet, dem der Schaum vor dem Mund steht, wird er seinerseits von den jugendlichen Schlägern bedroht. Da öffnet der alte Herr sein Hemd, und darunter kommt – um den Hals geschlungen – ein hoher serbischer Orden zum Vorschein. Offenbar hat er in Sachen Patriotismus von diesen rasenden Kraftprotzen keine Lektion zu erhalten. Nach und nach entspannt sich die Situation. Die Miliz zerstreut die Menge mit viel gutem Zureden. Piotr begleitet mich ins Regierungsgebäude. »Ich habe gar nicht gewußt, daß es sich hier um einen Religionskrieg handelt«, sagt er tonlos.

Der junge Regierungsdolmetscher, der uns betreut, und das gesamte Personal der Behörde zeigen sich durch den Vorfall peinlich berührt. Alle Anwesenden entschuldigen sich, und schon öffnet sich die Tür zum bescheidenen Büro des Ministerpräsidenten, der mir mit liebenswürdigem Lächeln die Hand reicht. Was auf der Straße passiert ist, wirkt plötzlich nur noch wie ein unheimlicher Spuk. Doch es ist gut, daß wir diese Erfahrung gemacht haben. Ohne diese lauernde Blutgier, die sich so abrupt offenbart hat, wären wir vielleicht der Illusion erlegen, die interkonfessionellen Gegensätze in der umkämpften Krajina seien gar nicht so schlimm. Nun hat die grausige Wirklichkeit ihr Medusenhaupt ein paar Minuten lang enthüllt, und wir können uns ausmalen, wie es uns ergangen wäre, wenn wir dieser fanatischen Rotte mit ihrem brutalen Rädelsführer auf der einsamen Straße durch das Naturschutzgebiet von Plitviče, wo sie als selbsternannte Partisanenhaufen ihr Unwesen treiben, in die Hände gefallen wären. Vielleicht hätte man später ein paar verstümmelte Leichen mehr im Unterholz entdeckt.

»Regierungschef« Djordje Bjeković erwähnt den Zwischenfall mit keinem Wort. Er ist ein wohlerzogener Mann mit guten Umgangsformen und passablen Englischkenntnissen. Im Zivilberuf ist er Elektroingenieur und Spezialist für Bewässerungsfragen. Im Gespräch bleibt er vorsichtig und – was die Zukunft der Krajina betrifft – ziemlich unpräzise. Daraus kann man ihm schwerlich einen Vorwurf machen. Hinter ihm an der Wand hängt eine Karte seiner »Serbischen Republik Krajina«, und das ist ein sehr seltsames, fast surrealistisch anmutendes Gebilde. Die Hauptstadt Knin befindet sich im Hinterland der dalmatinischen Küste, etwa auf der Höhe des kroatischen Hafens Zadar. Dann zieht sich diese politische Konstruktion entlang der bosnischen Westgrenze nach Norden, am umstrittenen muslimischen Kessel von Bihać vorbei und drängt sich am Kupa-Fluß, der die Front bildet, bis in die Vororte von Karlovac hinein. Südlich von Zagreb folgt wiederum der serbische Krajina-Schlauch der bosnischen Nordgrenze, jenseits eines Gebietes, das von den bosnischen Serben kontrolliert wird, und buchtet sich nördlich von Banja Luka noch einmal zu einem Beutel zwischen Save und Drava aus. Um die Verwirrung komplett zu machen, wird das halbmondförmige Staatsgebiet der »Serbischen Republik Krajina« durch einen zusätzlichen Gebietsfetzen in Ost-Slavonien ergänzt, der nur über das Territorium der serbischen Republik von Belgrad erreicht werden kann. Dort befindet sich die Trümmerstadt Vukovar, die ich im Dezember 1993 mit Dušan aufgesucht habe.

Die »Serbische Republik Krajina« ist natürlich eine Fiktion. Es handelt sich bei ihr um jene stark serbisch besiedelten Gebiete Kroatiens, die schon 1991 ihre Separation von Zagreb proklamierten. Im Umkreis von Knin ist es angeblich zu den ersten bewaffneten Zusammenstößen zwischen kroatischer Polizei und serbischen Freischärlern gekommen. Hier haben das große Morden, die systematische Dörfer-Vernichtung, die ethnischen Säuberungen ihren Anfang genommen. Djordje Bjeković spielt die existentiellen Schwierigkeiten seines Staates herunter. Etwa ein Drittel Kroatiens ist heute Bestandteil der serbischen Krajina, und Präsident Tudjman hat in Zagreb geschworen, daß er die Einheit des Vaterlandes mit allen Mitteln wiederherstellen will. Als Gegenleistung ist er nach langem Sträuben angeblich bereit, den in der Krajina lebenden Serben weitgehende Autonomie zuzugestehen.

»Immerhin ist eine gewisse Entspannung eingetreten«, meint

Bjeković. »Wir haben mit den Kroaten am 30. März einen Waffenstillstand vereinbart, und seit dem 4. April ziehen beide Seiten ihr schweres Gerät aus dem Konfrontationsgebiet ab.« An eine Unterstellung unter die Oberherrschaft Zagrebs, auch in Form einer Föderation, will der Ministerpräsident erst gar nicht denken. »Wir sind auf wirtschaftliche Zusammenarbeit mit den Kroaten angewiesen«, führt er aus. »Wir wissen das sehr gut, und die Kroaten wissen das auch. Aber die Trennung zwischen uns hat auch ihre positiven Seiten. Ich vergleiche das stets mit einer Familiensituation, die ich persönlich erlebt habe. Solange ich mit meiner Frau unter einem gemeinsamen Dach mit meiner Schwiegermutter wohnte, gab es zwischen den beiden Frauen nur Streit. Seit wir in ein anderes Haus gezogen sind, verstehen sie sich glänzend.«

In Knin beobachtet man mit Mißtrauen die Entwicklung im nahen Bosnien. Alles entscheide sich dort. Die bundesstaatliche Regelung, die die bosnischen Kroaten und Muslimani mit der Perspektive einer späteren Konföderation mit Zagreb unter amerikanischem Druck beschlossen haben, weckt tiefes Mißtrauen in der Krajina. Das Gerücht geht um, daß die Belgrader Regierung eventuell bereit sei, die serbischen Landsleute von Knin dem kroatischen Staatsverband wieder in lockerer Form anzugliedern, wenn sie als Gegenleistung freie Hand in jenen weiten Teilen Bosniens erhalte – siebzig Prozent dieser ehemaligen Teilrepublik –, die von serbischem Militär kontrolliert werden. Ganz ohne Spannungen verlaufen diese Gespräche also nicht, die zur Zeit zwischen Slobodan Milošević und seinem Counterpart Martić, dem »Präsidenten« der Krajina, stattfinden.

»Was wollen die Amerikaner und die Europäer auf dem Balkan mit ihren sukzessiven Teilungsplänen?« fragt Bjeković achselzuckend. »Wünschen die Europäer sich einen islamischen Staat vor ihrer Haustür? Demnächst sollen türkische Truppen unter dem Blauhelm in Bosnien stationiert werden. Können Sie sich vorstellen, welche Erinnerungen dadurch bei uns geweckt werden? Sind fünfhundert Jahre osmanischen Jochs nicht genug gewesen?« Im übrigen sei die völkerrechtliche Existenz Jugoslawiens noch nicht ausgelöscht, und in der Krajina hätten zwei Volksabstimmungen stattgefunden, bei denen sich eine erdrükkende Mehrheit für den Anschluß an Serbien ausgesprochen habe. In Knin gelte ja auch der serbische »Super-Dinar«, und mit Stolz zeigt mir der Regierungschef die neuen Scheine dieser »harten Währung«, die nach der Milliardeninflation schlagartig eingeführt und auf die Parität ein Dinar gleich eine D-Mark fixiert wurde. Das Wunder hat tatsächlich stattgefunden. Seit drei Monaten ist diese neue, sehr knapp gehaltene Währung im Umlauf und hat bisher allem Abwertungsdruck erfolgreich widerstanden.

Bjeković gibt sich versöhnlich und vermeidet das heikle Thema eines spektakulären russischen Freundschaftsbesuchs in Knin. An der Spitze einer parlamentarischen Delegation war kein Geringerer als Wladimir Wolfowitsch Schirinowski angereist, und er hatte sich für die große Einheit aller orthodoxen Christen zwischen Knin und Wladiwostok stark gemacht. Die Serben der Krajina haben seitdem Mut gefaßt. »Selbst wenn Jelzin uns verkaufen und ausliefern möchte, Schirinowski ist viel zu mächtig in der Duma, und er wird diesen Verrat verhindern.« Djordje Bjeković lenkt am Ende noch einmal ein. Er sei ohnehin amtsmüde und werde demnächst wohl ein anderes Ministerium übernehmen. Irgendwie könne man auf Dauer auch mit den Kroaten zu einem Arrangement kommen. So sei es durchaus denkbar, daß die Flüchtlinge beider Seiten in ihre jeweilige Heimat zurückkehrten. Diesen Optimismus vermag ich nicht zu teilen.

In aller Frühe waren wir in Zagreb aufgebrochen und hatten schon nach fünfundfünfzig Kilometern Autobahn die Frontstadt Karlovac erreicht, wo die kroatischen Extremisten – als Repressalie gegen ähnliche serbische Exzesse – die große orthodoxe Basilika gesprengt haben. Am Flüßchen Kupa kam es zu ärgerlichen Schikanen der kroatischen Militärpolizei. Wir mußten in das schwerbewachte Hauptquartier nach Karlovac zurück, ehe wir hinter Stacheldraht und Sandsäcken das Büro eines kroatischen Verbindungsoffiziers entdeckten, der uns durch persönliche Präsenz die Passage ermöglichte. Der Umgang mit den jeweiligen Behörden der Zagreber Regierung, die arrogant und unsicher zugleich auftreten, macht diese nicht gerade sympathisch. Um so korrekter und kulanter ging es hingegen auf der serbischen Seite zu. In einem Kontrollposten südlich der durch Artillerie zerstörten Ortschaft Turanj wurde uns ein zusätzlicher Propusk ausgehändigt. Neben dem Asphaltband standen drei Panzer vom Typ T 55 in Bereitschaft. Weiß gestrichene UNO-Konvois rollten nach Süden in Richtung Knin.

In der Krajina herrschte trotz der fortgeschrittenen Jahreszeit alles andere als Frühlingswetter. Es war bitter kalt, und ein dünnes Schneetreiben fegte über die Straße. Immer wieder waren wir schockiert durch die mutwilligen und systematischen Zerstörungen. Auf dem Boden der heutigen »Serbischen Republik Krajina« hatten eben doch viele Kroaten gelebt, und die wurden durch Terror vertrieben. Haus um Haus war in den überwiegend katholischen Dörfern vernichtet worden, und die katholischen Kirchen waren ohne Ausnahme gesprengt. Die orthodoxen Gotteshäuser hingegen standen unversehrt.

Wir bewegten uns in einer felsigen rauhen Karst-Landschaft, die mich stark an Nord-Afrika denken ließ, in Richtung Süden. Die Zone war UNPROFOR-Kontingenten aus Polen und Tschechien zugewiesen. Die Kroaten beschuldigen diese Blauhelme, die sich jeder Intervention strikt enthalten und sich in ihren Unterkünften zu Tode langweilen müssen, ihre Anwesenheit diene nur dazu, den serbischen Zugriff auf ein Drittel ihres Staatsgebiets zu zementieren. Die UN-Posten waren durch Feldfestungen, Sandsäcke und Wachttürme abgeschirmt. Irgendwie erinnerten mich diese Stützpunkte an die französischen Forts im Algerien-Krieg. Tatsächlich wirkten die felsigen Höhen, die unsere Route einengten, ebenso abweisend wie die Gebirgszüge des Aurès. Besonders heftige Gefechte haben sich wohl im Nationalpark von Plitviče abgespielt. Die zahllosen Gasthäuser und Hotels, die in besseren Zeiten einmal deutsche Touristen anlockten, sind ausnahmslos niedergebrannt. Szaba erinnerte daran, daß in dieser romantischen Umgebung die *Winnetou*-Filme mit Pierre Brice gedreht worden seien. Die Apatschen und Komantschen Karl Mays wurden inzwischen durch die serbischen Heckenschützen Slobodan Milošević' ersetzt.

Wir wurden nur zweimal von Milizionären lässig kontrolliert. Mein Kamerateam, das sich aus einem Polen, Ungarn und einem Deutschen rekrutiert, ist ähnlich bunt zusammengewürfelt wie jene berühmte Truppe des Prinzen Eugen, die »wie Sturmgewitter über die Türkenschar hereingebrochen war«. Heldische Stimmung kam in dieser abweisenden Karst-Gegend jedoch nicht auf. Mit Verwunderung stellten wir beim Erreichen der häßlichen Hauptstadt fest, daß man diesen besonders neuralgischen Punkt ausgerechnet der Obhut von UN-Soldaten aus Kenia anvertraut hat. Zu Zuversicht im Hinblick auf künftige Versöhnung zwischen Serben und Kroaten, zwischen Orthodoxen und Katholiken, bestand angesichts der hier praktizierten Politik der verbrannten Erde kein Anlaß.

Nach meinem Informationsgespräch mit Djordje Bjeković führt mich der freundliche Regierungsdolmetscher in das Büro des Krajina-Beauftragten für Menschenrechtsfragen. Sava Strbać sieht zum Fürchten aus. Dichtes schwarzes Haar und ein zottiger Vollbart umrahmen ein Gesicht, das wie aus Stein gehauen ist. Die Züge bleiben reglos, während er mit leiser Stimme auf mich einredet. Es ist, als sei er unfähig zu lächeln. Der »Präsident der Kommission für Menschenrechte« hat dicke Akten vor sich gestapelt und erzählt mir in endloser Litanei von den Ausschreitungen, den Gewalttaten, den Rechtsbrüchen der Kroaten, die bei Ausbruch der Feindseligkeiten in der Krajina wüteten. Die neuen »Ustaschi« hätten sich aufgeführt wie ihre Väter im Zweiten Weltkrieg. Damals, so versucht Sava Strbać zu dokumentieren, seien allein zwischen April 1941 und August 1942 von den Deutschen 78 000 Serben massakriert worden, von den Italienern 20 000, von den Ungarn 30 000, von den Albanern 10 000, von den Bulgaren 6000. Die mit den Achsenmächten verbündeten Kroaten hätten jedoch mit 600 000 ermordeten Serben den absoluten Rekord inne.

Der Monolog, der nur unzulänglich übersetzt werden kann, hat schon eine Stunde gedauert, dann holt Strbać noch drei Bände mit Farbfotografien heraus, aus denen nacktes Entsetzen quillt. Es handelt sich um eine Sammlung aufgedunsener, bleicher Kadaver, die auf abscheuliche Weise gefoltert, entstellt und seziert worden sind. Nach Durchblättern dieser Horrorszenen – ausgestochene Augen, abgetrennte Genitalien, heraustretende Gedärme – von angeblichen Opfern der kroatischen »Ustaschi« gebe ich zu verstehen, daß ich von dieser makabren

Schau genug habe. Ich verlasse den Menschenrechtsbeauftragten ziemlich abrupt, und man merkt ihm an, daß er kein Verständnis für mein mangelndes Interesse aufbringt. Beim Abschied verfolgt mich sein vorwurfsvoller Blick.

Das Kamerateam ist inzwischen einem Vertrauten des Ministerpräsidenten anempfohlen worden, der sich uns nur mit seinem Vornamen Mirko vorstellt. Der etwa fünfzig- bis sechzigjährige Mann trägt eine gelb-grüne Tarnuniform und ist bestimmt mit einer verborgenen Waffe ausgestattet. Er hat einen prächtigen Vollbart, grau und weiß meliert. Mirko ist ein vierschrötiger Geselle. Auf den ersten Blick macht auch er einen dubiosen Eindruck. Da er keiner Fremdsprache mächtig ist, redet er mit dröhnender Stimme auf uns ein. Er gehört wohl zu jenen einfachen Naturen, die davon ausgehen, daß sie für Ausländer in ihrem eigenen Idiom verständlicher werden, wenn sie möglichst laut brüllen. Wir merken bald, daß sich hinter Mirkos rauher Schale ein redlicher Kern verbirgt. Sein Haus am Stadtrand, das für dortige Verhältnisse stattlich und überaus sauber ist, wird uns als Unterkunft zugewiesen. Für die anstehenden Dreharbeiten in Knin benutzen wir nun nicht mehr den Minibus aus Zagreb, das Corpus delicti, sondern einen ramponierten kleinen Laster, den Mirko steuert. Er bedrängt uns, daß wir doch den Wasserfall des Flusses Krka filmen sollen, und ist etwas enttäuscht, als ich die hoch über Knin gelegene Festung ansteuere, die dieser ziemlich seelenlosen »Hauptstadt« von vierzigtausend Einwohnern ein wenig romantisches Flair verleiht.

Um die mächtigen Verteidigungswälle und Zinnen der Burg weht ein eiskalter Sturm. In unserem Blickfeld erstrecken sich die schroffen Höhenzüge des dalmatinischen Hinterlandes wie ein gigantischer Sperriegel. Das ist wohl auch die historische Rolle dieses Karstes gewesen, in jenen bewegten Jahrhunderten des ausgehenden Mittelalters, als es für die venezianische Seemacht galt, den Heerscharen des osmanischen Sultans den Zugang zur Adria zu versperren. Die Festung von Knin hatte bereits den Byzantinern gute Dienste geleistet. Oft war sie zerstört und wiederaufgebaut worden. Natürlich hatten sich die Türken dieses vorgeschobenen Forts bemächtigt, wurden aber wieder von den Österreichern vertrieben. Kurze Zeit setzte sich hier sogar eine französische Garnison fest, als Napoleon Bonaparte die illyrischen Provinzen seinem »Empire« einverleibte.

Wider Erwarten entdecken wir im Innern des Bollwerks ein recht gemütliches Restaurant, wo hervorragender dalmatinischer Schinken, saftige Čevapčiči und ein sehr passabler slavonischer Weißwein serviert werden. Nach dem fünften Slivovitz lockert sich auch die bislang etwas angespannte Stimmung unseres serbischen Begleiters. Von nun an betrachtet Mirko uns als seine persönlichen Schutzbefohlenen, und es kommt Herzlichkeit auf.

Während Piotr seine Aufnahmen macht – die Abendstimmung mit dem fahlen Licht ist eindrucksvoll – beuge ich mich über die Landkarte des Balkans. »Krajina«, dem ost-slawischen Wort »Ukraina« verwandt, bedeutet soviel wie »Grenze« oder »befestigter Gau«, und als vorgeschobene Militärgrenze des Habsburger-Reiches hat sich das heutige Territorium der »Serbischen Republik Krajina« seit dem allmählichen Zurückdrängen der Osmanen durch die kaiserlichen Heere seinen Namen verdient. Der bizarre, nach Norden und Osten ausschwingende Halbmond dieses künstlichen Teilstaates der Gegenwart folgt ziemlich präzise jener strategisch verwalteten Sperrzone, die zum Schutz der habsburgischen Kernlande den Balkan von der Adria bis zu den Karpaten-Ausläufern wie ein Festungsgraben durchzog. Dieser stets unsichere Limes, der den Einfällen der Janitscharen, der Sipahi und auch irregulärer Banden unter dem Halbmond ausgesetzt war, wurde von den Habsburgern ab 1535 mit einer sehr speziellen Struktur ausgestattet. Vorzugsweise serbische Flüchtlinge aus dem Kosovo, die unter Führung ihres orthodoxen Klerus dem osmanischen Joch in großen Migrationen den Rücken gekehrt hatten, wurden hier in Wehrdörfern als freie Bauern angesiedelt. Unter der Autorität ihres Patriarchen oder Metropoliten genossen sie in dem ihnen zugewiesenen schmalen Streifen, der sich von der Vojvodina in breitem Bogen bis südlich von Knin erstreckte, eine weitgehende politische und vor allem konfessionelle Autonomie. Im siebzehnten und frühen achtzehnten Jahrhundert verzichtete die Apostolische Majestät von Wien ganz bewußt auf alle Bekehrungsversuche zum römisch-katholischen Glauben und praktizierte gegenüber ihren orthodoxen Untertanen eine dogmatische Indifferenz, die in mancher Beziehung dem türkischen »Millet«-System entsprach. Höchster Ansprechpartner und verantwortlicher Ethnarch auf serbischer Seite war der jeweilige orthodoxe Erzbischof oder Metropolit. So kam es sogar, daß vorübergehend der Sitz des serbischen Patriarchats sich nach Sremski Karlovci in die slavonische Nachbarschaft Belgrads verlagerte.

Mit Recht betonten die Serben der Krajina, Nachfahren der Wehrbauern der österreichischen »Militärgrenze«, die erst im neunzehnten Jahrhundert aufgehoben wurde, daß sie ihren Anspruch auf diese durch Türkeneinfälle bedrohte Zwischenzone mit ihrem reichlich vergossenen Blut, mit der ihrem Volk angeborenen Tapferkeit erkämpft und behauptet hatten. Zu Spannungen zwischen Katholiken und Orthodoxen war es als längs der »Militärgrenze« erst gekommen, als das Haus Habsburg unter Maria Theresia und vor allem Joseph II. sich – dem Zeitgeist gemäß – dem monarchischen Absolutismus verschrieb. Von nun an sollte die Gleichschaltung aller Besitzungen durch die Krone auch nicht vor jenen Privilegien und erworbenen Sonderrechten halt machen, die den orthodoxen Serben eine so weitreichende Selbständigkeit und Autokephalie ermöglicht hatten. Mit der josephinischen Aufklärung ging seltsamerweise eine administrative und konfessionelle Nivellierung Hand in Hand. Die Versuche des römischen Klerus, das Uniatentum unter den byzantinischen Glaubensbrüdern zu begünstigen, während die Wehrbauern in feudalistische Abhängigkeit gepreßt wurden, lösten erste Konflikte aus. Ehe sich aus diesen konfessionellen Reibungen im späten neunzehnten oder auch erst im frühen zwanzigsten Jahrhundert ein national gefärbter Gegensatz zwischen Süd-Slawen einerseits und Deutsch-Österreichern oder Magyaren andererseits, schließlich sogar zwischen Serben und Kroaten herausbildete, sollte noch viel Wasser die Donau, die Save und die Krka hinunterfließen.

Den späten Abend verbringen wir in Mirkos guter Stube. Die Möblierung ist gediegen und erinnert an jene Wohnungseinrichtungen, die man in Deutschland als »Gelsenkirchener Barock« bezeichnet. Zwei Vettern sind hinzugekommen, nehmen vor dem Fernsehapparat Platz, während die Frauen – sämtlich in

Schwarz gekleidet – sich in der Küche zu schaffen machen. Der eine Vetter hat in Australien gelebt und spricht passabel Englisch. Auf der Mattscheibe erscheinen Bilder von einem Gipfeltreffen zwischen dem serbischen Präsidenten Slobodan Milošević und dem rumänischen Staatschef Ion Iliescu. Die beiden Kumpane wirken alles andere als vertrauenerweckend, und diesen Eindruck scheint auch unser Gastgeber zu teilen. »Ich halte nichts von den Politikern«, sagt der Vetter aus Australien.

Mirko hat sich wie ein riesiger struppiger Wachhund in einen Sessel gezwängt. Auf sein Geheiß legt seine Frau – eine resolute, aber vom harten Leben gezeichnete Person undefinierbaren Alters – eine Videokassette ein. Da erhellen sich die Gesichter aller Familienmitglieder, und die herbeigeeilten Kinder stoßen Freudenschreie aus. Wir brauchen eine Weile, bis wir begreifen, daß es sich um die selbstgedrehten Aufnahmen einer Hochzeit im fernen Kanada handelt, wo diese weitverstreute Sippe ebenfalls Angehörige besitzt. Die Trauung dieser Verwandten vollzog sich in Ontario nach orthodoxem Ritus. Den Brautleuten wurden Kronen über die Köpfe gehalten, und dazu sang man serbische Volkslieder. Ein Pope segnete das Paar.

Am nächsten Morgen fegt immer noch feuchter Schnee über den Karst. Durch eine frostkalte Winterlandschaft rollt der Minibus nach Norden zurück. Bevor wir über Karlovac nach Zagreb zurückkehren, will ich versuchen, nach Osten auszuscheren und die muslimischen Linien zu durchqueren. Meine Absicht ist es, zur bosnischen Ortschaft Bihać durchzubrechen, die – ringsum von serbischer Artillerie eingeschlossen und völlig isoliert – um ihr Überleben bangt. In Bihać ist ein französisches UNPROFOR-Bataillon stationiert, das schon mehrfach unter Beschuß geriet und Verluste erlitten hat. Zusätzliche Komplikationen sind durch die Spaltung der muslimischen Streitkräfte entstanden. Der bosnische Multimillionär Fikret Abdić hat im Nordteil dieser muselmanischen Enklave, im Umkreis von Velika Kladuša, schon zwanzig Jahre vor Ausbruch der Feindseligkeiten ein lokales Wirtschaftsimperium aufgebaut. Mit seinem weitverzweigten »Agrocomerc«, mit seinen Hühnerfarmen insbesondere, beschäftigte er 13 000 Angestellte und kassierte satte Gewinne. Nun hat er sich von der Regierung Izetbegović in Sarajevo losgesagt. Abdić strebt eine eigene »Mini-Souveränität« an – um paradoxe Situationen war man hier ja nie verlegen –, und es ist zu Gefechten zwischen den Freischärlern dieses Magnaten und den bosnischen Regierungstruppen gekommen. Der blauäugige Muslim Abdić hat freie Transitrechte für seinen Kommerz mit den Serben und Kroaten ausgekungelt. Der Flecken Velika Kladuša ist jahrzehntelang das vorgeschobenste osmanische Bollwerk auf dem Balkan gewesen und ragt wie ein Dorn in die ehemals habsburgischen Gebiete hinein. Dennoch wehrt sich dieser Geschäftemacher dagegen, ein Renegat zu sein. In seinem Betrieb beschäftigt er nur Muslimani. In seiner Heimatstadt hat er ein Denkmal zu Ehren der Osmanen errichten lassen. Der »Babo« oder Onkel genannte Großunternehmer schickt sich an, die ehemals türkische Festung in ein Luxushotel zu verwandeln.

Auf der Hinfahrt nach Knin hatte ich festgestellt, daß die normale Abzweigung nach Bihać auf der Höhe des zerschossenen Dorfes Prijeboj durch massive Betonblocks und einen serbischen Kontrollposten versperrt war. Wir fahren deshalb auf unserer Rückreise zwanzig Kilometer weiter nach Norden und drehen in eine Asphaltstraße ein, die in südöstlicher Richtung nach Bihać ausgeschildert ist. Den kritischen Punkt erreichen wir hinter dem Flecken Petrovo. Dort ist der Übergang der »Serbischen Republik Krajina« zum muslimischen Nordzipfel Bosniens durch ein Fort von UNPROFOR markiert, über dem die blaue Fahne der Vereinten Nationen weht. Zusätzlich ist eine Sperre aufgebaut, die sich jedoch im Slalom umfahren läßt. Von der letzten Erhebung des Karst-Gebirges aus schweift der Blick – trotz der durch Schneeregen und Nebel behinderten Sicht – über eine weite fruchtbare Mulde. Bei klarem Wetter hätten wir die Minaretts von Bihać erkennen können.

Natürlich fallen mir zwei oder drei serbische Milizionäre in ihren blauen Uniformen auf, die uns heftige Signale geben und zum Anhalten auffordern. Aber die Strecke nach Bihać liegt jetzt frei vor uns, die nächsten Posten würden bewaffnete Muslimani sein, mit denen wir schon zurechtkämen, und ich fordere den deutschen Kamera-Assistenten Jörg, der am Steuer sitzt, zu erhöhtem Tempo auf. Dabei habe ich jedoch die Rechnung ohne die serbische Wachsamkeit gemacht. Mit knirschenden Reifen überholt uns ein Peugeot, aus dem die Läufe von Maschinenpistolen ragen. Der Personenwagen schiebt sich quer vor unseren Minibus. Zwei bewaffnete Zivilisten stürzen mit Zeichen größter Erregung und entsicherten Waffen auf uns zu. Ich springe meinerseits auf die Straße und gehe auf die Verfolger zu. Während ein dritter Polizist den Minibus nach versteckten Waffen untersucht, halte ich den erzürnten Ordnungswächtern unsere Pressekarten hin, die von den Behörden der »Serbischen Republik Krajina« ausgestellt sind. Ich erkläre den Polizisten, deren Chef – ein rothaariger besonnener Mann mit Autorität– im Peugeot sitzen geblieben ist, daß ich lediglich nach Bihać fahren wollte, um mir ein Bild von der dortigen Lage zu machen und um einen alten Bekannten, Offizier bei dem dort stationierten französischen UNPROFOR-Bataillon, zu besuchen.

»Als Journalist sollten Sie wissen, daß rund um Bihać geschossen wird und daß Gefechte mit den Muslimen im Gange sind«, erwidert mir der etwa dreißigjährige Polizeikommissar in Zivil, der von nun an unseren Fall bearbeiten wird. »Sie haben sich eines Vergehens schuldig gemacht«, wirft er mir vor. »Ihr Propusk schreibt lediglich die Strecke Turanj, südlich von Karlovac, bis Knin vor und zurück. Hier begeben Sie sich widerrechtlich ins bosnische Grenzgebiet. Fahren Sie unverzüglich nach Korenica zurück, wo sich unser Polizeikommissariat befindet, und versuchen Sie nicht zu entwischen. Wir müßten das Feuer eröffnen.«

In etwas beklommener Stimmung rollen wir wieder nach Süden, durchqueren noch einmal den Nationalpark von Plitviče, wo mir jetzt an den zerschossenen Eingängen ausgebrannter Häuser Schilder in deutscher Sprache auffallen: »Zimmer frei«. Aber die glückliche Zeit des internationalen Touristenverkehrs gehört der Vergangenheit an. An dieser Stelle erscheint sie mir fast so fern wie das Byzantinische Reich. Plötzlich erinnert mich diese einstige, jetzt verwüstete Ferienidylle an ein Villen-Ressort im libanesischen Gebirge, das man ganz offiziell »Bois de Boulogne« getauft hatte. Dort wuchsen die Korkeichen ebenso dicht, und die konfessionellen Gegensätze hatten sich in der Levante ebenso zerstörerisch ausgetobt. Am Libanon waren es die ungestümen Krieger der Drusen-Sekte, die ihre altangestammte Feindschaft gegen die christlichen Maroniten ausgetragen hatten. Die Libanisierung Südost-Europas war im Wald von Plitviče bereits vollzogen.

In Korenica – wir passieren gerade die gesprengte katholische Kirche – gibt uns der Peugeot mit dem Polizisten, der uns wie ein Wachhund folgt, ein Blinksignal. Wir halten vor einem verwahrlosten Gebäude an, das vielleicht früher eine Schule gewesen ist. Man geleitet uns in einen ungeheizten Raum. Wir verteilen uns rund um einen Tisch, und das Verhör beginnt. Der junge Polizeikommissar trägt eine graue Windjacke. Die Maschinenpistole hat er beiseite gelegt. Vor der Tür stehen ohnehin Milizionäre. Feindselig ist er nicht, aber extrem mißtrauisch. Ursprünglich haben die Serben wohl gemeint, unser Minibus transportiere islamische Freiwillige aus dem Ausland, möglicherweise iranische »Revolutionswächter«, die ihren Glaubensbrüdern von Bihać zu Hilfe eilen wollten. An dem Kommissar mit dem pomadisierten Haar stören mich die blaßblauen Augen, die jedem direkten Blick ausweichen. Eine gewisse Wieselhaftigkeit geht von ihm aus. Nach längerem Telefonieren wird eine Dolmetscherin aufgetrieben, vermutlich eine Sprachlehrerin, die fließend Englisch spricht.

Natürlich ist die Geschichte des Besuchs bei dem französischen Offizier in Bihać, die ich vorgegeben habe, frei erfunden, und der Polizist wittert das sofort. Ich bin auf seine Frage vorbereitet: »Wie heißt der Franzose, den Sie aufsuchen wollten?«

»Commandant Lauristan«, antworte ich, ohne eine Sekunde zu zögern und buchstabiere den Namen, als ich dazu aufgefordert werde. In der Zwischenzeit ist eine telefonische Verbindung nach Knin hergestellt worden, und das dortige Büro des Ministerpäsidenten Bjeković hat wohl positiv über uns berichtet. Vorsichtshalber hatte ich bei meinem Gespräch mit dem »Regierungschef« der Krajina darauf verwiesen, daß ich gerne Bihać inspizieren möchte, und gefragt, ob er mir dabei helfen könne. Er hatte zwar nur eine hilflose Geste gemacht und mir von dem Abenteuer abgeraten, aber jetzt kann ich mich auf diese Andeutung berufen.

Die Spannung ist allmählich gewichen. Der Kommissar lenkt

das Gespräch ins Politische. »Sie brauchen mir nicht zu antworten«, meint er, »was wir jetzt besprechen, ist nicht amtlich. Aber ich möchte gerne wissen, welchen Nutzen wohl das Ausland aus der Zerschlagung von Jugoslawien gezogen hat.« Mit gutem Gewissen kann ich ihm antworten, daß ich den Untergang dieser Föderationsrepublik zutiefst bedauere, daß ich dort angenehme und interessante Ferien verbracht hätte, als man noch ungestört von Laibach nach Belgrad und von Dubrovnik nach Skopje fahren konnte. Vielleicht, so räume ich ein – das entspricht auch meiner Überzeugung – habe es Deutschland mit der internationalen Anerkennung Sloweniens und Kroatiens etwas zu eilig gehabt. Jedenfalls sei die Ausrufung einer unabhängigen Republik Bosnien-Herzegowina – ohne Rücksicht auf die dort schwelenden konfessionellen Spannungen – ein schwerer Fehler gewesen, für den die Deutschen jedoch nicht allein verantwortlich seien. Der Polizist hält überhaupt nichts von dem Föderationsabkommen, das die Muslime und Kroaten Bosniens unter Druck Washingtons gerade unterzeichnet haben.

»Angeblich wollen die Amerikaner durch diese Einbindung der Muslimani die Ausbreitung des fanatischen Fundamentalismus auf dem Balkan eindämmen«, meint er, »aber der Westen wird noch ein wahres Wunder mit diesen Leuten erleben, die ganz offen dem osmanischen Kalifat nachtrauern. Spätestens wenn unser serbischer Überlebenskampf im Kosovo ausbricht, werden sich die koranischen Fanatiker aus aller Welt aktiv einschalten. Nach unseren Erkenntnissen kämpfen zur Zeit etwa achttausend Mudschahidin – überwiegend Iraner oder Afghanen – auf seiten der sogenannten bosnischen Armee des Ministerpräsidenten Alija Izetbegović, und der predigt den religiösen Haß.«

Ich verweise, um ihn zu beschwichtigen, auf die multinationale Zusammensetzung meines Fernsehteams. Da ist der Kameramann Piotr, ein Pole, und der arbeitet reibungslos und ohne Probleme mit jenen Deutschen zusammen, die vor fünfzig Jahren seine Heimat so fürchterlich gequält haben. Mein Freundschaftsbesuch bei dem französischen »Major Lauristan« – auch wenn er ein Produkt meiner Phantasie ist – zeige ihm doch, wie die alte Erbfeindschaft beiderseits des Rheins beigelegt wurde. Der Kommissar bleibt nachdenklich und skeptisch.

»Ich kann Ihnen ein Gegenbeispiel andauernder Feindschaft und unüberbrückbaren Hasses nennen«, erwidert er. »Blicken Sie nach Belfast und Nord-Irland. Dort schlagen sich seit Generationen Protestanten und Katholiken die Schädel ein, und ein Ende ist nicht abzusehen.« Eine tiefe Niedergeschlagenheit scheint sich des Beamten bemächtigt zu haben. Nach kurzer Pause steht er auf: »Sie können weiterfahren, aber Sie müssen sich jetzt an die vorgeschriebene Route nach Turanj halten.«

Der Kamera-Assistent Jörg hat ein Problem. »Es fehlt uns an Benzin«, wendet er sich an die Dolmetscherin. Wir brauchen zehn Liter Diesel und sind gern bereit, in harter Währung oder mit amerikanischen Zigaretten zu bezahlen. Es gibt ein langes Palaver, dann führt uns der Kommissar, begleitet von einem Untergebenen, auf die Straße und weist uns die Richtung zum nahen Stützpunkt einer tschechischen UN-Kompanie. Der Kameramann Piotr, der seltsamerweise trotz seiner polnischen Muttersprache mit den Serbo-Kroaten überhaupt nicht zurechtkommt, unterhält sich mühelos mit dem tschechischen Wachposten unter dem blauen Helm. Aber der winkt ab. Irgendwie wird dann doch ein voller Kanister aufgetrieben und eingefüllt. Er stammt aber nicht von den Tschechen, sondern von dem serbischen Polizisten, der den Treibstoff in seinem Peugeot transportiert hat. Ich bedanke mich überschwenglich, drücke dem Kommissar immer wieder die Hand. Als ich in den Minibus einsteigen will, hält er mich am Ärmel fest und sagt nachdrücklich: »Sie wollten mir doch amerikanische Zigaretten dafür geben.« Ich bedauere, daß ich nur eine Stange Marlboro zur Hand habe, denn ich hätte ihm gerne ein großzügigeres Geschenk gemacht.

Im Schatten des Vatikans

Zagreb, im April 1994

»Kyrie eleison, Christe eleison« singt der Chor in der katholischen Kathedrale von Zagreb in griechischer Sprache. »Herr erbarme dich, Christus erbarme dich!« Die kroatische Hauptstadt feiert das Osterfest, und Kardinal Franjo Kuharić zelebriert das Hochamt. Die dreimalige Anrufung der Dreifaltigkeit in der Sprache der orthodox-byzantinischen Rivalin ist das letzte Bindeglied, das die beiden verfeindeten Kirchen in Ost und West offenbar noch eint. Ansonsten hat das Konzil Vatikan II auch bei den kroatischen Katholiken seine Spuren hinterlassen. Es wird in der Landessprache gepredigt und gebetet. Als die Sänger zum »Gloria« ansetzen, huldigt die Liturgie allerdings noch einmal der großen römischen Tradition. »Ehre sei Gott in der Höhe und Friede den Menschen auf Erden«, klingt es auf lateinisch mit mächtiger Orgeluntermalung durch die neugotische Kathedrale, zwei sich scheinbar ergänzende Verheißungen. So hatte es im Verkündigungsgesang der Engel von Bethlehem geklungen. Aber auf dem Balkan ist die »gloria Deo« noch nie konform gegangen mit der »pax hominibus«. In Bosnien und der Krajina wird jetzt wieder einmal im Namen Allahs und der Dreifaltigkeit ein unerbittlicher, bluttriefender Konflikt der Bekenntnisse ausgetragen.

Im rechten Seitenschiff der Kathedrale, die an diesem Ostersonntag von Gläubigen überfüllt ist, entdecke ich über der »Kalvarie« eine Tafel in alt-kroatischer Schrift, die erst im Jahr 1941, also unter der grausamen faschistischen Ustascha-Herrschaft angebracht wurde. An dieser Stelle wird daran erinnert, daß das kroatische Volk den tausenddreihundertsten Jahrestag seiner Christianisierung begeht und dem »Felsen Petri« in der Verteidigung gegen jede Gefahr ewige Treue gelobt hat. Die Stifter dieser Gedenkstele geben sich unter dem Namen »Gesellschaft der Brüder vom kroatischen Drachen« wohl als ziemlich finstere Gesellen zu erkennen. Angesichts dieser Mahnplatte muß ich an jene schreckliche, zweifellos aufgebauschte Statistik denken, die mir der serbische Menschenrechtsbeauftragte Sava Strbać in Knin überreicht hat.

Bei diesem Fest der Auferstehung Christi entfaltet die römische Kirche ihren eindrucksvollen Pomp. Nach Staatspräsident Tudjman gilt Kardinal Kuharić als mächtigster Mann im Staat, und dieser Prälat – das wird ihm allenthalben bescheinigt – hat sich ehrlich um Ausgleich mit den verfeindeten orthodoxen Brüdern und mit den Muslimen bemüht. Er offiziert im kostbaren Ornat, umgeben von einer Phalanx kroatischer Bischöfe, deren harte Bauerngesichter von heiliger Entschlossenheit künden. Trotz dieser Feierlichkeit in Gold und Silber, trotz der Weihrauchwolken und der dröhnenden Musik kommt nicht der Eindruck einer »ecclesia triumphans« auf. Dafür ist der Kirchenbau von Zagreb zu häßlich. Nach vielfältigen Zerstörungen durch Tataren und Türken, durch Erdbeben und Brand ist er in der belanglosen Architektur der letzten Jahrhundertwende renoviert worden. Dazu wirken die Menschen auch zu gedrückt, zu erdhaft, die auf den Kirchenbänken knien, sich bis auf den Vorplatz der Kathedrale stauen. Auch jene Honoratioren, denen im Chor, unmittelbar vor dem Altar, Plätze angewiesen sind, unterscheiden sich in Typus, Kleidung und Auftreten keineswegs von dieser bäuerlich schwerfälligen Masse. Es wirkt sich offenbar aus, daß Kroatien – seit den Tagen des legendären Königs Tomislav I., der im zehnten Jahrhundert einen kurzlebigen Staat gegründet hatte – tausend Jahre lang unter Fremdherrschaft gelebt hat, meist in Personalunion mit der ungarischen Stephanskrone. Die geistige Elite der langen Habsburger-Zeit – ungarische Magnaten und österreichische Beamte – ist diesem Land abhanden gekommen, vertrieben oder erschlagen worden.

Die junge kroatische Republik, an deren Konstituierung im Jahr 1991 der deutsche Außenminister Hans-Dietrich Genscher einen so maßgeblichen Anteil hatte, daß in jenen Tagen der Schlager »Danke, Deutschland!« Furore machte, ist immer noch überschattet von der faschistischen Fehlgeburt von 1941. Damals hatte der Ustascha-Diktator Ante Pavelić einen Monarchen aus dem italienischen Königshaus, den Herzog von Spoleto, zwei Jahre lang unter dem angemaßten Namen Tomislav II. neben sich dulden müssen. Auch die katholische Kirche war nicht ohne schwere Blessuren aus dieser kurzen Ära der Kollaboration hervorgegangen. Der Streit um die Rolle des Agramer Erzbischofs Stepinać, der von Tito zu langer Gefängnisstrafe verurteilt wurde, ging ja weiter. Von den Serben wurde dieser selbstbewußte Kirchenfürst, der sich von den Terrormethoden Ante Pavelić' halbherzig distanziert hatte, weiterhin als teuflische Fratze des Papismus verflucht, während die kroatischen Milizen in der Herzegowina, deren Stellungen ich im Herbst 1992 passiert hatte, sein Porträt wie ein Heiligenbild an ihren Stellungen befestigten.

Kardinal Kuharić ist es gelungen, sich aus dem Schatten dieses Vorgängers zu lösen. Er verwaltet sein Amt aus eigener Autorität, gestützt auf das Wohlwollen des polnischen Pontifex in Rom. Vielleicht muß ich diese Ostermesse in Zagreb miterleben, um jene ins Mythische verzerrte Vision zu begreifen, die das politische und religiöse Denken der Serben bestimmt, sobald die Rede von der dämonischen Verschwörung des Abendlandes ist. Da mischen sich die historischen Erinnerungen an die Kreuzritter, die Konstantinopel eroberten, statt das Heilige Grab zu befreien, mit den Machenschaften der venezianischen Dogen an der dalmatinischen Küste. Da bahnt sich – in Gestalt des vereinigten Deutschland – eine Wiedergeburt des Heiligen Römischen Reiches an. In den Augen eines Belgrader Nationalisten kann es ja nur eine Frage der Zeit sein, bis die österreichischen Erblande ihre traditionelle Rolle als Bannerträger des ausufernden Germanentums und einer unduldsamen Katholizität wieder aufnehmen.

Vielleicht verstärkt der Kardinal von Zagreb diesen Verdacht noch, als er seine Predigt mit ein paar Sätzen in deutscher Sprache einleitet und dann auf französisch die anwesenden UNPROFOR-Soldaten aus Gallien begrüßt. Was nutzt es da, daß der Prälat nur von Frieden und Versöhnung redet? Die orthodoxen Serben, die mit so abgrundtiefem Mißtrauen auf die Kurie und deren kroatische Repräsentanten blicken, sind offenbar nicht über den desolaten Zustand der west- und mittel-europäischen Christenheit informiert. Keinem kroatischen Katholiken wäre am Ostersonntag wohl in den Sinn gekommen, an der leiblichen Auferstehung Christi den leisesten Zweifel zu hegen. Nach vierzig Jahren marxistischer Unterdrückung klammert sich der partikulare kroatische Nationsbegriff an diese Identifizierung mit der römischen Kirche, diese Bindung an den »Felsen Petri«, wie die ominösen »Drachen-Brüder« beteuerten. Die Rückwendung zum katholischen Glauben der Väter ist die Voraussetzung für die kroatische Wiedergeburt. In der Bedrängnis hat sich die Frömmigkeit auch solcher Schichten bemächtigt, die von der Erziehung oder vom intellektuellen Habitus her in anderen europäischen Ländern der Kirche und ihren Dogmen längst den Rücken gekehrt haben. Kroatien verankert sich in seinem römischen Glaubensgut mit der gleichen Inbrunst wie unlängst noch Polen, als es von bolschewistischer Überfremdung bedrängt wurde, als Kardinal Wyszinski mit unerschütterlichem Mut dem Sturm der Gottlosigkeit und den Pforten der Hölle trotzte. In Zagreb ist man weit von jener neuen Gleichgültigkeit gegenüber Kirche, Klerus und Glaubenssätzen entfernt, die sich der polnischen Katholiken nach Rückgewinnung einer gesicherten staatlichen Unabhängigkeit, nach dem Zusammenbruch des Warschauer Paktes bemächtigt hat.

Die Situation im ehemaligen Jugoslawien lädt zu Meditationen über den Zustand der Bekenntnisse im heutigen Europa ein. Jene Theologen – insbesondere im deutschen Sprachraum beheimatet –, die die Jungfräulichkeit Mariä belächeln, die Göttlichkeit Jesu in Frage stellen und den zentralen christlichen Glaubenssatz der Auferstehung negieren, sind sich wohl gar nicht bewußt, daß sie damit nicht etwa ihrer Kirche durch Abräumen obskurantistischen Ballastes neue, lebenskräftige Impulse verleihen, sondern daß sie sie im Gegenteil ihrer Substanz berauben. Das erstaunliche Phänomen der Wiedergeburt der orthodoxen Religiosität im ehemaligen Ostblock, vor allem im Heiligen Rußland, sollte nicht überbewertet werden. Von tiefer, umfassender Volksfrömmigkeit sind Rußland und die Ukraine noch weit entfernt. Aber wenn ein Verheißungsspruch wieder eine magische Anziehungskraft auf die ost-slawischen Gläubigen ausübt, dann doch der hoffnungsfrohe Osterruf ihrer Popen und Metropoliten: »Christos wosskressje – Christus ist auferstanden, er ist wahrhaft auferstanden!« Die serbische Kirche, die im Verein mit ihren Moskauer Brüdern das Osterfest ein paar Wochen nach den Katholiken und Protestanten zelebriert, würde alle ihre noch vorhandenen national-religiösen Kräfte aufbieten, um in der isolierten Kathedrale von Peć im Kosovo – umringt von muslimischen Albanern – den Sieg des Gottessohnes über den Tod zu feiern, und der greise Patriarch Pawle würde an dieser historischen Stätte zugegen sein.

*

Die überaus bedeutende Rolle, die Papst Johannes Paul II. beim Zerfall des kommunistischen Imperiums in Osteuropa gespielt hat, darf nicht unterschätzt werden. Die Geheimdienste, die die Ermordung des polnischen Bischofs von Rom geplant hatten, wußten, was sie taten und wen sie zu treffen suchten. Doch die serbischen und viele russische Orthodoxen machen sich natürlich eine völlig falsche Vorstellung vom abendländischen Christentum. Sie können oder wollen nicht zur Kenntnis nehmen, daß vor allem jene katholischen und lutherischen Theologen den begeisterten Zuspruch der westlichen Medien und der ihnen hörigen Volksmeinung finden, die die Lehren des Nazareners nur noch als humanitäre Philosophie, bestenfalls als nützliche Soziallehre gelten lassen. Die Person Jesu erscheint den meisten ja bereits als ein nebulöses Produkt der Essener-Gemeinschaft aus den Höhlen von Qumran. Kurzum, der westlichen Intelligenzia ist das Bewußtsein abhanden gekommen, daß der Glaube nur da blühen kann, wo der Rationalität Grenzen gesetzt sind, wo ihr bewußt entsagt wird – »credo quia absurdum«. Diese Unfähigkeit zur frommen, einfältigen Hingabe an den unerforschlichen Willen Gottes – auf arabisch »Islam« – erklärt wohl auch, warum die westlichen Jünger der pluralistischen Demokratie dem Wiedererstarken der streitbaren mohammedanischen Lehre so hilflos und töricht gegenüberstehen. Es sind ja nicht nur die im Okzident geschmähten Fundamentalisten, die den Grundsatz vertreten, der Koran sei das »ungeschaffene Wort Allahs«. Wer den Anspruch erhebt, Muslim zu sein, muß sich diesem unabdinglichen Glaubenssatz unterwerfen. Sprachkundige und gelehrte Apologeten eines »liberalen« und interpretationsfähigen Islam mögen sich für jene Häretiker, rationalistischen Abweichler oder auch Sufi begeistern – insbesondere für die Denkschule der »Mu'taziliten« –, die zur Zeit der frühen Abbassiden-Kalifen den unmittelbaren göttlichen Charakter des Korans und somit seine rigorose Unveränderlichkeit negierten.

Wenn sich heute der Islam – im Zeichen der ihm innewohnenden Einheit von Religion und Staat, von Glaube und Politik – mit mächtigen Schwingen aus der Asche diverser und sehr kurzfristiger Säkularisierungsversuche erhebt, so deshalb, weil die Masse der Gläubigen der weltweiten »Umma« am alles tragenden Fundament, am göttlichen Ursprung des Korans, festgehalten hat oder zu ihm zurückfindet. Das zentrale Mysterium des Christentums hingegen ist und bleibt die Menschwerdung Christi und seine Auferstehung, auch wenn dieses Dogma der Wahrnehmung der Sinne und des Verstandes widerspricht. »Praestet fides supplementum sensuum defectui«, dichtete Thomas von Aquin zu Ehren der Eucharistie.

Es geht hier nicht um eine künstliche Wiederbelebung einer im Abendland erloschenen Gläubigkeit, es geht nur um die Feststellung, daß das Christentum mit seinem fortschreitenden und unaufhaltsamen Verzicht auf die mystischen Grundelemente seiner Lehre die Substanz verliert, daß diese Religion allmählich irrelevant wird, bestenfalls als Kulturrelikt überlebt. Natürlich ist sie nicht in der Lage, sich im theologischen Bereich mit einer Offenbarung, der koranischen, zu messen, die ihr dynamisches Sendungsbewußtsein – aus welchen Gründen auch immer – wiedergewonnen hat und ihre weltweite Glaubensgemeinschaft dazu anhält, sich dem Willen und der Weisheit Gottes ohne Wenn und Aber zu unterwerfen. Die Tatsache, daß ein frommer Muslim, im Gegensatz zur großen Mehrheit der katholischen Christen, an die Jungfräulichkeit Mariams, Mutter des Propheten Isa, glaubt, auch wenn er den Kreuzestod des Jesus von Nazareth negiert, sollte den gelehrten Renegaten des Abendlandes zu denken geben.

Solche Gedanken stellen sich ein, während das Läuten am Altar der Marienkathedrale von Zagreb die Verwandlung von Hostie und Wein in das Fleisch und das Blut Christi ankündigen, während die Meßgänger in betender Schar an die Kommunionbank treten. Sehr weit ist der »dar-ul-Islam« hier ja nicht entfernt. Von der vorgeschobensten Enklave der kämpfenden bosnischen Muslimani in Bihać, die ich vergeblich zu erreichen suchte, ist Zagreb durch knappe siebzig Kilometer getrennt. Auf dem reduzierten Gebiet der Republik Kroatien leben schätzungsweise vierhunderttausend Mohammedaner, die aus dem benachbarten Bosnien geflohen sind. In einem Außenbezirk der durch und durch katholischen Hauptstadt Kroatiens ist eine mächtige Moschee aus dem Boden gewachsen, deren Minarett ebenso hoch in den Himmel ragt wie die Türme der Kathedrale.

Auf den feierlichen Gesang des Credo, des katholischen Glaubensbekenntnisses, verzichtet Kardinal Kuharić an diesem Ostersonntag. Vielleicht tut er das mit Rücksicht auf die orthodoxen Brüder, die sich seit dem Schisma von 1054 so vehement gegen die den Heiligen Geist betreffende Formel verwehren, »qui ex patre filioque procedit – der aus dem Vater und dem Sohn hervorgeht«, und die sich natürlich provoziert fühlen, wenn eine militante kroatische Gemeinde den Glaubenssatz anstimmt: »Credo in unam catholicam et apostolicam ecclesiam – ich glaube an die eine katholische und apostolische Kirche«. Dem Muezzin einer islamischen Moschee würde es wohl gar nicht in den Sinn kommen und er würde sich den »Scheitan« darum kehren, daß die dröhnende Proklamation der »Schahada«, die er über den Lautsprecher vornimmt, daß seine Beteuerung »Außer Allah ist kein Gott, und Mohammed ist sein Prophet« einen frommen Christenmenschen zutiefst irritieren könnte. Es wird eben mit zwei Maßen gemessen zwischen Orient und Okzident. Selbst in der kemalistischen, angeblich säkularen Türkei, wo der Koran-Gesang längst wieder zum Tagesrhythmus gehört, würde das Läuten christlicher Glocken – ein Horror für muslimische Ohren – einen Volksaufstand auslösen.

*

Die Stadt Zagreb, die ich in früheren Jahren nur flüchtig besuchte, sollte man nicht mit hochgesteckten Erwartungen betreten. Agram ist ein recht langweiliges k.u.k.Städtchen geblieben. Vom »glamour« des wiedererstandenen Budapest ist hier nichts zu merken. Der eindrucksvollste Bau ist wohl weiterhin das Hotel »Esplanade«, das nach seiner gründlichen Renovierung die Erinnerung an Kaiser Franz Joseph zu wecken sucht. Aber das gehobene Publikum ist dieser mit teurem Marmor ausgestatteten Herberge abhanden gekommen, und so ergeht es wohl der ganzen neugegründeten Republik. Da ist die Garnisons- und Universitätsstadt Lemberg im fernen Ost-Galizien sehr viel eindrucksvoller geblieben mit ihren italienisch inspirierten Bauten und einem kulturellen Pionierwillen, der in der trostlosen ukrainischen Umgebung trotz fünfzigjährigem bolschewistischen

Zerfall nachträglich imponiert. Aus den gehobenen Restaurants von Zagreb, wohin man die ausländischen Gäste führt, fällt der Blick auf die noch mit frischem Schnee bedeckten Hänge, die zum nahen Slowenien überleiten. Vor Balkan-Stimmung hütet man sich in diesen Beizen wie vor der Pest. Balkan bedeutet Barbarei, und Mitteleuropa heißt die Region, der sich Kroatien zurechnet. So spielt die Kapelle der Gaststätte ihre Donau-Weisen auf der Zither oder dem Schifferklavier, und die Einheimischen fühlen sich am wohlsten, wenn Grinzing-Stimmung hochkommt. Das Wiener Schnitzel steht hier höher im Kurs als das ortsübliche Čevapčiči.

Nach einem Ausflug in die rauhen Karst-Gebirge der Krajina rund um Knin, die in ihrer kargen Strenge bereits an Nord-Afrika oder den Dschebl Drus in Syrien gemahnen, muß ich bei der Schrammel-Musik in Zagreb plötzlich an das Buch des italienischen Autors Dino Buzzati, *Die Tatarenwüste*, denken, das hervorragend verfilmt worden ist. Aus ähnlich verwinkelten Gassen, von barocken Kirchtürmchen überragt wie die Altstadt der kroatischen Hauptstadt, reitet der Roman-Held in eine unwirkliche Mondlandschaft bis an die ferne Grenze eines riesigen Reiches, für das wohl die erlöschende Donaumonarchie Pate gestanden hat. Im trostlosen Außenfort der Tatarenwüste angekommen, wo die streng katholische Garnison nach dem Gottesdienst niederkniet und das Kampflied anstimmt: »Christus vincit, Christus regnat, Christus imperat – Christus siegt, Christus herrscht, Christus befiehlt«, legt sich die tödliche Öde des stupiden Routinedienstes auf die kleinlichen Rivalitäten der Offiziere, bis ganz zum Schluß, als jede Kampftauglichkeit dieses Vorpostens bereits abhanden gekommen ist, am Horizont wie eine Gewitterwolke die Masse der feindlichen Tatarenreiterei zunächst in Ameisengröße, dann schrecklich anschwellend, auf die Verteidiger der Christenheit zugaloppiert und sie überrennt.

Warum fällt mir in dieser ausgeliehenen kroatischen Gemütlichkeit plötzlich jene Fernsehsendung ein, die das französische Staatsfernsehen anläßlich des »Beginns der islamischen Fastenzeit für die zahlreichen maghrebinischen Zuschauer ausgestrahlt hat? Aus Anlaß dieser Festlichkeit wurde auch die Beschneidung an bosnischen Flüchtlingsknaben vorgenommen.

Bevor dieser ungefährliche, aber schmerzliche Eingriff vollzogen wurde, hatten die schwarzhaarigen, zutiefst orientalisch wirkenden Algerierinnen die strohblonden und blauäugigen Bosniaken in die Arme genommen, ihnen Süßigkeiten in den Mund geschoben. Die Kinder, die den Bund Allahs mit den Nachkommen Ibrahims und Ismails eingingen, trugen den roten Fez auf dem Kopf, sonst hätten sie wirklich zu europäisch, fast »nordisch« ausgesehen.

Im Zentrum von Zagreb erinnert lediglich eine weißverschalte Spenden-Tribüne an den nahen Krieg. Dort weht das rot-weiße Schachbrett der kroatischen Fahne neben dem Lilien-Banner Bosniens, ein Zugeständnis an die brüchige Waffenbrüderschaft zwischen den beiden jugoslawischen Nachfolgestaaten, deren Katholiken und Muslimani sich vorübergehend aufs grausamste bekämpften und die herrliche Stadt Mostar in erbittertem Ringen verwüsteten. An dieser Stelle wird für die von Serben vergewaltigten Frauen gesammelt, für ihre Babys, deren man sich schämt.

Vor dem Präsidentenpalast, wo Franjo Tudjman residiert, vollzieht sich unterdessen ein harmloseres Schauspiel. Kroatische Mütter sind mit ihren Kindern gekommen, um dem Staatschef zu huldigen. Die Kleinen singen Volkslieder und werden von dem sonst so gestrengen Präsidenten umarmt und geküßt. Im Hintergrund exerziert die Palastgarde, deren knallbunte Operettenuniform mit dem roten Tschako jedem *Sissi*-Film Ehre gemacht hätte. Die Rolle des Landesvaters wird Franjo Tudjman nicht leicht gemacht. Er hat wohl eine unüberlegte, dümmliche Äußerung zur Judenvernichtung des Zweiten Weltkrieges gemacht, so daß er sich in aller Form bei einer Rabbinats-Delegation entschuldigen mußte. Nun konnte man dem Geschichtsprofessor Tudjman wirklich nicht vorwerfen, an den Greueln der Ustaschi den geringsten Anteil zu haben. Er hatte als junger Marxist bei den Tito-Partisanen gekämpft und es dort sogar zum Rang eines Generals gebracht. Um ein antifaschistisches Alibi brauchte er sich also nicht zu bemühen.

Dieser autoritäre Staatschef, der noch kurz zuvor von den westlichen Botschaften als unangefochtener Alleinherrscher Kroatiens beschrieben wurde, stößt neuerdings auf geballte interne Opposition. Seine Demokratische Sammelbewegung (HDZ) wird von Richtungskämpfen heimgesucht. In der Person Stipe Mesić', des letzten Vorsitzenden des kollektiven jugoslawischen Präsidiums und Sprecher des sogenannten Partisanenflügels innerhalb der HDZ, der seit September 1992 als Präsident des Sabors, der kroatischen Abgeordnetenkammer amtiert, ist ihm ein ernstzunehmender Gegner erwachsen, der sich zudem noch auf die Sympathie des Vorsitzenden der Provinzenkammer, Marolić, stützen kann. Die Auflehnung zielt gegen die despotischen Allüren Tudjmans, doch der schwerste Vorwurf, der ins Feld geführt wird, richtet sich gegen eine vermeintliche Absprache zwischen dem kroatischen Staatschef und seinem serbischen Gegenspieler Milošević, die gesamte Republik Bosnien-Herzegowina unter sich aufzuteilen und den Muslimani eine total untergeordnete Rolle zuzuweisen.

Dabei hatten sich die Zagreber Militärs in der Einschätzung der bosnischen Kampfkraft wohl sträflich verkalkuliert. Die zum Äußersten entschlossenen Muslime – möglicherweise durch diskrete serbische Waffenlieferungen aufgepäppelt – holten zum vernichtenden Schlag gegen die in Zentral-Bosnien verzettelten Milizen der Kroaten aus und zwangen Tudjman zum Einlenken. Aus Washington kam zusätzliche Pression, die drauf hinwirkte, endlich in Bosnien eine kroatisch-muslimische Föderation auf kantonaler Ebene zu gründen, dem hemmungslosen Expansionismus der Serben einen Riegel vorzuschieben und den ersten Keimlingen des islamischen Fundamentalismus den Boden zu entziehen. Ob diese Konstruktion lebensfähig wäre, blieb eine vieldiskutierte Frage.

Ein paar Straßenzüge vom »Esplanade« entfernt, bin ich vor dem Denkmal des Agramer Bischof Strossmayer stehengeblieben, das von prächtigen Baumalleen umgeben ist. Trotz seines germanischen Namens hatte sich dieser römische Prälat als südslawischer Patriot gefühlt, der ungeachtet des Unterschiedes der Konfessionen eine nationale Brücke schlagen wollte zwischen Kroaten und Serben. Strossmayer, der gegen Ende des neunzehnten Jahrhunderts wirkte und dessen Botschaft leider verschüttet wurde, erbrachte den Beweis, daß politische Liberalität auch im Gewand des katholischen Klerikalismus auftreten kann. Der

»Zusammenprall der Zivilisationen«, von dem neuerdings soviel die Rede ist, ordnet das Papsttum und die römische Kirchentradition durchaus in jene dynamische Menschheitsentwicklung ein, aus der sich Renaissance, Reformation und Aufklärung schrittweise herausschälten. Der fruchtbare Gegensatz zwischen Papst und Kaiser – »diese beiden Hälften Gottes«, wie der französische Dichter Victor Hugo sagte –, das erbitterte, Jahrhunderte überdauernde Ringen zwischen geistlicher und weltlicher Vorherrschaft, hatten die Voraussetzungen geboten für jene politische und intellektuelle Emanzipation des westlich-abendländischen Zivilisationskreises, der sich grundlegend vom slawisch-orthodoxen Kulturbereich unterscheidet. Dort überlebten ja allzu deutlich – neben den Spuren islamischer Fremdherrschaft – die Folgeerscheinungen byzantischer Despotie. Im Bereich des Heiligen Römischen Reiches hatte die Gegenreformation, die sich auf den neugegründeten Jesuiten-Orden stützte, ebenso lebhaft zur geistigen Erneuerung beigetragen wie in anderen Teilen des Imperiums der revolutionäre Auftritt des Augustiner-Mönches Martin Luther, dessen politische Brisanz durch die allzu enge Bindung an die regierenden Fürsten eingeengt wurde und dessen Aussage »Alle Gewalt kommt von Gott« bis in die jüngste pastorale Vergangenheit der »Deutschen Demokratischen Republik« verhängnisvoll nachwirkte.

Schließlich hat die Aufklärung des achtzehnten Jahrhunderts, des »siècle des lumières« nicht im Umfeld deutscher und protestantischer Höfe ihren Flug angetreten, sondern unter dem absolutistischen Druck des Lilienthrones und des »allerchristlichsten Königs« von Frankreich. Das libertäre Denken Europas, verkörpert durch Voltaire, Diderot, Rousseau – um nur diese zu nennen –, der neue »contrat social« kamen in der Auseinandersetzung mit der verkrusteten gallischen Einheit von Thron und Altar zustande. Wenn die heutigen Deutschen in dem ehrenwerten Gotthold Ephraim Lessing einen Vorläufer geistiger Vorurteilslosigkeit verehren, so hat das wenig mit seiner *Hamburgischen Dramaturgie*, weniger noch mit der *Minna von Barnhelm* zu tun, die mit einer platten Huldigung an Friedrich den Großen endet, sondern mit dem Bühnenstück *Nathan der Weise*, das den Enkeln der Auschwitz-Täter erlaubt, sich an einer multikonfessionellen Idylle zu laben. Was nun die deutsch-österreichisch beeinflußte Westflanke des Balkans betrifft, so sind vom Reformwerk Maria Theresias und vor allem Josephs II. zweifellos die entscheidenden Impulse der Erneuerung ausgegangen, ehe die relative Toleranz des Wiener Absolutismus allmählich in schwächlichem »laisser-aller« und in Dekadenz verfiel. »Statt des osmanischen Jochs haben die Kroaten den österreichischen Stiefel zu spüren bekommen«, sagt man heute noch in Zagreb. Offenbar war das eine ziemlich erträgliche Alternative gewesen.

*

Im kroatischen Verteidigungsministerium bin ich mit Oberst Josip verabredet. Es geht recht schlampig zu in dieser Befehlszentrale des jugoslawischen Sezessionskrieges. Der Wachhabende – es ist Sonntag – winkt mich ohne Kontrolle durch. Nach langem Suchen entdecke ich schließlich das Büro, muffig und unbeleuchtet wie die langen Korridore, in dem der Offizier mich erwartet. Er trägt Zivil, einen beigen Pullover mit offenem Hemd. Ich spreche ihn gleich auf die neue Verbrüderung mit den Muslimen an. Darin sieht er kein Problem.

»In dieser Weltgegend muß man geschmeidig sein«, antwortet er. »Notfalls muß man den Partner wechseln. Nur eines haben wir gelernt: Mit den Serben kann es kein Auskommen geben. Wir werden es sogar begrüßen, wenn türkische Soldaten unter dem blauen Helm in Bosnien auftauchen. Das wäre ein nützliches Gegengewicht zu den Russen, die über die sogenannte Krajina an die Adria streben und deren Beauftragter Tschurkin mit seinen fabelhaften Englischkenntnissen so großen Eindruck auf die westlichen Diplomaten macht.

Haben Sie übrigens festgestellt«, fragt er mich, »daß die Moskowiter Imperialisten heute nicht mit pan-slawistischen Sprüchen kommen? Sie haben begriffen, daß sie bei den katholischen Slawen nichts ausrichten können. Bei den Polen schon gar nicht, bei uns und den Slowenen auch nicht. Sogar den Tschechen, die sich in alter Hussiten-Tradition gegenüber Rom und Wien auf Distanz halten, ist die alte Russophilie durch die sowjetische Besetzung Prags im August 1968 gründlich ausgetrieben worden. Bleiben also für den slawischen Expansionismus nur noch zwei Richtungen: Groß-Serbien oder Groß-Bulgarien. Vorher wird man im Kreml natürlich versuchen, der unabhängigen Ukraine den Garaus zu machen. Kein Wunder, daß Schirinowski und seine Genossen neuerdings an den gemeinsamen orthodoxen Glauben in Belgrad und Sofia appellieren. Nur die westeuropäischen Ideologen und die Amerikaner vertreten noch die Meinung, in dieser Weltgegend seien die ethnische und linguistische Zugehörigkeit wichtiger als das religiöse Bekenntnis und die konfessionelle Einbindung.«

Oberst Josip, der sich viel lieber über Außenpolitik als über Strategie äußert, gibt sich als ehemaliger Journalist zu erkennen, der im Dienste der kroatischen Sache die Uniform angezogen hat. »Das Beste, was uns Kroaten passieren könnte, wäre ein konföderatives Verhältnis zu Österreich«, räumt er unverblümt ein. Mit einiger Sorge beobachte er das sich allmählich verstärkende amerikanische Engagement in dieser Region: »Wir haben mit Woodrow Wilson nach dem Ersten Weltkrieg schon genügend negative Erfahrungen gesammelt. Jetzt ist Washington dabei, unseren Präsidenten Tudjman durch innere Opposition in die Enge zu treiben, obwohl er doch den kroatischen Ultranationalisten und Neo-Ustaschi, die sich unter dem Demagogen Paraga sammelten, rigoros das Handwerk gelegt hat. Die Amerikaner haben offenbar nur noch eine fixe Idee: das Hochkommen irgendeiner Form von islamischem Fundamentalismus zu vereiteln, und zu diesem Zweck sind sie bereit, sich mit jedem zu verbinden, mit den Serben oder den Russen.«

Josip rät mir, einen Ausflug nach West-Slavonien zu unternehmen, wo ich die ganze Unerträglichkeit der serbischen Teilbesetzung kroatischen Territoriums eindrucksvoll vorgeführt bekäme. Der finnische Presseoffizier von UNPROFOR in Zagreb hatte mir den gleichen Vorschlag gemacht, und ich bespreche mit dem kroatischen Oberst die Route, die wir in Richtung auf die Stadt Novska in der Save-Niederung am nächsten Tag einschlagen werden. Beim Verlassen des Verteidigungsministeriums fällt mir eine Kinowerbung auf. Es handelt sich um eine deutsche UFA-Produktion aus der Zeit des Dritten Reiches. *Trenck, der Pandur* lautete der deutsche Titel damals, und Hans Albers spielte die Hauptrolle. In Zagreb läuft dieser alte Film unter der Ankündigung: *Baron Trenck*. Die Panduren, diese etwas anrüchige kroatische Truppe des Habsburger-Reiches, so glaube ich mich zu erinnern, hatten unter ihrer Kaiserin Maria Theresia mit größerer Bravour gegen die Grenadiere Friedrichs II. von Preußen gekämpft als gegen die Janitscharen des Sultans von Istanbul, obwohl diese sich in der unmittelbaren bosnischen Nachbarschaft ihrer Heimat behaupteten und immer wieder über die Dörfer der »Militärgrenze« herfielen.

Partisanenkrieg in Slavonien

Pakrac, im April 1994

Unter strahlender Frühlingssonne, umrahmt von blühenden Apfelbäumen, rufen selbst die zerschossenen und ausgebrannten Häuserzeilen des Städtchens Pakrac und der umliegenden Dörfer weder Trauer noch Untergangsstimmung hervor. Zumal wenn sorgfältig gepflegte Tulpenrabatte dazwischen sprießen und die Kinder ihren Spielen nachgehen, als sei hier die Welt in bester Ordnung. Wer hat wohl das Märchen von den psychisch geschädigten Kindern erfunden, die in ihren Schulzeichnungen nur noch in der Lage seien, Horrorvisionen, Alpträume und Vernichtungsszenen zu Papier zu bringen? Das mag ihnen von ihren politisch engagierten Lehrern und gequälten Psychologen eingetrichtert und suggeriert worden sein. Das normale Kind, das den dramatischen Wechsel der Ereignisse oft als ein überdimensionales Spiel empfindet, ist viel überlebensfähiger, robuster, als die angekränkelten Gemüter besorgter Erwachsener im vom Kriege verschonten Ausland bei ihren Klageritualen wahrhaben möchten.

In diesen Ortschaften nördlich der Save hat die serbische Artillerie ganze Arbeit geleistet. In gewissen strategischen Reihendörfern, wo es galt, die überwiegend katholische Bevölkerung zu vertreiben, ist Haus um Haus zerschossen worden. Systematisch haben die Kanoniere ihre Rohre um ein paar Grad geschwenkt, um das nächste Ziel – meist recht bescheidene, aber hübsche Villen – anzuvisieren. Einige haben Glück gehabt und sind durch irgendeinen Zufall dieser planmäßigen Verwüstung entronnen. Manche Einwohner sind gegangen, aber viele sind in dieser immer noch umstrittenen Zone auch geblieben, die von Novska im Süden bis Daruvar und Grubišno Polje im Norden reicht und wo die gegnerischen Stellungen ineinander verzahnt sind.

»In diesem Teil Slavoniens, in dem die Serben – aus der bosnischen Distrikt-Hauptstadt Banja Luka anrückend – über die Save nach Norden auf den Boden der kroatischen Republik vorgestoßen sind, spielt sich weiterhin ein Partisanenkrieg ab. Hier haben wir es mit Guerilla zu tun«, kommentiert der jordanische Hauptmann Abdellatif. »Weiter östlich, im Krajina-Zipfel von Vukovar und in der fruchtbaren Baranja-Ebene nördlich von Osijek stehen sich die Kämpfenden in konventionellen, fest umrissenen Stellungen gegenüber.«

Die Jordanier freuen sich sichtlich über unseren Besuch, der etwas Abwechslung in ihren eintönigen und sinnlosen Dienst bringt. Die jovialen Araber hausen in Containern, werden offenbar gut versorgt und im Dienste von UNPROFOR – gemessen am heimischen Wehrsold – sehr großzügig entlohnt. Über dem Eingang hängt ein Porträt König Husseins und seiner blonden Frau Nur. Verluste haben die Jordanier bisher keine gehabt, aber der Captain, der sehr britisch auftritt, warnt vor den unzähligen Minen, die längs der Straßen und in jedem nur denkbaren Schlagloch verbuddelt sein können. Der Winter sei sehr hart gewesen, beklagen sich die Soldaten aus Amman. Eisige Kälte seien sie auch aus ihrer zugigen Wüstenheimat gewohnt, aber hier habe der Schnee zeitweise eineinhalb Meter hoch gelegen. Jetzt sitzen sie inmitten einer üppig sprießenden Vegetation. Mit den Gärten und Bäumen des Paradieses, unter denen – der Verheißung des Korans gemäß – »Bäche fließen«, hat der slavonische Mischwald nicht viel gemeinsam. Die einzigen »Huri«, die den Soldaten des Königs Hussein in dieser Fremde Gesellschaft leisten, sind spärlich bekleidete orientalische Schönheiten, die sie aus irgendeiner ägyptischen Gazette ausgeschnitten und an die Wand ihrer Container geklebt haben.

Wir werden mit Tee und Keksen bewirtet, und ein Offizier drückt uns beim Aufbruch noch ein paar Becher Joghurt in die

Hand. Wir sollen uns über mangelnde arabische Gastfreundschaft nicht beklagen. Nach seinen Beziehungen zu den benachbarten Kontingenten befragt – Argentinier, Nepalesen, Dänen –, bestätigt Abdellatif, daß es keine Probleme gebe, daß unter den Blauhelmen in diesem Abschnitt eine korrekte Kameradschaft vorherrsche, auch wenn man sich persönlich nicht sehr nahekomme.

Die Jordanier winken uns lange nach. Die weltweite Truppenentfaltung zwischen Save und Drava erscheint – zumindest an dieser Stelle – wie ein großangelegtes Pfadfindertreffen unter der blauen Fahne der Weltorganisation. Wenn es nur darauf ankäme, auf dem Boden des ehemaligen Jugoslawien ein prächtig ausgestattetes »Jamboree« zu veranstalten, könnte man sich rückhaltlos freuen und sogar in jene Bravo-Rufe einstimmen, die in den ersten Wochen und Monaten der UN-Aktion die Entfaltung der Blauhelme aus den Kehlen unbedarfter Beobachter begleiteten.

Aber die Realität ist schäbig und ernüchternd. Das globale Friedensunternehmen ist zur Karikatur verkommen. Die Militäreinheiten der verschiedenen Nationen offenbaren die ganze Inkohärenz, die oft hypokrite Fadenscheinigkeit dieses buntscheckigen Rummels. Man möchte ja gern angesichts dieser meist sympathischen jungen Leute über ihre »short-comings« hinwegsehen. Aber im Gespräch unter vier Augen gestehen die Stabsoffiziere der NATO-Staaten, daß die ansonsten liebenswerten Ukrainer ein militärischer Sauhaufen und nur an persönlicher Bereicherung durch Schwarzmarkt interessiert seien und daß die russischen Fallschirmjäger ihren Vettern aus Kiew in dieser Beziehung kaum nachstünden. Bisher haben sie sich durchaus nicht als Speerspitze der prawo-slawischen Orthodoxie bewährt, wie das in den westlichen Kanzleien befürchtet wurde. Die Nepalesen, so hört man, die hochbewährte Gurkha-Truppe des einstigen Empire, seien nur noch die Hälfte wert, seit sie nicht mehr von britischen Offizieren kommandiert würden. Die Tschechen brächten dem Überlebenskampf der Balkan-Völker ein ebenso geringes Interesse entgegen wie ihre Großväter dem Untergang der weißrussischen Armee des Admiral Koltschak in Sibirien. Die Ägypter, die man in diesen harten

Balkan-Winter verpflanzt habe und die sich den Teufel um ihre muslimischen Glaubensbrüder scherten, hätten erst lernen müssen, wie man Handschuhe anzieht. Das Bataillon aus Kenia, das man ausgerechnet im Krisenwinkel von Knin eingesetzt habe, um ein Minimum an Sicherheit herzustellen, sei auch hier von den Stammesgegensätzen gezeichnet, die ihre ost-afrikanische Heimat plagen. Bei den Pakistani zähle nur der hohe UN-Sold, und der verschwinde über obskure Umwege in irgendwelche Kassen von Islamabad.

Die Franzosen, so vertraut mir eine Runde von Subaltern-Offizieren der »Infanterie de Marine« an, seien den Ränkespielen und Launen ihres greisen Staatschefs ausgeliefert, während ihre Generale einen Wettbewerb der Eitelkeiten austrügen. Auf den »Helden von Srebrenica«, Philippe Morillon, ist der hemdsärmelige General Cot gefolgt, der sich den Spitznamen »Cotcorico« in Anspielung auf den gallischen Hahn erworben hat.

Auch die Briten kommen in dieser Manöverkritik ziemlich schlecht davon. Sir Michael Rose, der erfolgreiche Draufgänger von den Falkland-Inseln, der SAS-Profi, der sich durch Nacht-und-Nebel-Aktionen gegen irische Terroristen hervortat, hat sich in Bosnien als Enttäuschung erwiesen. Dieser Haudegen richtete noch weniger aus als seine französischen Vorgänger, deren Sprache er vorzüglich beherrscht. Er entpuppte sich als Vollzugsorgan einer traditionellen britischen Kontinentalpolitik der »balance of power«, die vor allem darauf bedacht ist, die vermeintliche »großdeutsche« Einflußnahme auf dem Balkan in Schach zu halten und zu konterkarieren. Nutznießer der Weisungen aus London ist jener serbisch-bosnische General Ratko Mladić gewesen, der die stets vergeblichen Waffenstillstandsverhandlungen mit der bulligen Geste eines Metzgers auffliegen ließ, dessen strategische Begabung jedoch außer Frage steht.

In diesen Apriltagen, als ich die umstrittene Krajina-Zone im Umkreis von Pakrac inspiziere – auch an diesem Save-Ufer hatten die Österreicher einst ihre hufeisenförmige »Militärgrenze« gegen die Osmanen angelegt und durch die Ansiedlung deutscher »Donau-Schwaben« konsolidiert –, wird gerade die

Entsendung eines türkischen Truppenkontingents nach Bosnien in einer provisorischen Stärke von tausendvierhundert Mann in Manhattan hinausgezögert. Die »Islamische Republik Iran« drängt vergebens darauf, zehntausend eigene, auf die »Islamische Revolution« eingeschworene Kämpfer in diese Gewitterzone zu delegieren. Wir ahnen noch nicht, daß ausgerechnet ein »Nordisches Bataillon«, also eine Truppe, der keine besondere Hitzigkeit des Temperaments zugetraut wurde, jenseits der Save, im Raum von Tuzla, mit der unerträglichen Passivität der Blauhelme Schluß machen würde.

Im Mai 1994 sollten zwei dänische Platoons unter schwerem serbischen Artillerie- und Panzerbeschuß so reagieren, wie es Franzosen, Briten, Spanier – durch die Hinhaltetaktik der eigenen Regierungen und die systematische Beschwichtigung des UNPROFOR-Kommandos gelähmt – längst hätten tun müssen. Einem dänischen Feldkommandanten blieb es vorbehalten, ohne große Rücksprache bei den zögerlichen internationalen Instanzen, das Feuer der serbischen Provokateure zu erwidern und im Dorf Kalesija den ersten Gefechtserfolg von UNPROFOR für sich zu verbuchen. Den Dänen war zugute gekommen, daß sie im Gegensatz zu fast allen anderen Kontigenten über weit überlegenes Material, über Leopard-Panzer, verfügten, denen die Tankisten des General Mladić nichts Ebenbürtiges entgegenzusetzen hatten.

Ohne es zu merken, sind wir im Raum von Pakrac und Daruvar zwischen den Stellungen serbischer und kroatischer Heckenschützen hin- und hergependelt. In Pakrac verläuft die »Frontlinie« quer durch die vom Krieg gezeichnete Ortschaft. Aber niemand ist da, um Kontrollen vorzunehmen oder Warnungen auszusprechen. Eine Gruppe Kroaten in Turnhosen – es handelt sich zweifellos um Soldaten – spielt unweit einer Fabrikanlage, die angeblich von »Tschetniks« gehalten wird, unbekümmert Volleyball. In dem fast intakten Barockstädtchen Daruvar, das gut nach Süd-Ungarn passen würde, versuchen wir vergeblich, Kontakt zum argentinischen Kommandanten aufzunehmen. Die Militärs mit dem blau-weiß-blauen Wappen am Arm müssen mehrheitlich aus dem Chaco oder aus Patagonien stammen, so ausgeprägt ist ihr indianischer Typus. Sie freuen sich, Spanisch sprechen zu können, aber ein nützlicher Kontakt kommt nicht zustande.

Kurz entschlossen gebe ich Jörg die Weisung, von Pakrac aus in Richtung Osten zu fahren, wo eine Asphaltstraße sich durch unübersichtliches Waldgebiet in Richtung Požega schlängelt. Irgendwo müssen wir schon auf die Milizionäre der »Serbischen Republik Krajina« stoßen. Die kleine Brücke zur Rechten ist gesprengt worden. Dahinter befindet sich ein Sandsack-Bunker mit einer Handvoll argentinischer Blauhelme. Eine Art Tarzan-Steg ist über dem tiefen Bett des Baches befestigt, und ich balanciere auf den einsamen Indio zu, der, mit kugelsicherer Weste und Schnellfeuergewehr ausgestattet, uns mit lebhaften Gesten zur Umkehr auffordert. Später erfahre ich, daß die serbischen Freischärler nur zwanzig Meter hinter dem Bunker in Anschlag liegen.

Eine halbe Meile weiter stoßen wir endlich auf einen argentinischen »Command-Post«. Leichte Panzerfahrzeuge sind dort aufgefahren. Nach kurzem Warten stellt sich der stellvertretende Bataillonskommandeur vor, ein straffer, sehr britisch wirkender Oberstleutnant, blond und blauäugig, der eine starke Ähnlichkeit mit Sir Michael Rose aufweist. Der Argentinier trägt jedoch den französischen Namen Jorge Beauchamps. Auf meine Anfrage verweist er darauf, daß er englischen Geblüts sei, daß seine Vorfahren schon zur Zeit der normannischen Eroberung über den Kanal gekommen wären und daß »Beauchamps« wie »Beecham« auszusprechen sei. Seine Eltern würden auch noch bei Southampton auf dem Lande leben, doch er sei in Buenos Aires zur Welt gekommen und diene seit langen Jahren in der dortigen Armee. Ob sich zur Zeit des Falkland-Krieges zwischen Argentinien und Großbritannien für ihn persönliche Loyalitätskonflikte ergeben haben, will ich aus Taktgefühl nicht ergründen.

Jedenfalls lädt uns Jorge Beauchamps zu einer Patrouille seines vorgeschobensten Außenpostens ein. Vorher müssen der Kameramann Piotr und ich Helme anlegen und uns in kugelsichere Westen zwängen. Der Jeep fährt an menschenleeren, verwüsteten Dörfern vorbei. Zwei bewaffnete Zivilisten sehen uns regungslos nach. »Das sind kroatische Soldaten«, bemerkt der

Oberstleutnant. »Aber hier wird kein regulärer Krieg geführt, hier haben Sie es mit Partisanen zu tun.« Über eine holprige Schlammstraße, die sich trefflich für das Verlegen von Minen eignet, biegen wir nach Süden ab. Plötzlich weht eine serbische Fahne von einem befestigten Gehöft, in dem sich Männer mit Kalaschnikows, aber auch Frauen und Kinder aufhalten. Wir befinden uns bei Bučje, in einem Sektor der »Serbischen Republik Krajina«, und wenn wir – ungeachtet der feindlichen Militärbezirke – knapp hundert Kilometer nach Osten vordringen könnten, würden wir bei jener legendären Stadt Vukovar ankommen, in der ich im Dezember 1993 die Familie meines Fahrers Dušan besucht hatte.

Die Entfernungen sind gering in diesem Balkan-Gebiet. Die jeweiligen Herrschaftsgebiete, die sich pro forma als selbständige »Republiken« proklamieren, sind winzige Pufferzonen, an denen gemessen die »Balkanisierung Osteuropas«, die nach dem Ersten Weltkrieg und dem Zerbrechen Österreich-Ungarns beklagt wurde, wie eine großräumige Flächenbereinigung wirkt. Die ethnisch-religiöse Zersplitterung, die in Ex-Jugoslawien um sich greift, ist so willkürlich und absurd, daß sie jede organische Konsistenz, die Schaffung lebensfähiger Wirtschaftsräume von vornherein ausschließt. Die Fortdauer des Konfliktes, zumindest ein permanenter Revisionismus, ist hier vorprogrammiert.

Jorge Beauchamps führt mich zu einer argentinischen Unterkunft, wo ein Oberleutnant seine Männer für Patrouillengänge und Inspektionen einweist. »Wir versuchen, so gut es geht, Kontakt zu den kriegführenden Parteien zu halten«, meint unser Begleiter. »Der serbische Oberst, der für diesen Abschnitt zuständig ist, hat früher in der Bundesarmee gedient, und man kann professionell recht gut mit ihm auskommen. Die Kroaten, so seltsam das klingt, sind oft viel schwieriger als die Serben. Sie reagieren empfindlich und nervös. Die Autorität ihrer Offiziere läßt zu wünschen übrig.«

Auf Umwegen gelangen wir nach Novska zurück. Am Wegrand sind frisch ausgeworfene Gräber mit Blumen geschmückt. Darüber weht die kroatische Flagge am Mast. Ein halbzerfetzter Christus blickt von seinem Kruzifix auf die leere Straße. In den Maisfeldern links und rechts, die ordentlich bestellt sind, bewegen sich Petroleumpumpen in trägem, regelmäßigem Rhythmus. Die Ruinenlandschaft hat uns noch nicht entlassen, da stoßen wir auf die breite Rollbahn der »Autoput« und die Wegweiser nach Zagreb. Die Maut-Stelle ist mit einem mürrischen Kassierer besetzt, und wir entrichten unseren Obolus, als wäre nicht ein paar Kilometer entfernt jede staatliche und gesellschaftliche Ordnung auseinandergebrochen.

Albanien

Der Fluch der Gottlosen

Kruja, im April 1994

Der Mufti Adem Topciu ist ein demütiger, unscheinbarer Mann. Seine religiöse Würde läßt sich an keinerlei äußeren Zeichen erkennen. Er ist in einen zerknitterten grauen Regenmantel gehüllt, und auf dem Kopf trägt er eine abgewetzte Baskenmütze. Es gehen Milde und Güte von ihm aus. Ein heiliger Mann – so empfinde ich es wenigstens – sitzt mir in dem bescheidenen Imamatsbüro von Kruja gegenüber. Adem Topciu hat sich keinen wallenden Bart wachsen lassen, um seine Gemeinde zu beeindrucken. Aus seinem Blick sprechen Tugend und Gottergebenheit. Viele Jahre hat er unter dem Terrorregime des kommunistischen Diktators Enver Hodscha im Kerker und im Arbeitslager verbracht. Den Gottlosen ist es nicht gelungen, seine duldende Frömmigkeit zu brechen.

Der Raum, in dem wir uns unterhalten, ist spärlich möbliert. Ein paar allegorische Abbildungen an der Wand ziehen meine Aufmerksamkeit auf sich. Da hängt ein Wandteppich mit einer primitiven Darstellung der schwarzumhüllten Kaaba von Mekka. Die Namen Allahs und Mohammeds zieren in arabischer Kalligraphie die beiden Türseiten, und in verdächtiger Häufigkeit ist die Anrufung von Ali Ibn Abi Talib, des Schwiegersohns und Vetters des Propheten, des ersten heiligen Imams des schiitischen Glaubenszweiges, auf Kupferplaketten ziseliert. Einen zentralen Platz nimmt die Darstellung des abrahamitischen Opfers ein. Der Stammvater der Araber und Juden,

Abraham oder Ibrahim, der »Freund Gottes«, der erste Rechtgläubige oder »Hanif«, ist mit Silberbart und strengem Gesicht dargestellt. Er hält das Messer bereits gezückt, mit dem er den leiblichen Sohn Ismail zu opfern bereit ist, um seine totale Unterwerfung unter den Willen Allahs zu bekunden. Aber da schwebt ein blonder Engel heran, ergreift die Hand des Patriarchen und bringt ihm den göttlichen Verzicht auf diese unerträgliche Bluttat. Der himmlische Bote Dschibril oder Gabriel ist übrigens mit seinem üppigen Busen und den sanften Gesichtszügen unverkennbar als weibliches Wesen ausgewiesen. Bei den Muslimen von Kruja ist der alte byzantinische Streit um das Geschlecht der Engel eindeutig zugunsten der Feministen entschieden worden.

Bevor er uns in sein Arbeitszimmer bat, hat mich der Mufti zu einem Besuch in seiner Moschee aufgefordert. Bei meinem ersten Albanien-Besuch im Jahr 1972, als Enver Hodscha das einzige offiziell gottlose Staatswesen der Welt proklamiert hatte, befand sich an dieser Stelle ein Folkloremuseum. Jetzt sind Gebetsnische und der Ansatz einer Kanzel notdürftig wiederhergestellt. Sehr eindrucksvoll ist diese improvisierte Weihestätte nicht, und zum Neubau eines Minaretts haben offenbar die Mittel nicht gereicht. Die wenigen Gläubigen, verhutzelte alte Männchen, fühlen sich durch unser Interesse für diese islamische Gebetsstätte sichtlich geehrt.

Ich versuche ohne viel Erfolg, den Mufti Adem Topciu zu Aussagen über die Wiedergeburt des religiösen Lebens zu veranlassen und jenen Geheimnissen auf die Spur zu kommen, die eine albanische Besonderheit des Islam sind. Dazu gehört der Derwisch-Orden der Bektaschi, diese einst mächtige Sufi-Gemeinschaft von esoterischen Mystikern. Aber die Kenntnisse des frommen Mannes sind spärlich. Außer ein paar Koran-Versen ist von der göttlichen Offenbarung wenig haftengeblieben. Lediglich die Kunst der Verheimlichung, der Verschleierung aller intimen Überzeugungen, wie sie bei den Schiiten, Drusen, Alawiten und verwandten Sekten unter dem Namen »Taqiya« oder »Ketman« praktiziert wird, ist ihm offenbar geläufig – kein Wunder nach einem halben Jahrhundert brutalster atheistischer Unterdrückung. So bezeichnet sich der Mufti einerseits als folgsamen Anhänger der großen sunnitischen Glaubensschule, gibt aber andererseits auch seine Zugehörigkeit zur mysteriösen Bektaschi-Gemeinde zu erkennen, der angeblich achtzig Prozent der Gemeinde im Umkreis von Kruja huldigen. Da gibt es die Eingeweihten und die Unwissenden, ähnlich wie bei den Drusen, deren synkretistische Lehre ich im Libanon studiert habe. Dem Imam Ali, so räumt Topciu ein, werde mindestens ebensoviel Verehrung gezollt wie dem Propheten Mohammed. Aber auch Isa, den die Christen Jesus nennen, nehme eine Vorzugsstellung ein, genauso der erste Kalif Abu Bakr.

Der Mufti beklagt, daß sich unter den zweihundert Mekka-Pilgern, die dieses Jahr aus Albanien aufgebrochen seien, recht lästerliche Gestalten befunden hätten, Männer schlechten Leumundes und notorische Trinker. Uns gegenüber legt er eine geradezu ökumenische Toleranz an den Tag. Diese ansonsten im Orient und auf dem Balkan nicht weit verbreitete Tugend verkörpert er durchaus glaubhaft mit seinem friedlichen Blick und seinen würdigen Gesten. Mir fällt bei der Gelegenheit auf, daß bei diesen Albanern von Kruja das bei uns negierende Kopfschütteln als Zeichen der Bejahung und Zustimmung gewertet wird. Aus Taktgefühl und weil ich ohnehin keine befriedigende Antwort erhalten würde, verzichte ich darauf, den heiligen Mann, der mit seinen pantheistischen Vorstellungen nicht hinter dem Berg hält, nach dem Geheimnis der Seelenwanderung zu befragen, das vielleicht zum Gedankengut der Bektaschi gehört. Zum Abschied wird mir ein rotgebundener Koran überreicht, ein wertvoller Druck auf Seidenpapier. Die Botschaft ist synoptisch ins Albanische übersetzt und mit Kommentaren versehen. Der Herstellungsort dieser Erbauungsschrift ist Medina, die Stadt des Propheten in Saudi-Arabien.

Es ist nur recht und billig, daß ein Aufenthalt in Albanien mit einem Besuch der alten Festung Kruja beginnt. So wurde es schon unter der roten Schreckensherrschaft Enver Hodschas gehalten. Damals – im Sommer 1972 – war ich an einem sonnigen Tag von der Hauptstadt Tirana nach Norden aufgebrochen. Die Fahrt dauerte etwa vierzig Minuten, und hier hatte ich die ersten Eindrücke eines armseligen, von unsäglicher Tyrannei erstickten Landes gesammelt. Die landschaftliche Schönheit, die romantische Gebirgswelt, die wilde felsige Umgebung von Kruja waren nur schwache Kompensation. Zu jener Zeit war es ein seltenes Privileg, das Land der Skipetaren besuchen zu dürfen. Der albanische Diktator Enver Hodscha gehörte zu den skurrilsten kommunistischen Staatschefs, die damals noch vorgaben, den Sinn der Geschichte für sich gepachtet zu haben. Im Grunde konnte dieser ehemalige Französischlehrer aus dem südlichen Städtchen Korça, das bereits nahe der griechischen Grenze liegt, nur mit Horrorgestalten wie Pol Pot in Kambodscha oder Nicolae Ceauşescu in Rumänien verglichen werden.

Ursprünglich hatte Hodscha unmittelbar nach dem Zweiten Weltkrieg eng mit dem jugoslawischen Marschall Tito zusammengearbeitet. Er stützte sich auf diesen übermächtigen Nachbarn, um all jene inneren Gegner auszuschalten und zu liquidieren, die mindestens so wacker wie er selbst am anti-faschistischen Widerstand teilgenommen hatten. Als Tito jedoch im Jahr 1948 seinen Bruch mit Stalin vollzog, dem Kominform den Rücken kehrte und unter Bewahrung der marxistischen Ausrichtung seines Landes den waghalsigen Kurs der Blockfreiheit einschlug, sagte Enver Hodscha sich feierlich von Belgrad los. Ein paar Jahre lang wurde er zum engsten Verbündeten, zum willigen Werkzeug der Sowjetunion. Auf der repräsentativsten Allee Tiranas, schräg gegenüber des zur Mussolini-Zeit erbauten »Luxushotels Dajti«, in dem ich 1972 und wiederum zwanzig Jahre später als Gast eingewiesen wurde, hatte er einen gigantischen Stalin aus Bronze errichten lassen. Diese Statue sollte dort bis zum kommunistischen Zusammenbruch als Schutzpatron des eigenwilligen Zwergstaates verharren. Die Russen haben sich nicht allzu lange dieser strategischen Position an der Adria und an der Meerenge von Otranto erfreut. Als Nikita Chruschtschow seine Entstalinisierungs-Kampagne durchführte, den neuen Realitäten auf dem Balkan Rechnung trug und 1955 sogar einen Canossa-Gang zu Marschall Tito nach Belgrad unternahm, lehnte sich Tirana gegen diesen revisionistischen Verrat mit theatralischer Vehemenz auf. Die sowjetische Flottenbasis von Vlora, die mit ihren U-Boot-Bunkern die gesamte Schiffahrt des Mittelmeeres bedroht hätte, wurde kurzerhand aufgekündigt. Die russischen Ratgeber verwies man über Nacht des Landes.

Enver Hodscha hatte einen neuen Alliierten und Protektor ausgespäht: die ferne Volksrepublik China. Mit Mao Tsetung, der sich damals allen Ernstes auf einen nuklearen Überfall Moskaus gegen das Reich der Mitte vorbereitete, kam er überein, daß die sowjetischen Abweichler und Verleugner des Stalinismus ebenso verdammungswürdig seien wie die verhaßten Kapitalisten und Imperialisten des Westens. Eine unerbittliche Säuberungsaktion gegen die unbelehrbaren Anhänger des Kremls suchte Tirana und die Provinzzentralen der kommunistischen Partei der Arbeit heim. Die Chinesen – selbst noch in wirtschaftlicher Rückständigkeit verharrend, vom utopischen Fehlexperiment des »Großen Sprungs nach vorn« ausgelaugt – bemühten sich redlich um den Ausbau dieses unverhofften Vorpostens des Maoismus in Europa. Die Ingenieure Pekings verleiteten den größenwahnsinnigen Diktator von Tirana zum Ausbau eines überdimensionalen Stahlwerks im zentral-albanischen Elbasan. Sie entsandten eine Vielzahl von Ingenieuren und Technikern ins Land der Skipetaren. Sie rüsteten die kleine albanische Armee so gut aus, wie das in ihren damals recht bescheidenen Mitteln lag.

Diese enge Verbindung mit dem Imperium Mao Tsetungs habe ich 1972 sehr intensiv beobachten können. In den dürftigen Straßen von Tirana, wo die Maultierkarren noch weit zahlreicher waren als die wenigen klapprigen Automobile, kündeten gigantische Plakate von der Völkerfreundschaft mit diesem riesigen Land im Fernen Osten

Neben dem etwas aufgedunsenen Gesicht des Diktators Enver Hodscha, dessen dicke Lippen zu einem angeblich väterlichen Lächeln gekräuselt waren – in Wirklichkeit schien Verachtung für das eigene Volk aus dieser Mimik zu sprechen –, wurde immer wieder das breite Buddha-Antlitz Mao Tsetungs mit der typischen Kinnwarze reproduziert. Hodscha hatte sich auf den Abbildungen sogar die schmucklose Kleidung und die Schirmmütze seines chinesischen Übervaters zugelegt. Bei offiziellen Anlässen wurden den chinesischen Delegierten stets die Ehrenplätze zugewiesen. Die albanischen Kinder – dressiert wie die kleinen geschminkten Jubelpuppen von Peking, die bei keiner Kundgebung des internationalen Proletarismus fehlen durften – führten ihre balkanischen Tänze und Gesänge so devot vor, als hätte die Mao-Gattin Jiang Qing Regie geführt.

Schließlich kehrte der seltsame rote Alleinherrscher Albaniens auch der unverbrüchlichen, mit tausend Treueschwüren besiegelten Freundschaft mit China den Rücken, nachdem der amerikanischen Präsident Richard Nixon – kurz nach meinem Aufenthalt – Peking aufgesucht und in der Verbotenen Stadt seine sensationelle Annäherung an Mao Tsetung vollzogen hatte. Die Skipetaren waren von alters her wegen ihres unbändigen Unabhängigkeitswillens, ihres fast selbstmörderisch anmutenden Eigensinns berühmt. Enver Hodscha verzieh dem roten Kaiser von Peking seine pragmatische Schwenkung nicht. Er bäumte sich gegen diesen strategischen Opportunismus des »großen Steuermanns« auf, brach nach und nach alle Verbindungen zu Peking ab und verkapselte seine winzige Volksrepublik in einer törichten, aber ideologisch konsequenten Isolation. Mochte auch das Stahlwerk von Elbasan nach der Austreibung der chinesischen Ingenieure zur gigantischen Ruine verkommen, mochte das Volk darben und in einem Zustand steriler Eigenbrötelei erstarren, Enver Hodscha wählte nunmehr den totalen Alleingang.

Um gegen jede kriegerische Invasion gefeit zu sein, um jeden eventuellen Aggressor abzuschrecken, ordnete er die abstrusesten Verteidigungsmaßnahmen an. In einer gigantischen, alle Kräfte dieser kleinen Nation aufzehrenden Bauaktion ließ er seine gesamte Staatsfläche mit einem durchgehenden System unzähliger Betonbunker ausstatten, ein aberwitziges Unterfangen, das heute der albanischen Landschaft von Nord nach Süd, von West nach Ost, an der Küste, an den Grenzen, aber auch im gebirgigen Zentralgebiet ein seltsam finsteres Pocken-Antlitz verleiht.

Als ich 1972 quer durch das Land der Skipetaren gefahren wurde, geleitet von gebildeten älteren Herren, die ähnlich wie Enver Hodscha ihre französischen Sprachkenntnisse auf dem »Lycée français« von Korça erworben hatten, schwamm Tirana noch in fernöstlicher Euphorie. Im Rückblick muß ich feststellen, daß mir damals ein ziemlich großzügiges Programm geboten wurde. Neben einem Bad im Mittelmeer, das ich im Ferienbezirk bei Durres nehmen durfte, neben einem Besuch der Stahlschmiede von Elbasan, wo mir Kolonnen männlicher und weiblicher Industriearbeiter mit ausdruckslosem Herdenblick begegneten, wurde ich sogar an die Gestade des Ohrid-Sees transportiert. Dort servierte man mir die einzige genießbare Mahlzeit – eine Lachsforelle –, ja man gestattete mir anschließend, die Gegend von Korça in »Nord-Epirus« zu besuchen, wo die Bevölkerung sich einst mehrheitlich zur orthodoxen Christenheit bekannt hatte. Im Ton tiefster Entrüstung berichteten meine Begleiter von den Gebietsansprüchen der griechischen Faschisten in der Grenzzone von Gjirokastra.

Natürlich wurde mir die stattliche Villa gezeigt, wo Enver Hodscha in Korça einst bei den »Frères des Écoles chrétiennes« die Sprache Racines erlernt hatte und somit die Voraussetzung für ein Stipendium der Biologie im süd-französischen Montpellier erwarb. Dort vollzog sich zwischen den beiden Weltkriegen seine Bekehrung zur kommunistischen Revolution. Über diese Akademikerzeit des späteren Staatschefs ist sehr wenig bekannt. Jedenfalls haben die Franzosen bei ihren Recherchen kein einziges Diplom, nicht einmal einen regelmäßigen Hörsaalbesuch feststellen können. Schon damals muß dieser Gewaltmensch, der im eigenen Land nicht weniger gefürchtet war als sein großes Vorbild Josef Stalin, der aber mit den einfachen Leuten auf herzliche Art umzugehen verstand und die griechische Minderheit sogar gelegentlich in ihrer eigenen Sprache anredete, eine sehr zwielichtige Gestalt gewesen sein. Ein gut informierter westlicher Gewährsmann hat mir im April 1994 über die Lehrjahre Enver Hodschas eine seltsame und kaum noch kontrollierbare Mitteilung anvertraut: Während seiner Gymnasialzeit in Korça habe er sich als Strichjunge, während seiner Universitätsjahre im französischen Montpellier als Zuhälter betätigt.

Wie ich überhaupt in dieser Zeit der Despotie und neurotischen Abschirmung in das Land der Skipetaren gelangt war? Ich verdankte die Reise einem Zufall. Ein französischer Kollege, der über vorzügliche Beziehungen zur albanischen Botschaft in Paris verfügte, hatte mit Genehmigung des Sicherheitsdienstes von Tirana einen recht idyllischen und schönfärberischen Dokumentationsfilm an Ort und Stelle produzieren dürfen. Ich erklärte mich damals bereit, das gedrehte Material für eine eigene Produktion zu übernehmen, stellte jedoch zwei Bedingungen. Die Kommentierung und politische Einschätzung meinerseits durften nicht der geringsten Zensur unterliegen, und darüber hinaus verlangte ich, eine persönliche Besichtigungsreise in Albanien machen zu können, um authentische Eindrücke und eine elementare Sachkenntnis zu erwerben.

Seltsamerweise – so sehr ich mein Gedächtnis bemühe – bleibt bei mir außer dem Heroenkult rund um Enver Hodscha, den ich natürlich nicht zu sehen bekam, von diesem Aufenthalt wenig haften. Auf den karstigen Höhen bemühte sich das Regime wohl um Aufforstung und unternahm landwirtschaftliche Kollektivexperimente im besten maoistischen Stil. Ansonsten erschöpften sich die Leistungen des Regimes in der Errichtung von ein paar erbärmlichen Wohnkasernen für Proletarier. Mit diesen »instant slums« verglichen, machten die Administrations- und Ministerialgebäude der kurzen italienischen Besatzungs-Ära, die sich kreisförmig um das Skanderbeg-Denkmal gruppierten, einen eleganten und repräsentativen Eindruck. Ähnlich positiv hatte sich die Urbanistik des Mussolini-Regimes ja auch in Libyen und Eritrea bewährt. Schon bei meinem ersten Besuch war mir der Gedanke gekommen, daß es dem Land der Skipetaren gutgetan hätte, wenn es ein halbes Jahrhundert lang unter italienischer Herrschaft verharrt hätte. 1972 waren die meisten Moscheen und Kirchen dem Erdboden gleichgemacht. Die Ethem-Bey-Dschami', das eigentliche Wahrzeichen der Hauptstadt, deren Portal sich auf das Reiterstandbild des Nationalhelden Skanderbeg öffnet, war zum Museum degradiert worden, aber immerhin der Vernichtung entkommen.

Bedrückend wirkte vor allem die Bevölkerung. Die Menschen bewegten sich unter der Knute des Tyrannen wie Roboter. Von der bunten orientalischen Vielfalt, die der begabte Journalist Eugen Roth in den zwanziger Jahren so plastisch beschrieben hatte, war nichts mehr vorhanden. Die Kleidung war grau in grau. Vor allem die Gesichter spiegelten keinerlei Regung, es sei denn eine argwöhnische Tücke, wie man sie bei mißhandelten Tieren im Käfig beobachten kann. Die sozialistische Gleichschaltung hatte sich bei einer an Elend grenzenden Armut eingependelt. Die wenigen Marktstände blieben so gut wie leer. Immerhin waren die zahllosen streunenden Hunde verschwunden, die Eugen Roth bei seiner Albanien-Reise des Jahres 1927 noch aufgefallen waren und deren willkürliche Tötung im Norden des Landes – falls sie bei Nacht stattfand – angeblich gemäß den Gesetzen der Blutrache geahndet wurde.

Im Sommer 1972 stand auch ein Besuch von Kruja auf dem Programm. Der Recke Skanderbeg, der im fünfzehnten Jahrhundert den Türken – ganz auf sich selbst gestellt – in zahllosen Gefechten erfolgreich die Stirn geboten hatte, sei ein würdiger Vorläufer des großen »Volksfreundes« Enver Hodscha gewesen, so wurde mir damals eingetrichtert. Das Städtchen Kruja war schon in jenen Tagen – für das übrige Land völlig atypisch – im alten osmanisch-albanischen Stil rekonstruiert worden. Eine kleine Bazarstraße, in deren Mitte eine steinerne Rinne für die Entfernung des Unrats sorgte, säumten auf beiden Seiten niedrige Holzhäuser, in denen abscheulicher touristischer Kitsch angeboten wurde. Wir rasteten damals in einem speziell für die seltenen ausländischen Gäste hergerichteten Kaffeehaus.

Oberhalb der Küstenebene, die zur Türkenzeit malariaverseucht war, bildete Kruja mit seinem kühnen Felsvorsprung eine natürliche, kaum bezwingbare Festung. Hier hat sich die große historische Saga der Skipetaren abgespielt. Auch auf die Heldenfigur Skanderbeg wollten die Kommunisten und wollen heute auch deren »demokratische« Nachfolger nicht verzichten. In Skanderbeg verdichtet sich die Natur dieses befremdlichen, einzigartigen Balkan-Volkes.

An diesem Apriltag 1994 regnet es in Strömen. Ich habe das Kamerateam zu Außenaufnahmen rund um die alte Burg ausgeschickt. Das gewaltige verschneite Felsmassiv, an das die Festung sich anlehnt, verschwimmt in Feuchtigkeit. Diese düstere Stimmung ist vielleicht besser geeignet, einen realen Eindruck von Albanien zu vermitteln, als das strahlender Sonnenschein und blauer Himmel vermöchten. Denn dies ist ein zutiefst tragischer Platz. Die Ziegelmauern des vereinsamten Bektaschi-Klosters, der »Tekke« oder »Tedsche«, wie man es im südlichen Balkan ausspricht, sagen ebensoviel über die verworrene, blutrünstige Realität der osmanischen Herrschaft aus wie die Kolossalstatue des helmbewehrten Reiters auf dem Zentralplatz in Tirana. Dessen strenger Blick ist auf jenen leeren Sockel gerichtet, wo noch unlängst ein gigantisches Standbild Enver Hodschas gestanden hat. Diese postume Huldigung an die kommunistische Tyrannei – der Diktator hatte mit erstarrter Mao-Geste das Volk gesegnet – war dem Umsturz von 1991 zum Opfer gefallen.

In der Kaffeestube von Kruja, kaum verändert seit zwanzig Jahren, geben sich bei diesem naßkalten Wetter die wohlhabenderen Bauern und Viehzüchter der Umgebung ein Stelldichein. Sie verspeisen Fleischspießchen, und dazu trinken sie örtlichen Raki, wobei nicht jener Pastis-ähnliche, milchige Alkohol gemeint ist, den man in Griechenland als Ouzo und in der Levante als Arak bezeichnet. Der albanische Raki ist ein handfester Traubentrester, der einem nach dem dritten Glas wärmend, aber auch etwas betäubend in die Knochen geht.

Ich beobachte die Gesichter der Einheimischen. Der Teint ist meist rötlich, wie vom harten Wind aufgerauht, die Haare sind oft dunkelblond und die Augen erstaunlich hell. Es sind vierschrötige, plumpe, aber überaus kraftvolle Gestalten. Die Kleidung ist durchweg verwahrlost, oft schmutzig, aber das Auftreten der Männer ist selbstbewußt. Die Schatten der marxistisch-leninistischen Knebelung scheinen sich zumindest in dieser Hinsicht schnell verzogen zu haben. Die Sprache – weder dem Slawischen noch dem Griechischen verwandt – klingt kehlig. Die Linguisten haben zwar ihren indogermanischen Charakter festgestellt, aber sie ansonsten keiner verwandten Familie zuordnen können. Die Albaner, die »Adlersöhne«, behaupten, sie stammten in direkter Linie von den Illyrern der Antike ab. Ihre Profile erinnern mich an Widderköpfe, als hätten sie zu lange Jahrtausende ihre Herden geweidet und als sei dadurch eine gewisse Ähnlichkeit entstanden, wie man sie manchmal zwischen Herr und Hund festzustellen glaubt. Ich bin ziemlich durchfroren, und der Raki tut allmählich seine wohltuende Wirkung. Der Alkoholgenuß regt wohl die Phantasie und das historische Assoziationsvermögen an.

Die überdimensionale Gestalt Skanderbeg steht stellvertretend für die Geschichte des ganzen Balkans unter der osmanischen Herrschaft. Das Leben dieses Mannes, von Legenden umsponnen, ist oft geschildert worden. An ihm wird – das ist wohl das Interessanteste – auf exemplarische Weise das türkische Regierungssystem im europäischen Reichsteil Rumelien, wo Muslime und Christen bunt gemischt lebten, vorgeführt. Die Osmanen haben nur in Ausnahmefällen eine systematische Islamisierung der von ihnen unterworfenen Völkerschaften betrieben. Bekanntlich schreibt die koranische Rechtsprechung für die »Familie des Buches« – für Juden und Christen – einen Sonderstatus als »Dhimmi«, als Schutzbefohlene, vor; eine Zwangsbekehrung dieser Monotheisten zum Glauben des Propheten Mohammed ist nicht vorgesehen. Nun war die Sonderstellung der »Dhimmi« unter islamischer Oberhoheit durchaus nicht so idyllisch, wie sie heute oft dargestellt wird. Gewiß, diese Verwandten in der abrahamitischen Offenbarung waren vom Wehrdienst befreit, aber das entsprach weniger einer toleranten Grundsatzentscheidung als der Vorstellung, daß diese fehlgeleiteten Angehörigen des »ahl el kitab« nicht wehrwürdig seien. So wurde im ganzen Osmanischen Reich eine strikte Trennungslinie gezogen zwischen den »Osmanli« einerseits, die durchaus nicht dem türkischen Volkstum zugehören mußten, sondern lediglich der islamischen Glaubensgemeinschaft, und der »Raya«, der Herde des Sultans andererseits.

Am Rande sei hier bemerkt, daß die Klassifizierung als »Raya« oder »Reaya«, als Herde des Sultans, von den Türken nicht ganz so diskriminierend gemeint sein mochte, wie sie heute klingt, waren die Osmanen doch seit Urzeiten als nomadisierende Viehzüchter durch Asien gezogen und hatten zu ihren Tieren ein durchaus enges Verhältnis entwickelt. Die Muslime wurden teilweise – um sie von den wehrdienstunwürdigen »Schutzbefohlenen« zu unterscheiden – als »Askeri« bezeichnet, ein arabisches Wort, das mit »Soldat« zu übersetzen ist. Dieser Ausdruck findet sich im afrikanischen Suaheli-Idiom, der Pidgin-Sprache der arabischen Sklavenhändler wieder, wie selbst der Laie aus dem alten deutschen Koloniallied »Heia Safari ... mit Trägern und Askari« entnehmen kann.

Was den Status der rechtgläubigen Muselmanen von dem der »fehlgeleiteten« Juden und Christen unterschied, war vor allem die unterschiedliche Besteuerung. Während die Koran-Gläubigen sich mit der von Propheten verfügten Almosenabgaben, dem »Zakat«, relativ gut aus der Affäre zogen, unterlag die »Raya« einer speziellen Kopfsteuer, »Djiziyeh« genannt, die je nach Bedürfnis und Willkür der osmanischen Behörden relativ bescheiden bemessen oder ins Unerträgliche gesteigert werden konnte. Es lag also gar nicht im Interesse der türkischen Finanzverwaltung, das vorhandene Fiskalaufkommen der »Dhimmi« durch systematischen Proselytismus zu vermindern. Die gleiche, sehr materielle Überlegung hatte übrigens für die Herrschaft der Tataren über die Christen Rußlands gegolten.

Auch vor Gericht waren die »Askeri« und die Angehörigen der »Raya« keineswegs gleichgestellt. Die Zeugenaussage eines Muslims, um nur dieses Beispiel zu nennen, war die von zwei »Ungläubigen« wert. Einem Christen oder Juden stand es auch nicht zu, ein Pferd zu reiten, sondern er mußte sich mit einem Esel oder Maultier begnügen. Die Mauern und Türme christlicher Kirchen und Klöster durften nicht höher ragen als die Häuser rechtgläubiger Prophetenjünger. Das Läuten von Glokken war den Mohammedanern von Anfang an zuwider gewesen. Oft genug wurden christliche Sakralstätten kurzerhand in Moscheen verwandelt.

Dazu trat ein Brauch, den die Türken schon vor der Eroberung Konstantinopels praktizierten und der für die gesamte Entwicklung des Osmanischen Reiches eine entscheidende, eine überragende Bedeutung gewinnen sollte. Gemeint ist die »Devşirme«, die »Knabenlese« – in Serbien sprach man von »Blutzoll«. An diesem Punkt finden wir zu dem legendären Helden Skanderbeg zurück, der ursprünglich den christlichen, griechisch gefärbten Namen George Kastriotis getragen hatte.

Die türkischen Paschas und Walis waren auf höchste Weisung des Sultans früh dazu übergegangen, bei der unterworfenen christlichen »Herde« Ausschau nach kräftigen, intelligenten Knaben im Alter zwischen sechs und zehn Jahren zu halten und sie für die Bedürfnisse des Padischah zwangszurekrutieren. Diese Kinder wurden ihren Familien entrissen, in die Garnisonen Istanbuls oder Anatoliens verpflanzt und allen koranischen Bestimmungen zum Trotz obligatorisch zum Islam konvertiert. Aus den

Reihen dieser oft blonden und blauäugigen Slawen, Walachen, Griechen und Albanern entstand die berühmte und gefürchtete Elitetruppe der Janitscharen, denen die Sultane und Kalifen ihre größten Siege, ihre strahlendsten Waffentaten verdankten.

Die christlichen Familien müssen unter diesem Knabenraub unerträglich gelitten haben. Aber für die Betroffenen selbst war mit dieser willkürlichen Einberufung zur Kerntruppe des osmanischen Herrschers ein gesellschaftlicher Aufstieg verbunden. Ihr anfänglicher Status als Leibeigene, ja als »weiße Sklaven« – als »Mamluken«, wie diese Kategorie auf arabisch bezeichnet wurde – schloß einen allmählichen, fast automatischen Aufstieg nicht aus, sondern verschaffte häufig genug – man denke nur an die Mamluken-Ära in Ägypten – Zugang zur höchsten Macht und zu despotischem Einfluß. Die begabtesten unter diesen geraubten Christenknaben wurden sogar in die Palastschule am Goldenen Horn eingewiesen und systematisch für eine Karriere als hohe Verwaltungsbeamte ausgebildet. Aus der »Devşirme« sind nicht nur berühmte Paschas und Beys hervorgegangen. Die engsten Berater des Sultans stammten aus diesem kuriosen Selektionsverfahren, und der eine oder andere Christensohn brachte es bis zur höchsten Würde des Groß-Wesirs.

Wie zwiespältig der organisierte Kinderraub von den leidtragenden christlichen Untertanen empfunden wurde, ergibt sich aus den Archivangaben, wonach gewisse Bevölkerungsteile des Balkans, die aus eigenen Stücken den Übertritt zur islamischen Religion beschlossen, Wert darauf legten, daß ihre Kinder nach dieser Bekehrung vom gesellschaftlichen Aufstieg, die die »Devşirme« bot, nicht ausgeschlossen würden.

Von Anfang an ging es eben verworren zu auf dem osmanisch eroberten Balkan. Mit westlichen Vorstellungen sind die dortigen Vorgänge ohnehin nicht zu bemessen. Manche konfessionelle Ungereimtheit, vor der unsere heutige Tagesberichterstattung versagt, reicht in die rauhe Praxis von Nomadenhorden zurück, die durch die Gewinnung fruchtbarer Landstriche allmählich zur Seßhaftigkeit fanden. Darüber hinaus war die »Knabenlese« – aus historischer Sicht betrachtet – ein geniales Instrument, um die Stabilität der osmanischen Herrschaft zu garantieren.

Der Cambridge-Professor Ernest Gellner hat in einer bemerkenswerten Studie dem gelehrten Maghrebiner Ibn Khaldun, dem ersten Soziologen des Mittelalters, gehuldigt. Ibn Khaldun hatte bereits im vierzehnten Jahrhundert die Ursachen islamischer Machtgewinnung und islamischen Machtzerfalls mit faszinierender Klarsicht in ein zyklisches System eingeordnet. Immer wieder hatten sich demnach die »wölfischen«, aber vom koranischen Eifer zu extremer kriegerischer Leistung angestachelten Stämme der Wüste oder des Gebirges siegreich gegen die verweichlichten, von sittlichem und religiösem Verfall gezeichneten Potentaten der Städte und der Ackerbauzonen erhoben. Mit dem dynastischen Wechsel war stets eine puritanische Erneuerung im strengen Glauben einhergegangen, bis – nach spätestens vier Generationen – die neuen Herrscher ihrerseits der Sündhaftigkeit und dem Luxus erlagen und der Eroberung durch andere wilde Stammeskrieger anheimfielen.

Diese Interpretation Ibn Khalduns durch Ernest Gellner ist nicht sonderlich originell. Während meiner Studienzeit in Beirut habe ich sie aus dem Munde Arnold Toynbees vernommen. Noch in den letzten Tagen des französischen Protektorats über Marokko hatte ich 1953 den vom französischen Generalresidenten Alphonse Juin inszenierten Aufstand des »bled siba«, der rauhen Berberstämme unter ihrem Anführer El Glaoui, gegen die Autorität des »bled maghzen«, der dem Sultan Mohammed V. ergebenen Stadt- und Agrarzonen, miterlebt. Es handelte sich um eine kolonial-verzerrte Wiederholung des dynastischen Wechselspiels nach dem beschriebenen Modell. Ende der siebziger Jahre gelangte ich zu der Erkenntnis, daß heutzutage – in Ermangelung eines ausreichenden Reservoirs an Beduinen und Stammeskriegern – die von Ibn Khaldun entwickelte Zyklen-Theorie des Machtwechsels durch das städtische Proletariat, durch die »Enterbten und Entrechteten« – die »Mustazafin«, wie der Ayatollah Khomeini sie liebevoll zu nennen pflegte – weitergeführt und bestätigt wird. In den Elendsvierteln von Teheran, von Algier, von Kairo sammeln sich nunmehr jene Kräfte des politischen Umsturzes, der radikalen religiösen Erneuerung, die das Potential für die »Islamische Revolution« – so würde man von nun ab sagen – bereitstellen. Übrigens hatte sich das klassische Modell

Ibn Khalduns bis in die jüngste Neuzeit erhalten; man denke nur an die Wahhabiten-Dynastie Saudi-Arabiens, den Mahdi-Aufstand im Sudan, die Senussi der Cyrenaika oder an den »Heiligen Krieg« der Fulbe-Stämme des Sultans Osman Dan Fodio, der im neunzehnten Jahrhundert über das heutige Nigeria hinwegfegte.

Die eigentliche Originalität der Studie von Ernest Gellner entdeckte ich in einem relativ schmalen Kapitel, das den Titel »Der schreckliche Türke« trägt. »Schrecklich« erscheinen dem englischen Wissenschaftler die Osmanen nicht wegen ihrer hemmungslosen Gewaltpolitik, sondern weil sie das wissenschaftliche Gebäude Ibn Khalduns in Frage stellten und relativierten. Nach der dynastischen Konsolidierung der Osmanen hatte sich dieses Sultanat, das jahrhundertelang zur beherrschenden Weltmacht anwuchs, weite Teile Asiens, Europas und Afrikas unterworfen, ohne vom klassischen Wechselspiel der Stammesfeindschaften, die auch bei den Turkvölkern stark ausgeprägt waren, ernsthaft geschmälert zu werden. Die Ursache dieser Stabilität entdeckt Ernest Gellner in der Institution der »Devşirme«, jener Zwangsrekrutierung, die dem Sultan eine fast sklavisch ergebene Elitetruppe, die Janitscharen, zur Hand gab. Gleichzeitig stattete die »Knabenlese« die hohe osmanische Bürokratie, die Schaltstellen der Macht, mit einer Verwaltungskaste aus, die – ihrem christlichen Ursprungsmilieu entrissen– keinerlei Stammes- oder Clan-Bindungen im türkischen Raum besaß und deshalb zur bedingungslosen Unterordnung unter den Padischah verurteilt war.

So paradox es klingt, das Osmanische Reich konnte zur Weltmacht werden, weil es sich von den traditionellen Stammesrivalitäten der islamischen Staaten mit Hilfe dieser Verfügungstruppe weißer, christlicher »Sklaven« frei gemacht hatte und jedes tribalistische Aufbegehren durch die fanatische Kampfbereitschaft der Janitscharen ersticken konnte. Besagte Janitscharen stellten auch in religiöser Hinsicht einen Sonderfall dar. Es waren zwar die Opfer oder Erwählten des »Blutzolls« zur Annahme des koranischen Glaubens gezwungen worden, aber innerhalb dieser verschworenen Kriegergemeinschaft, an deren Spitze ein selbstbewußter »Agha« stand, hatte sich schon sehr früh die Hinwendung zur sektiererischen Bruderschaft der Bektaschi vollzogen. Dieser Derwisch-Orden, diese Sufi-Gemeinde oder Tariqat, wie immer man es nennen will, war von sehr heterodoxen Glaubensvorstellungen durchdrungen, stand in mancher Beziehung der schiitischen Ali-Verehrung nahe, aber enthielt auch diskrete schamanistische Elemente. Kurzum, die Janitscharen, mit der Bektaschi-Sekte aufs engste verbunden, stellten einen konfessionellen Sonderfall, einen islamischen Krieger- und Mönchsorden dar, der den strengen sunnitischen Koran-Gelehrten, den »Ulama«, ein Greuel sein mußte. Auf diese Weise – gewollt oder zufällig – waren die Janitscharen jedoch ebenfalls immunisiert gegen eine eventuelle Einflußnahme der höchsten koranischen Autorität im Osmanischen Reich, des »Scheikh-ul-Islam«, falls dieser auf den Gedanken kommen sollte, die Alleinherrschaft des Sultans und Kalifen in Frage zu stellen.

An dieser Stelle sei ein zusätzliches Brauchtum erwähnt, das die osmanische Herrschaft vor den staatsgefährdenden Nachfolgekämpfen beim Tod des jeweiligen Sultans bewahrte: der organisierte und gesetzlich legitimierte Brudermord. Diese fürchterliche Sitte geht auf einen der bedeutendsten Herrscher, auf Mehmet II., den Eroberer Konstantinopels, zurück. Durch höchsten Erlaß hatte Mehmet II. die Erbfolge auf extrem drastische Weise geregelt. Was vorher schon stillschweigend praktiziert wurde, die Ermordung aller Brüder des eben zur Herrschaft gelangten Sultans, wurde nun durch offizielle Gesetzgebung, durch feierlichen »Kanun«, sanktioniert. Etwa fünfhundert Jahre lang – die blutige Übung endete erst mit der Ermordung Mustafas IV. im Jahr 1820 – sollten die engsten männlichen Verwandten des neuen Padischah, der sich diesen Titel durch Gewalt, Intrige oder Begünstigung gesichert hatte, kaltblütig umgebracht werden. Manche osmanischen Herrscher nahmen die grausige Selektion zu Lebzeiten und zugunsten ihres Lieblingsthronfolgers vor, indem sie dessen potentielle Rivalen, ihre eigenen Söhne, hinrichten ließen. Kein Geringerer als Suleiman der Prächtige hat auf diese entsetzliche Weise dem Sprößling seiner Vorzugsfrau Roxelane den Weg an die Spitze des Imperiums geebnet. Damit traf er übrigens eine schlechte Wahl, denn unter dem Namen Selim II. offenbarte sich dieser Nachkomme später als Versager und Säufer.

Zurück zu Skanderbeg, jenem christlichen Knaben George Kastriotis, der – aus albanischem Adelsgeschlecht stammend – als Sklave oder Geisel nach Istanbul entführt und dort zweifellos zum Koran bekehrt wurde. Der Name Iskander wurde ihm in dieser fremden Umgebung verliehen, eine arabische Verballhornung des Namens Alexander. Daß George Kastriotis später unter dem Titel Iskander-Beg oder -Bey in die Geschichte eintreten sollte, deutet darauf hin, daß er am Bosporus die hohe Beamtenausbildung der Palastschule genossen hatte und nicht auf das Kasernenleben der Janitscharen beschränkt blieb. Angeblich waren vier Brüder des Albaners, die sich ihres christlichen Ursprungs stets bewußt blieben, von ihren türkischen Umerziehern umgebracht worden, was vielleicht die rebellische Grundhaltung, den Willen zum Widerstand bei dem jungen Skanderbeg erklärt. Jedenfalls ließ er sich als hoher Administrator, als »Wali«, mit angeborener List vom Pascha von Niš – so lautet die Legende – die Oberhoheit über seinen albanischen Heimatbezirk im Umkreis der Festung Kruja übertragen.

Vermutlich ist es dort aufgrund des türkischen Landverteilungssystems zu einem Aufstand der kriegerischen albanischen Stämme gekommen. Skanderbeg überwältigte mit Hilfe eines gefälschten »Firman«, eines Sultanerlasses, die türkische Garnison. Er hißte über den Zinnen von Kruja das Wappenzeichen der Kastriotis, den schwarzen Doppeladler auf rotem Grund, die Nationalflagge der heutigen albanischen Republik. In einer Art Rütlischwur verpflichtet er im Jahr 1444, also zehn Jahre vor der Eroberung Konstantinopels, die nord-albanischen Feudalherren zum Widerstand gegen die muslimischen Unterdrücker und begann einen Abwehrkampf, den er mit seiner Bauern- und Partisanenarmee bis 1468 durchhalten konnte. Eine Serie von fünfundzwanzig Siegen gegen die zu jener Zeit unschlagbare Macht der Osmanen hat den Feldherrn Skanderbeg mit einer heldischen Aura umgeben, die weit über die Berge des Balkans hinausstrahlte. In Rom und Venedig wurde er als Verteidiger der Christenheit und des Abendlandes gefeiert. Skanderbeg starb 1468 an Malaria. Für seine Heimat begann danach eine lange Periode des osmanischen Jochs und später der Assimilierung, zumindest der Anpassung an die türkische Fremdherrschaft.

Im unaufhörlichen Regenguß von Kruja blickte ich zu dem roten Tuch auf, das am Fahnenmast klebt und auf dem trotz der Feuchtigkeit das schwarze Wappentier der Kastriotis, eine verzweifelte Reminiszenz an den kaiserlichen Doppeladler von Byzanz, deutlich zu erkennen ist. Wie dann dieses Bollwerk christlicher Beharrungskraft im Laufe der folgenden Jahrzehnte und Jahrhunderte sich in eine Hochburg des Islam verwandeln konnte – etwa siebzig Prozent der Bürger der heutigen Republik von Tirana bezeichnen sich als Muselmanen –, ist eines der Geheimnisse verworrener balkanischer Geschichtsabläufe. Die einen behaupten, die unterworfenen albanischen Stämme seien mit so erdrückenden Steuern belegt worden, daß sie sich resigniert der Lehre Mohammeds zuwandten. In Wirklichkeit dürfte hier, wie in manchen Regionen »Rumeliens«, das geschmeidige und ausgeklügelte Bodenrecht der Osmanen den Ausschlag gegeben haben. Schon Bayazid I., dessen Heer im Jahr 1402 durch die turko-mongolischen Horden Tamerlans bei Ankara vernichtend geschlagen wurde, hatte nicht nur mit der Rekrutierung christlicher Knaben begonnen und die ihm verwandten Stammesfürsten nach und nach durch treu ergebene Leibeigene oder »Gulam« zu ersetzen versucht. Bayazid hatte auch eine revolutionäre Formel für die Verteilung der neu eroberten Territorien erfunden, das »Timar«-System.

Meine Kenntnisse über diese ausgeklügelte Verwaltungsmethode habe ich in langen Gesprächen mit türkischen Professoren der Universität Ankara erworben. Vor allem Frau Melek Delilbaşi, Vorsitzende des akademischen Balkan-Instituts, hat mich dabei beeindruckt. Diese resolute Historikerin, die ihre Studenten in strammer Zucht hielt, ihre Assistenten einschüchterte und sich als intellektuelle Säule des säkularen Kemalismus zu erkennen gab, verschaffte mir Einblick in das Katastersystem der osmanischen Verwaltung, die »Defter«, wo die Besitzverhältnisse und die sich daraus ableitenden Abgaben je nach Umfang und Qualität des jeweiligen Areals in vorbildlicher Weise minuziös aufgelistet sind.

Im fünfzehnten und sechzehnten Jahrhundert stellte das »Timar«-System zweifellos eine ländliche Existenzform dar, die nicht nur für die erobernden Muslime, die »Askeri«, sondern auch für weite Teile der christlichen »Raya« reale Vorteile bot gegenüber den andernorts in Osteuropa vorherrschenden Feudalverhältnissen und der damit verbundenen Leibeigenschaft. Der »Timar«, ein präzis umrissenes Territorium, wurde vom Sultan als Lohn und Entgelt an verdienstvolle Offiziere und Soldaten verliehen. Es handelte sich dabei um eine auf Lebenszeit begrenzte Pfründe, die nicht vererbbar war. Die auf diesem Stück Land lebenden und arbeitenden christlichen Bauern mußten regelmäßig Abgaben an den »Timarioten« leisten, der wiederum dem Sultan zur ordentlichen Verwaltung seines »Pribendiums« und zur Aushebung von berittenen Kriegern, sogenannte Sipahi, verpflichtet war. Deren Anzahl richtete sich nach dem Ausmaß und dem Wert des jeweiligen Anwesens. Das Wort »Sipahi« – das sei am Rande vermerkt – wurde von den Franzosen bei der Aufstellung eigener Reiterregimenter, »Spahis« genannt, in Nord-Afrika übernommen.

Bei meinen historischen Recherchen, die ich im März 1994 in Ankara aufnahm, befürchtete ich, daß mein Interesse für das Osmanische Reich an den immer noch streng kemalistisch ausgerichteten Geschichtsinstituten auf Ablehnung stoßen würde. Genau das Gegenteil war der Fall. Selbst in der säkular gestimmten, gründlich verwestlichten Bildungselite der türkischen Republik blickt man mit Bewunderung und einem Schuß Nostalgie auf jene grandiose Epoche zurück, da der Sultan von Istanbul sich für den mächtigsten Herrscher in Europa und Asien halten konnte. Der Niedergang hatte ja seltsamerweise auf dem Höhepunkt dieses despotischen Glanzes eingesetzt, als die Heerscharen Suleimans des Prächtigen vor Wien standen und ohne zwingende Gründe auf die Eroberung dieser habsburgischen Kernposition des Heiligen Römischen Reiches verzichteten.

Suleiman der Prächtige war ein Zeitgenosse Karls V. von Habsburg, und zum »allerchristlichsten« König von Frankreich, François Ier, »le roi très chrétien«, stand er in einer alle religiösen Vorstellungen sprengenden Bündnisbeziehung. Der Kampf gegen die Umklammerung durch das Haus Österreich – im Elsaß, in Flandern, in Spanien – hatte den französischen Monarchen in diese widernatürliche und die damalige Zeit zutiefst schockierende Allianz getrieben. Obwohl seine Janitscharen und Sipahi in Sichtweite des Stephansdoms gelangt waren und seine Flotte das Mittelmeer beherrschte, hatte die Geschichte bereits gegen den Sultan der Osmanen entschieden. Denn was nützte es schon, wenn die muslimischen Barbaresken das alte »mare nostrum« der Römer verunsicherten, die neuen abendländischen Atlantikmächte jedoch durch die Erschließung der Weltmeere und die Entdeckung Amerikas den epochalen Durchbruch zu einer neuen Ära einleiteten? Selbst die Vorherrschaft der Pforte über den Indischen Ozean und den Persischen Golf war in Frage gestellt, als dort die portugiesischen Seefahrer, nach Umschiffung des Kaps der Guten Hoffnung, auf dem indischen Subkontinent ihre Kontore und Festungen errichteten. Der gewalttätige Herzog von Albuquerque, gestützt auf seine Karavellen und ein paar Hundertschaften seiner damals höchst unternehmungslustigen und kriegerischen Landsleute, hatte in Hormuz, in Mombasa und Goa seine gewaltigen, schier uneinnehmbaren Bollwerke gegen die Mohammedaner errichtet.

Das vorzügliche Funktionieren des »Timar«-Systems konnte indes nur so lange dauern, wie die Ausweitung des osmanischen Herrschaftsbereiches in Südost-Europa fortschritt und immer neue Territorien den wackeren Streitern des Halbmondes als Pfründe und als Bereicherungsanreiz zur Verfügung gestellt werden konnten. In dieser expansiven Phase des Osmanischen Reiches, die in der türkischen Vorstellung einer quasi-permanenten Praxis des »Heiligen Krieges« gegen die Ungläubigen entsprach, wurden zwecks beschleunigter Heeresverstärkung auch Angehörige des christlichen Schwertadels, soweit dieser Begriff bei den Balkan-Völkern Sinn machte, wurden also auch kriegserprobte christliche Stammesführer als »Timarioten« ausgezeichnet und als Sipahi anerkannt. Voraussetzung dafür war ihre bedingungslose Treue gegenüber dem türkischen Souverän. Frau Delilbaşi zeigte mir beim Treffen in der Universität Ankara anhand eines bewundernswert präzis geführten »Defter« aus dem siebzehnten Jahrhundert, wie gerade in Albanien zahlreiche namentlich aufgeführte »Timarioten« an ihrem Patronym als Christen identifiziert werden können. Binnen einer oder spätestens zwei Generationen vollzog sich dann allerdings bei diesen Bevorzugten der endgültige Übertritt zum Islam, und in Albanien schlossen sich weite Stammesgemeinschaften dem Beispiel ihrer Häuptlinge an.

Unter den Skipetaren kam, wie bereits angedeutet, ein zusätzliches Element der Beschleunigung bei dieser Hinwendung zum Halbmond hinzu. Schon damals standen wohl die albanischen Bauern und Hirten unter dem demographischen Druck der ihnen zahlenmäßig überlegenen christlichen Süd-Slawen, von denen sie sich abzukapseln, ja, die sie ihrerseits zu verdrängen suchten. Darüber hinaus wurden sie – solange sie Angehörige der griechisch-orthodoxen Kirche blieben – der byzantinischen, also rein hellenischen Hierarchie unterstellt, jenen Bischöfen und Metropoliten, die durch den Patriarchen von Konstantinopel berufen wurden. Die Auflehnung gegen diese »Phanarioten« hat vielleicht eine entscheidende Rolle bei der Entfremdung der Skipetaren gegenüber der angestammten Kreuzes-Religion gespielt. Erwähnt werden muß auch die streitbare Veranlagung, die Freude am rauhen Kriegshandwerk, die diese Gebirgsstämme beseelte und aus ihnen – vergleichbar mit den Schweizer Eidgenossen in West-Europa – die begeisterten und gefürchteten Reisläufer des Sultans und Kalifen machte.

In Bosnien waren die Dinge ganz anders abgelaufen. In dieser vorgeschobenen Bastion osmanischen Einflusses hatte schon bei der Ankunft der türkischen Heere eine massive und quasi-spontane Hinwendung zur koranischen Lehre stattgefunden. Das Ketzertum der Bogumilen sah sich durch die Ankunft der Osmanen aus der römischen oder byzantinischen Religionsverfolgung und Diskriminierung erlöst. Unter diesen Umständen fiel es dem örtlichen Adel und einem beachtlichen Teil des Landvolkes leicht, die Hinwendung zur islamischen Staatsreligion zu vollziehen. Diese massive Bekehrung hatte zur Folge, daß in Bosnien das für christliche Pächter relativ tolerante »Timar«-System nicht zur Anwendung kam. Die slawischen Christen dieser Region, die den Übertritt zum Halbmond nicht mitvollzogen hatten, blieben ihren angestammten Feudalherren, deren erblicher Landbesitz nicht angetastet wurde, weiterhin unterstellt. Als Leibeigene oder Hintersassen waren sie einer besonders harten Form der Ausbeutung oder Fron ausgesetzt.

Auf dem übrigen Balkan zerfiel das Pfründensystem des »Timar« spätestens im siebzehnten Jahrhundert relativ schnell, nachdem das osmanische Imperium aus der Offensive in die Defensive gedrängt wurde. Ungarn und die Ukraine wehrten sich erfolgreich gegen neue Eroberungszüge der Pforte. Andererseits folgten die »Timarioten« einer natürlichen menschlichen Neigung, indem sie ihre zeitlich begrenzten »Pribendien« in hereditäre Besitzverhältnisse umzuwandeln suchten, sich den kriegerischen Verpflichtungen als Sipahi nach und nach entzogen und sich damit begnügten, den permanenten fiskalischen Notstand des Sultans durch direkte Abgabenversprechungen zu lindern, die meist nicht eingehalten wurden. Der Verfall osmanischer Macht vollzog sich parallel zum Aufkommen dieser neuen Form des »Mugata'a«, zu der sich ausbreitenden Praxis des erblichen »Ciftlik«. Der Sultan wurde immer häufiger um seine Ansprüche betrogen. Die christlichen Bauern wurden nunmehr zu beliebig erpreßbaren Leibeigenen degradiert. Die »Raya« sah sich einer total willkürlichen Steuererhebung ausgesetzt. Mit dem Vordringen der österreichischen Reichsarmee im Westen sowie der von Peter dem Großen neu organisierten russischen Streitkräfte im Osten keimte bei den unterworfenen »Dhimmi« der Wunsch nach Befreiung vom osmanischen Joch. Es begann der lange und blutige Freiheitskampf der christlichen Balkan-Völker.

Zu der allmählichen Auflösung des »Timar-« und Sipahi-Systems, so bemerkten meine türkischen Mentoren im Historischen Institut der Universität Ankara bedauernd, gesellte sich auch ein Disziplinarverfall, ja die Verwilderung der Janitscharen. Aus der bedingungslosen Verfügungstruppe des Sultans war eine meuternde Prätorianer-Garde geworden, die zwar bei feierlichen höfischen Anlässen in ihren knallbunten Uniformen weiterhin in einem seltsamen Tanzschritt, einer Dreiviertel-Takt-Bewegung defilierte, aber in Tagen des Zorns als Symbol der Auflehnung gegen den Padischah ihre riesigen Kochtöpfe umstürzte und mit mörderischem Geschrei zum Palast zog.

Daß ich an dieser Stelle und im Zusammenhang mit Albanien dem Katastersystem der Osmanen und der Heeresstruktur der Janitscharen eine relativ ausführliche Betrachtung widme, hat seinen guten Grund. Als im Jahr 1826 die Palasttruppe wieder einmal durch Aufsässigkeit und Verrohung das Reich an den Rand des Abgrunds gebracht hatte, ließ der Sultan ein exemplarisches Gemetzel durch seine inzwischen aufgestellten regulären Regimenter des »nizam dschadid« vornehmen. Damit endete nicht nur die Existenz dieser einst so berühmten und ruhmreichen »Fremdenlegion« des Islam, sondern daraus ergaben sich auch religiöse Konsequenzen. Die Janitscharen waren aufs engste verbunden mit dem Derwisch-Orden und dem synkretistischen Glaubensgut der Bektaschi. Diese Sekte berief sich auf den Mystiker Hadschi Bektasch Veli, der im dreizehnten Jahrhundert östlich von Ankara seine Sufi-Gemeinschaft gegründet hatte. Auch die Bektaschi gerieten nunmehr in Verruf und wurden von den sunnitischen Koran-Gelehrten der Ungläubigkeit, des »Kufr« und der »Dschahiliya«, bezichtigt. So kam es, daß nach 1826 der Bektaschi-Orden – in Anatolien und Rumelien weitgehend geächtet – seinen Schwerpunkt in das schwer zugängliche Land der Skipetaren verlagerte, wo die Mehrheit der Bevölkerung dem kämpferischen Islam zwar huldigte, aber gegenüber der Rechtgläubigkeit des Kalifen stark abweichende Auffassungen vertrat. Bei den albanischen Söldnern, die im letzten Jahrhundert des Osmanischen Reiches eine unentbehrliche Stütze der Pforte wurden, fand die Bektaschi-Gemeinschaft eine neue Heimstatt.

Am Rand sei vermerkt, daß die zaghafte Modernisierung des Imperiums, die Istanbul nach westlichem Vorbild im Jahr 1867 unter dem Namen »Tanzimat« verfügte und die auch eine neue Regelung des Agrarbesitzes anstrebte, in Albanien praktisch ohne Wirkung blieb. Von den Skipetaren, die sich im Namen des Sultans als gefürchtete Gendarmen des Balkans aufführten, wurde die »Tanzimat« selbstherrlich ignoriert.

Die Mysterien der Derwische

Er habe für uns eine Überraschung parat, sagt Astrit, als wir uns anschicken, von Kruja Abschied zu nehmen. Er wolle uns ein noch »funktionierendes« Heiligtum der Bektaschi zeigen, wo die Volksfrömmigkeit trotz Enver Hodscha lebendig geblieben sei. Mit Astrit, den wir als Berater und Dolmetscher engagiert haben, ist uns ein guter Griff gelungen. Der höfliche Intellektuelle, dessen gepflegtes Äußeres sich wohltuend von der entsetzlichen Verwahrlosung seiner Landsleute abhebt, spricht so vorzüglich deutsch, daß er als Hörfunkkorrespondent für Sender der Bundesrepublik tätig ist. Auf nicht alltägliche Weise hat der etwa vierzigjährige Mann die Sprache Goethes erlernt. Unter Enver Hodscha war er zum Deutschstudium nach Peking geschickt und dort nach dem Prinzip »Vogel, friß oder stirb« in eine rein chinesische Klasse eingewiesen worden. Die ersten acht Monate in Maos Reich der Mitte hatte der Albaner also damit verbracht, in Tag- und Nachtkursen Mandarin zu pauken, bis er tatsächlich in der Lage war, mit Gewinn am Deutschunterricht seiner asiatischen Kommilitonen teilzunehmen.

»Mein Großvater hatte im Bektaschi-Orden eine bedeutende hierarchische Stellung inne«, bemerkt Astrit, während wir – immer noch im strömenden Regen – durch ein Gehölz von Korkeichen fahren. »Natürlich hat er während der Zeit der rigorosen Gottlosigkeit nie über diese Würde gesprochen, aber in den angesehenen muslimischen Familien gehörte es selbst damals zum guten Ton, enge Beziehungen zu den Derwischen zu unterhalten.« Zwischen den beiden Weltkriegen war sogar das Gerücht umgegangen, die Bektaschi wollten an der illyrischen Küste einen eigenen Gottesstaat gründen.

Hinter einer Straßenbiegung, in einer verschwiegenen Senke entdecken wir das Sakralgebäude, das mir sofort in Bau und Lokalisierung vertraut vorkommt. Ähnlich wie diese quadratische »Tekke«, deren weiße Mauern und grüne Kuppel sich unter die Baumkronen ducken, sind mir im Nusairi-Gebirge Syriens die streng geheimen Weihestätten der Alawiten-Sekte in Erinnerung geblieben. Diese sogenannten »Ziara« waren in Syrien jedem Außenstehenden streng verschlossen. Doch es ging eine merkwürdige Faszination von ihnen aus, beherrschten doch die Alawiten alle entscheidenden Schaltstellen der Arabischen Republik von Damaskus. Dabei waren sie konspirative Verehrer des Imam Ali Ibn Abi Talib, für rechtgläubige Sunniten zutiefst suspekte Ketzer, die in ihrer Geheimlehre neben den schiitischen auch christliche, ja angeblich sogar heidnische Bräuche bewahrt hatten. Die Alawiten befehligen insbesondere jene Geheimdien-

Monumental-Statue des albanischen Diktators Enver Hodscha im Herzen Tiranas. Im Jahre 1990 wurde sie gestürzt.

Der albanische Nationalheld Skanderbeg (1405–1468) hat in fünfundzwanzig Schlachten die osmanischen Eroberer aufgehalten und wurde als Verteidiger der Christenheit gefeiert.

Sechs Monate lang war der deutsche Prinz Wilhelm zu Wied offizieller Herrscher von Albanien, nachdem noch Bismark behauptet hatte, es gebe keine albanische Nation.

König Ahmed Zogu (1895–1961), Sproß eines Skipetaren-Clans, heiratet 1938 die ungarische Prinzessin Aponyi. Ein Jahr später mußte er vor den Truppen Mussolinis fliehen.

Die italienische Besatzungsarmee, die am Karfreitag 1939 in Albanien landete, wurde von einem Teil der Bevölkerung durchaus positiv begrüßt.

Enver Hodscha, Staatschef Albaniens, behauptete sich bis zu seinem Tod 1985 als konsequenter Stalinist.

Nach seinem Zerwürfnis mit China geriet Enver Hodscha in totale Isolation und übersäte sein Land mit Hunderttausenden von Bunkern.

In den Verteidigungsstellungen des Kommunismus haben sich Obdachlose, oft Zigeuner, eingenistet.

Das Ende der kommunistischen Diktatur löste eine chaotische Massenflucht junger Albaner nach Süditalien aus.

Mit Hilfe chinesischer Ingenieure ließ Enver Hodscha in Elbasan ein gewaltiges und völlig sinnloses Stahlwerk errichten.

Die verwahrlosten Wohnsiedlungen des kommunistischen Regimes sind allerorts mit Parabol-Antennen ausgestattet.

Enver Hodscha hatte den ersten gottlosen Staat proklamiert. In der Verfolgung des Islam haben vor allem die Derwisch-Traditonen der Bektaschi-Sekten überlebt, die zur Zeit der Osmanischen Reiche die spezielle Bruderschaft der kriegerischen Janitscharen waren. Das Oberhaupt dieser Gemeinschaft, Baba Reshat Bardhi, hat sein Zentrum in einem Außenbezirk Tiranas errichtet. Entgegen der koranischen Vorschrift sind auf dem Bild die fünf Hauptfiguren der Bektaschi-Verehrung dargestellt: der Prophet Mohammed und sein Schwiegersohn Ali, dazwischen die Prophetentochter Fatima, rechts und links die Prophetenenkel Hassan und Hussein.

Die allmähliche Auflösung des jugoslawischen Bundesstaates hat in der albanisch bevölkerten Provinz Kosovo mit einem Studentenaufruhr 1981 begonnen.

Am orthodoxen Osterfest 1994 begab sich der serbische Patriarch Pawle zum feierlichen Uffizium in das serbische Heiligtum von Peć, im Kosovo gelegen, das als höchste nationale Weihestätte verehrt wird.

ste, die »Mukhabarat«, die das wirksamste Machtinstrument des Staatschefs Hafez el Assad darstellen.

Vor der »Tekke« oder »Tedsche« im Wald von Kruja haben sich ein paar unscheinbare Gestalten eingefunden. Die Gesichter sind auch bei den Jungen bereits verhärmt und wie von einem »Dämon« besessen. Die Kleidung wirkt ärmlich, ja schäbig. Übrigens fällt mir auf, daß fast alle Menschen, die uns im Land der Skipetaren begegnen, auch wenn es sich um hohe Funktionäre des Regimes handelt, den Eindruck machen, als besäßen sie nur einen einzigen Anzug, als sei das Hemd durch endloses Tragen und gelegentliches Waschen der Auflösung nahe, während die plumpen Schuhe offenbar seit dem fernen Tag ihres Kaufs niemals geputzt worden sind. Die Besucher der »Tekke«, mehr als ein Dutzend ist es ohnehin nicht, zeichnen sich durch besondere Armseligkeit aus, vor allem jener stoppelbärtige Wächter mit dem knorrigen Stock in der Hand, der in einem alten Militärmantel gehüllt ist.

Ohne Einwände werden wir in das Innere des bescheidenen Sanktuariums eingelassen, das dem Andenken eines besonders heiligen Scheikhs der Bektaschi-Tariqat geweiht ist, eines gewissen Sayid Saltiq, der im fünfzehnten Jahrhundert gelebt hat und auf der Insel Korfu begraben liegt. Die Anwesenheit des Sayid Saltiq war durch eine tief in den Fels geprägte überdimensionale Fußspur verewigt, der wundertätige Kräfte zugeschrieben werden und deren Aushöhlung mit frischen Blumen geschmückt ist. Eine ausgezehrte junge Frau mit wachsbleichem Antlitz unter dem schwarzen Kopftuch beugt sich gerade mit ihrem todkranken Kind über diese Weihestelle, um des Segens des heiligen Mannes teilhaftig zu werden. Ihre Hand versenkt sie in dem Fußabdruck, und mit dem Staub, den sie dabei auffliest, reibt sie den Kopf ihres Kindes ein.

Sehr muslimisch geht es in dieser dunklen Kammer nicht zu. Das einzige Licht kommt von ein paar flackernden Kerzen, die das Antlitz Alis, des Schwiegersohns des Propheten Mohammed, umrahmen. Zwei junge Männer kauern unter dem Porträt des Gründers des schiitischen Glaubenszweiges, der »Schiat Ali«. Jetzt entdecke ich auch eine Grabstätte. Ein gewisser Schemeni Baba, in Kruja im Jahr 1748 geboren und 1803 durch politisch-religiöse Gegner ermordet wurde, ist hier bestattet. Astrit übersetzt mir die kurze Inschrift, die dem Andenken dieses Sufi gewidmet ist: »Wer ihn getötet hat, soll keine Ruhe finden.« Ich fühle mich an das von Aberglauben geprägte Kultwesen der nord-afrikanischen »Zawuiyat« erinnert. Auch dort umgibt ein gänzlich koranfremder Wunderglaube die unter weißen Kuppeln aufgebahrten heiligen Männer, die sogenannten Marabu, die sich einst als Kämpfer des Islam, als »Murabitun«, hervorgetan haben.

Es herrscht eine seltsame, etwas unheimliche Stimmung in dieser feuchtkalten Gruft. Die frommen Pilger, die meist mit kranken Kindern kommen, nehmen keinerlei Anstoß an unserer Gegenwart. Sie zünden eine Kerze an, verbringen einige Zeit vor der Fußspur des Sayid Saltiq, murmeln ihre Sprüche, werfen kaum einen Blick auf jene Weisheitsregeln, die auf einer Tafel in albanischer Sprache von Gottergebenheit und ewigen Verheißungen künden. Dann gehen sie wieder vondannen. Die einen fahren in einem klapprigen Auto davon, die anderen steigen auf ihre Esel. Die sich aufdrängenden Visionen werden durch höchst ernüchternde, billige Wandteppiche beeinträchtigt, die an den feuchten Mauern befestigt sind. Da ist natürlich eine Abbildung des »beit el haram« von Mekka, und das würdige Antlitz Alis blickt unter dem grünen Turban hervor. Daneben hängen in kitschiger Ausführung ein Torero beim Stierkampf sowie eine knallgrüne Wiese mit weidenden Kühen. Sogar ein Liebespaar läßt sich in Rokoko-Kostümierung auf einem Kahn über silbrige Gewässer treiben, und das Mädchen sieht keineswegs so aus, wie man sich eine »Huri« des Paradieses vorstellen mag.

Dennoch tut sich hier eine Welt der Mysterien auf, die weit nach Zentral-Asien und Afrika ausuferte. Die syrischen Alawiten habe ich bereits erwähnt, die erst unter der französischen Mandatsverwaltung der zwanziger und dreißiger Jahre nach dem Prinzip des »Teile und herrsche« aus ihrer Rolle als verfemte Ketzer des Islam und ausgebeutete Leibeigene erlöst worden sind. Die Franzosen wiesen den Alawiten bevorzugte Posten im Militärdienst der sogenannten »Forces Spéciales« der damaligen Levante zu und verschaffen ihnen Zugang zum neugegründeten säkularen Unterrichtswesen. Vorübergehend war es sogar zur

Bildung eines autonomen Staatsgebietes »Mont Alaouite« gekommen. Noch viel weiter in die Vergangenheit verweist jedoch dieser religiöse Synkretismus zwischen Islam, übersteigertem Schiitentum, christlichen Anleihen, manichäischen Restspuren und krassen Schamanen-Überlieferungen. Irgendwie lassen sich diese Sufi-Bewegungen auch in die Tradition jener berüchtigten »Haschischin« einordnen, die sich zu Zeiten der Kreuzritter-Staaten im Orient den Weisungen des ominösen »Alten vom Berge« bedingungslos unterworfen hatten. Sie terrorisierten sowohl die muslimischen als auch die christlichen Herrscher dieser Region, und selbst der große Saladin soll vor ihnen gezittert haben. Den Mordanschlägen dieser fanatisierten, mit Haschisch gedopten Verschwörer waren die Kalifen von Bagdad und Kairo sowie der christliche König Konrad von Jerusalem zum Opfer gefallen. Ähnlich wie beim Bektaschi-Orden, der der Janitscharen-Armee des Sultans von Istanbul einst ihren unwiderstehlichen religiösen Impetus verliehen hatte und der jetzt nur noch als harmloser, primitiver Volksglaube weiterlebt, erfuhren die einstigen Haschischin, denen die französische Sprache das Wort »assassin«, das heißt »Mörder«, verdankt, nach ihrer systematischen Ausrottung durch den turko-mongolischen Eroberer Tamerlan eine seltsame Wandlung. Säuberlich distanziert von den tatkräftigen Alawiten, überlebten sie in abgelegenen syrischen Gebirgstälern als friedliche und anpassungswillige Ismaeliten, behaupten sich als versprengter Zweig der Aga-Khan-Gemeinde.

Sehr viel aktueller und zukunftsträchtiger erscheint hingegen die Glaubensgruppe der »Alevi«, die im östlichen Anatolien stark vertreten ist und seltsamerweise in den meisten Analysen über die Zukunft der Republik Atatürks kaum erwähnt wird. Bei meinem Aufenthalt in Ankara und Konya im März 1994 hatte ich zu erfahren versucht, wie stark diese Glaubensrichtung, deren Sympathien eine Zeitlang der Sozialdemokratischen Partei zuneigten, in Anatolien tatsächlich ist. Die Zahlenangaben variierten zwischen fünfzehn und fünfundzwanzig Millionen Menschen, eine für die Türkei erdrückende Masse. In der großen politischen Auseinandersetzung, die sich zwischen Istanbul und Diyarbakir vorbereitet, könnte diese heterodoxe Abweichung vom Islam eine beträchtliche Rolle spielen. Ihr »Ketzertum« macht die Alevi den rechtgläubigen Sunniten zutiefst verdächtig. Gelegentlich ist es zu blutigen Auseinandersetzungen zwischen türkischen Fundamentalisten – verstärkt durch die »Grauen Wölfe« des Obersten Alparslan Türkeş – auf der einen und militanten Alevi auf der anderen Seite gekommen. Als Minderheitsreligion, die in der Ost-Türkei die Tradition der rebellischen »Rot-Köpfe« oder »Kisilbas« fortsetzt, haben sich die türkischen Alevi nach 1920 überwiegend auf die Seite des Kemalismus und des toleranten Laizismus geschlagen. Wenn eine intellektuelle Persönlichkeit sich durch eine deklarierte Kampfstellung gegen das Hochkommen des sunnitisch-islamistischen Rigorismus hervortut, kann man in der Türkei oft davon ausgehen, daß sie den Alevi nahesteht. Das berühmteste Beispiel ist der in Deutschland hoch geschätzte Schriftsteller Aziz Nesin, der sich durch die Übersetzung der *Satanischen Verse* Salman Rushdies den Haß vieler Koran-Gläubiger, nicht nur der Extremisten, zuzog und bei einem Autorentreffen in der Stadt Sivas um Haaresbreite einer Pogrom-ähnlichen Verbrennung durch entfesselte Fanatiker entkam.

Durch einen Zufall ist es mir gelungen, ein wenig in die abgekapselte Glaubenswelt der Alevi einzudringen. Bei einer türkischen Hausangestellten, die uns in Hamburg betreute, stellte ich seltsame, von der sunnitischen Religionspraxis abweichende Bräuche fest. Auf meine Frage gestand sie widerstrebend, daß sie zu den Alevi zähle, eine weitere Erklärung war von ihr natürlich nicht zu erwarten. Erst im Gespräch mit einem Deutschland-Korrespondenten der großen türkischen Zeitung *Cumhuriyet*, die als liberal und betont laizistisch gilt, öffnete sich der Schleier. Der weltoffene, sympathische Kollege, der sich freimütig als Alevi zu erkennen gab, bestätigte, daß die kuriose Assoziation von Ali-Verehrung, Christentum und Schamanismus, die sich in der Mystik der Bektaschi wiederfindet, auch das Wesen der Alevi-Sekte ausmacht. Es spannt sich also ein weiter Bogen von der »Tekke« im albanischen Korkeichenwald bei Kruja zu jenen kargen Dörfern des anatolischen Hochlandes, wo die Masse der türkischen Alevi beheimatet ist, ja bis hin zu den schwer zugänglichen Schluchten des Nusairi-Gebirges in Syrien, wo die staatsbeherrschenden Alawiten Syriens ihr stärkstes Bollwerk behaupten.

Auf unserer Rückfahrt nach Tirana verspricht Astrit, mich mit dem derzeitigen Oberhaupt oder »Baba« des Bektaschi-Ordens bekanntzumachen. Er steht einer zentralen »Tekke« im Umkreis von Tirana vor. Die intensive marxistisch-leninistische Ausrichtung, der der Albaner Astrit in seinen Lehrjahren ausgesetzt war, hat bei ihm das religiöse Bewußtsein weitgehend erstickt. Unsere Unterhaltung über die konfusen Glaubensabweichungen des einfachen Volkes versandet bald. Ich berichte dennoch von dem Abscheu, mit dem die frommen Fundamentalisten diese obskurantistischen Relikte, diese Abweichungen vom wahren Weg Allahs, verdammen. Schon im Marokko der fünfziger Jahre hatten die letzten französischen Generalresidenten bei ihrer Bekämpfung des hochkommenden arabischen Nationalismus versucht, sich auf die ultra-konservativen »Zawuiyat« zu stützen, deren geistliche Führer – im Aberglauben und »Marabu-Brauch« erstarrt – die radikalen Veränderungen aller gesellschaftlichen und religiösen Verhältnisse des Maghreb durch ein zutiefst un-islamisches Bündnis mit der abendländischen und christlichen Kolonialmacht einzudämmen suchten.

Auch die Aufständischen der Nationalen Befreiungsfront Algeriens, deren Partisanen sich den Ehrentitel »Mudschahidin – Kämpfer des Heiligen Krieges« zulegten, waren fest entschlossen, die Vorrechte der ultra-reaktionären »Marabu«-Familien zu brechen und die ihnen ergebenen Bruderschaften – Tariqat oder Zawuiyat – nach Kräften auszulöschen. Die Revolutionäre wollten diesen schmarotzerhaften Sufi-Orden und Pseudo-Mystikern, wie sie sagten, das Handwerk legen. Ich weiß nicht, ob ich Astrit mit meinen Erzählungen aus dem fernen Westen der arabischen Welt langweile. Aber unwiderstehlich kommt mir die Erinnerung an das algerische Kabylen-Dorf Aissa Mimoun, in dessen Umkreis der Qaid von Ikhelouiene, Sproß einer großen »Marabu«-Familie und Besitzer reicher Latifundien, nicht davor zurückschreckte, seine rebellischen Landsleute zur Unterwerfung aufzurufen. »Schart euch um das mächtige Frankreich, um euren Vater de Gaulle!« ließ er verbreiten. »Frankreich ist gerecht und stark; es will euer Heil.« Ob sich der alte Feudalherr daran erinnerte, daß sich seine Vorfahren im neunzehnten Jahrhundert als Führer im »Dschihad« gegen die erobernden Ungläubigen bewährt hatten? Damals blieb auch im Maghreb alles hintergründig und fremd, denn der verräterische Qaid von Ikhelouiene beendete seinen Appell mit einem Zitat des Korans: »O ihr Gläubigen! Satan hat die Taten der Abtrünnigen vor ihren eigenen Augen veredelt. Er hatte gesagt: Heute wird kein Mensch euch überwinden, denn in Wahrheit stehe ich euch bei. Aber als beide Heere sich gegenüberstanden, wandte er sich von beiden ab und sagte: Wahrlich, ich habe keinen Anteil an euch. Ich sehe, was ihr nicht seht. – Wahrlich, so spricht der Prophet, ich fürchte Allah, denn das Strafgericht Allahs ist unerbittlich ...«

*

Tirana, im April 1994

Von der Adria ziehen dunkelgraue Wolkenberge heran. Der Regen will nicht aufhören. So wirken die Ortschaften des postkommunistischen Albanien noch erbärmlicher. Die Bauqualität liegt noch weit unter der der ehemaligen Sowjetunion. So häßlich und dürftig wie Tirana und die umliegenden Vororte ist nicht einmal die mongolische Hauptstadt Ulan Bator angelegt worden. Diese beispiellose Verschandelung wird von der Bevölkerung offenbar mit Resignation getragen. Vielleicht nehmen die Menschen diesen urbanistischen Vandalismus gar nicht mehr zur Kenntnis. Astrit verweist mich darauf, daß vor dem Krieg Tirana nur vierzigtausend Einwohner gezählt habe, daß heute dort mindestens zweihunderttausend zusammengepfercht seien. Auf dem Land wären die Albaner früher auch nicht besser dran gewesen in ihren Katen ohne elektrisches Licht und fließendes Wasser. Nicht alles sei am Enver-Hodscha-Regime total negativ gewesen. Immerhin sei der Analphabetismus erfolgreich bekämpft worden, der sich früher auf neunzig Prozent bezifferte.

So schäbig und brüchig die quadratischen Häuserfassaden sein mögen, sie sind fast alle durch riesige Parabolantennen zusätzlich verunstaltet. Albanien ist mit etwa fünfundzwanzigtausend solcher individuellen Satellitenanschlüssen ausgestattet. Das

Fernsehen nimmt im täglichen Leben eine überragende Bedeutung ein. Die Antennen sind ausnahmslos auf das nahe Italien gerichtet. Diese massive Beeinflussung durch das Tele-Entertainment der Apenninen-Halbinsel zeitigte unerwartete Folgen.

In den ersten Tagen nach meiner Ankunft verwunderte ich mich darüber, wie viele Albaner – auch einfache Arbeiter – sich recht und schlecht in der Sprache Dantes auszudrücken verstehen. Ich führte das zunächst auf die Militärpräsenz der Faschisten während des Zweiten Weltkrieges zurück, bis ich eines Besseren belehrt wurde. Durch die stundenlange tägliche Rezeption italienischer Programme hat sich der durchschnittliche TV-Konsument so viel Sprachkenntnis mit Hilfe von RAI und »Canale Cinque« angeeignet, daß das für eine bescheidene Konversation in italienisch ausreicht. Angeblich – so wird zumindest behauptet – hätten die Bilder einer strahlenden Konsumgesellschaft, eines paradiesischen Luxuslebens, die vor allem in den zahllosen Werbespots über die Adria flimmern, jene Massenflucht ausgelöst, die im Sommer 1990 wie eine kollektive Psychose über die jungen Albaner hereinbrach. Jeder in Europa erinnert sich wohl noch an die beklemmenden Bilder verrosteter Fischerboote, Frachter und Trawler, auf denen die Auswanderer wie verzweifelte Schiffbrüchige zusammengeklemmt standen und mit Gewalt die Einfahrt in die Häfen Bari und Brindisi erzwingen wollten. Eine entfesselte Völkerwanderung, so schien es damals, ein plötzlicher Barbarensturm war an die Küste Apuliens gespült worden. Die italienischen Behörden mußten Gewalt und List aufwenden, um sich dieser rabiaten Masse von Zuzüglern zu erwehren.

Im nachhinein erzählen die Zyniker, vor allem die Sendung *Colpo Grosso* des Medienzaren Berlusconi – vom deutschen Privatsender RTL unter dem Namen *Tutti Frutti* übernommen – habe den Aufbruch der überwiegend jungen Männer zu den Gestaden Italiens ausgelöst. Sie sahen mehrfach in der Woche die lasziven Traummädchen dieser einfältigen Quiz-Show, gerieten beim Anblick der entblößten, wohlgeformten Busen der Vorzeigedamen in eine Art sexuellen Rausch, der durch die spießige Prüderie des verflossenen stalinistischen Regimes zur Obsession gesteigert wurde. Sie versprachen sich im Abendland – neben dem Genuß eines schier unvorstellbaren Wohlstandes – auch die Teilhabe an einer permissiven Gesellschaft, die – den TV-Bildern zufolge – schrankenlos war.

Ganz aus der Luft gegriffen konnten diese Behauptungen wohl nicht sein, denn in der seriösen französischen Zeitung *Le Monde* wurde von jungen Albanern berichtet, die sich bis in die Champagne durchschlugen und deren einziges französisches Vokabular aus dem Satz bestand: »Voulez-vous coucher avec moi?« Der gut informierte Astrit äußert allerdings den Verdacht, daß die post-kommunistische Regierung diese chaotische Völkerwanderung gefördert habe, um die Aufmerksamkeit der breiten Weltöffentlichkeit, die sich damals ganz anderen Prioritäten widmete, auch ein wenig auf das Elend Albaniens zu lenken.

Nach dem Zusammenbruch des Hodscha-Systems, das nach dem Tod des Diktators von dessen früheren Weggefährten Ramiz Alia weitergeführt wurde, muß ein unglaublicher Wirrwarr entstanden sein. Hatten wirklich die Kandidaten der Demokratischen Partei bei der ersten freien Volksbefragung nach der albanischen Wende ihren Wählern zugerufen: »Ihr braucht von nun an nicht mehr zu arbeiten, der Westen wird für alles aufkommen!« Jedenfalls schrumpfte die ohnehin klägliche Produktion im Land der Skipetaren fast auf den Nullpunkt. In den kümmerlichen Fabriken setzte ein regelrechter Maschinensturm ein, und das wenige Gerät, das für eine bescheidene industrielle Produktion noch halbwegs tauglich war, wurde in einem kollektiven Wutanfall zertrümmert. Die überstürzte Landaufteilung der existierenden Staatsgüter und Kollektivfarmen, die planlose Parzellierung, führte zum Stillstand des Irrigationssystems. Die wenigen Traktorenstationen verrotteten. »Sogar unsere Äpfel müssen wir jetzt aus Mazedonien, unsere Orangen aus Griechenland importieren«, schimpft Astrit.

In den südlichen Provinzen versuchten verzweifelte Menschen als Gastarbeiter nach Griechenland auszuwandern und ließen sich dort zu Hungerlöhnen von den hellenischen Nachbarn ausbeuten. Dabei war die ausländische Finanzhilfe an Tirana durchaus beachtlich: 2,5 Milliarden US-Dollar wurden zur Ankurbelung der albanischen Wirtschaft aufgeboten. Aber mangels glaubwürdiger Projekte und sinnvoller Initiativen blieben diese Gelder größtenteils ungenutzt auf den Konten der Spenderorganisationen liegen. Wenn sich trotzdem die neue »demokratische« Regierung des Präsidenten Sali Berisha rühmt, sie liege mit einem Wachstum des Bruttosozialproduktes um jährlich zehn Prozent an der Spitze aller europäischen Länder, so läßt sich das wohl nur aus dem Umstand erklären, daß diese Kalkulation beim Nullpunkt angesetzt hat. Die Öl-Vorkommen, die früher einmal die Begierde Mussolinis weckten, sind längst versiegt. Als einziger Mineralexport steht dem Land nur noch sein Chrom-Vorkommen zur Verfügung.

Vieles erinnert mich an frühere Beobachtungen, und manchmal fühle ich mich in das Jahr 1972 zurückversetzt. Die diplomatischen Vertretungen des Auslandes sind heute noch in einer Art streng bewachtem Ghetto kaserniert. Eine Gedenkanlage für Enver Hodscha in Form einer gigantischen Pyramide – von der Bevölkerung als »Bunker des Diktators« bezeichnet – sucht vergeblich nach sinnvoller neuer Verwendung. Das Hotel »Dajti« – mit wachsender Zahl der Gäste einem rapiden Niedergang ausgesetzt – überrascht zwar durch die Freundlichkeit des überforderten Personals. Aber zwischen den verkrumpelten Anzügen der einheimischen Funktionäre und Schieber bietet der exotische Auftritt arabischer Spekulanten von der Golfküste in wallender Dischdascha und weißem Keffiyeh nur Anlaß zu zusätzlicher Irritation. Es heißt, die Kuweitis wollten am Rand von Tirana ein Luxushotel hochziehen, das den verwöhntesten Ansprüchen gerecht würde.

Im übrigen verstärkt sich das Gerücht, daß Koran-Lehrer aus Saudi-Arabien, Ägypten und dem Iran mit unterschiedlichem Erfolg begonnen hätten, die Re-Islamisierung ihrer skipetarischen Glaubensbrüder zu betreiben. Sehr viel konsequenter erscheint die Missionsbemühung des Vatikans in der nördlichen, überwiegend katholisch geprägten Region rund um Shkoder. Johannes Paul II. hat im April 1993 der vom Kommunismus befreiten Republik der Skipetaren einen offiziellen Besuch abgestattet und wurde von den dort lebenden Katholiken – sie machen mehr als zehn Prozent der Gesamtbevölkerung aus – mit jäh erwachter religiöser Begeisterung bejubelt. Seitdem residiert der Apostolische Nuntius in einer stattlichen, restaurierten Villa, die zur Zeit der kommunistischen »Völkerfreundschaft« die »Internacionalistas« der kubanischen Volksdemokratie beherbergt hatte. Man betont gern in Tirana, daß die weltweit bekannte Mutter Teresa Albanerin ist. Abgesehen von den rührigen Proselyten-Machern protestantischer Sekten aus Nord-Amerika, die den Behörden zunehmend auf die Nerven gehen, macht die griechisch-orthodoxe Glaubensgruppe im Süden – hier handelt es sich immerhin um eine halbe Million Seelen – dem jungen, von so vielen Schicksalsschlägen gebeutelten Staatswesen schwer zu schaffen.

Ich habe mich in der Residenz des Staatschefs Sali Berisha mit dessen Pressesprecher und politischem Berater verabredet. Das Gebäude ist durch hohe Gitter abgeschirmt. Mit aufgepflanztem Bajonett und schußbereiter Kalaschnikow bewachen Soldaten der albanischen Armee den Eingang. Diese Militärs haben sich seit 1972 kaum verändert. Sie tragen weiterhin ihre schlecht geschneiderten Uniformen aus grobem Tuch. Die Mäntel sind aus Wolldecken zusammengenäht. Mit ihren roten Kragenstükken und den seltsamen Schirmmützen erinnert mich diese traurige Truppe an die Soldaten der königlichen Armee von Afghanistan, ehe diese im Gefolge der Saur-Revolution von russischen Ausbildern neu ausstaffiert und diszipliniert wurde. Die albanischen Offiziere tragen ausgebeulte Reithosen und Schaftstiefel aus brüchigem Leder.

Die Kontrolle beim Betreten des Präsidialgebäudes ist streng. Sie wird von finster blickenden Muskelprotzen in Zivil durchgeführt, die ihre Gefährlichkeit durch mächtige Schnurrbärte betonen. Auch das wirkt sehr afghanisch. Um so größer ist die Überraschung, als mir in einem relativ bescheidenen Büro der Pressesprecher gegenübertritt. Genc Pollo ist ein jugendlicher, eleganter Mann. Wie ein Albaner sieht er überhaupt nicht aus. Er besitzt ein fast klassisch geschnittenes Gesicht. Die dichten blonden Haare sind leicht gekräuselt. So ähnlich hatte vielleicht einst Alexander der Große ausgesehen. Pollo, der einige Jahre in Österreich gelebt hat, spricht nicht nur fließend Deutsch, er beherrscht auch die englische, französische und die italienische Sprache, abgesehen von einer ganzen Reihe Balkan-Idiome. Bevor ich mit ihm einen Interviewtermin bei Präsident Berisha vereinbaren kann, verweist er mich auf eine dringende Meldung, die ihm gerade zugestellt wurde.

»An unserer äußersten Südgrenze in der Gegend von Peshkepi hat sich ein überaus ernster Zwischenfall ereignet«, setzt er an. »Griechische Infiltranten in der Uniform der dortigen Commando-Truppen haben eine albanische Garnison bei Nacht überfallen. Mit ihren automatischen Waffen haben sie versucht, ein Gemetzel unter unseren Soldaten anzurichten. Es ist ein Wunder, daß nur ein Offizier und ein Gefreiter getötet wurden, wozu allerdings eine Anzahl Verletzter kommt. Unser Grenzkonflikt mit Griechenland ist damit in eine neue akute Phase getreten, und alles spricht dafür, daß wir mit weiterer Eskalation rechnen müssen. Der Anspruch Athens auf Süd-Albanien, das sie in ihrem Jargon als ›Nord-Epirus‹ bezeichnen, nimmt allmählich unerträgliche Formen an.«

Genc Pollo, so gesteht er, sei durch diese Ereignisse persönlich betroffen, gehört seine Familie doch traditionell der griechisch-orthodoxen Kirche an, was ihre nationale albanische Abstammung in keiner Weise beeinträchtige.

In Süd-Albanien zeichnet sich ein zusätzlicher Herd der Unruhe und kommender Konflikte ab. Man kann dort das Wiedererwachen pan-hellenischer Vorstellungen beobachten, jener »megali idea«, die die Nationalisten des letzten Jahrhunderts inspiriert hatte. Damals träumten diese Revisionisten noch davon, die westliche Hälfte Anatoliens einem griechischen Großreich einzuverleiben, sämtliche Küsten der Ägäis zu okkupieren und vor allem die ehrwürdige byzantinische Metropole, das heilige Konstantinopel, für ihre Nation und die orthodoxe Kirche zurückzugewinnen. Neuerdings muß man sich mit bescheideneren Zielen zufriedengeben. Die Regierung Papandreou hat unlängst in Saloniki und Athen gigantische Kundgebungen veranstaltet. Brausende Sprechchöre protestierten dagegen, daß die neugegründete süd-slawische Republik Mazedonien, die aus der Erbmasse des Tito-Staates hervorgegangen ist, sich mit einem Namen ziert, der angeblich allein den »hellenischen« Nachfahren der mazedonischen Könige zusteht. Es geht um das historische Erbe Philipps II. und vor allem dessen Sohnes Alexanders des Großen, der die Welt der Antike unterworfen hatte. Ob diese mazedonischen Herrscher tatsächlich einem nördlich siedelnden hellenischen Stamm angehörten, ist wissenschaftlich nicht zu belegen, wohl aber, daß ihre Dynastie durch und durch akkulturiert war und sich der griechischen Schriftsprache bediente.

Nicht nur in Richtung Vardar-Tal und dessen Hauptstadt Skopje richten sich die begehrlichen Blicke der neu-griechischen Expansionisten. Auch die südliche Hälfte Albaniens wird als integrierender Bestandteil des erweiterten Vaterlandes reklamiert. Dieser Anspruch stützt sich – wie stets in diesen Balkan-Regionen – auf konfessionelle Argumente. Wir erwähnten bereits, daß sich ein Fünftel der Bürger der Republik von Tirana zum griechisch-orthodoxen Christentum bekennt. Der Patriarch von Konstantinopel hatte in Absprache mit dem osmanischen Sultan dafür Sorge getragen, daß auch hier der höhere Klerus sich ausschließlich unter den »Phanarioten« und anderen Hellenen rekrutierte. Erschwerend für die kulturelle Selbstbehauptung des albanischen Zweiges der byzantinischen Orthodoxie kam hinzu, daß die Skipetaren – im Gegensatz zu den slawischen Balkan-Völkern – sich nicht auf eine eigenständige Kirchensprache und eine slavonische Liturgie stützen konnten, wie sie sich – von Ohrid ausgehend, gestützt auf das Wohlwollen der bulgarischen Zaren oder Khane – bereits im frühen Mittelalter durchgesetzt hatte. Die großgriechischen Chauvinisten vereinnahmten jeden Christlich-Orthodoxen als Angehörigen ihrer Nation und zögerten nicht, die albanischen Städte Korça, Gjirokastra und Vlora in ihre Annexionspläne miteinzubeziehen. Die Hauptleidtragenden dieser Politik waren die armseligen südalbanischen Saison- und Gastarbeiter, die scharenweise über die griechische Grenze in die Gegend von Janina strömten. Dort hatte zu Beginn des neunzehnten Jahrhunderts der muslimische Gewaltherrscher Ali Pascha Tepeleni selbstherrlich hofgehalten und die verlotterte Truppe des Sultans auf Distanz gebracht. Lord Byron, der englische Barde der wiedergeborenen hellenischen Nation, hat diesen unerbittlichen Tyrannen, der mit seinem würdigen weißen Bart und den blauen Augen so freundlich und gütig wirkte, eindrucksvoll beschrieben. Kein Zweifel, daß es sich bei Ali Pascha um einen Albaner handelte, daß im frühen neunzehnten Jahrhundert auch der südliche Epirus noch überwiegend skipetarisch bevölkert war. Doch von den Wirtschaftsflüchtlingen, die nach der partiellen Grenzöffnung des Jahres 1991 durch die Athener Behörden aufgegriffen wurden, verlangte die griechische Administration nunmehr, daß sie sich aufgrund ihrer orthodoxen Glaubenszugehörigkeit auch als ethnische Griechen deklarierten. Sonst drohte ihnen die sofortige Abschiebung.

Der Präsidentenberater und Pressesprecher Genc Pollo bestreitet gar nicht, daß vor allem im Umkreis von Gjirokastra eine authentische griechische Minderheit vorhanden ist. Aber er verweist zu Recht auf jene weiten Provinzen der heutigen Republik Papandreous, deren ursprünglich slawische oder albanische Bevölkerung im Laufe eines Jahrhunderts und zuletzt noch während des Bürgerkrieges gegen die kommunistischen Partisanen des General Markos zwangsassimiliert und jedes völkischen Eigenlebens beraubt worden sind. Er erwähnt die Schriften französischer Reisender des neunzehnten Jahrhunderts, die bei aller schwärmerischer Begeisterung für die griechische Wiedergeburt mit Trauer feststellten, daß Athen zu jener Zeit ein überwiegend von Albanern bewohntes, trostloses Provinznest, daß ganz Attika von albanischen Dörfern überzogen sei. Echte ethnische Nachkommen der grandiosen hellenischen Kultur des Altertums seien allenfalls noch auf dem Peloponnes und auf einigen Ägäis-Inseln anzutreffen, und Smyrna sei – vor der Eroberung des nunmehr Izmir genannten türkischen Hafens durch die Armee Kemal Paschas und der gnadenlosen ethnischen Säuberung, die darauf folgte – ohne Zweifel viel griechischer gewesen als die heilige Hauptstadt Athen, die Heimat des Perikles.

Wir unterhalten uns eine Weile über die verhängnisvollen Nachwirkungen jener sentimentalen Volkstumsromantik, die von deutschen Ideologen und Linguisten des frühen neunzehnten Jahrhunderts in ganz Ost- und Mittel-Europa, vor allem auch auf dem Balkan kultiviert wurde. Jeder winzigen Sprachgruppe wurde liebevoll und pedantisch nachgegangen, jede Dichtungs- und Legendenwelt neu belebt, gelegentlich auch neu erfunden. Am Ende stand die Explosion der Mini-Nationalismen, die nur auf gegenseitige Ausmerzung und Unterdrückung bedacht waren. Zwar spricht man in ganz Griechenland heute wieder ein Idiom, das den edlen Versen Homers mindestens so nahesteht wie das zeitgenössische Italienisch der Sprache Ciceros oder Vergils. Diese Permanenz, die im wesentlichen dem Beharrungsvermögen des byzantinisch-orthodoxen Klerus zu verdanken ist, täuscht aber allzu leicht über die Tatsache hinweg, daß von der ethnischen Substanz der antiken hellenischen Stämme kaum etwas übriggeblieben ist, daß im Laufe zahlloser Eroberungen, Völkerwanderungen, Zwangsumsiedlungen, Vermischungen – wobei die systematischen Vergewaltigungen durch die Sieger keine unerhebliche Rolle spielten – eine völlig neue Gemengelage entstand. Von Rassenreinheit zu reden ist ohnehin purer Unsinn. Auf dem Balkan sollte ein solcher Anspruch an der eigenen Lächerlichkeit ersticken.

Ähnlich ist es ja um jene Rumänen bestellt, die sich aufgrund einer knapp hundertjährigen Unterwerfung unter die römischen Caesaren als Nachfahren italischer Kolonisten aufspielten. Dabei war unter Kaiser Trajan nur eine geringe Zahl echter römischer Legionäre bis nach Transsylvanien und an die von Ovid besungenen traurigen Strände des Schwarzen Meeres bei Constanza gelangt. Schon damals setzten sich die imperialen Kohorten zum größten Teil aus angeheuerten Barbaren zusammen. Das eigentliche Wunder bestand darin, daß in den beiden Landesteilen Moldau und Walachei, sogar in weiten Landesteilen Siebenbürgens ein Idiom erhalten blieb, dessen lateinischer Ursprung unleugbar ist. In den meisten Fällen klingt das rumänische Vokabular römischer als der entsprechende französische Wortschatz. Aber nur Narren konnten von römischer Kontinuität reden in einem Durchgangsterritorium, dessen rassische Substanz durch die Raubzüge oder Zuwanderungen von Slawen, Bulgaren, Tataren, Magyaren, Türken, Zigeunern, Russen, Sachsen, Juden und griechischen Phanarioten – um nur diese zu nennen – bunt zusammengewürfelt ist.

Wie läßt sich andererseits die bulgarische Nation definieren, die gegen Ende der osmanischen Herrschaft ihre slawische Wiedergeburt vollzog? In Wirklichkeit reichen ihre Ursprünge auf eine frühe turanische Invasion zurück, die – aus den Tiefen Asiens hervorbrechend – erst vor den gewaltigen Mauern Konstantinopels zum Stillstand kam. Die Adels- und Erobererkaste im Umkreis des herrschenden Khans entstammte der gleichen bulgarischen Ethnie, die sich bei ihrer Westwanderung zweigeteilt und mit ihrem nördlichen Flügel den frühzeitig islamisierten Bulgaren-Staat von Bolgar an der Mittleren Wolga begründet hatte. Die Süd-Bulgaren hingegen wurden von byzantinischen Missionaren christianisiert. Sie gingen schon im ersten Jahrhundert nach ihrer Niederlassung auf dem Balkan in der slawischen Völkermasse unter und nahmen deren Sprache an. Es wäre müßig, die völkischen Zersplitterungen und Überlagerungen in dieser konfusen Südostkante Europas bis in alle Einzelheiten zu verfolgen. Das bleibe den Ethnologen überlassen. Doch ist es für die allgemeine Begriffsverwirrung bezeichnend, daß noch in unserem Jahrhundert die rein serbo-kroatischen Muslimani Bosniens, die ihren slawischen Typus – blond und blauäugig – am reinsten erhalten haben, aufgrund ihrer koranischen Religionszugehörigkeit als »Türken« bezeichnet werden.

Genc Pollo ist ein bemerkenswertes Produkt dieser mazedonisch-albanisch-griechischen Durchkreuzung. Da wirkt dieser blonde, weltgewandte Mann, dessen Heiterkeit sich vom gedrückten Gemüt seiner meisten Landsleute wohltuend unterscheidet, wie ein antiker Hellene, aber er gebärdet sich – trotz seiner Zugehörigkeit zur griechisch-orthodoxen Kirche – als dezidierter Verfechter der albanischen Nationalansprüche. Ob denn dieses Nebeneinander unterschiedlicher und oft konträrer Konfessionen auf einem so eng begrenzten Gebiet nicht zwangsläufig zu internen Reibereien, ja zu blutigen Spannungen führen müsse – siebzig Prozent Muslime, zwanzig Prozent orthodoxe Christen, rund zehn Prozent Katholiken leben in Albanien –, will ich wissen. Der Regierungssprecher weist das weit von sich. In religiöser Hinsicht wirkt wohl der unerbittliche Atheismus Enver Hodschas nach, der alle Differenzen unter der kommunistischen Einheitsideologie niedergewalzt hat. »Im übrigen«, so erklärt Pollo, »haben wir ein wohl ausgeklügeltes System erfunden, wonach der Staatspräsident stets Mohammedaner und der Regierungschef griechisch-orthodoxer, der Parlamentspräsident katholischer Christ sein soll. Auch die wichtigsten Ministerien werden nach überwiegend konfessionellen Kriterien aufgeteilt und die Machtverhältnisse auf diese Weise ausgependelt.«

Plötzlich fühle ich mich wieder in den Libanon und sein »Taifa«-System versetzt. Welche bleibenden Spuren die osmanische Herrschaft doch allenthalben mit ihrer »Millet«-Verwaltung hinterlassen hat! Im Libanon, der mir so vertraut ist, mußte ja gemäß den Bestimmungen des »Pacte National« aus dem Jahr 1943 der Präsident stets ein maronitischer Christ, der Premierminister ein sunnitischer Muslim, der Parlamentspräsident ein Schiite, der Außenminister ein Melkit sein. Die Ämterverteilung je nach »Taifa« hatte sich im Land der Zeder bis in die bescheidensten Verwaltungsfunktionen fortgesetzt. Dieser Proporz bildet die tragende Plattform, aber auch die unerträgliche Crux dieser Zwergrepublik, die nach endlosem Bürgerkrieg unter syrisches Kuratel geraten ist. Ob Albanien ähnliche Belastungen und Prüfungen bevorstehen wie dem Libanon, der sich einst seiner multikulturellen Vielfalt gerühmt und – sehr zu Unrecht – als »Schweiz des Orients« gebrüstet hat?

Wie es denn um den Derwisch-Orden der Bektaschi bestellt sei, will ich am Ende unserer Konversation wissen. Immerhin sollen doch mindestens vierzig Prozent der skipetarischen Muslime dieser Sufi-Bruderschaft traditionell nahestehen. Dieses Mal antwortet Genc Pollo mit einem völlig entkrampften Lachen. »Die Bektaschi sind liebe und harmlose Leute«, erklärt er. »Das sind gute Menschen. Wer kommt noch auf den Gedanken, daß diese Sekte einst die Janitscharen des Sultans zu ihrer legendären Tapferkeit, zu ihrer islamischen Eroberungswut anregten und sie fanatisierten? Unsere Bektaschi von heute sind duldsam und verträglich. Sie verstehen sich brüderlich mit den Christen, nehmen es mit der Religion nicht so genau und trinken gern unseren kräftigen Traubenschnaps, den Raki.« Von den Nachfahren dieses mystischen Kriegerordens sei nicht die geringste Gefahr einer islamisch-fundamentalistischen Erweckungsbewegung zu befürchten.

Eine halbe Million Bunker

Durres, im April 1994

Der Hafen Durres erscheint mir wie die Kulisse eines Alptraums. Die als blaues Ferienziel gerühmte Adria gleicht an diesem Tag einem arktischen Meer. Der weiße Sandstrand, der mir aus dem Jahr 1972 noch als einladender Badeplatz in Erinnerung blieb, verschwindet nunmehr hinter grauen, abblätternden Häuserzeilen von fünf oder sechs Stockwerken. Sie scheinen nach dem Vorbild riesiger Streichholzschachteln errichtet worden zu sein. Dies seien die Ferien- und Erholungsanlagen, die der »Diktator« seinem Volk hinterlassen habe, erzählt der Fahrer Shkelquim. Diese Kuraufenthalte seien von der Bevölkerung hoch geschätzt worden, die ja etwas Besseres nie gekannt habe. Jetzt seien dort Flüchtlingsfamilien, überwiegend aus dem Kosovo, untergebracht. Die Einquartierung hat zur Folge, daß der ganze Küstenstreifen einer weit verstreuten Mülldeponie gleicht. Der Hafen Durres mit seinen verrosteten Kränen weist keine nennenswerte Umschlagtätigkeit auf. Ein paar kümmerliche Frachter liegen vor Reede. Zwei haben die Fahne Panamas gehißt. Im Dunst mache ich auch die liberianische Kennung auf einem »Seelenverkäufer« aus.

Durres ist einmal ein ansehnliches Städtchen gewesen. Auf steilen, bewaldeten Höhen sind prächtige Villen im Toskana-Stil zu erkennen. Eine davon dient wohl noch als Gästehaus für hohe Besucher aus dem Ausland. Längs der früheren Strandpromenade sind die Alleen gefällt worden. Wollten die Militärs sich freies Schußfeld gegen eine eventuelle Invasion verschaffen, oder hatte es der Bevölkerung an Brennholz gefehlt? Am Rand der Hafenzone steht viel Militär auf Posten. In einer Kaserne sind zwei Kompanien Soldaten in ihren erdbraunen Uniformen zum Flagge-Einholen angetreten. Das schöne rote Banner mit dem schwarzen Doppeladler paßt schlecht zu dieser bedrückenden Realität. Auf dem Hauptplatz von Durres fuchtelt eine heroische Gestalt aus Bronze im Stil des sozialistischen Realismus mit einem Gewehr in der Hand.

Shkelquim zeigt mir die mächtigen Festungsanlagen, die Byzantiner, Venezianer und Türken im Laufe der Jahrhunderte aufeinandergetürmt haben. Ich habe ihn vor dem Hotel in Tirana wegen seiner freundlichen Art aus einer ganzen Reihe wartender Taxifahrer ausgewählt und dadurch einen heftigen Zusammenstoß mit einem grobschlächtigen Koloß ausgelöst, der die Priorität beanspruchte. Bei dieser kurzen Auseinandersetzung gingen die beiden Männer wie reißende Wölfe aufeinander los und vermittelten mir einen Augenblick lang eine Vorstellung von der schlummernden gewalttätigen Veranlagung dieses Volkes. Ich nahm an, daß ich mit Shkelquim italienisch radebrechen müßte, der in Tirana weitverbreiteten Verkehrssprache. Aber der Fahrer drückte sich in geläufigem Deutsch aus. Auf irgendwelchen Schleichwegen der deutschen Asylpolitik war es ihm gelungen, sieben Monate in Hamburg zu arbeiten und dort genug Geld zu verdienen, um sich einen gebrauchten Mercedes zu kaufen. Dieses Fahrzeug bildet nunmehr die Grundlage seines Taxigeschäftes. Immer wieder stelle ich das Vordringen deutschen Einflusses selbst in dieser abgelegenen Balkan-Republik fest. Auch hier ist die D-Mark weit mehr als der US-Dollar die allgemein akzeptierte Leitwährung. Kein Wunder, daß die britischen und französischen Partner der Europäischen Union sich über diese unwiderstehliche Wirtschaftsexpansion des germanischen Verbündeten Gedanken machen.

Von der Küste ist Tirana durch sechzig Kilometer Flachland getrennt. Die einst malariaverseuchte Ebene steht infolge der unaufhörlichen Regengüsse unter Wasser, so daß die Äcker auf den ersten Blick wie Reisfelder aussehen. Ich verschwende geringe Aufmerksamkeit auf die feuchte Landschaft. Das Auge wird gebannt durch Hunderte von Betonbunkern, die wie häßliche graue Pilze aus dem Boden wachsen. Manchmal entsteht sogar der Eindruck, als wühlten sich dort – wie in amerikanischen Horrorfilmen – phantastische, surrealistische Ungeheuer aus dem Schlamm und würden alsbald zu einer grausigen, menschenvernichtenden Tätigkeit ansetzen. Die Bunker erklimmen jede Böschung zu Dutzenden, nisten sich zwischen Wohnkasernen und Fabrikhöfen ein. Sie bieten ein Schauspiel des Grauens. Sogar in die schmucklosen muslimischen Friedhöfe sind diese Scheusale aus Beton vorgedrungen. Wenn gelegentlich eine Schafherde vor den leeren Schießscharten weidet, kommt die Befürchtung auf, die Tiere könnten plötzlich durch diese unheimlichen Roboter verschlungen werden. Die Bunker variieren in ihrem Ausmaß. Meist handelt es sich um eine kugelförmige Stellung für zwei, höchstens drei Verteidiger. Aber es gibt auch massive Befestigungen, die einem Vergleich mit dem deutschen Atlantikwall in der Normandie und im Pas-de-Calais standhalten würden. Mit erheblichem Aufwand sind Stahlscharniere in diese trostlosen Blöcke eingeschweißt worden, Kinnladen der Monster gewissermaßen, um eine rotierende Bewegung zu ermöglichen und das Schußfeld zu erweitern.

»Für jeden dieser Bunker hätte man mit gleichem finanziellen Aufwand eine Wohnung bauen können«, kommentiert Shkelquim. »Stellen Sie sich vor, wir Albaner würden heute über eine halbe Million neuer, menschenwürdiger Behausungen verfügen! Statt dessen hat man uns diese Klötze in die Landschaft gesetzt.«

Immerhin haben sich in manche dieser kriegerischen Anlagen obdachlose Familien, meist Zigeuner, einquartiert. Kinder spielen vor den düsteren Silhouetten, und aus dem Inneren steigt der Rauch der Kochstellen auf. Die bunten Röcke der dunkelhäutigen Frauen bilden einen seltsamen Kontrast. Oft werden diese improvisierten Wohnstellen von Parabolantennen überragt. Als ich mir jedoch eine verlassene Stellung näher anschauen will, pralle ich zurück. Das strategische Objekt der Hodscha-Diktatur ist zur ekelerregenden Bedürfnisanstalt verkommen.

Vor der Küste von Durres halte ich vergeblich nach Spuren amerikanischer Militärpräsenz Ausschau. In Tirana habe ich erfahren, daß der US-Navy von der Regierung Berisha die Benutzung des südlichen Hafens Vlora zugestanden wurde. Auch Aufklärungsflugzeuge starten zur Beobachtung des gesamten Balkans von diskreten albanischen Stützpunkten. Im benachbarten Mazedonien rückte eine Abteilung von GIs an die serbische Grenze, um dort eine wirksamere Abschreckung zu praktizieren, als es bei den übrigen UNO-Kontingenten üblich ist. Offenbar hat man in Washington endlich erkannt, welche herausragende strategische Bedeutung Albanien erhielte, falls der jugoslawische Bürgerkrieg auf die Kosovo-Provinz und dann wohl auch ziemlich unaufhaltsam auf die neugegründete Republik Mazedonien übergreift.

Nach Tirana zurückgekehrt, bietet sich mir in der großen Empfangshalle des »Dajti«, wo es sonst zugeht wie in einem schmuddeligen Bazar, ein unvergeßliches Schauspiel. Die Augen aller Anwesenden sind fasziniert auf eine kleine Gruppe hochrangiger amerikanischer Offiziere gerichtet, einen General und ein paar Obristen, die in dieser Umgebung von zwielichtigen Geschäftemachern, ratlosen europäischen Wirtschaftsexperten und tuschelnden Mafiosi wie Gestalten von einem anderen Stern wirken. Die Amerikaner – in eleganter, geradezu geschniegelter Uniform, mit breiten Ordensspangen, alle von hohem Wuchs und mit Charakterköpfen ausgestattet, die jedem Hollywood-Schauspieler von John Wayne bis Robert Mitchum Ehre gemacht hätten – vermitteln durch ihre bloße Anwesenheit und ihr selbstsicheres Auftreten das Gefühl, daß soeben die Repräsentanten der letzten großen Welt – und Hegemonialmacht eingetroffen, daß sie allein in der Lage seien, der unheimlichen Entwicklung dieser Krisenzone erfolgreich gegenzusteuern.

Am Abend suchen wir eines der neuen italienischen Luxuslokale auf. Es heißt »Piazza« und ist uns von der Botschaft empfohlen worden. Der Service ist perfekt und das Personal hochelegant kostümiert. Der protzige Aufwand dieses Lokals steht in krassem Gegensatz zu seiner baufälligen, verschluderten Umgebung. Den Heimweg legen wir durch kaum beleuchtete Straßen zu Fuß zurück. Ausnahmsweise hat sich der Regen eine Pause gegönnt. Es sind vor allem junge Leute, die im Umkreis der Ethem-Bey-Moschee wie bei einem Korso kreisförmig flanieren. Keine Sekunde lang fühlen wir uns verunsichert oder gar bedroht. Noch ist Tirana von den gewalttätigen Auswüchsen jenes Mafia-Unwesens weitgehend verschont, das die meisten anderen Großstädte des früheren Ostblocks heimsucht und dort einen nächtlichen Spaziergang in ein lebensgefährliches Abenteuer verwandelt.

*

Tirana, im April 1994

Vor dem Besuch bei Staatspräsident Sali Berisha habe ich in einer Albanien-Reportage des Journalisten Joseph Roth aus dem Jahr 1929 geblättert. Damals herrschte König Ahmed Zogu über das Land der Skipetaren. Der »Monarch« hatte seine Karriere als junger Clan- und Bandenführer begonnen und als Innenminister seine Position Zug um Zug gefestigt. Am Weihnachtstag des Jahres 1924 führte er seinen Staatsstreich mit Hilfe jugoslawischer Militäreinheiten, von Veteranen der weißrussischen Wrangell-Armee und finsteren Söldnergestalten, durch, die im Dienste der in Albanien prospektierenden Erdölgesellschaften standen. Das Szenario mutet im heutigen Balkan eigenartig vertraut an. Ein Jahr vor dem Besuch Joseph Roths hatte Zogu sich zum König gekrönt. Gleichzeitig stützte er sich auf die Feudalfamilien und verpfändete seinen Staat an Benito Mussolini. Joseph Roth hat seine Audienz bei diesem Monarchen aus der Retorte mit verhaltenem Spott beschrieben.

»Ahmed Zogu beginnt auf Deutsch zu sprechen – er hat in österreichischen Diensten gestanden«, so heißt es in dem damaligen Bericht der *Frankfurter Zeitung.* »Ob ich schon lange in Albanien sei. Wie lange ich zu bleiben gedächte. Wann und wohin ich mich begeben wolle. Er wünsche nichts anderes von den Berichterstattern als die Wahrheit. Die Wahrheit – erwidere ich – sei eine relative Sache. Was dem einen wahr erscheine, halte der andere für eine Lüge. Deutsche Berichterstatter seien jedenfalls vom Drang nach Wahrheit beseelt. – Im übrigen habe ich keine Fragen zu stellen, weil ich mir alle selbst beantworten könnte. Interviews sind die bequemeren Mittel journalistischer Verlegenheit. – Auferstehung aus dem Fauteuil. Lächeln auf allen Gesichtern. Verbeugung. Verbeugung. Verbeugung. – Adjutant. Posten. Salutieren.«

Soweit Joseph Roth. Offenbar schrieb man damals in der *Frankfurter Zeitung* noch lustigere Reportagen als in ihrer heutigen Nachfolgerin. Was mir an diesem Text besonders gefällt, ist die Illusionslosigkeit, mit der der Kollege die übliche Fragestellerei der Pressevertreter bewertet. »Interviews sind die bequemeren Mittel journalistischer Verlegenheit.« Würden sich doch unsere heutigen Fernsehkorrespondenten ein wenig daran halten, die jeder braven Zulu- oder Tamilen-Frau – vorausgesetzt sie kann ein wenig Englisch stammeln – das Mikrophon hinhalten und dann völlig belanglose, oft manipulierte Aussagen als Verkündung authentischer Sachverhalte hochjubeln. Voraussetzung für eine tatsächliche Verwertung und Ausstrahlung einer solchen Zufallsaussage ist natürlich die ideologische Konformität mit der vorgefaßten Meinung des Befragers und der Redaktion.

Die abenteuerliche Figur des Ahmed Zogu ist mir übrigens auf ganz besondere Weise aus meinen frühen Internatsjahren in Erinnerung. Anläßlich seiner Vermählung mit der bildhübschen ungarischen Gräfin Aponyi hatte der König der Skipetaren eine riesige Sonderbriefmarke drucken lassen, die ich in meine Sammlung einordnete. Das liebliche Gesicht der magyarischen Comtesse hatte es mir damals angetan.

In den Amtsräumen Sali Berishas geht es weniger malerisch zu als zu Zeiten König Zogus, der am Karfreitag 1939 nach der militärischen Invasion der Italiener Tirana überstürzt verließ, seine gesamte Staatsschatulle in Gold mitnahm und nach Griechenland flüchtete. Dem republikanischen Nachfolger Sali Berisha geht der Ruf voraus, ein autoritätsbewußter Mann zu sein. Sein Sprecher Genc Pollo hat mir bestätigt, daß jede wichtige Entscheidung über den Schreibtisch des Präsidenten läuft. Auch die Spannung im griechischen Grenzgebiet hat er zur Chefsache erklärt. Mit seiner Demokratischen Partei hat er 1992 einen überzeugenden Wahlsieg davongetragen, aber er verstand es besser als gewisse Kollegen des zerbrochenen Ostblocks, die Rückeroberung der Macht durch Funktionäre der früheren Kommunistischen Partei, nunmehr als Sozialisten ausgewiesen, zu verhindern. Berisha spürte früh genug, daß seine Politik der konsequenten Privatisierung, der auf Biegen und Brechen eingeführten Marktwirtschaft, auf erheblichen Widerstand bei der Bevölkerung stieß, die sich nach dem alten sekurisierenden Sklavendasein der Hodscha-Epoche zurückzusehnen begann. Es traf sich gut, daß ihm sein gefährlichster Gegenspieler, Fatos Nano, der Führer der Sozialisten, einen Vorwand bot, ihn der Veruntreuung italienischer Finanzspenden und dazu noch der heimlichen Verschwörung mit dem griechischen Erzfeind, der Pasok-Partei Papandreous, zu beschuldigen. Fatos Nano wurde zu zwölf Jahren Gefängnis verurteilt und somit aus dem Verkehr gezogen. Da konnte man mit kleineren Gruppierungen – wie etwa den ultrakonservativen »Republikanern« großzügiger umgehen. Von seiten der ehemaligen Königsfamilie ist nicht viel zu befürchten. Der Thronanwärter und Sohn Zogus lebt in Süd-Afrika, wo er im Ruf eines ziemlich skrupellosen Waffenhändlers steht.

Sali Berisha deklariert sich als sunnitischen Muslim. Von Beruf ist er Kardiologe. Er sieht attraktiv aus und kokettiert mit seiner Eitelkeit. In Frankreich würde man ihn als »homme à femmes« bezeichnen. Beim Gespräch entwickelt er großen Charme. Meiner Frau gegenüber legt er eine geradezu südländische Galanterie an den Tag. Ich spule meine Fragen ab – die Verständigungssprache ist Englisch. Ebensowenig wie Eugen Roth erwarte ich große Enthüllungen. Festzuhalten bleibt allenfalls die Aussage, daß Tirana für seine Blutsbrüder im von den Serben unterjochten Kosovo als Mindestzugeständnis die Rückkehr zu den jugoslawischen Verfassungsverhältnissen von 1974, also weitgehende Autonomie verlangt. Auch die Rechte der Albaner in Mazedonien, so fordert Berisha, müßten zu einer totalen Gleichstellung mit dem slawischen Staatsvolk ausgeweitet werden. Erst ganz allmählich, aber unwiderstehlich werde sich die nationale Einheit jener acht Millionen Skipetaren verwirklichen lassen, die heute noch auf mehrere Staatswesen verteilt leben.

Die Zukunft des Kosovo malt er in düsteren Farben. Wenn es dort zum Krieg kommt, würden die Kämpfe zwangsläufig auf Mazedonien übergreifen, und dann hätte man es nicht mehr mit einem konfessionellen Lokalkonflikt wie in Bosnien zu tun, sondern mit einer Explosion des balkanischen Pulverfasses. Vielleicht, so hoffe er, sei die Welt inzwischen jedoch durch die bosnische Tragödie sensibilisiert worden und werde ihre bisherige Lethargie abschütteln. Die Ereignisse rund um die bosnische Stadt Goražde, die zu diesem Zeitpunkt wieder einmal unter dem Feuer der Serben liegt, sprächen leider eine andere Sprache. Den Albanern sei durch seine dezidierte Wirtschaftsliberalisierung eine Serie von kaum erträglichen Opfern auferlegt worden, gibt er unumwunden zu, aber er sehe keinen anderen Weg, die von Enver Hodscha und Ramiz Alia hinterlassene Misere zu überwinden. Im übrigen seien die ersten positiven Resultate ja bereits zu spüren. Am Ende beteuert Berisha seine Absicht, sobald wie möglich der Europäischen Union und der Atlantischen Allianz beizutreten.

Wie Joseph Roth schreite ich beim Verlassen der Residenz an salutierenden Wachen vorbei und trete dann in den unaufhörlichen Regen hinaus, der sich wieder zur Dusche verdichtet hat. Der Kollege Astrit treibt uns zur Eile an, denn es erwartet mich noch ein Treffen mit dem »Ministerpräsidenten« der albanischen Kosovo-Regierung, der kurz vor dem Abflug nach Rom steht. Bujar Bukoshi ist in einer Villa untergebracht, die zu Zeiten Hodschas dem damaligen Regierungschef Mehmet Shehu zugewiesen war. Für albanische Verhältnisse ist das eine prächtige Residenz, fast ein Palast. Viel besser als ein balkanisch aufgeblähtes »Wandlitz« ist diese Nomenklatura-Behausung dennoch nicht. Die Sessel sind in tristem Beige überzogen. Licht wird erst gar nicht eingeschaltet. In den langen Regalen der Wandbibliothek langweilen sich vier Bücher.

Astrit hat für Mehmet Shehu eine gewisse Hochachtung bewahrt. Bei ihm habe es sich zwar um einen eingeschworenen Kommunisten, aber um einen Mann von Format und großem Mut gehandelt. Shehu hatte bereits im Spanischen Bürgerkrieg gedient, ehe er sich in die Partisanenkämpfe seiner Heimat während der Achsenbesatzung mit eiserner Faust einschaltete und die rivalisierenden Gegner aus dem Felde schlug. Für Enver Hodscha war dieser Kraftmensch, dessen Großvater ein hochangesehenes Oberhaupt, ein »Baba«, des Bektaschi-Ordens gewesen war, wohl allzu einflußreich geworden. Angeblich hatte Mehmet Shehu Selbstmord begangen. In Wirklichkeit wurde er nach stalinistischem Modell liquidiert.

Auch an dem Exil-Albaner aus dem Kosovo interessierte mich mehr das Studium seiner Persönlichkeit als der Inhalt der ohnehin voraussehbaren Deklaration. Von dem schmächtigen Mann mit dem angegrauten Haar geht eine große Herzlichkeit aus, die sogar die düstere Atmosphäre der ehemaligen Mehmet-Residenz zu erhellen scheint. Bukoshi spricht perfekt Deutsch. Kein

Wunder, er hat in Stuttgart gelebt, wo er ursprünglich als Arzt praktizierte, ehe er sich im Untergrundkampf der Befreiung des Kosovo widmete. Ein Aufenthalt in seiner Heimat ist ihm aus Gründen elementarer Vorsicht untersagt. »Ich würde dort nicht lange am Leben bleiben«, meint er. So versucht er aus dem Ausland die Demokratische Liga der albanischen Kosovarer zu inspirieren und vor allem jene Abgaben bei den in der Fremde arbeitenden Kompatrioten einzutreiben, die für das Durchstehen des heimischen »Kulturkampfes« unentbehrlich sind. Gerade vor drei Tagen ist das letzte Sprachinstitut der Skipetaren in Priština durch die serbische Polizei gestürmt und eine Reihe von Angehörigen der Liga brutal mißhandelt worden.

Der »Präsident« der Republik Kosovo, der bekannte und extrem behutsame Dichter Ibrahim Rugova, kann es sich hingegen leisten, im Land zu bleiben. Er ist geschützt durch sein internationales Renommee. Die Demokratische Liga, der er vorsteht, gibt sich übrigens mit einer Autonomie des Kosovo nicht mehr zufrieden und visiert die volle Unabhängigkeit an. Dann werde es wohl zunächst einmal zwei albanische Staaten geben, meint Bukoshi. Der Kosovo befinde sich dank der Entwicklungspolitik Marschall Titos ohnehin auf einem höheren Niveau als die Republik von Tirana. Die Zukunft bleibe offen.

Auf eine eventuelle islamische Renaissance angesprochen, wehrt der Exil-Ministerpräsident energisch ab. Was sich im Kosovo entwickle, sei ein bodenständiger Nationalismus. Die Tatsache, daß sich die dortigen Skipetaren mit der Ausnahme weniger katholischer Dörfer zum Koran bekennen, spiele eine untergeordnete Rolle, auch wenn die Serben immer wieder aus propagandistischen Gründen das Gespenst des Fundamentalismus an die Wand malten. Ich solle doch einmal in Tirana die Freitagsmoschee Ethem-Bey aufsuchen und mich von der geringen Zugkraft des islamischen Erneuerungsgedankens überzeugen.

Diese Besichtigung hatte ich bereits vorgenommen und festgestellt, daß das mit Blumenmotiven prächtig geschmückte Gebetshaus zwar bis in die letzte Ecke mit Gläubigen gefüllt war, daß die Alten jedoch in der Mehrzahl waren und die Jüngeren – auf die äußere Plattform verbannt – kein eindrucksvolles Aufgebot zustande brachten. Da fielen einem die zerlumpten Zigeunerkinder weit mehr ins Auge, die sich – von ihrer Mutter aus einigem Abstand mit taktischem Geschick dirigiert – auf die wohlhabend wirkenden Moschee-Besucher stürzten und Almosen heischend deren Beine umklammerten.

Vor seinem eiligen Aufbruch zum Flugplatz schreibt mir Bujar Bukoshi einige Telefonnummern und Namen in Priština auf, damit ich dort mit dem diskreten albanischen Widerstand in Kontakt treten könne.

*

Das Weltzentrum der Bektaschi hat nach dem Verbot dieses Derwisch-Ordens durch Atatürk im Jahr 1929 seine Zuflucht und seinen neuen Schwerpunkt in Albanien gefunden. Diese wichtigste »Tekke« hatte ich mir allerdings ganz anders vorgestellt. Das große schmucklose Gebäude aus Zement und rohen Ziegeln liegt am Rande von Tirana. Gipsverschmierte Arbeiter sind lässig damit beschäftigt, die unter der Ära der Gottlosigkeit verwüsteten heiligen Gräber neuzugestalten. Im Inneren verwenden sie dafür weißen Marmor und grüne Seide. Aber die Betonstruktur der Außenkuppeln dieser »Türbe« ähnelt irgendwie den Bunkern Enver Hodschas. In unmittelbarer Nachbarschaft bietet sich ein erschütternder Kontrast. Die Slums – meist von Roma bewohnt – sind hier den »Bidonvilles«, den Kanister-Städten Schwarzafrikas, verwandt. Die Zigeunerkinder spielen in knöchelhohem Schlamm und ernähren sich offenbar nicht viel besser als die schwarzen Ziegen, die auf den Abfallhalden nach Essensresten suchen.

Im Inneren der großen »Tekke« der Bektaschi geht es hingegen recht feierlich zu. Wir betreten einen riesigen Beratungsraum, dessen großflächige Dekorationen sich durch Kitsch, Naivität und Häßlichkeit auszeichnen. Baba Reshat Bardhi ist das offizielle Oberhaupt dieser seltsamen Tariqat. Ein silberner Rauschebart bedeckt seine Brust. Um den Fez ist ein grüner Turban gewunden. Der hochgewachsene, immer noch ungebeugte Greis ist in einen grauen Kaftan gehüllt. Außer ein paar wertlosen Ringen trägt er keinen Schmuck. Zum Glück ist Astritt zur Stelle, denn das Bektaschi-Oberhaupt, dessen Vorgänger zu den

Säulen des Osmanischen Reiches zählten, spricht nur Albanisch. Offenbar ist ihm trotz seiner hohen religiösen Funktion das Koran-Arabische abhanden gekommen. Dennoch hat er sich als aufrechter Mann des Glaubens bewährt. Der jetzt Achtzigjährige hat von 1946 bis 1961 im Gefängnis gesessen, dann wurde er von Enver Hodscha bis 1975 in ein einsames Gebirgsdorf verbannt.

Ich schaue mich in dem weiten Saal um, nachdem der »Baba« auf einem thronähnlichen Sessel Platz genommen und mich mit würdiger Geste aufgefordert hat, an seiner Seite zu sitzen. Reshat Bardhi redet bedächtig, aber mit kräftiger Stimme. Mir fallen seine hellblauen Augen auf, die man bei so manchen Nachfahren der Janitscharen antrifft. Das Gespräch beginnt mit den üblichen Höflichkeitsfloskeln. Dann lasse ich mir die überlebensgroßen Porträts und Legendenszenen erklären, die hier Gegenstand einer zutiefst un-islamischen Bilderverehrung sind. Die Ikonographie erinnert eher an die einfältigen Malereien nestorianischer oder assyrischer Kirchen in Südost-Anatolien oder Iranisch-Aserbeidschan. Wieder einmal genießt der erste Imam der Schiiten, Ali Ibn Abi Talib, einen deutlichen Vorrang. Sein Antlitz blickt von mehreren Wänden, und sein Name ist in arabischen Lettern häufiger an die Säulen geschrieben als die Anrufung Allahs oder Mohammeds.

Das zentrale Gemälde stellt die fünf wichtigsten Erlösungsfiguren dieses esoterischen Ordens dar: Mohammed, Ali, an zentraler Stelle Fatima, die Prophetentochter und Gattin Alis, sowie deren Söhne Hassan und Hussein. Überall stoße ich auf die geöffnete Hand der Fatima, die im ganzen Islam verbreitet ist. Doch an dieser Stelle sollen die Finger auf die eben aufgezählte »Fünffaltigkeit« der Bektaschi verweisen, belehrt mich der Baba.

Bei diesen Derwischen hat das Trauerritual »Muharram«, das die Schiiten in mystischen Geißelungsprozessionen vollziehen, um des Märtyrertodes des Imam Hussein, des zweiten Fatima-Sohnes, zu gedenken, größere Bedeutung als der sunnitisch betonte Fastenmonat Ramadan. Während des »Muharram« sei bei ihnen das Essen erlaubt, nicht aber das Trinken. Ich frage wohlweislich nicht, ob mit dieser Lizenz der Alkoholgenuß gemeint ist, dem sich diese Sektierer stets hingegeben haben. Andererseits praktizieren die Eingeweihten dieser Tariqat das Zölibat, oder sie verlassen bei Erlangung der höheren Weihen ihre bisherige Familiengemeinschaft. Wieder erweist sich, daß bei den kriegerischen Janitscharen die schiitischen Glaubenselemente höher im Kurs standen als die strengen und relativ schlichten Vorschriften der Sunna.

Die synkretistische Legendenwelt der türkischen Alevi ist hier nicht fern. Sultan Mahmud, der im Jahr 1826 nach der Niedermetzelung der aufsässigen Janitscharen auch die Bektaschi-Sekte sowie andere »Heulende« oder »Tanzende« Derwische unter Kuratel stellte, muß nach der Ausschaltung der aufsässigen Prätorianer ein immenses Gefühl der Erleichterung empfunden haben. Als ich Astrit darauf anspreche, antwortet er jedoch mit einem Lächeln. »Sie kennen doch den Satz: Der Sultan fürchtet sich mehr von den Intrigen seiner Eunuchen als vor dem Aufstand seiner Janitscharen.« Wie weit man in dieser »Tekke« vom rechtgläubigen Islam entfernt ist, läßt sich an der bildlichen Darstellung des Propheten Mohammed erkennen, die andernorts strengstens untersagt ist. Meine Frage, ob die Bektaschi – ähnlich wie die Alevi oder Drusen – auch an die Seelenwanderung glauben, findet keine Beachtung. Die letzten Pforten des Mysteriums bleiben verschlossen.

Wirrer Obskurantismus hat sich hier der ansonsten so klaren, fast abstrakten Lehre des Korans bemächtigt, die jede anthropomorphe Darstellung strikt untersagt. Das läßt sich an den Figuren heiliger Männer erkennen, die auf Löwen einherreiten, oder an den entrückten, von riesigen Turbanen gekrönten Mienen der letzten vier Babas, die seit 1929, seit der Umsiedlung von Ankara nach Tirana, dieser merkwürdigen Gemeinde vorstanden. Natürlich war auch der große Gründer, Hadschi Bektasch Veli, an hervorragender Stelle dem Heiligenkult freigegeben. Dieser Mystiker hatte im dreizehnten Jahrhundert sein erstes Kloster in der Nähe von Ankara eingerichtet, aber der Geburtsort des Sufi lag in der ost-iranischen Landschaft Khorasan. Wieder einmal verweisen die Ursprünge der religiösen Abweichung auf die persische Heimat des Zarathustra, wo auch die Häresie der Manichäer, aus der sich sowohl die Bogumilen als auch die Katharer ableiten lassen, ihre Brutstätte besaß.

Bevor Reshat Bardhi mich zu der eigentlichen Gebetshalle begleitet, wo die heutigen Bektaschi noch ihre »Dhikr«-Zeremonien abhalten und sich durch rhythmisches Anrufen Allahs und Alis, durch tänzerische Bewegungen des Oberkörpers allmählich in Trance steigern, werde ich auf eine arabische Inschrift verwiesen: »Allah bringe uns den Frieden mit wahrer Gerechtigkeit«, steht da zu lesen. »Allah bringt wahre Ruhe, damit wir niemandem Leid antun; die Liebe unter den Menschen muß wie eine Kette geschmiedet werden; Allah verhüte jede Teufelei; Er gewähre uns Schweigen und Geduld.«

Der Baba verabschiedet mich mit einem dreifachen Bruderkuß, und ich meditiere noch eine Weile über die erstaunliche Wandlung, die mit diesem kriegerischen Mönchsorden – soweit man diesen Begriff auf den Islam übertragen kann – vorgegangen ist. Immerhin sind die Janitscharen mehrere Jahrhunderte lang die Speerspitze des »Dschihad«, der gewaltsamen islamischen Expansion in drei Kontinenten gewesen. Die Begleiter und Gefährten des Baba bringen uns schnell auf den Boden der traurigen Realität zurück. Diese angeblichen Sektenangehörigen, diese »Muriden«, starren noch mehr vor Schmutz als die meisten ihrer Landsleute. Ihre Gesichter drücken heuchlerische Verschlagenheit aus, und es hätte mich nicht gewundert, wenn sie neben ihrer Statistenrolle in dieser »Tekke« auch noch als Polizeispitzel tätig wären.

Beim Abendessen, das am folgenden Tag in der deutschen Botschaft stattfindet, hat mich Botschafter Claus Vollers neben den albanischen Außenminister Alfred Serreqi plaziert, der vorzüglich Französisch spricht. Serreqi ist Katholik und in religiösen Fragen völlig unbefangen. Er beklagt, daß die orthodoxen Serben sich auf dem Balkan wie ein »auserwähltes Volk« aufführen würden. Natürlich will ich von ihm wissen, was er von den Bektaschi denkt. Auch er – ähnlich wie Genc Pollo – hält sie für nette, gastliche Menschen. Ihre Zahl werde immer noch auf rund dreihunderttausend geschätzt, aber die alte Kraft und Motivation sei ihnen längst abhanden gekommen. Im übrigen würden diese Derwisch-Bruderschaften vom strengen Islam der »Ulama« und auch von den Fundamentalisten scharf verurteilt, sogar des »Kufr«, des Abfalls vom wahren Glauben, bezichtigt.

Bei der sich im gesamten »dar-ul-Islam« anbahnenden Rückbesinnung auf die strikte Koran- und Hadith-Befolgung sei für die Sufi, die Mystiker, kein Platz mehr.

Dem Außenminister machen jene Prediger und Missionare des Halbmondes weit größere Sorgen, die er als »les barbus«, die »Bartträger«, bezeichnet und die als Künder von »Salafiya« und »Usuliya« auftreten. Wo diese Eiferer im ehemaligen Atheisten-Staat Enver Hodschas auf unfruchtbaren Boden stießen, würden sie mit klingender Münze, mit finanziellen Stiftungen großzügig nachhelfen. Nach und nach gelänge es ihnen, eine gefügige Gefolgschaft um sich zu sammeln. »Die Barbus kaufen ihre Gläubigen regelrecht auf, und es findet ein heftiger Wettstreit zwischen den Sendboten Allahs aus Saudi-Arabien und den Werbern aus Iran, aus Ägypten und sogar aus dem Sudan statt. Mit einer Arbeitslosenquote von vierzig bis fünfzig Prozent sind die Menschen für jede Form der Bestechung zu haben.« Immer intensiver würden die Erwartungen der Albaner, so springt er unvermittelt auf ein anderes Thema über, sich wieder auf die Türkei richten, wo dramatische Umwälzungen bevorstünden. Die kemalistische Türkei, so meint der Außenminister, befinde sich zwischen dem Kurden-Aufstand einerseits und dem steten Stimmenzuwachs der islamischen Refah-Partei andererseits wie zwischen Hammer und Amboß.

*

Elbasan, im April 1994

Als wir den Höhenzug von Kraba in südöstlicher Richtung überwunden haben, läßt endlich die Sintflut nach, die unseren ganzen Albanien-Aufenthalt in eine Aquarium-Stimmung getaucht hat. Blaß und zögernd kommt die Sonne über dem Shkumbin-Tal heraus, das sich im Umkreis von Elbasan zu einer fruchtbaren Mulde ausweitet. Da liegt es vor uns, das Glanzwerk einer titanischen sozialistischen Anstrengung: das Hüttenwerk von Elbasan. Im Sommer 1972 hatten noch alle Essen und Hochöfen dieser Stahlschmiede – soweit sie fertiggestellt waren – schwarze Dampf- und Rußwolken ausgestoßen. Das gesamte Fabrikgelände war über und über mit roten Fahnen und Spruchbändern übersät, wo der unaufhaltsame Fortschritt der von Enver Hodscha gelenkten Gesellschaft gerühmt wurde. Die Straßen und Wege waren von Arbeiterbrigaden – viele Frauen darunter – gesäumt, die die immer noch mangelhafte Infrastruktur mit primitivstem Werkzeug auszubessern suchten.

Von diesem Paradebild industrieller Utopie sind jetzt nur noch Schutt und Asche übriggeblieben. Bis auf einen Schornstein, der dünnen gelben Rauch verbreitet, scheint alle Tätigkeit erloschen zu sein. Eine verrostete Ruine gigantischen Ausmaßes zeugt hilflos von dem himmelstürmenden Gewaltakt des Diktators, der in dem Moment zum totalen Scheitern verurteilt war, als die chinesischen Experten im Jahr 1978 das Land verließen. Jetzt weiden Ziegen und Schafe im wüsten Gelände. Pferdekarren mühen sich durch den Schlamm. Ein ärmlich gekleideter Mann reitet auf einem Esel, und eine Frau unter schleierähnlichem Kopftuch folgt ihm humpelnd vor einem Hintergrund erstarrrter Krane. Zwei Relikte werden von der fünfzigjährigen Tyrannei des roten Paranoikers Enver Hodscha noch jahrhundertelang künden: die sinnlose Eisenschmiede von Elbasan und die Pilzplantage der unzähligen Betonbunker, die uns auch auf dieser Gebirgsstrecke ohne Unterbrechung begleiten.

Die Stadt Elbasan, um ihre Entwicklungschance betrogen, bietet ein Bild von Traurigkeit. Die Männer sind zur Untätigkeit verurteilt. Sie stehen mit finsteren Mienen in tuschelnden, verschwörerisch wirkenden Gruppen zusammen, wenn sie nicht völlig apathisch vor leeren, verkommenen Kaffeestuben hocken. In Tirana ist mir glaubhaft berichtet worden, daß bei aller gottlosen Raserei und sozialistischer Nivellierung die Befürworter feministischer Gleichberechtigung nicht zum Zuge gekommen seien. Unter der Bleidecke des Kommunismus hätten sich die ererbten patriarchalen Sitten diskret erhalten. So wurde von jeder Braut, die im Zeichen des triumphierenden Sozialismus zur Vermählung schritt, erwartet, daß sie ihre Jungfräulichkeit bis zu dem Tag bewahrte, daß sie – wie man sagte – »alles in die Ehe einbrachte, was ihr die Natur anvertraut hat«. Mich erinnert diese düstere Männergesellschaft von Elbasan an die Aserbeidschaner des Städtchens Schuscha in der Enklave Nagorny Karabagh, bevor die Armenier sich dank ihrer Blitzoffensive im

Herbst 1992 dieses Gebietes bemächtigten und zur brutalen ethnischen Säuberung ansetzten.

Geschäftigkeit bleibt den Frauen vorbehalten – im Haus oder auf dem Markt, der mit Importgütern und Schmuggelware aus Griechenland und Bulgarien reichlich ausgestattet ist. Umtriebig sind auch die Zigeuner, die ihr buntscheckiges Lager auf einer Wiese aufgeschlagen haben. Mir scheint, als würden die Albaner wie übrigens auch die Serben diese massive Roma-Präsenz, an die sie von alters her gewöhnt sind, mit beachtlicher Gelassenheit tolerieren. Oder ist es nur Geringschätzung, die sich als Indifferenz äußert? Dabei gehen im Volksmund schlimme Erzählungen um. Zur Türkenzeit wurden – so heißt es – meist Zigeuner angeheuert, um an den gefangenen Hajduken und anderen Aufsässigen die schreckliche Tortur der Pfählung vorzunehmen. Der gespitzte, am Ende mit Eisen beschlagene Pfahl wurde dem Opfer so ausgeklügelt in den Anus getrieben, daß er sich – ohne lebenswichtige Organe tödlich zu verletzen – durch den ganzen Körper bohrte und in der Höhe der Schulterblätter wieder nach außen trat. Auf diese Weise wurde die Qual verlängert, konnten die Gefolterten einen halben Tag bei Bewußtsein bleiben. Die grausige Strafe des Pfählens wurde von den Osmanen noch im neunzehnten Jahrhundert verhängt. Als zu dieser Zeit die unterworfenen Völker der christlichen »Raya« sich endlich mit einer weitverzettelten Rebellion durchsetzen konnten, sollen sie sich nicht weniger brutal an den Türken gerächt haben. Den gefangenen Muslimen, so zeigte man mir auf zeitgenössischen Abbildungen im Balkan-Institut von Ankara, wurden Nasen, Ohren und Genitalien abgeschnitten. Was sich heute in Bosnien abspielt, hat eine lange, bluttriefende Vorgeschichte.

Von Elbasan führt eine schmale Asphaltstraße in Richtung Ohrid-See und Mazedonien. Rauhe Gebirgslandschaft verstellt den Horizont. Die Gipfel des Matja-Gebirges sind mit dichtem Schnee bedeckt. Aber längs des Shkumbin-Flusses blühen bereits die Apfelbäume. Der Autoverkehr ist spärlich auf dieser steil gewundenen Strecke. Maultiere und Esel dienen weiterhin als Transportmittel für die Bauern, die ihre abschüssigen Felder noch mit der Hacke bearbeiten. Gelegentlich wird das Tal durch eine hohe Eisenbahnbrücke überspannt. Einen Zug oder eine

Lokomotive können wir nicht erspähen. Falls wirklich in Ankara, Skopje, Sofia oder Tirana das große Projekt in Aussicht genommen wird, vom Bosporus und vom bulgarischen Hafen Burgas aus eine autobahnähnliche Landverbindung zu ziehen, die das Schwarze Meer mit der Adria verbindet, eine balkanische Ost-West-Achse, die die griechische Wirtschaftsblockade gegen Mazedonien umginge, dann dürften den Planern dieser »grünen Route« noch gewaltige Mühen und immense Kosten bevorstehen. Hingegen eignen sich diese schroffen Felstäler vorzüglich für den Partisanenkrieg. Das muß auch Enver Hodscha in seinem Verfolgungswahn und seiner Isolation bedacht haben, als er eine Bunker-Disposition längs dieser strategischen Transversale mit einem Aufwand forcierte, der einer besseren Sache würdig gewesen wäre.

Ich bemerke einen mit uralten Olivenbäumen bepflanzten Hang, der allein von zwanzig dieser häßlichen Betongebilde bewacht wird, und so geht es fort. Dabei muß ich an die türkische Balkan-Expertin Oya Akgönenc von der Bilkent-Universität in Ankara denken, die mir berichtete, sie sei im vergangenen Jahr auf verschlungenen Gebirgs- und Schleichpfaden quer durch Albanien, durch den serbischen Kosovo bis zum Sandschak von Novi Pazar getrekkt, um sich ein persönliches Bild von den realen Zuständen in ihrem Studiengebiet zu verschaffen. Undurchlässige Grenzen, so versicherte mir die engagierte Kemalistin, die dennoch der osmanischen Größe nachtrauerte, gebe es auf dem Balkan nicht, wenn man über beherzte Gewährsleute verfüge.

Endlich öffnet sich der Felskorridor. Zu unseren Füßen dehnt sich die strahlend blaue Wasserfläche des Ohrid-Sees. Mit blühenden Obstbäumen und verschneiten Kuppen bietet sich ein herrliches Panorama. Uns ist vorgeschrieben worden, den See in südlicher Richtung zu umfahren, was uns in die unmittelbare Nähe des Drei-Länder-Ecks Albanien-Mazedonien-Griechenland bringt. Mit Bedauern stellen wir fest, daß am skipetarischen Ufer eine Industrieanlage giftige Abwässer in den von schmackhaften Lachsforellen und Aalen wimmelnden See fließen läßt. Dann ballen sich die Bunker noch einmal zu einer Konzentration grauer, mächtiger Klumpen, und wir erreichen die Grenze.

Auf der albanischen Seite – unter dem blutroten Tuch mit dem schwarzen Doppeladler – geht es noch sehr orientalisch zu. Die mazedonische Kontrollstation – zu Zeiten Titos gebaut – kontrastiert dagegen durch Modernität und Effizienz. Da sehe ich auch schon das Corpus delicti, den Anlaß zu einer zusätzlichen und völlig überflüssigen Balkan-Fehde: die neue Staatsflagge der unabhängigen Republik Mazedonien. Am Mast flattert eine eher orange gefärbte Fahne mit der sechzehnstrahligen Sonne der mazedonischen Könige des Altertums. Auf dem Sarkophag König Philipps II. war dieses Symbol in der Gruft von Vergina entdeckt worden. Unter der Standarte mit dem goldenen Gestirn war dessen Sohn Alexander zu jenem legendären Siegeszug angetreten, der ihn bis zum Nil, bis zum Indus, bis zum Oxus im heutigen Usbekistan geführt hatte. Weil die Regierung von Athen, getragen von der nationalistischen Hysterie der griechischen Massen, es nicht dulden will, daß eine überwiegend slawisch bevölkerte Balkan-Republik am Vardar-Fluß sich den Namen und das Sonnenpanier der mazedonischen Dynastie aneignet, weil mit dem hellenischen Erbe Schindluder getrieben werde und sich daraus angeblich Gebietsansprüche auf Griechisch-Mazedonien ableiten lassen, haben die vermeintlichen Erben des Perikles dem jungen nördlichen Nachbarn jede Form von Anerkennung verweigert und eine Wirtschaftssperre verhängt, die den Behörden von Skopje schwer zu schaffen macht. Das hatte noch gefehlt: daß nunmehr sogar die Helden der Antike wie Gespenster aus ihren Grüften gezerrt und von verblendeten Politikern für ihre erbärmlichen, aber hochexplosiven Querelen mißbraucht werden!

Mazedonien
Die Sonne Alexanders

Skopje, im April 1994

Im Juli 1951 hatte ich in der Bahnstation Gevgelija zwischen Jugoslawien und Griechenland auf einer hölzernen Bank des Wartesaals als einziger Passagier übernachten müssen, weil bei Dunkelheit die Grenze zwischen den beiden Teilen Mazedoniens für jeden Verkehr gesperrt war. Damals ging es nicht um die sagenhafte Sonne oder den Stern von Vergina mit seinen acht, zwölf oder sechzehn Strahlen. Damals stritt man auch nicht darüber, ob der Eroberer Philipp II., dem sich der Athener Demosthenes in seinen *Philippika* mit soviel Beredtsamkeit und so wenig Erfolg entgegenstellte, ein Angehöriger der hellenischen Stammesfamilie war oder ein Barbar aus dem Norden, der sich lediglich der griechischen »lingua franca« zu bedienen wußte.

1951 waren die Narben des Bürgerkrieges noch nicht verheilt, der seit Ende des großen Weltkonflikts das Königreich Griechenland heimgesucht hatte. Mit Hilfe der Briten und vor allem der Amerikaner war es den pro-westlichen Monarchisten in endlosen Gefechten gelungen, die gut organisierten Kommunisten von General Markos, der zu jener Zeit noch die Unterstützung Stalins und anfangs auch Titos genoß, in die griechisch-mazedonische Gebirgsprovinz des äußersten Nordens abzudrängen. Der Widerstand der Kommunisten brach erst gänzlich zusammen, als der jugoslawische Diktator sich von Moskau lossagte und dem Kreml zu trotzen wagte. Nach diesem Bruch im Juni 1948 trocknete die Waffenhilfe an General Markos aus, dessen Partisanen im Oktober 1949 gezwungen waren, sich nach Norden durchzuschlagen, um dann – vom Kominform vergessen und verraten – eine erbärmliche Exil-Existenz in diversen Ostblock-Staaten zu führen.

Die Nachwirkung dieser frühen, aber entscheidenden Phase des Kalten Krieges, die dem erobernden Stalinismus den Zugang zum Mittelmeer verwehrte, waren im Sommer 1951 noch längst nicht verwischt. Südlich der jugoslawischen Grenze holte die Regierung von Athen zu einer rigorosen Assimilationspolitik jener süd-slawischen Bevölkerungselemente aus, die damals noch einen beachtlichen Prozentsatz der griechisch-mazedonischen Einwohner ausmachten. Nördlich von Gevgelija hatte Tito das Gebiet der serbischen Teil-Republik seines jugoslawischen Bundesstaates kurzerhand um das Territorium Vardar-Mazedoniens verkleinert, das Belgrad im Balkan-Krieg von 1913 endgültig den Bulgaren entrissen zu haben glaubte. Nun galt es, in der neuen Hauptstadt Skopje ein slawisch-mazedonisches Nationalgefühl zu fördern, das sich gegen die Annexionsversuche der Serben, der Bulgaren und natürlich auch der Griechen erfolgreich behaupten könnte.

Nichts ist einfach auf dem Balkan, und in Mazedonien schon gar nicht, wo – wie wir bereits erwähnten – ein besonders kunterbuntes Völkergemisch, eine verwirrende »macédoine de fruits«, unter der osmanischen Fuchtel zusammengefügt worden war, bis die Herrschaft des Sultans endgültig im Jahr 1912 unter den Schlägen der zunächst vereint kämpfenden Serben, Bulgaren, Griechen und Montenegriner zerfiel. Noch ehe der Korea-Krieg im Sommer 1950 die große Ost-West-Konfrontation auf die Spitze trieb, war hier in der mazedonischen Grenzregion eine Schlacht zugunsten der westlichen Allianz entschieden worden, die für die Selbstbehauptung des Abendlandes gegen die immer noch expansive Weltrevolution exemplarischen Charakter besaß. Gestützt auf jenen Fetzen Papier, auf dem Stalin und Churchill in zynischer Beiläufigkeit beim Moskauer Treffen vom Oktober 1944 das Schicksal der Balkan-Völker in grober Aufteilung zwischen West und Ost hingekritzelt hatten – Griechenland sollte demnach zu neunzig Prozent der anglo-amerikanischen Einflußzone angehören –, hielt Präsident Truman den Kriegsdrohungen des roten Zaren stand, so wie er fast zur gleichen Zeit den sowjetischen Imperialismus in Iranisch-Aserbeidschan und Iranisch-Kurdistan eingedämmt hatte. Heute fällt es schwer, sich in die Atmosphäre extremer Spannung zurückzuversetzen, als in den Kanzleien und Stäben allen Ernstes mit dem Ausbruch des Dritten Weltkrieges gerechnet wurde, als die ideologischen Gegensätze zwischen Kommunismus und Kapitalismus in den USA die Hexenjagd des Senators McCarthy und im Ostblock blutige Massenliquidationen auslösten, als ein nuklearer und kontinentaler Rüstungswettlauf anlief, der erst mit dem Treffen von Reagan und Gorbatschow in Reykjavik zum Abschluß kam.

An dieser Konfrontation der Giganten gemessen, ist die heutige Konfliktsituation rund um Mazedonien recht bescheiden. Sie wirkt provinziell, ja geradezu folkloristisch, wenn die verstorbene griechische Schauspielerin und Sängerin Melina Mercouri, die unter Papandreou zur Kultusministerin avanciert war, pathetisch ausrief: »Mazedonien ist unsere Seele!« und der Barde Mikis Theodorakis, ein früherer Kommunist, sich in ähnlich lyrischen Ergüssen erging. Unterdessen brüllten zweieinhalb Millionen griechische Demonstranten in Saloniki: »Wir sind die wahren Mazedonier!« Aber diese nationalistische Raserei, die dem europäischen Einigungsprozeß hohnspricht, mutet kleinkariert, ja kindisch an, gemessen an der tödlichen Gewitterstimmung, deren Nachgrollen ich in jener Nacht des Jahres 1951 in dem Wartesaal – beobachtet von mißtrauischen jugoslawischen Grenzsoldaten – zu vernehmen glaubte. Am folgenden Morgen war ich übrigens ohne weitere Komplikationen mit dem Zug nach Saloniki, dann nach Athen weitergerollt und verließ die wirre Gegend, in der serbische Hajduken oder Tschetniks, bulgarische Komitatschi und griechische Andartes hundert Jahre lang nicht nur den türkischen Fremdherrschern, sondern sich auch gegenseitig die Gurgel durchgeschnitten hatten.

Über die genaue ethnische Zusammensetzung der unabhängigen Republik Mazedonien mit ihrer Hauptstadt Skopje, die aus der Erbmasse Jugoslawiens hervorging und im April 1993 Mitglied der Vereinten Nationen wurde, sollte eigentlich im Juni

1994 in einer international überwachten Volkszählung befunden werden. Es ist nämlich umstritten, wie viele Bürger dieses Staates sich zu der recht künstlich favorisierten slawisch-mazedonischen Nationalität bekennen, wie stark der albanische Bevölkerungsanteil ist, ob sich wirklich noch zwei oder drei Prozent als waschechte Türken bezeichnen und ob es Belgrad gelingt, eine nennenswerte serbische Minorität zu mobilisieren. Bezeichnend für die Verworrenheit der Verhältnisse ist die Tatsache, daß das benachbarte Bulgarien die mazedonische Staatswerdung im September 1991 als erste ausländische Regierung – direkt gefolgt von der Türkei – anerkannte, sich jedoch konsequent weigert, die Existenz einer mazedonischen Nation zur Kenntnis zu nehmen. Die Mazedonier seien im Grunde Bulgaren, geschichtlich, kulturell, sogar konfessionell, ist immer noch in national gestimmten Kreisen Sofias zu hören, und das mazedonische Idiom unterscheide sich weniger von der bulgarischen Sprache als der sächsische Dialekt vom bayerischen.

Wiederum muß ich an frühere Begegnungen denken. Zu Beginn der siebziger Jahre unterhielt ich herzliche kollegiale Beziehungen zu einem bulgarischen Journalisten namens Angel, der sich offenbar des aktiven Wohlwollens der damaligen Partei- und Sicherheitsorgane erfreute. Als Fernsehdirektor des Westdeutschen Rundfunks war mir daran gelegen, die Filmproduktionen der diversen Ostblockstaaten zu nutzen. So hatten wir kurz zuvor die hervorragende tschechische Kindersendung *Pan Tau* in unser Programm aufgenommen. Ich erinnere mich sehr wohl an die langen Gespräche, die ich mit Angel in dessen kleiner, aber gemütlicher Wohnung im Stadtzentrum von Sofia führte. Es war ein privilegiertes Appartement, denn der Blick vom winzigen Balkon fiel auf das Denkmal zu Ehren Alexanders II., des russischen »Befreier-Zaren«, der den Bulgaren nach der verlustreichen Schlacht am Schipka-Paß zur Unabhängigkeit vom osmanischen Joch verholfen hatte. Daneben erhob sich die gewaltige Kathedrale zu Ehren des russischen Nationalheiligen Alexander Newski und betonte die intime Verbundenheit beider slawischer Völker.

Schon zu jener Zeit hatte ich mit Angel intensiv über Mazedonien gesprochen, das dreimal – und jedesmal sehr kurz – von

Bulgarien annektiert worden war, zuletzt während des Zweiten Weltkrieges. Mein Gesprächspartner hatte sich dort als Jüngling in paramilitärischen Pfadfinderlagern aufgehalten. Für diesen ausgewiesenen Kommunisten stand der bulgarische Charakter Mazedoniens außer Frage, obwohl er persönlich mit der alten großbulgarischen Aufstandsbewegung IMRO, die um die Jahrhundertwende ihre konspirative Tätigkeit gegen Türken, Griechen und Serben aufgenommen hatte, nichts im Sinn hatte. »Diese mazedonische Nationalität ist eine Erfindung Titos«, beteuerte er. »Ich spreche doch aus der eigenen Erfahrung, die ich zwischen Skopje und Ohrid gemacht habe. Während unserer kurzen Militärpräsenz haben wir uns dort ethnisch und sprachlich zu Hause gefühlt, und die örtliche Bevölkerung hat sich mit unseren Soldaten verbrüdert.«

Angel stellte melancholische Betrachtungen über die Wankelmütigkeit der russischen Balkan-Politik an. Während Alexander II. im Frieden von San Stefano noch ein bulgarisches Großreich begünstigt hatte, das bis zur Ägäis und bis zum Ohrid-See reichte, wandten sich seine Nachfolger den Serben zu und unterstützten deren Existenzkampf gegen Österreich-Ungarn. So waren die Bulgaren – bei all ihrer Liebe zum Heiligen Rußland – stets in die falsche Koalition mit den Mittelmächten gedrängt worden. Seit der spektakulären Versöhnung zwischen Tito und Chruschtschow, die sich in Belgrad vollzogen hatte, befürchtete Angel, daß Sofia für die sowjetische Hegemonialmacht wie eh und je zur »quantité négligeable« auf dem Balkan schrumpfe.

Seine Befürchtungen des Jahres 1971, die er freimütig äußerte, sollten sich zwei Jahrzehnte später bestätigen. Das Rußland Boris Jelzins und Außenminister Kosyrews bestätigt sich im Konflikt um Bosnien zusehends als Protektor serbischer Großmannssucht, wie unlängst noch durch die Verbrüderungsszene zwischen den Patriarchen Alexej II. von Moskau und Pawle von Belgrad demonstriert wurde. Der Kreml vernachlässigte hingegen die bulgarischen Brüder, nachdem sie zur Zeit Breschnews und Andropows als mörderische Ausführende des KGB im Ausland mißbraucht worden waren. Was bleibt Sofia heute anderes übrig, als wieder Anschluß an die kraftlose

Europäische Union und ihren Wirtschaftsriesen, die Bundesrepublik Deutschland, zu suchen?

Jetzt, im April 1994, sitze ich Kiro Gligorow, dem Präsidenten der unabhängigen Republik Madezonien, gegenüber. Der dreiundsiebzigjährige Staatschef macht den Eindruck eines klugen und besonnenen Mannes. Er ragt aus der Masse seiner recht plump und bäuerlich gebliebenen Landsleute eindrucksvoll heraus. In verschiedenen hohen Partei- und Staatsfunktionen unter Tito hat er politische Erfahrung und eine auf dem Balkan seltene Urbanität erworben. Dem trickreichen Serbenführer Milošević, der nur schweren Herzens auf »Süd-Serbien« verzichtet und seine revisionistischen Pläne gegenüber Skopje bestimmt nicht aufgesteckt hat, ist er mit Entschlossenheit und List entgegengetreten.

Gligorow empfängt mich in einem geschmackvoll ausgestatteten Büro. Über seinem Schreibtisch hängt eine prächtige Ikone des heiligen Kliment von Ohrid, eines Begründers der bulgarisch-orthodoxen Kirche im neunten Jahrhundert. Daneben ist die ominöse Flagge mit der sechzehnstrahligen Sonne von Vergina entfaltet. Viel Neues erfahre ich nicht. Mazedonien leidet erheblich unter der griechischen Blockade und den damit verbundenen wirtschaftlichen Nachteilen. Die Amerikaner werden auch hier den Ausschlag geben, aber mit Rücksicht auf die griechische Lobby in USA hat Bill Clinton immer noch keinen Botschafter, sondern nur einen Repräsentanten des State Department nach Skopje geschickt. Der Pressesprecher des Weißen Hauses, Stephanopoulos, dessen Name für seine Abstammung bürgt, verfüge wohl über viel Einfluß im »Oval Office«, bemerkt Gligorow resigniert lächelnd.

Die wirklichen Probleme Mazedoniens sind jedoch interner und wieder einmal ethnisch-religiöser Natur. Die Volkszählung werde klarstellen, ob der Anteil der Albaner bei fünfundzwanzig Prozent liege, wie Gligorow vermutet, oder bei vierzig Prozent, wie die Albaner behaupten. Davon werde allerdings viel abhängen. Jedenfalls verwehrt sich der Staatschef vehement gegen die Schaffung eines bi-nationalen Staates. Den Skipetaren werde volle politische und kulturelle Gleichberechtigung eingeräumt, ihre Partei für den Demokratischen Fortschritt sei mit dreiundzwanzig Sitzen im Parlament und mit fünf Ministern im Kabinett vertreten, wo ansonsten der Sozialdemokratische Bund den Ausschlag gibt. In der Opposition mache ihm allerdings die VMRO oder IMRO, die immer noch den Namen der großbulgarischen Untergrundtruppe »Innere Mazedonische Revolutionäre Organisation« trägt, zu schaffen. Sie bekenne sich jetzt zwar eindeutig zur mazedonischen Eigenstaatlichkeit, aber sie verfüge über die größte Abgeordnetenfraktion. Nur ein paar Randelemente, so meint er, würden weiterhin mit Sofia konspirieren.

Ganz so harmonisch, wie manche Journalisten und Diplomaten glauben machen wollen, sieht es in Skopje nicht aus. Unlängst spaltete sich eine Fraktion der Albaner-Partei ab, um einen strikt nationalistischen Kurs zu steuern. Dahinter – so vermuten manche Regierungsstellen – ist der Einfluß Tiranas zu spüren. Immerhin hat der albanische Botschafter an den entscheidenden Sitzungen der Demokratischen Fortschrittspartei als einflußreicher Ratgeber teilgenommen. Das Gerücht kam auf, eine Miliz von zwanzigtausend bewaffneten Albanern sei im Entstehen. Zweihundert Kalaschnikows chinesischer Fabrikation, die aus der Republik von Tirana eingeschmuggelt werden sollten, sind vom mazedonischen Zoll beschlagnahmt worden. Ob der albanische Präsident Berisha hinter diesen Destabilisierungsmanövern steht, will Kiro Gligorow nicht beurteilen. Er muß jedoch zugeben, daß seine skipetarischen Landsleute in der Verwaltung, in der Polizei und vor allem im Offizierskorps der kleinen, zehntausend Mann starken Armee Mazedoniens, die über vier alte Panzer und zwei Hubschrauber verfügt, total unterrepräsentiert sind.

Im Präsidentengebäude von Skopje blickt man natürlich voll Sorge auf den benachbarten Kosovo. Wenn dort das große Morden zwischen Albanern und Serben anhebe, dann stünde ein neuer Balkan-Krieg mit unabsehbarer Ausweitung bevor. In diesem Punkt stimmt Gligorow mit seinem Amtsbruder Berisha in Tirana voll überein. Schon heute kämen zahlreiche junge Kosovo-Albaner illegal über die Grenze, um sich der Einberufung in die rest-jugoslawische Armee zu entziehen, was natürlich auch in Mazedonien die lokalen Spannungen anheize. Im übrigen, so antwortet Gligorow kategorisch, stehe er an der Spitze eines strikt säkularen Staates, und religiösen Fundamentalismus werde er weder von christlicher noch von muslimischer Seite dulden. Als Garantie für die Zukunft bewertet er die Entsendung von rund dreihundert amerikanischen Soldaten, die an der Grenze zu Serbien als Beobachter stationiert sind und demnächst durch fünfhundert zusätzliche GIs verstärkt würden.

Gerade über diese militärische Absicherung hatte ich mich am Vortag mit dem Oberbefehlshaber der örtlichen Blauhelmtruppe, dem schwedischen Brigadegeneral Trygve Tellefsen, unterhalten. Dessen nordisches Kontingent ist in einem Territorium stationiert, das in der wachsweichen Sprache der Vereinten Nationen als »Former Yugoslavian Republic of Macedonia« bezeichnet wird. Tellefsen ist ein kühler Skandinavier, stark wie ein Bär, der sich über die Wirksamkeit seiner Kontrollen keine Illusionen macht. Mit etwa sechshundertfünfzig Bewaffneten aus vier nordischen Ländern, mit dreiundzwanzig Beobachtungsposten zu je zehn bis zwanzig Mann, soll er einen Grenzstreifen von etwa hundertvierzig Kilometer Länge überwachen. »Es handelt sich um eine ›preventive presence‹, und wir üben die Funktion eines Stolperdrahtes aus.« Insgesamt sind ihm 1150 Personen unterstellt, etliche Polizisten – darunter zwei Schweizer – und ein paar Zollbeamte eingeschlossen. Letztere begnügen sich an den offiziellen Übergängen mit dem Zählen von Lastwagen. So wirksam werden also die Sanktionsmaßnahmen der UNO gegen Serbien praktiziert!

Der Schwede rechnet damit, daß seine Truppe demnächst nach Bosnien, in die Gegend von Tuzla verlegt wird und das hiesige Terrain nach und nach den Amerikanern überlassen muß. Die US-Truppe habe sich ohnehin von Anfang an strikt abgesondert und am Flugplatz von Skopje ihr eigenes Quartier eingerichtet. Die GIs, so lautet die durchaus plausible These des Pentagon, würden unter der blauen Flagge der Weltorganisation nur eingesetzt, wenn – wie 1950 in Korea oder 1991 im Golfkrieg – das Kommando eindeutig in amerikanischen Händen liege. So machen sie – hier in Mazedonien oder unlängst in Somalia – »bande à part« und gehorchen nur ihren eigenen Truppenführern. Jedenfalls käme Washington nicht auf den Gedanken, seine Staatsbürger der Befehlsgewalt eines exotischen Dritte-Welt-

Generals auszuliefern, eine Praxis, die die Befürworter europäischer UN-Kontingente im Interesse ihrer eigenen Soldaten und mit Rücksicht auf operative Effizienz beherzigen und nachahmen sollten. Die Amerikaner von Skopje, so heißt es, blicken sogar mit Herablassung auf ihre skandinavischen Partner, die einem US-Major zufolge – seit den Siegeszügen Gustaf Adolfs und Karls XII. – jeden Sinn für kriegerischen Elan verloren hätten.

Im Sommer 1951 war ich noch versucht, die mazedonische Stadt Skopje unter ihrem alten türkischen Namen Üsküb zu bezeichnen. Die niedrigen orientalischen Häuser duckten sich im Schatten der Moscheen. Im Vardar-Tal hatte sich ein Stück Osmanen-Reich erhalten, mit dem die serbischen Monarchisten und sogar die jugoslawischen Kommunisten nur schwer zu Rande kamen. Im Juli 1963 verhalf das schwere Erdbeben, das weite Teile der Stadt verwüstete, der urbanistischen Modernität zum Durchbruch. Seitdem ist Skopje in zwei unterschiedliche Hälften gespalten, eine slawisch-mazedonische und eine albanisch-muslimische. Der Vardar-Fluß bildet die approximative Trennungslinie. Rund um die »Straße der jugoslawischen Volksarmee« gruppiert sich ein staatliches Verwaltungs- und Wohnzentrum. Es ist mit jenen architektonischen Extravaganzen und Verirrungen, wie sie das Tito-Regime nun einmal liebte, ausgestattet, aber insgesamt hätte die Rekonstruktion viel schlimmer ausfallen können. In der Altstadt, jenseits des Vardars, blieben hingegen der Basar und das Albanerviertel in scheinbarer Verschlafenheit erhalten. Es wird weiterhin von den stattlichen Kuppeln einer Vielzahl von Moscheen überragt, deren Minaretts sich fordernd in den Himmel bohren. Die türkischen Paschas und Beys haben hier monumentale Sakralbauten hinterlassen. Die Mustafa-Pascha-Moschee – um nur sie zu erwähnen – läßt sich durchaus mit den wuchtigen Gebetshäusern am Goldenen Horn vergleichen.

Deshalb tut der Reisende gut daran, das geistige Zentrum des slawischen und christlichen Mazedonien nicht am Vardar-Fluß, sondern am Ohrid-See zu suchen. Man erspare mir die exakte Beschreibung der lieblichen Ortschaft Ohrid, die zwar für den Tourismus ausgebaut, aber bisher durch den Fremdenrummel noch in keiner Weise verunstaltet wurde. An dieser Stelle ballen sich Balkan-Geschichte und Balkan-Religiosität. Am Ufer der idyllischen Wasserfläche, in Sichtweite des Ploke-Gebirges wurde im frühen neunten Jahrhundert im Geiste der byzantinischen Mönche Kyrill und Method eine liturgische Erneuerung von revolutionärer und weltweiter Bedeutung vollzogen. Der Wettstreit zwischen Rom und Konstantinopel um die Bekehrung der slawischen Völker war damals voll entbrannt. Im Auftrag des byzantinischen Kaisers Michael III. schufen die beiden Missionare das erste slawische, von ihrem Jünger Kliment »kyrillisch« genannte Alphabet und übersetzten die Evangelien aus dem Griechischen ins Alt-Bulgarische. Auf der Grundlage dieses mazedonischen Dialekts entwickelte sich jene alt-slawische Kirchensprache und Kultur, die der Gräzisierung standhielt und deren Ausbreitung sich nicht auf den Balkan beschränkte. Sie griff auf die »Kiewer Rus« in der heutigen Ukraine über und prägte schließlich jenes Großfürstentum Moskowien, das sich – nach der Eroberung Konstantinopels durch die Türken – unter Zar Iwan III. als »Drittes Rom« proklamieren sollte.

Die sogenannten »Proto-Bulgaren« des frühen Mittelalters sind übrigens von französischen Slawisten mit den germanischen Franken verglichen worden, die sich etwa zur gleichen Zeit Galliens bemächtigten. Die turanisch-bulgarische Herrenschicht und Militärkaste, die als Eroberer aus Zentral-Asien in den Balkan eingefallen war, ging binnen zwei Jahrhunderten ebenso in der slawisch-byzantinischen Umgebung auf und wurde assimiliert, wie im Abendland die West-Franken durch das numerische und kulturelle Übergewicht ihrer römisch-gallischen Untertanen christanisiert und latinisiert wurden. Zar Simeon, dem es gegen den Widerstand des byzantinischen Basileus im zehnten Jahrhundert gelungen war, ein bulgarisches Großreich zu schaffen, verlagerte dessen Schwerpunkt nach Ohrid und installierte dort ein von Konstantinopel unabhängiges orthodoxes Patriarchat. Lange hat diese staatliche und kirchliche Herrlichkeit von Ohrid nicht gedauert. Die Byzantiner zerschlugen den Bulgaren-Staat, und das Patriarchat von Ohrid wurde auf den Rang einer Metropolie reduziert. Doch die Erinnerung an diese kulturelle Blüte süd-slawischer Kultur ist im

Unterbewußtsein der Mazedonier und Bulgaren fast ebenso lebendig geblieben wie die blutige Schlacht auf dem Amselfeld im nationalen Andenken der Serben.

Beim Durchstreifen der steilen Gassen von Ohrid überraschen mich immer wieder die bescheidenen Ausmaße dieser balkanischen Gotteshäuser. Die Kirchen – aus rotem Backstein errichtet – verschwinden fast unter der Pracht der Baumkronen und des blühenden Flieders. Die Sophienkathedrale war zur Türkenzeit in eine Moschee umgewandelt worden – die osmanische Toleranz kannte Grenzen –, und die Wandgemälde hatten die Muslime mit Kalk übertüncht. Die Kirche des heiligen Kliment hingegen, des hochgelehrten Jüngers von Kyrill und Method, wird gerade in Erwartung ihrer Neueinweihung als Museum ausgestaltet. Im Halbdunkel zeichnen sich verzückte Heiligengestalten auf strahlend blauem Hintergrund ab.

Man hat mir oft vorgeworfen, den religiösen, mythischen Aspekten der historischen Entwicklung und der zeitgenössischen Politik übertriebene Bedeutung auf Kosten jener sozioökonomischen Geschichtsinterpretation einzuräumen, die als Nachzügler des Marxismus weiterhin en vogue ist. Aber wie anders als aus konfessioneller Sicht lassen sich die Turbulenzen auf dem Balkan erklären? Bis auf den heutigen Tag wirkt dort das osmanische »Millet«-System nach. Christliche und potentiell nationale Minderheiten, die Völker der »Raya« – die wir bereits erwähnten –, wurden nur in dem Maße als »Dhimmi«, als Schutzbefohlene des Sultans, geduldet, wie sie sich als religiöse Gemeinschaft konstituierten. Das geistliche Oberhaupt der jeweiligen Gemeinde – ob Pope, Priester oder Rabbi – galt jeweils auch als berufener weltlicher Repräsentant von Griechisch-Orthodoxen, Armeniern, Katholiken oder Juden. Als letzter exemplarischer Vertreter dieser aus der »Scharia« abgeleiteten Staatsordnung hat in unseren Tagen Erzbischof Makarios von Zypern in seiner Funktion als Ethnarch eine vergleichbare kirchliche wie politische Autorität ausgeübt.

Nur ein Blinder kann sich in Mazedonien den fortwirkenden religiösen Fakten verschließen. Auf unserer Fahrt von Ohrid nach Skopje durchqueren wir überwiegend albanisches Siedlungsgebiet. Hier hat die islamische Wiedergeburt mit ähnlicher

Dynamik um sich gegriffen wie im türkischen Anatolien. Dutzende von funkelnagelneuen Moscheen sind aus dem Boden geschossen. Die Kuppeln aus Aluminium leuchten im Abendlicht. Die weißen Minaretts, die jedes Dorf beherrschen, drängen sich wie mahnende Finger an das christlich-slawische Kerngebiet heran. Etwa dreihundertfünfzig neue Moscheen sollen im vergangenen Jahr in West-Mazedonien gebaut worden sein, und in diesem Rhythmus geht es weiter. Hier hat sich der Islam auf den ersten Blick als weit resistenter erwiesen als im Erbland Enver Hodschas. Der Name »Tito« bleibt übrigens in riesigen Lettern an die Felswände gemalt. In Serbien hätte man diese Huldigung längst entfernt. In Mazedonien besteht wohl kein Grund, das Andenken des kommunistischen Erfinders der mazedonischen Nationalität mit Haß und Ressentiment auszulöschen.

Zentrum der albanischen Bevölkerungsgruppe ist die Stadt Tetovo, die wir knapp fünfzig Kilometer vor unserer Einfahrt nach Skopje durchqueren. Tetovo, wo die muslimischen Skipetaren eine Mehrheit von achtzig Prozent ausmachen, gilt als die zweite Hauptstadt der jungen Republik. An dieser Stelle scheint es, als sei die Osmanen-Zeit stehengeblieben, selbst wenn der frühere türkische Hammam eine Pizzeria beherbergt und die jungen Mädchen oft unverschleiert in engen Jeans mit den Jünglingen kokettieren. Auch das ehemalige Derwisch-Kloster der Bektaschi wurde zur Tito-Zeit frivolem Wandel unterzogen. Im großen »Dhikr«-Raum, im Erbauungszentrum dieser »Tekke«, hat man ein Spielkasino mit amerikanischen Slot-Maschinen installiert, und neben der prächtigen Moschee mit den zentralasiatisch anmutenden Ornamenten hat sich ein Restaurant etabliert. Lange dürfte dieser Frevel nicht mehr dauern. Dafür dröhnt der Ruf des Muezzins schon wieder viel zu mächtig über die häßlichen Betonkästen, die auch Tetovo verunstalten.

Vor der Freitagsmoschee von Tetovo sitzen alte, würdige Männer in einsilbige Gespräche oder in stille Kontemplation versenkt. Ihr Beispiel frommer Gottergebenheit macht zusehends Schule. Diese »Dschami'« fällt mir besonders wegen ihrer Verspieltheit auf. Die Blumendekoration leuchtet an den Innenwänden, rund um die Holzsäulen, an der gewölbten Decke so intensiv, farbenfroh, ja frivol, daß die Moschee einem Lustschlößchen des Rokokos ähnelt. Tatsächlich stammt sie wohl aus jener späten und dekadenten Epoche des Osmanen-Reiches, die als »Tulpenzeit« bezeichnet wird und sich durch künstlerische Verfeinerung, ja Verschwendung, aber imperialen Machtverfall auszeichnete.

Nicht nur zwischen Christen und Muslimen herrscht eine heimliche, aber deutlich spürbare gegenseitige Abneigung. Auch innerhalb der byzantinischen Glaubensgemeinschaft haben alte Spannungen überlebt und werden durch nationale Gegensätze neu angefacht. Der hartnäckige Anspruch des Patriarchen von Konstantinopel, während der endlosen Zeit des türkischen Jochs von den Sultanen und Kalifen als die höchste Instanz, als Interessenvertreter und Wortführer aller orthodoxen Glaubensgemeinschaften anerkannt zu werden, und sei es um den Preis willfähriger Unterwerfung, ja schamloser Kollaboration, wirkt verhängnisvoll fort. Der deutsche Botschafter Hans Lothar Steppan hatte mir geraten, den Erzbischof von Skopje, der im Volk bereits als der heimliche neue Patriarch von Ohrid verehrt wird, zu besuchen.

Metropolit Michael mit dem weißen Prophetenbart ist sich seiner Würde voll bewußt. Er empfängt mich väterlich, trägt die weiße Haube der hohen orthodoxen Prälaten und hält einen silbernen Hirtenstab in der Hand. In dieser Diözese geht es sehr viel straffer und disziplinierter zu als im serbischen Patriarchat auf dem Kalemegdan zu Belgrad. Die Zucht der Kleriker mutet beinahe römisch an, und tatsächlich war Michael als einziger orthodoxer Geistlicher der Einladung von Papst Johannes Paul II. zu einem ökumenischen Treffen in Assisi gefolgt.

Er habe es mit der Neugründung des Patriarchats von Ohrid nicht eilig, bemerkt der Erzbischof gleich zu Anfang. Der Antrag sei in Konstantinopel gestellt worden, aber die serbischen Kleriker würden sich mit aller Macht dagegenstemmen. Die Autokephalie der mazedonischen Kirche gegenüber dem Belgrader Patriarchat sei erst durch eine Verfügung Marschall Titos im Jahr 1967 angeordnet worden und entbehre noch jeder offiziellen Anerkennung durch die Russen, die Bulgaren, die Griechen und natürlich die Serben. Schließlich sei ja auch das bulgarische Patriarchat nach endlosem Widerstand des byzantinischen Phanars erst auf kommunistischen Druck im Jahr 1956 gegründet worden. So sei im gesamten süd-slawischen Raum – sogar in Montenegro – ein im Nationalismus wurzelnder Kirchenkonflikt im Gang, der mit höchst unchristlicher Tücke ausgetragen werde. In mancher Beziehung erinnern die komplizierten konfessionellen Verhältnisse an den heillosen Zustand der ukrainischen Christenheit.

Mit großer Nachsicht spricht Metropolit Michael von diesen unwürdigen Zwistigkeiten ehrgeiziger Geistlicher. Er drückt sich in vorzüglichem Englisch aus, und als ich ihn frage, wo er die Sprache Shakespeares erlernt habe, antwortet er mit einem Lächeln: »Im Gefängnis, wo mich die Kommunisten etliche Jahre eingesperrt hatten, war Muße genug, mit Hilfe eines Lehrbuches ganz autodidaktisch diese Kenntnisse zu erwerben. Zur Bildungserweiterung – auch zur geistlichen Erbauung – ist eine Haftzelle wohl nützlich.« Der heilige Mann ist nicht gut auf die Griechen zu sprechen. Er bestätigt, daß der byzantinische Klerus unter den Türken eine systematische Gräzisierung der hohen orthodoxen Hierarchie betrieben und dabei die Unterstützung des Sultans genossen habe. Beim mazedonischen Aufstand, der am Eliastag des Jahres 1903 mit Schwerpunkt in Saloniki sowie Ohrid ausbrach und der das Werk der slawisch orientierten IMRO war, hätten die Griechen sogar den Türken zur Seite gestanden, um diese Abspaltungsbewegung in Blut zu ersticken. »Die Religion wurde hier stets als Instrument der Politik mißbraucht«, beklagt sich der Erzbischof, »und die Politik ist bei uns leider auf fatale Weise durch kirchliche Rivalitäten unterminiert.«

Was die Türken betrifft, so urteilt er sehr differenziert. Die Eroberung durch die Janitscharen, die schon im ausgehenden Mittelalter stattfand, sei schrecklich und grausam gewesen. In der Folge habe es kluge Sultane und milde Paschas gegeben. In aller Unerbittlichkeit sei der Konflikt zwischen »Osmanli« und »Raya« erst wieder entbrannt, als die Türkei selbst sich im Zeichen des aufflammenden Nationalismus von dem religiös konzipierten System der islamischen »Umma« und der koranischen Gottesherrschaft abgewandt habe. Mit der Erneuerungsbewegung »Tanzimat« sei diese totale Entfremdung zwischen Muslimen und Christen in eine explosive Phase eingetreten. Damals sei zum erstenmal von Modernität und Säkularismus die Rede gewesen. Nach dem radikalen Umsturz der »Jung-Türken«, die mit ihrer nationalistischen Revolution im Jahr 1908 den Sultan weitgehend entmachteten, seien die Verhältnisse völlig unerträglich geworden, obwohl die Mazedonier den türkischen Erneuerern anfangs Waffenhilfe geleistet hätten. Paradoxerweise habe das Versprechen der Putschisten von Istanbul, das »Millet«-System durch das Nationalitätenprinzip zu ersetzen und allen unterworfenen Völkern Gleichstellung zu gewähren, den Balkan endgültig in Chaos und Krieg gestürzt.

Zum Abschluß und zur Illustration des serbischen »Kirchen-Imperialismus« erzählt Erzbischof Michael ein persönliches Erlebnis, das in meinen Augen als tragikomische Episode die ganze Absurdität der Situation auf dem Balkan erhellt. »Ich hatte als junger Novize in Belgrad studiert«, beginnt er. »Nach meiner Priesterweihe kehrte ich nach Mazedonien zurück und suchte meinen Bischof auf, der ein in Bosnien geborener Serbe war. Er erkundigte sich nach meinen Absichten. Ich sagte ihm, daß ich am liebsten als Religionslehrer tätig wäre, und stieß damit auf das Unverständnis des Bischofs. ›Du bist ein Narr‹, sagte mir der Prälat mit einem teuflischen Grinsen, ›als Religionslehrer verdienst du bestenfalls vierhundert bis sechshundert Dinar. Aber ich habe einen ganz anderen Vorschlag für dich parat, eine Position, in der du fünftausend Dinar im Monat kassieren kannst.‹ Auf meine Frage, was ich denn tun müsse, um eine solche finanzielle Freizügigkeit zu genießen, lächelte der serbische Bischof noch abstoßender: ›Du stellst dich als religiöser Berater einem unserer prominenten Politiker zur Verfügung, der aus Belgrad stammt. Dann sorgst du dafür, daß die orthodoxen Christen Mazedoniens sich dem großserbischen Gedanken zuwenden, daß sie allmählich echte Serben und serbisch-orthodoxe Christen werden.‹

Diese unverblümte Bestechung«, fährt Michael fort, »versetzte mich in einen unsäglichen Zorn, nicht nur, weil ich mich als Mazedonier fühlte, sondern auch weil ich mich über die satanische Pervertierung des christlichen Glaubens empörte. Dicke

Schweißtropfen traten mir vor Aufregung auf die Stirn. Ich griff in eine Tasche meiner Soutane, um ein Taschentuch herauszuholen und mir den Schweiß abzuwischen. Der Bischof mißverstand jedoch meine Geste, und das war bezeichnend für seine Mentalität. Er meinte, ich würde eine Pistole ziehen, stürzte laut schreiend aus dem Zimmer und kam mit einem serbischen Polizeiaufgebot zurück.«

Zum Abschied küßt mich der fromme Greis auf beide Wangen und segnet mich. Ich bekreuzige mich nach lateinischer Art.

Die Partei Allahs

Auf der Suche nach dem Lokal der Demokratischen Fortschrittspartei habe ich mich im Albaner-Viertel verirrt. Die Nähe der Yahia-Moschee war für dieses Gassengewirr eine unzureichende Ortsangabe. Da entdecke ich vor einer bescheidenen Firmenniederlassung einen funkelnagelneuen luxuriösen Mercedes, der nicht nur eine Istanbuler Autonummer, sondern auch das Wappen jener islamistischen Refah-Partei – Halbmond mit Kornähre – trägt, die im März einen so erstaunlichen Stimmenzuwachs in der ganzen Türkei erzielt hatte. Der Besitzer des Wagens – ein eleganter Mann mittleren Alters – trägt eine dunkel getönte Brille und eine extravagante Krawatte zum hellblauen Blazer. Er ist sichtlich froh, einem Fremden behilflich zu sein und ihm seine exzellenten Sprachkenntnisse in Englisch und Französisch vorzuführen.

Ob er Türke oder Albaner sei, frage ich ihn. Er zögert einen Moment. »Im Grunde bin ich beides. Ich bin als Albaner in Mazedonien geboren, in dem Städtchen Bogomila. Aus dieser Ortschaft soll jener Religionsstifter hervorgegangen sein, der den bosnischen Bogumilen seinen Namen verliehen hat. Aber mein wichtigstes Tätigkeitsfeld ist die Türkei, deren Nationalität ich besitze. Wissen Sie«, fährt er fort, »für uns Muslime sollte die Staatsangehörigkeit keine Rolle spielen. Zu jeder Epoche des Osmanischen Reiches wurden ja alle Muslime als Türken bezeichnet, und heute trauern wir noch jener Zeit nach, als wir –

von ethnischen Problemen unbelastet – der großen islamischen Gemeinschaft, der ›Umma‹, angehörten.«

Der Unternehmer Beitullah ist ein wohlhabender, modern gesinnter und frommer Mann. Er hat fünf Jahre in Genf gelebt, jetzt verdient er viel Geld mit der Fabrikation von Fenster- und Türrahmen aus Aluminium, was bei der ungeheuren Bautätigkeit in sämtlichen Teil-Republiken des ehemaligen Jugoslawien – sogar in den kriegszerstörten Zonen Bosniens und der Krajina wachsen die Häuschen unmittelbar neben den Ruinen wie Pilze aus dem Boden – reichen Profit verspricht. Seine Niederlassung in Skopje oder Shkup, wie er die Stadt auf albanisch nennt, wirkt bescheiden. Als ich darauf verweise, winkt er ab: »Wir Albaner und Muslime stellen unseren Reichtum nicht zur Schau wie diese slawischen Mazedonier, die, selbst wenn sie verschuldet sind, die Geldprotze spielen. Wenn Sie sich mit unserem Land ernsthaft beschäftigen, dann werden Sie feststellen, daß die Koran-Gläubigen die Tüchtigeren, die Geschäftigeren, die Fleißigeren und – wenn es eines Tages zum Schießen käme – auch die Tapfereren sind. Den Mazedoniern wie den Serben haftet immer noch an, daß sie fast fünfhundert Jahre lang die Untertanen des Sultans waren. Sie hatten sich den türkischen Sitten viel enger angepaßt, als ihr heutiger Nationalismus zugeben will. Wußten Sie, daß bis ins neunzehnte Jahrhundert die christlichen Stadtbewohner von Belgrad und Üsküb den Turban trugen und Wasserpfeifen rauchten, während sich ihre Frauen wie die Rechtgläubigen verschleierten? Die serbische und bulgarische Eigenart hat damals doch nur auf dem Land, in den Dörfern, überlebt. Die ländlichen Christen lebten in ihren traditionellen Sippenstrukturen der ›Zadruga‹, hielten sich von den osmanischen Behörden so fern, wie sie konnten. Sie erzählten sich abends ihre Legenden oder Gedichte, die erst von deutschen Sprachforschern niedergeschrieben wurden, und feierten ihre kirchlichen Feste.«

Beitullah ist ein überaus gebildeter Mann. Er zitiert sogar den serbischen Schriftsteller Vuk Karadžić, der noch im neunzehnten Jahrhundert geschrieben hatte: »Die Serben – das gilt aber auch für die sogenannten Mazedonier – sind nur Bauern. Die wenigen Serben, die in den Städten wohnen, werden ›varosani‹

genannt. Sie tragen türkische Kleidung und passen sich den türkischen Bräuchen an.«

Der albanisch-türkische Unternehmer stellt mir seine Mitarbeiter vor, dynamische junge Leute, die auf ihren Chef und dessen wirtschaftliches Erfolgsstreben voll eingeschworen sind. Die meisten können sich auf deutsch, französisch oder englisch ausdrücken, und auch das unterscheidet sie von ihren slawischen Landsleuten.

»Wir sind als Albaner und Muslime von den herrschenden Jugoslawen stets an den Rand gedrückt worden«, fährt Beitullah fort. »Die Beamtenposten werden uns auch heute noch versperrt. Gligorow versucht neuerdings ein gewisses Gleichgewicht zu schaffen. Aber er stößt auf den Widerstand und die Apathie seiner mazedonischen Landsleute. Weil wir zu Hause keine Entfaltungsmöglichkeiten hatten, sind die meisten von uns als Gastarbeiter für ein paar Jahre ins Ausland gegangen – in die Schweiz, nach Deutschland, nach Skandinavien –, und heute kennen wir uns in der westlichen Industriegesellschaft besser aus, wissen deren Chancen aktiver zu nutzen als diese schwerfälligen Slawen, die zu Beginn des Jahrhunderts allmählich ihren Pflug und ihre Hacke gegen den Bürosessel einer inkompetenten Verwaltung oder gegen den Knüppel einer korrupten Polizei eingetauscht haben.«

Der Aluminiumfabrikant ist ein beredter Mann. Seine Angestellten hören ihm andächtig zu. Es sind kräftige junge Männer. Ihre Haare sind oft dunkelblond und die Augen blau. Natürlich fordern sie die totale Gleichberechtigung der Albaner in einem bi-nationalen mazedonischen Staat. Mit der Zuwanderung aus dem Kosovo und ihrer hohen Geburtenrate würden sie spätestens in zwei Jahrzehnten zahlreicher sein als die christlichen Slawen. Aber einen Anschluß an Tirana lehnen sie vorläufig ab. »Sie sehen es doch an Deutschland, wie schwierig eine Wiedervereinigung sich gestalten kann«, sagt ein Angestellter, »und die Hodscha-Diktatur war viel schlimmer als das Honecker-Regime.«

Sogar den Kosovaren stehen sie mit Distanz gegenüber. »Diese Leute sind keine guten Muslime«, wendet Beitullah ein. »Unsere jungen Männer im albanischen Siedlungsraum Mazedoniens sind hingegen fromme Gläubige. Sie gehen in die Moschee und leben tugendsam. Die slawischen Mazedonier, das sind doch nur Faulenzer und Profiteure.« Er persönlich habe sich in die Lektüre der Schriften des ägyptischen Predigers und Imams El Ghazali vertieft und finde dort bei aller hektischen Geschäftigkeit Erbauung und Weisheit. So liege ihm die Fürsorge für seine Mitarbeiter und deren Familien besonders am Herzen. »Diese Ideale der islamischen Solidarität und Brüderlichkeit setzen sich neuerdings ja auch in der Türkei durch, und deswegen trage ich das Abzeichen der Refah, der Partei Necmettin Erbakans, am Rockaufschlag.«

In der Außenpolitik sind seine Ansichten simpel, aber fest verankert: Deutschland ist gut, weil es auf seiten des Osmanischen Reiches im Ersten Weltkrieg gekämpft hat. England ist schlecht, weil es zu den Hauptverantwortlichen des osmanischen Niedergangs zählt.

Ich hüte mich zu erwähnen, daß die deutsch-österreichische Reichsarmee des Römischen Kaisers Leopold I. bei ihrem Türkenfeldzug des Jahres 1690 bis nach Skopje vordrang und die Stadt in Brand setzte. Gleichzeitig muß ich an eine Aussage des französischen Botschafters denken, eines Balkan-Experten griechischer Abstammung, der sich weiterhin als orthodoxer Christ bezeichnet. »Zwei monumentale Fehler sind in dieser Region seit der Auflösung des Osmanischen Reiches begangen worden«, hatte der Franzose im Lehrsaal der »Alliance française«, seiner provisorischen Kanzlei, doziert: »Das war einerseits die Abschaffung des Kalifats im Jahr 1924 durch Atatürk und andererseits die Anerkennung der bosnischen Muslimani durch Tito als separate Nationalität.«

Nun schöpfen die Albaner Mazedoniens neue Hoffnung. Die projektierte Ost-West-Transversale von Instanbul zum albanischen Hafen Durres wird bereits als »grüne« oder »islamische Autobahn« bezeichnet. In Bosnien wird von einem Tag zum anderen das Vorauskommando eines bewaffneten türkischen UNPROFOR-Bataillons erwartet. In der kroatisch-muslimischen Föderation, die die Amerikaner in Bosnien den beiden Gruppen aufdiktiert haben, werden drei verschiedene Staatssymbole gehißt: die bisherige Staatsflagge Bosniens mit dem

Lilien-Wappen, das kroatische Emblem mit dem rot-weißen Schachbrett und neuerdings – für den koranischen Bevölkerungsteil – ein grün-weiß-grün gestreiftes Banner mit dem Halbmond des Islam.

*

Die ausländischen Diplomaten in Skopje geben sich mehrheitlich optimistisch. Ohne die ethnisch-religiösen Divergenzen zwischen Slawen und Albanern zu negieren, spekulieren sie darauf, daß der wachsende Wohlstand der Mohammedaner zu politischer Mäßigung und Vernunft beitragen werde und daß deshalb die Perspektive eines dauerhaften Kompromisses an Glaubwürdigkeit gewinne. Dieser These bin ich immer wieder begegnet. Ganz von der Hand zu weisen ist sie ja nicht, aber die Geschichte und auch meine persönliche Erfahrung haben mich gelehrt, daß revolutionäre Umbrüche so gut wie nie von einem abgestumpften Unterproletariat ausgehen. Die Französische Revolution ist ein Produkt des »Dritten Standes« gewesen, der dem Adel seine Privilegien streitig machte. Selbst die Oktoberrevolution wäre ohne den disproportionierten Einfluß der kleinbürgerlichen jüdischen Intelligenzia nie in marxistische Bahnen gelenkt worden. Beim schiitischen Aufstand von Teheran waren die begüterten »Bazari« die treibende Kraft, die sich allerdings auf die Masse der »Mustazafin«, die Enterbten und Entrechteten der Elendsviertel, stützen konnte.

Meine Verabredung mit dem Vizepräsidenten der Albaner-Partei habe ich an diesem Nachmittag verpaßt. Statt dessen nehme ich – in mein Hotelzimmer zurückgekehrt – eine Studie des deutschen Botschaftsrats Dietrich Pohl zur Hand. Das »Grand-Hotel« ist für Skopje eine recht stattliche Herberge, und in Ermangelung einer nennenswerten Menü-Auswahl – vor allem die Balkan-Spezialitäten fehlen auf der Karte – schmeckt das Wiener Schnitzel ausgezeichnet.

In dieser »Gostionica« wird stets irgendeine aufwendige Festivität abgehalten. Die christlichen Mazedonier genießen es offenbar, ihre Familien- und Geschäftsfeiern ohne Rücksicht auf Kosten zu gestalten. Da geht es hoch her. Trachtenmädchen reichen den Ankommenden Brot und Salz. Wein und Raki fließen in Strömen. Die Paare tanzen bis in die tiefe Nacht zum Leidwesen der Hotelgäste, denn die Musikkapelle schmettert, daß die Wände wackeln. Die vielgerühmte Eleganz und Urbanität der gehobenen Bourgeoisie und Nomenklatura von Skopje können mich bei solchen Anlässen allerdings nicht beeindrukken. Es geht sehr provinziell und bäuerlich zu, was man den guten Leuten schlecht zum Vorwurf machen kann, was mich aber an die herablassenden Bewertungen des Turko-Albaners Beitullah erinnert.

Dem jungen deutschen Diplomaten Pohl bin ich ein Vierteljahr zuvor in Kairo begegnet, wo er im Begriff stand, seine Zelte abzubrechen, da er an die Botschaft von Skopje versetzt worden war. Er beeindruckte mich schon damals durch seine profunde Kenntnis der gesellschaftlichen Verhältnisse Ägyptens. Dietrich Pohl ist Orientalist und hat in Oxford promoviert. Seine Beurteilung der schleichenden Re-Islamisierung des Niltals, die sich in den jeweiligen Zentralen der Macht sehr behutsam und wenig spektakulär vollzieht, dafür aber vielleicht wirksamer ist als jene verzweifelten Überfälle und Attentate, die vor allem im oberägyptischen Raum zwischen Assiut und Qena ausgetragen werden, unterschied sich wohltuend von der Schönfärberei mancher seiner Kollegen. In Skopje hatte mir Pohl seine Studie *Islam und Friedensvölkerrechtsordnung* überreicht.

Bei dieser Lektüre werde ich hellwach. Anläßlich meiner Auseinandersetzungen mit ein paar deutschen Orientalisten oder solchen, die vorgeben, es zu sein, ist mir vorgeworfen worden, ich würde den Islam dämonisieren und ihn als Gefahr für das Abendland aufbauschen. Bezeichnenderweise werden diese Unterstellungen meist von Theoretikern vorgetragen, die sich ein extrem liberales Idealbild von der koranischen Lehre fabriziert haben und schon aufgrund ihrer eigenen atheistischen, oft auch zutiefst pazifistischen Überzeugungen gar nicht in der Lage sind, das Wesen einer ihrer ausschließlichen Richtigkeit bewußten Religion zu begreifen. In streng muslimischen Kreisen hingegen bin ich mit meinen Thesen stets auf breite Zustimmung gestoßen. Immerhin ist mein Buch *Allah ist mit den Standhaften* unter dem geistlichen Imamat des Ayatollah Khomeini ins Persische übersetzt und in Iran gedruckt worden. Die mich betreffenden Anfeindungen angeblicher deutscher Experten wurden von den frommen Muslimen als Ausdruck westlicher Voreingenommenheit interpretiert. Was man in gewissen deutschen Fakultäten den Koran-Gläubigen zuweisen wollte, ist eine Relativierung, eine sträfliche Verharmlosung, eine Rationalisierung der heiligen und unverrückbaren Offenbarung. Der Koran, das »ungeschaffene Wort Gottes«, sollte dem säkularen Zeitgeist angepaßt werden, ein auch für nicht-fundamentalistische Muslime unerträglicher Frevel.

Der Balkan lebt heute noch unter den Nachwirkungen des »Heiligen Krieges«, den die osmanischen Sultane, denen seit Selim I. auch die Kalifenwürde zugefallen war, zum zentralen Instrument ihrer Expansion und Herrschaftspolitik gemacht haben. Man erspare mir die Diskussion über die wahre Interpretation des Wortes »Dschihad«, die jedem Laien inzwischen vertraut sein dürfte. Um mich der Verdächtigung einer subjektiven Interpretation zu entziehen, zitiere ich eine Reihe von Auszügen der Studie Dietrich Pohls, wobei ich lediglich die offizielle deutsche Transkription aus dem Arabischen zugunsten einer allgemeinverständlichen Schreibweise modifiziere. So heißt es auf Seite 65 der obengenannten wissenschaftlichen Veröffentlichung: »Als Pflicht wird der Dschihad abgeleitet aus den Koran-Versen: ›Tötet die Götzendiener, wo ihr sie findet, und kämpft wider sie, bis kein Bürgerkrieg ist und alles an Gott glaubt.‹« Auf dem folgenden Blatt nimmt Pohl Bezug auf den von mir häufig erwähnten Maghrebiner Ibn Khaldun, der im vierzehnten Jahrhundert lebte und mit seiner Zyklus-Theorie als Vater der Soziologie gilt. Pohl argumentiert: »In der Analyse des Heiligen Krieges aus islamischer Sicht bei Ibn Khaldun wird der offensive Charakter und der damit zum Ausdruck kommende Universalismus der Mission als Spezifikum des Islam festgestellt. Die aggressive Qualität dieser Mission wird offen zugegeben und mit den angeblich nur zu defensiven Zwecken geführten religiösen Kriegen anderer Religionsgruppen als der islamischen kontrastiert. Vom orthodoxen Standpunkt aus kann die im Heiligen Krieg ausgedrückte Absolutsetzung des Islam nur ›rechtens‹ sein.« Weiter heißt es: »Der Dschihad hat demnach sowohl missionarischen als auch politischen Charakter. Sowohl die

Ausbreitung des Glaubens als auch die Ausbreitung des öffentlichen Gemeinwesens ad infinitum sind Rechtsziel – selbst wenn in der Praxis der totale Krieg ›contra mundum‹ kaum durchführbar ist.«

In der neunten Sure des Korans heißt es: »Führe den Krieg mit den Schriftbesitzern« – Christen und Juden –, »bis sie Tribut anbieten.« Damit gelangen wir zu den Lebensbedingungen der sogenannten Schutzbefohlenen – der »Familie des Buches« oder »ahl el kitab« – unter islamischer Herrschaft, ein Kapitel, das so manchen unserer Morgenland-Phantasten zu idyllischer Schwärmerei verleitet hat. Wie es tatsächlich um die »Herde« des Sultans, die »Raya«, die christlichen Gemeinden des Osmanischen Reiches bestellt war, wird in einer Passage Pohls beschrieben, die sich ihrerseits auf die Schriften einer ganzen Reihe renommierter Islamisten stützt: »Der Status der ›Dhimmi‹ wird durch den ›Dhimma‹-Vertrag bestimmt; aufgrund der vertraglichen Übereinkunft ist der Dhimmi (Christ oder Jude oder in Persien auch Zarduschti, das heißt, Zarathustra-Anhänger – Anmerkung des Autors) zum Aufenthalt im Gebiet des Islam berechtigt und auch rechtlich weitgehend in das islamisch-öffentliche Gemeinwesen integriert. Er wird somit dem Islam-Bereich zugeordnet, andererseits aber in seinen Rechten gegenüber den Muslimen doch so weit schlechter gestellt, daß der ›Dhimmi‹ kaum mehr als ein ›Fremder mit dauerndem Aufenthaltsrecht‹ genannt werden kann. Charakteristisch ist für den ›Dhimmi‹-Status die Zahlung der Kopfsteuer, ›Dshiziya‹.«

Bei der Lektüre der in Wien und New York herausgegebenen Studie Pohls aus dem Jahr 1988 fällt mir eine Passage über die Einhaltung eines eventuellen Friedensschlusses auf, besser gesagt, eines Waffenstillstandes mit den Ungläubigen. Schon meine Professoren in Beirut hatten mich auf eine Praxis der Osmanen verwiesen, die sich im Falle vorübergehender eigener Unterlegenheit gegenüber andersgläubigen Feinden der »müdara«, der »Katzenfreundlichkeit«, befleißigten, bis die Kräfteverhältnisse sich wieder zu ihren Gunsten veränderten. Dieses Verhalten der türkischen Kalifen auf dem Balkan sollte heute den Staatslenkern Israels bei ihren Verhandlungen mit den Arabern zu denken geben. Der gläubige Muslim gehorcht durchaus nicht den Wahnvorstellungen fundamentalistischer Extremisten, wenn er den Gedanken eines dauerhaften Friedens mit Ungläubigen – zumal wenn diese einen Teil des früheren »dar-ul-Islam« militärisch besetzt halten – weit von sich weist und als »un-islamisch«, ja »gottesfeindlich« verwirft. Beim »historischen Händedruck« im Weißen Haus von Washington zwischen Jassir Arafat und Yitzhak Rabin ist bei den meisten Kommentatoren die Illusion aufgekommen, der Frieden im Heiligen Land sei nunmehr in Reichweite. Mitnichten! Der Islam erlaubt lediglich eine vorübergehende Unterbrechung der Feindseligkeiten, eine »hudna« oder eine »muwada'a«, und zwar, wie Pohl schreibt, »als taktisches Mittel bei politischer Schwäche des Islam-Gebietes, während bei Stärke der Kampf und damit die Aufkündigung der Übereinkunft zur Pflicht wird«.

Auf derselben Seite heißt es: »Der Heilige Krieg wird nicht dauernd aufgehoben, sondern die Umsetzung der Rechtspflicht zur Ausbreitung des Islam in Kampfhandlungen wird befristet unterbrochen.« In Jerusalem verbringt man scheinbar recht wenig Zeit mit der Lektüre des Korans und dessen Auslegung durch die maßgeblichen islamischen Gelehrten. Wenn ich noch einmal den deutschen Botschaftsrat von Skopje zu Wort kommen lasse, so weil ich – angesichts einer ebenso törichten wie mißgünstigen Kampagne – diese Erkenntnis in solcher Schroffheit kaum selbst zu formulieren gewagt hätte. »Vor diesem Hintergrund«, so beendet Pohl sein Kapitel, »erweisen sich die Scharia (koranisches Recht) und das moderne Völkerrecht als miteinander grundsätzlich nicht vereinbar.«

Es wäre unfair zu verschweigen, daß die Abhandlung mit dieser kategorischen Feststellung nicht zu Ende geht. Der Verfasser wendet sich im zweiten Teil dem ägyptischen Experiment zu, um innerhalb der modernen islamischen Vorstellungen zu einer Milderung dieser schroffen Grundposition zu gelangen. Doch die einzigen koranischen Autoritäten, die er in dieser wohlwollenden Regional-Betrachtung zitieren kann, sind die weithin bekannten »Reformer« Dschamal-ed-din-el-Afghani sowie Mohammed Abduh, wobei ersterer eine durchaus kämpferische, gesamt-islamische Reichsidee vertritt, während der zweite angesichts der neueren Entwicklungen bereits völlig obsolet erscheint. Die Studie Pohls endet mit der etwas krampfhaft optimistischen Aussage, daß »die Ausgestaltung eines regionalen Völkerrechts des Islam der Friedensvölkerrechtsordnung nur nutzen« könne. Schon der Göttinger Professor Bassam Tibi, der als sunnitischer Muslim und syrischer Araber in seiner Sachkompetenz alle seine Kritiker und Neider weit überragt, sieht im »Prinzip Hoffnung« die letzte Chance einer im Sinne des westlichen Säkularismus vorstellbaren Wandlung jenes koranischen Grundprinzips, das die Einheit von »Religion und Staat – din-wa-dawla« gebietet.

Am Ende eines Gesprächs, das ich mit Dietrich Pohl in seinem Büro von Skopje führte, gesteht er achselzuckend, daß er – angesichts der jüngsten Vorgänge innerhalb der weltweiten »Umma« – heute, sechs Jahre nach der Publikation, wohl kaum noch zu einer solch optimistischen Conclusio gelangen würde.

*

Beim Betreten der Isa-Beg-Moschee tritt mir ein junger bärtiger Mann entgegen und fragt mich auf deutsch, was ich denn in diesem islamischen Gebetshaus suche. Ich befinde mich auf einem Prospektionsgang für unsere Kamera-Arbeit. Ich will das Freitagsgebet in Skopje drehen und suche nach dem geeigneten Objekt. Bevor ich meine Erklärung beginne, murmele ich die Formel »Bismillah rahman rahim – im Namen Gottes, des Gnädigen, des Barmherzigen«, die sich bei meinen vielen Recherchen als Zauberschlüssel erwiesen hat. Der junge Muslim stockt plötzlich und mustert mich intensiv. »Ich kenne Sie doch«, sagt er. »Ich habe ein paar Jahre in der Nord-Schweiz verbracht und regelmäßig deutsches Fernsehen gesehen. Sie sind hier willkommen, Sie sind ein Freund des Islam.« Er selbst stellt sich mit dem Namen Suleiman vor. Von meiner Idee, das Freitagsgebet und die Predigt, die »Khutba«, zu filmen, ist er sehr angetan. »Ich rate Ihnen aber zu einer anderen Moschee, zu der Murad-Pascha-Dschami', wo Sie echten Glaubenseifer auch bei meinen jungen Mitstreitern antreffen werden. Im übrigen ist der dortige Imam Zekeria Bairami ein strenger Rechtgläubiger, der kein Blatt vor den Mund nimmt.«

Mit Suleiman habe ich eine glückliche Begegnung gemacht. Seine Begeisterung für den Islam treibt ihn zwar zu gewissen Übertreibungen – er gibt die Zahl der Muselmanen in Mazedonien mit fünfzig Prozent an –, aber ansonsten erscheint er als der typische Repräsentant jener neuen islamischen Bewegung, deren religiöse Überzeugung durchaus nicht in irgendeinem Obskurantismus wurzelt, sondern durch die intime Kenntnis der westlichen Wohlstandsgesellschaft und deren Hochtechnologie erhärtet wird. Ich frage ihn nach seiner politischen Zugehörigkeit, ob er sich etwa für die Albaner-Partei des Demokratischen Fortschritts engagiere. Da lächelt er nur: »Sie kennen doch die Losung: Es gibt nur eine Partei, die Partei Gottes – ›hizb Allah‹. Wenn Sie es so nennen wollen, sind wir Fundamentalisten. Bei uns kennen wir keinen Unterschied zwischen Albanern und Türken, wir sind Mitglieder der großen ›Umma‹.« Im übrigen würden die vielen neuen Moscheebauten ausschließlich von den Gläubigen finanziert. Der Islam verbreite sich bei den bislang Indifferenten wie ein Steppenbrand.

»Warum sind Sie eigentlich bei Ihrer Kenntnis der wahren koranischen Offenbarung nicht zum Islam übergetreten, wie zum Beispiel der französische Meeresforscher, der Commandant Jacques Cousteau?« fragt Suleiman. Er kann es nicht begreifen, daß ein Mensch, der über die Kenntnis der wahren göttlichen Lehre verfügt, nicht auch die Konsequenz der Bekehrung vollzieht. Der junge Intellektuelle, der in irgendeinem Ingenieurbüro arbeitet, schüttelt den Kopf, und ein leiser Tadel bleibt zurück. Dann berichtet er von seiner eigenen Gott-Findung. Früher sei er ein unruhiger, gequälter Mensch gewesen. Aber seit er seinen Frieden durch die Ergebung in Allahs Willen gefunden habe, sei er glücklich. Er zitiert einen Vers der dreizehnten Koran-Sure: »Unruhig ist unser Herz, bis es ruhet in Dir, o Herr.«

Ich verweise ihn darauf, daß der christliche Kirchenvater Augustinus, nord-afrikanischer Bischof von Hippo Regius, das heute Annaba heißt, exakt die gleiche Formulierung gebraucht habe. »Ich versichere Ihnen«, fährt Suleiman fort, »ich habe in der Frömmigkeit eine tiefe Zufriedenheit gefunden. Dem Alkohol und der Frivolität habe ich entsagt. Es ist mir gleichgültig, ob ich im Leben Erfolg oder Mißerfolg habe, ob ich krank oder gesund bin, ob rings um mich herum Ordnung oder Anarchie herrscht. Zu allem sage ich ›el hamdulillah‹ – Lob sei Gott. Das hindert unsere Organisation nicht daran, für die Armen und Bedürftigen zu sorgen, die Bildung zu fördern und gegenüber der christlichen Regierung unsere Rechte mit Nachdruck einzufordern. Wir sind stark in unserer Gottergebenheit, und schon beginnen die Behörden Rücksicht auf uns zu nehmen.«

Bei unserem Besichtigungsgang zur Murad-Pascha-Moschee, wo wir uns am nächsten Mittag einfinden sollen und wo wir – wie er uns versichert – willkommen wären, zeigt er den Uhrturm typisch osmanischer Bauart, der den Hügel überragt. Es ist ein ziemlich häßliches, rot angestrichenes Gebilde und sollte wohl zur Türkenzeit die christlichen Kirchtürme ersetzen, deren Zifferblätter im übrigen Europa die Stunde anzeigen. Das Glockengeläute der Kirchen war den Muslimen stets ein Greuel und streng untersagt gewesen. »Stellen Sie sich vor«, beschwert sich Suleiman, »die Christen haben versucht, diesen Uhrturm mit einem orthodoxen Kreuz zu krönen, was für uns um so unerträglicher gewesen wäre, als der Prophet Isa, der Jesus der Christen, laut Koran nicht am Kreuz gestorben ist, sondern direkt zu Allah aufgenommen wurde. Wir haben diese Provokation zu verhindern gewußt.«

Am Freitag verlaufen die Dreharbeiten im Gebetshaus nicht so reibungslos, wie mir Suleiman versprochen hatte. Aufgrund einer politischen Verabredung treffe ich verspätet in der Murad-Pascha ein. Der slawische Taxichauffeur, dem ich mein Ziel nachdrücklich angegeben habe, fährt mich von einer überfüllten Moschee zur anderen, von der Yahia-Pascha- zur Isa-Beg-Dschami', und will mich um jeden Preis vor der grandiosen Sultan-Murad absetzen, wo sich die Gläubigen – viele Jugendliche darunter – vor dem mächtigen Portal bis weit auf die Straße stauen. Die Murad-Pascha-Moschee hingegen, zu der ich möchte, scheint für den Fahrer mit einem Tabu belegt zu sein, vielleicht weil sie weithin als Treffpunkt der militanten Islamisten bekannt ist. Als ich dann doch zum Ziel gelange, ist das Freitagsgebet weit fortgeschritten, und der ungarische Toningenieur Szaba berichtet mir über die Ablehnung, auf die das Team anfangs gestoßen sei. Das wäre jedoch unter Berufung auf mein

Gespräch des Vortages schließlich beigelegt worden. Zu keinem Zeitpunkt sei die Stimmung feindselig gewesen.

Aus dem überfüllten Gebetsraum hallt die Stimme des Khatib Zekeria Bairami, den ich im Gedränge nicht erkennen kann, obwohl er erhöht auf der Kanzel, dem »Minbar«, steht. Er predigt auf albanisch und flicht häufig arabische Zitate ein. So verstehe ich, daß von Bosnien die Rede ist, von der Verschwörung, der »Mu'amaa«, der Amerikaner und Russen gegen den Islam, von den neuen Kreuzzüglern, den »Mussallibin«. All das gipfelt in dem Appell, daß man die Gottlosen den Gottlosen überlassen solle: »el kafirun il kafirin«, und die Heuchler den Heuchlern: »el munafiqun lil munafiqin.« Im Vorhof ist ein Stand mit erbaulichen Schriften errichtet, um den sich die jungen Leute, auch verschleierte Mädchen drängen. Mein Vertrauensmann Suleiman hat mich endlich entdeckt. Er ist von einer Reihe ernst blickender, bärtiger Männer umgeben. Drei dunkelhäutige Sudanesen halten sich abseits. Von einem Knaben werde ich in brüchigem Hoch-Arabisch angesprochen. Der Imam sei zu einem Gespräch mit mir bereit, und ich solle es mir doch unterdessen im Beratungszimmer neben der Dschami' bequem machen, empfiehlt Suleiman.

Sehr eindrucksvoll ist dieser Konferenzraum nicht. Steinbänke mit schmuddeligen Kissen oder mit Schaf-Fellen belegt, bilden ein Quadrat. Auf dem Boden liegt ein knallbunter Fabrikteppich. Die obligate Mekka-Abbildung hängt an der Wand. Es riecht nach Moder. Aus dem vergitterten Fenster schweift der Blick auf die osmanische Festung. Zekeria Bairami wird bei seinem Eintritt von gewichtigen Männern mittleren Alters begleitet. Deren Gesichtsausdruck ist streng, fast bullig. Der Statur nach würden sie gute Catcher abgeben. Es handelt sich jedoch nicht um Leibwächter, sondern um angesehene Gemeindemitglieder. Die Mehrzahl hat wiederum blaue Augen. Eine unbändige, kontrollierte Kraft geht von diesen Gestalten aus. Der Imam selbst ist von schmächtigerer Statur. Er trägt einen weiten schwarzen Kaftan und den Fez mit dem weißen Turban. Der Schnurrbart ist schwarz, und die dunklen Augen wirken stechend. Der Mann ist mißtrauisch und auf den ersten Blick wenig sympathisch.

Im Gespräch äußert er sich weit zurückhaltender als während der »Khutba«. Auch ihm will es nicht einleuchten, daß ich mich intensiv für den Islam interessiere und nicht zur Konversion bereit bin. »Warum wird der Islam von Amerikanern und Europäern als Gefahr empfunden?« fragt er. In Bosnien, Palästina und Algerien seien doch die rechtgläubigen Muslime die fast wehrlosen Opfer von Verfolgung, Diskriminierung und Unterdrückung. Ich antworte, daß in meinen Augen das Problem des Westens nicht die hypothetische Kraft des Islam sei, sondern die eigene Schwäche gepaart mit den Auflösungserscheinungen des Christentums. Das stimmt den Imam wohl nachdenklich, und es entsteht eine Pause.

Das Thema Bosnien kommt zwangsläufig auf. Ich berichte der Runde von meinem letzten Ägypten-Aufenthalt im Januar 1994. Dort würden sich die Prediger und Pamphletisten weit heftiger über die Leiden ihrer Glaubensbrüder in Bosnien als über die problematische Annäherung zwischen Isrealis und Palästinensern empören, was wohl einer vorsichtigen Rücksichtnahme auf die Beschwichtigungspolitik Präsident Mubaraks gegenüber dem Judenstaat entspreche. Bairami hat in den fünfziger Jahren ein langes Studium an der theologischen El-Azhar-Universität in Kairo absolviert. Der Imam ereifert sich, als die Rede auf die »schändliche« Aktivität der Vereinten Nationen in Ex-Jugoslawien kommt. Es fällt mir nicht schwer, ihm beizupflichten, habe ich doch gerade in einer Schweizer Zeitschrift moniert, daß die Herren Owen, Vance, Stoltenberg sich bei ihren teils halbherzigen, teils hinterlistigen »Vermittlungsbemühungen« mit Schande bedeckten und daß der japanische UN-Bevollmächtigte Akashi längst Harakiri verübt hätte, wenn er sich an den Ehrenkodex seiner Vorfahren hielte.

Als die Rede sich dem islamischen Fundamentalismus zuwendet, winkt der Imam ab. Die Formeln »Salafiya« oder »Usuliya« seien doch leere Schalen. Es gehe darum, die reine Offenbarung des Propheten zu respektieren und die fünf Gebote, die fünf Säulen des Islam, zu befolgen. Zur Zeit bestünden in Mazedonien keine explosiven Probleme, aber das könne sich ändern, wenn es im Kosovo zum Blutvergießen käme. Bis auf weiteres würden sich die Muslime von Skopje mit einer bi-nationalen

Staatsform zufriedengeben, aber die laizistische Militanz des Präsidenten Gligorow sei auf Dauer inakzeptabel. Die Verderbnis des gottlosen Kommunismus wirke eben noch nach. Man erkenne das daran, daß vor dem Zweiten Weltkrieg hundertvierzig Moscheen die Stadt Skopje schmückten, und nun seien es noch vierzehn. Die Orthodoxen hätten auf die Wiederherstellung der islamischen Kultstätten mit dem Bau einer riesigen Kathedrale aus Beton geantwortet. Dennoch plädiere er für ein gutes Verhältnis zu den »Leuten des Buches«.

Ich wage die Frage nach den Bektaschi-Derwischen, die unter den Albanern Mazedoniens, vor allem in der Umgebung von Tetovo, noch relativ stark vertreten sind. »Diese Bektaschi-Sufi haben kaum noch Einfluß auf das fromme Volk«, wehrt Zekeria Bairami ab. »Sie leben in einer Märchenwelt und haben sich von der wahren Lehre der Sunna weit entfernt. Ihre Rückführung auf den rechten Pfad – es handelt sich ja ohnehin fast nur noch um Greise – ist lediglich eine Frage der Zeit.«

Nach und nach hat sich der Imam entspannt. Auch bei seinen wuchtigen Gefährten kommt freundliche Stimmung auf. »Ich habe Ihnen nur ein klappriges, uraltes Citroen-Modell anzubieten«, meint Bairami zum Abschied, »aber ich bringe Sie gern zu Ihrem Hotel.«

Diese Rückfahrt ist mit erheblichen Risiken verbunden. Der stotternde Motor scheint explodieren zu wollen, und die Fahrkunst des frommen Mannes ist mehr von Gottvertrauen als von Kenntnis der elementaren Verkehrsregeln geprägt. Zum Abschied wird Bairami noch einmal feierlich: »Sie haben sicher vernommen, wie heimtückisch die Serben über unsere Glaubensbrüder von Goražde hergefallen sind und wie skandalös sich die Vereinten Nationen verhalten. Dem ägyptischen Christen Boutros-Ghali kann niemand trauen, und die Amerikaner haben nur ein Ziel: Sie wollen das Entstehen eines islamischen Staates auf dem Balkan um jeden Preis verhindern.«

Das Jerusalem der Serben

Peć (Kosovo), im April 1994

Das also ist das »Jerusalem der Serben«, von dem Hieromonk Jovo im Patriarchat zu Belgrad geschwärmt hatte. Sehr ansehnlich wirkt diese dreigeteilte Patriarchatskirche von Peć zunächst nicht. Das alte Backsteingemäuer, die Kuppeln, die halb romanischen, halb byzantischen Portale im Miniaturformat erinnern an das Kloster Studenica, wo ich mich im Dezember 1993 bei meiner Fahrt nach Novi Pazar aufhielt. Aber die Landschaft ist gewaltig und lädt zur Meditation über die Nichtigkeit alles Weltlichen ein. Ganz dicht drängen sich die nord-albanischen und montenegrinischen Felsmassive an das Tal der Bistrica, wo die Obstbäume in Blüte stehen. Eine Wehrmauer rings um das Gebäude des Bischofssitzes bietet nur symbolischen Schutz vor Frevlern und Marodeuren, die diese Weihestätte im Laufe der Geschichte mehrfach heimgesucht haben.

Die Gründung der Kathedrale von Peć ist Bestandteil der patriotischen serbischen Legende. Wir befinden uns hier im südwestlichen Zipfel der von Belgrad verwalteten und unterjochten Provinz Kosovo. Die Bevölkerung im Umkreis dieses christlichen Wallfahrtsortes setzt sich zu mehr als neunzig Prozent aus muslimischen Albanern zusammen. Das merkt man den orthodoxen Mönchen im nahen Kloster Dečani irgendwie an, die in ihren speckigen Soutanen und schwarzen Hauben hin und her eilen, um irgendwelche Verrichtungen vorzunehmen. Mit ihren blassen Gesichtern und den rötlich-blonden Bärten machen sie einen scheuen, fast gehetzten Eindruck. In der Patriarchatskirche von Peć geht es feierlicher zu, auch wenn die Zahl der Gläubigen, die dem sonntäglichen Ritualgesang des Popen lauschen, gering ist. Das Heiligtum lebt bereits in Erwartung des Osterfestes. Dann wird sich der greise Patriarch Pawle, Oberhaupt der serbisch-orthodoxen Kirche, hier einfinden, und die goldene Pracht des byzantinischen Erbes wird sich im Flackerlicht der Kerzen entfalten. An dieser Geburtsstätte serbischer Christenheit werden die Belgrader Oberhirten heute noch konsekriert. Die Ikonen und Fresken im Inneren versetzen den

Besucher in eine mystische Welt. Hier verzerren sich die Dimensionen – trotz des schmalen Raums – auf wunderbarer Weise ins Unendliche. Die Vitae der Heiligen, die Leiden der Märtyrer, die Mirakel der Evangelien sind in schier unbeschreiblicher Pracht und Innigkeit dargestellt.

Dieser serbische Außenposten blieb glücklicherweise vom Wüten jener byzantinischen Bilderstürmer verschont, die viel früher die Kirchen von Konstantinopel heimsuchten. Die erhabenen Gesichtszüge der Engel verewigen jenseits der orthodoxen Kunstvorlagen die Fernwirkung großer klassischer Darstellungstradition. Der drachentötende heilige Georg erhebt seine Waffe wie Perseus, der dem Meerungeheuer Einhalt gebietet, und der Erzengel Michael tritt unter den Zügen des Kriegsgottes Ares auf. Die Vielfalt der Erscheinungen wird überragt durch das grandiose Antlitz des Christos Pantokrator, des allmächtigen Erlösers, der aus der obersten Kuppel wie in himmlischer Höhe entrückt seine kraftvolle, strenge Würde dem Göttervater Zeus entliehen zu haben scheint. Das Ganze ist untermalt, sublimiert durch einen geheimnisvollen blauen Grundton, der an die nie wieder erreichten Azur-Töne der Kirchenfenster von Chartres, der französischen Kathedrale in der Beauce, erinnert.

Aber zurück zur nationalen Mystik der Serben. Der Bau des Monasteriums von Peć geht auf den heiligen Sava zurück, Bruder des Begründers der im Rückblick verklärten Nemanjiden-Dynastie. Im Jahr 1219 erhielt dieser Bischofssitz den Status der Autokephalie, der relativen Selbständigkeit gegenüber dem Patriarchen von Byzanz. Aber schon hundert Jahre später verlieh Dušan der Eroberer, der sich als Herrscher über Serben und Griechen bezeichnete, der Metropolie Peć die Würde eines völlig unabhängigen Patriarchats. Der heilige Sava war als frommer Christ nach Jerusalem gepilgert, und deshalb sind die Fresken, die den Berg Zion und die Schädelstätte von Golgatha darstellen, mit besonderer Inbrunst ausgeführt, eingewoben in eine Ikonostase aus geflochtenem Gold. Im Vergleich zu den christlichen Kultstätten Jerusalems, der Grabeskirche insbesondere, die von den diversen Konfessionen in peinlicher Rivalität umstritten ist, erscheint die sehr viel kleinere Kathedrale von Peć eindrucksvoll und gottgefällig. Die türkische Eroberung setzte der serbischen

Kirchen-Separation von Peć ein Ende. Nun erwirkte der Patriarch von Konstantinopel vom osmanischen Sultan, seinem Schutzherrn, daß der Sitz des slawischen Metropoliten nach Ohrid verlagert und einem griechischen Bischof, einem »Phanarioten«, übertragen wurde.

So verhielt es sich bis 1537, als Gott oder Allah wieder in die Geschichte des serbischen Volkes eingriff. Das Ereignis wird von dem Literatur-Nobelpreisträger Ivo Andrić, dem Autor von *Die Brücke über die Drina,* nur andeutungsweise erwähnt. Es geschah nämlich zu jener Zeit, daß die bewaffneten Beauftragten des Sultans den Balkan heimsuchten, um unter den christlichen Kindern die »Knabenlese« oder »Devşirme« – Andrić nennt es »Blutzoll« – vorzunehmen. Begleitet vom Jammern und Wehklagen der serbischen Mütter wurde ein Kontingent junger Christen ihren Eltern entrissen, um die Janitscharen-Truppe mit neuen Rekruten zu versorgen und der Palastschule des Topkapi die Intelligentesten der Entführten als Beamtennachwuchs zuzuführen. Da half es nur in den seltensten Fällen, daß die Frauen mit ihren Kleinen in die Wälder flüchteten oder ihnen manchmal sogar die Finger abhackten, um sie dienstuntauglich zu machen.

Unter den Opfern jener »Knabenlese« des frühen sechzehnten Jahrhunderts befand sich, so heißt es, auch der Sohn eines serbischen Popen aus dem Dorf Sokolovići im Sandschak von Novi Pazar. Er wurde, wie das damals üblich war, in einem Maultier-Korb nach Istanbul transportiert, dort beschnitten und in die islamische Religion eingewiesen. Unter dem Namen Mehmet Sokolu machte er dann eine steile Beamtenkarriere. Dank dem Wohlwollen Suleiman des Prächtigen, von den Türken »Kanuni«, der Gesetzgeber, genannt, stieg der serbische Bauernsohn zur höchsten Regierungswürde des Osmanischen Reiches auf. Er wurde Groß-Wesir und soll ein fähiger, gewissenhafter Amtswalter gewesen sein. Während sein Souverän in der Schlacht von Mohács den Magyaren eine vernichtende Niederlage beibrachte und ganz Ungarn seinem Imperium einverleibte, während die Janitscharen auf Wien zumarschierten und die Vorkommandos der berittenen Sipahi bis in den Raum von Regensburg ausschwärmten, entsann sich Mehmet Pascha Sokolu seiner serbischen Ursprünge und ließ die von Andrić besungene Brücke über die Drina bauen, die im Jahr 1571 vollendet wurde.

Aber der Groß-Wesir hielt auch an seinen ererbten Familienbanden fest. Er entdeckte einen leiblichen Bruder, der natürlich Christ geblieben war und als Abt dem Kloster von Mileševo in Sebvi vorstand. Diesen Bruder erhob er nun – ungeachtet des Protestes des christlichen Phanars von Konstantinopel – zur Würde eines Patriarchen von Peć, zum geistlichen Oberhaupt und Ethnarchen aller Serben. Die Kirchensprache dieser neugegründeten autokephalen Kirche war das Serbisch-Slavonische, das sich eng an das von Kyrill und Method entwickelte Sakral-Idiom anlehnte. Gemäß dem türkischen »Millet«-System und gestützt auf eine überwiegend klerikale Versammlung, verfügten die Serben nunmehr während des sechzehnten und siebzehnten Jahrhunderts über eine Art »Staats-Ersatzausführung«. Kein Wunder, daß der serbische Groß-Wesir aus dem Dorf Sokolovići in der Folklore- und Sagenwelt weiterlebt. Den Serben fiel die Unterordnung unter die osmanische Administration zu jener Zeit um so leichter, als nach dem Untergang des christlichen Königreichs Ungarn jede Hoffnung auf einen Entsatz und auf militärische Unterstützung von außen abhanden gekommen war.

Die Situation auf dem Balkan veränderte sich grundlegend, als die türkischen Kriegserfolge erlahmten und statt dessen eine Serie von Rückschlägen einsetzte. 1683 war die zweite Belagerung Wiens durch die Christenheit erfolgreich abgewehrt worden, und dem Wesir Kara Mustafa wurde vom Sultan die seidene Halsschnur zugeschickt, die Aufforderung zum Selbstmord wegen Versagens. Schon vier Jahre später setzte der habsburgische Siegeszug ein, und Ungarn ging für die Pforte endgültig verloren. Die Armeen des »edlen Ritters« Eugen von Savoyen stießen längs der Donau und der Save nach Südosten vor, ehe sie 1717 die osmanische Festung Belgrad erstürmten. Einige Jahrzehnte zuvor hatte eine Entwicklung eingesetzt, die die gesamte Balkan-Politik bis auf den heutigen Tag traumatisch belastet. Endlich sahen die unbeugsamen Serben eine konkrete Hoffnung, sich der osmanischen Willkür und der permanenten Demütigung durch die Muslimani zu entziehen. Um das Jahr 1690 forderte der Metropolit von Peć, Arsenije III., seine Landsleute zu einem massiven Exodus auf, um ihr Heil bei den christlichen Brüdern aus Österreich und Ungarn zu suchen, auch wenn diese der papistischen Irrlehre anhingen.

Der serbische Schriftsteller Crnjanski hat diese große »Migration« wie eine Art Auszug aus Ägypten glorifiziert. Mehr als dreißigtausend serbisch-orthodoxe Familien sind damals ihrem geistlichen Hirten gefolgt, etwa zweihunderttausend Menschen. Eine unvorstellbare Masse für jene Zeit. Sie verließen ihren angestammten Siedlungsraum vor allem im Kosovo, am Rand des Amselfeldes, und ließen nur ihre herrlichen Kirchen und Klöster zurück, während die vereinsamten Dörfer sich mehr und mehr mit muslimischen Albanern füllten. Letztere kamen aus ihren unwirtlichen Bergen und stießen in das Vakuum des Kosovo. Der Bevölkerungsschwerpunkt der serbischen Auswanderer verlagerte sich nunmehr in die Gegend der heutigen Vojvodina. Der Patriarch, dem seine Apostolische Majestät von Wien volle Konfessionsfreiheit in einem österreichisch angepaßten »Millet«-System zugestand, etablierte sich in der von Reichstruppen eroberten Stadt Karlowitz, heute Sremski Karlovci genannt, westlich von Belgrad. Die kriegerischen serbischen Neubürger wurden von den Habsburger Kommandanten als freie Wehrbauern längs jener »Militärgrenze« eingesetzt, die die Sicherheit des Heiligen Römischen Reiches gegen osmanische Raubzüge mit einem weit vorgeschobenen Glacis absichern sollte. Heute hat diese politisch-konfessionelle Konstruktion in der »Serbischen Republik Krajina« eine späte, explosive Wiederauferstehung vollzogen.

Kein Wunder, daß die Osmanische Pforte diesen Übertritt zum habsburgischen Erbfeind mit der Auflösung des Patriarchats von Peć ahndete. Peć wurde in eine bescheidene Metropolie umgewandelt, und – wie das damals üblich war – an den meistbietenden »Phanarioten«, an einen bestechlichen griechischen Kleriker aus Istanbul, verschachert. Die slavonische Liturgiesprache wurde durch radikale Gräzisierung verdrängt. Das Herz des serbischen Patriarchats schlug von nun an in Karlowitz, am Rand des Wiener Herrschaftsgebietes. Erst als der Absolutismus in Mode kam und die Aufklärung sowie die damit verbundene staatliche Zentralisierung sich auch im Habsburger-Reich durchsetzten – unter Joseph II. zumal –, schrumpften die religiösen Privilegien der serbischen Volkskirche.

Paradoxerweise waren es am Ende deutsche und österreichische Sprachforscher oder Volkstumsromantiker, die zu Beginn des neunzehnten Jahrhunderts die Niederschrift serbischer Literatur und Dichtung ermutigten. Die bisher nur mündlich überlieferten Heldenlieder und -sagen, die »Pesme«, die zu den Klängen einer primitiven Geige, der »Guzla« vorgetragen wurden, fanden jetzt systematische Sammlung und Förderung. Dazu gehörten auch jene Lobgesänge auf besonders tollkühne Hajduken, jene Räubergestalten, die den türkischen Unterdrückern unverzagt als Partisanen, wie man heute sagen würde, zusetzten und die als balkanische Robin Hoods hohes Ansehen genossen. Es sollten noch einige Jahrzehnte verstreichen, ehe sich die Hajduken oder Tschetniks, wie sie später genannt wurden, auch der habsburgischen Okkupation widersetzten.

Nach der schrittweisen Annektierung Bosniens durch Wien im späten neunzehnten und frühen zwanzigsten Jahrhundert steuerte das serbisch-österreichische Verhältnis unaufhaltsam in jene Konfrontationsstimmung hinein, die sich im Juli 1914 nach den Schüssen von Sarajevo so verhängnisvoll entlud. Jedenfalls haben die Serben – ungeachtet der Wechselfälle der Geschichte – ihre Urheimat im Kosovo nie vergessen. Das war mehr als eine Art balkanisches Elsaß-Lothringen, als die »blaue Linie der Vogesen«, von der die französischen Gefolgsleute des Ultra-Nationalen Déroulède in ihrer Revanche-Sehnsucht redeten. Hier ging es um einen fast biblischen Ursprung. Die erdrükkende Präsenz muslimischer Albaner an dieser heiligen Wiege der serbischen Nation war nicht nur für exaltierte Extremisten absolut unerträglich. »Stellen Sie sich vor, rings um die Kathedrale von Reims, die Krönungsstätte der französischen Könige, siedelten heute neunzig Prozent afrikanische Senegalesen«, war mir allen Ernstes in Belgrad von erregten serbischen Studenten als Vergleich entgegengehalten worden.

*

Im Städtchen Peć habe ich mich im Hotel »Metohija« eingemietet. Die wenigen Gäste sind ausschließlich Serben. Die Polizei-Überwachung ist diskret, aber in allen anderen Ortschaften, die wir seit der mazedonisch-serbischen Grenze passiert haben, an allen strategischen Punkten gibt sich die serbische Miliz geballt zu erkennen. Auch eine Anzahl schwergerüsteter Armeekasernen sichte ich auf dieser Fahrt von Kačanik über Prizren und Dakovica. Wir werden mehrfach kontrolliert, was uns aber nach der unendlichen Wartezeit zwischen den Lastwagenkolonnen an der Zollstation nicht weiter aufregen kann. Unser Begleiter und Dolmetscher Slavo, ein junger Mazedonier aus Skopje, der im Hauptberuf Englischlehrer ist, reagiert mit Nervosität auf gelegentliche Schikanen, als uns zum Beispiel ein serbischer Verkehrspolizist ohne Angabe von Gründen die Summe von fünfundvierzig Serbischen Dinar – das waren nach der letzten radikalen Währungsreform tatsächlich fünfundvierzig Mark – abkassiert. Erstaunlich, wie dieser chirurgische Finanzeingriff in die im Dezember 1993 noch rasende Hyperinflation gelungen, wie die phänomenale Geldentwertung mit einem Griff abgewürgt worden ist und wie sich der Dinar nun schon seit drei Monaten auf Parität mit der deutschen Leitwährung behauptet.

In den wildzerklüfteten Schluchten, die bei Rečane nach Prizren überleiten, bietet sich ein herrliches Bild. Die Felsen treten auf beiden Seiten fast auf Reichweite an die Straße heran. Mir fällt ein, daß Karl May erst im späten neunzehnten Jahrhundert einen Teil seiner Abenteuerschilderungen des Kara Ben Nemsi unter dem Titel *Durch das Land der Skipetaren* veröffentlicht hatte. Zu jener Zeit mußte dieser albanisch-serbische Zwischendistrikt tatsächlich noch ein Tummelplatz für Räuberbanden und Stammeskrieger gewesen sein. Die Stadt Prizren weist sich durch die Zahl ihrer wuchtigen Moscheen als osmanisches Relikt und als Hochburg albanischen Widerstandes aus. Serbische Straßenpanzer sichern die Kreuzungen. Der Mazedonier Slavo schüttelt den Kopf: »Diese Serben müssen verrückt geworden sein. An ihrer Stelle würde ich dieses feindselige Land längst preisgegeben haben. Sollen die Albaner – auch die unseren – doch zur Hölle fahren, und wir täten gut daran, sie im eigenen Saft schmoren zu lassen.«

Zwischen dem Nord- und dem Südteil des Kosovo besteht wohl ein erhebliches Zivilisations- und Wohlstandsgefälle. Hier im Süden – vor allem im Umkreis von Dakovica – wird die glatte Asphaltstraße von zahllosen Müllhalden gesäumt. Die Gehöfte aus unverputztem rotem Backstein verbergen sich hinter hohen Mauern. Die Moscheen schießen zwar auch in dieser Region überall aus dem Boden, aber sie verzichten auf jeden künstlerischen Anspruch. Die Bevölkerung scheint die serbische Besatzungsarmee, die hier auf mindestens vierzigtausend schwerbewaffnete Milizionäre geschätzt wird, nicht wahrnehmen zu wollen, blickt trotzig an ihnen vorbei.

Der Bazar von Peć hat wenig zu bieten. Ein paar alte Albaner tragen noch die weißen Filzkappen. In diesem Budenviertel geht es gedrückt zu. Gegenüber dem »Metohija« erhebt sich ein anderes Hotel in rosarotem Anstrich. Es ist über und über mit Wahlplakaten der serbischen Nationalisten Milošević und Šešelj beklebt und dient wohl als Zentrale irgendeines Sicherheitsdienstes. Ein albanischer Souvenir-Händler, der übrigens nichts Erwerbenswertes zu bieten hat, zieht mich auf die Seite und redet konspirativ auf mich ein. Offenbar ist er über meine Person und meine Absichten gut informiert. Seiner Entrüstung gibt er freien Lauf, während er auf das rosa Gebäude verweist. »Die Leute aus Belgrad sollen doch nicht glauben, daß sie uns mit ihren Verhör- und Folterzellen auf alle Zeit in Schach halten können«, tuschelt er. »Dieses Gebirgsland wird sich am Ende vorzüglich für einen Partisanenaufstand eignen. Seit Titos Tod ist die Spannung hier unerträglich geworden.«

Bei der Revolte von 1981 hätten die Albaner bewiesen, daß sie sich zu wehren verstünden. Und der Generalstreik von 1986 sei auf beiden Seiten unvergessen. »Seit 1989 kennen die Serben überhaupt keine Hemmungen mehr«, flüstert der Unbekannte. »Sie haben die verbrieften Autonomierechte der Albaner annuliert und ein Jahr später das Provinzparlament von Priština mit Knüppeln und Bajonetten auseinandergejagt. Die schlimmsten Typen aus Belgrad, die ›Weißen Adler‹ des Tschetnik-Führers Šešelj, die ›Tiger‹ des Schwerverbrechers Arkan, hatten dort ihr Hauptquartier im ›Grand Hotel‹ aufgeschlagen, und seitdem findet die Unterdrückung kein Ende.«

Vierundzwanzigtausend albanische Lehrer wurden entlassen. Dreihunderttausend junge Wehrpflichtige sind geflüchtet. Die meisten Autobusse, mit denen sie das Weite suchten, gaben als Fernziel die Städte Malmö in Schweden und Teplice in Böhmen an. Sogar die KSZE-Beobachter wurden von den Serben verdrängt. Der polnische Beauftragte für die Einhaltung der Menschenrechte, Tadeusz Mazowiecki, ist erst gar nicht ins Land gelassen worden.

Der Unbekannte verschwindet jäh, als Slavo sich zu uns gesellt. Nun reißt der Englischlehrer aus Skopje das Gespräch wieder an sich. Die Skipetaren sind ihm ebensowenig geheuer wie die Serben. »Wissen Sie übrigens, daß in Kroatien alle mohammedanischen ›Refugees‹, woher sie auch stammen, als ›Izbeglize‹ bezeichnet werden, nach dem Namen des bosnischen Präsidenten Alija Izetbegović? Das Schlimmste ist, dieser chauvinistische Wahnsinn droht auf Mazedonien überzuspringen, und ich fühle mich neuerdings persönlich bedroht. Die Mohammedaner haben sich unter Tito noch geduckt«, fährt Slavo fort, »aber heute streben sie ganz offen jene alte Herrschaftsstellung wieder an, die sie unter den Osmanen besaßen. Vor allem die serbischen Muslimani von Bosnien und Novi Pazar waren doch die schlimmsten Unterdrücker ihrer christlichen Landsleute. Man kann es schon verstehen, daß der serbische Präsident Milošević Anstoß daran nahm, daß im Kosovo prozentual weit mehr Studenten eingeschrieben waren als an den Belgrader Fakultäten.« Die meisten dieser vierzigtausend Skipetaren, die jetzt vor den geschlossenen Universitäten auf Rückgewinnung ihrer Rechte sinnen, hätten das Fach »Albanologie« belegt. Was dieser nationalistische Unsinn wohl zu bedeuten habe?

Bei dieser Wendung unserer Unterhaltung fällt mir eine Passage des Buches *Die Brücke über die Drina* ein: ein Dialog zwischen einem jungen serbischen Christen bescheidenen Standes und einem serbischen Muslim, einem »Türken«, wie man kurz vor dem Ersten Weltkrieg noch sagte, Sprößling einer vornehmen Beg-Familie, der die Akademie von Agram besuchte. Im Wortlaut heißt es in der Anklage des Serben Galus, die Ivo Andrić mit bemerkenswerter Klarsicht wiedergibt: »Hier irrt ihr Mohammedaner aus den feudalen Familien häufig. Verwirrt durch die neuen Zeiten, habt ihr das richtige und vollständige Gefühl für euren Platz verloren. Eure Liebe zu allem, was orientalisch ist, war ein moderner Ausdruck eures ›Willens zur Macht‹; für euch sind die östlichen Lebens- und Denkformen aufs engste verknüpft mit einer Gesellschafts- und Rechtsordnung, die die Grundlage eurer jahrhundertelangen Herrschaft war. Und das ist verständlich. Aber das bedeutet keinesfalls, daß ihr Sinn für die Orientalistik als Wissenschaft habt. Ihr seid Orientalen, aber ihr irrt, wenn ihr glaubt, ihr seid berufen, Orientalisten zu sein. Ihr habt überhaupt weder Berufung noch wahre Neigung zur Wissenschaft.«

Dieser Dialogauszug, der die Stimmungslage des Jahres 1908 widerspiegelt, gewinnt heute wieder eindringliche Aktualität. Am Beispiel dieses imaginären Disputs läßt sich die generelle Abneigung der frommen Islamisten gegenüber den Orientalisten des Westens, den »mustaschriqin«, und deren belehrende Anmaßung erklären. Aus dieser Geistesverfassung, aus dieser Ablehnung fortdauernder abendländischer Bevormundung – und sei sie noch so gut gemeint – entspringt auch der zwingende Wunsch der jungen islamistischen Revolutionäre, ihre Anpassung an die Neuzeit und den industriellen Wettbewerb nicht mehr im Bereich der Geisteswissenschaften, schon gar nicht in der Orientalistik zu suchen, sondern in den Disziplinen der »high technology«.

Um nach Mitrovica zu gelangen, habe ich eine Route eingeschlagen, die zu dem Flecken Rožaje über einen Zipfel montenegrischen Territoriums führt. Es ist eine atemberaubende Fahrt. In Haarnadelkurven klettern wir zu einer Paßhöhe von zweitausend Metern. Schneeverwehungen behindern uns auf einem Teil der Strecke. Die Felswelt ist gigantisch, bedrohend, chaotisch. Hier versteht man, warum die Türken während ihrer halbtausendjährigen Balkan-Besetzung niemals das kleine Fürstentum Montenegro unterwerfen konnten, das sich unter der Autorität seiner orthodoxen Metropoliten in endlosen Kämpfen behauptete.

An einer besonders schroffen Wand entdecke ich in riesigen Lettern die Inschrift »Republika Kosova!« Der blutige Volkstumskampf wirft seine Schatten voraus. »Die Kosovo-Albaner haben bei den Unruhen von 1981 und 1986 bewiesen, daß sie begabte Messerstecher und Halsabschneider sind«, brummt Slavo ungehalten.

*

Bevor wir in Richtung Priština durchstarten, suchen wir dieses Mal die Gedenkstätte von Kosovo Polje auf. Auf dem rötlichen Granit des hochragenden, rechteckigen »Gazimestan« sind nur zwei Zahlen eingemeißelt: 1389 und 1989. Daneben sind Schwerter und Kreuze abgebildet. Ich habe mir inzwischen in Belgrad einen serbischen Spielfilm besorgt, der die heldische Niederlage und den Märtyrertod des Nemanjiden-Fürsten Lazar, den Sturm der Janitscharen, die verzweifelte Selbstaufopferung der serbischen Ritter, den Kriegertod des Sultans Murad in epischer Breite und mit großem Statistenaufgebot darstellt. Hier ging vor fünfhundert Jahren das Serben-Reich unter. An dieser Stelle hat Slobodan Milošević am Sankt-Veits-Tag des Jahres 1989 zwei Millionen serbischer Patrioten versammelt, um der nationalen Tragödie zu gedenken und um den Schwur zu leisten, daß man diesen heiligen Ort, daß man das Amselfeld niemals, aber wirklich niemals den albanischen Mohammedanern, den Erbfolgern der türkischen Barbaren, überlassen werde.

Endlose Dichtungen, feierliche Epen sind dieser Schlacht am Amselfeld gewidmet. Da wird die Historie – mit religiöser Inbrunst vorgetragen – zur magischen Beschwörung. Welches serbische Kind kennt dieses Nationalepos nicht: »Früh erhob sich die Jungfrau vom Amselfeld«, so beginnt die Erzählung, »sie erhob sich früh am Sonntag morgen, ehe die Sonne aufging. Sie streifte die weißen Ärmel hoch bis zu den weißen Ellenbogen; Weisheit trägt sie auf ihrer Schulter und in den Händen zwei Kelche aus Gold; mit frischem Wasser hat sie den einen gefüllt und den anderen mit rotem Wein ...« Hier wechselt die Kriegersage in christliche Mythologie über. In den Händen des Engels vollzieht sich eine Transsubstantiation, der Wein des Goldpokals verwandelt sich in das vergossene Blut der Helden. So geht auch der Gesang weiter. Am Abend der Schlacht ist das Amselfeld mit den Leichen der Tapferen bis zum Horizont übersät. Und wieder taucht die Jungfrau oder der Engel auf, nähert sich dem röchelnden, sterbenden Fahnenträger der Serben und reicht ihm Wein und Brot – wie in einer völkisch inspirierten Eucharistie.

An Ort und Stelle fällt es mir schwer, solche Verzückung nachzuvollziehen. Das Amselfeld, eine ziemlich trostlose Hochebene, ist nur stellenweise landwirtschaftlich genutzt. Eine graue, mit Unkraut überwucherte Fläche dehnt sich jenseits des »Gazimestan«. Der Horizont ist an diesem kühlen Frühlingstag durch gelbe, giftige Wolken verdunkelt, die von den Fabriken Prištinas ausgestoßen werden und die ein jammernder Wind ätzend zu uns herüberträgt.

Die serbischen Soldaten des Jahres 1912, die das osmanische Joch endgültig abgeschüttelt hatten und diesen heiligen Boden für das wiedererstandene Vaterland zurückeroberten, befanden sich wohl in einer ganz anderen Stimmung. Als sie in ihren grauen Uniformen, vom endlosen Marsch erschöpft, das Amselfeld erreichten, bemächtigte sich ihrer stolze Ergriffenheit. Weinend knieten sie nieder und küßten den Boden, auf dem die Pfingstrosen so rot blühten, als nährten sie sich aus dem Blut der Erschlagenen. Während die serbische Armee – Gott preisend – weiter nach Süden vordrang, traten die Soldaten behutsam auf die vermeintlichen Gräber der Ahnen. Sie wechselten kein Wort, um die schlafenden Ritter und Vorkämpfer ihrer Nation in ihrer ewigen Ruhe nicht zu stören.

Moldova

Ein General am Dnjestr

Tiraspol, Anfang Juli 1994

Die Mitteilung, die mir in der Rezeption des Hotels »Seabecu-Moldova« übergeben wird, lautet wie ein Gag aus einem Spionage-Roman von John le Carré: »Oberst Anatolij Platicyn erwartet Sie morgen um elf Uhr zu Füßen der Lenin-Statue von Tiraspol.«

Der Kalte Krieg ist angeblich zu Ende gegangen, aber die Spannungen im Raum zwischen Pruth und Dnjestr dauern an. An dieser Ostflanke Rumäniens, knapp hundert Kilometer von der großen Hafenstadt Odessa entfernt, die zur unabhängigen Ukraine gehört, aber überwiegend von Russen bevölkert ist, schwärt seit dem Zerfall der Sowjetunion eine Konfliktsituation, die konfus und provinziell wirken könnte, wenn sie nicht soviel Sprengstoff enthielte.

Auf dem Boden Bessarabiens, das schon 1812 von Zar Alexander I. dem Fürstentum Moldau – damals noch Vasallenstaat des Osmanischen Reiches – entrissen wurde und das Josef Stalin in Absprache mit Hitler im Sommer 1940 auf Kosten des Königreiches Rumänien wiederum okkupierte, behauptet sich heute die selbständige GUS-Republik Moldova. Ohne ein intensives Kartenstudium ist dieses geographische Puzzle kaum zu begreifen, denn die einst rumänische Süd-Bukowina sowie der an das Donau-Delta reichende Teil Bessarabiens wurden schon zu Zeiten der triumphierenden Sowjetmacht der Ukraine zugeschlagen. Dafür hatte Moskau die nach dem Zweiten Weltkrieg entstandene Sowjetrepublik Moldova mit einem Fetzen Territoriums kompensiert, das östlich des Dnjestrs lag. Es handelte sich um ein tückisches Danaergeschenk, denn in diesem schmalen Streifen Transnistriens sind die Russen in deutlicher Überzahl. Dort hatte Moskau die Industrialisierung forciert, während der eigentlichen SSR Moldova die Funktion eines Agrarzulieferlandes angewiesen wurde. In der Stunde der sowjetischen Auflösung bemächtigte sich der Einwohnerschaft der Republik Moldova, die sich überwiegend aus waschechten Rumänen zusammensetzt – soweit eine solche Bezeichnung in dieser ethnischen Mischzone Sinn macht –, ein kurzer nationalistischer Taumel. Schon sah man die Wiedervereinigung Bessarabiens mit dem rumänischen Vaterland in Reichweite. Erst als sich herumsprach, daß auch westlich des Pruth der sozialistische Schlendrian, die Misere des Normalverbrauchers durch die Ermordung des Diktators Ceauşescu keineswegs behoben worden war, ließ diese patriotische Begeisterung schlagartig nach. Unter der Führung eines ehemals kommunistischen Parteifunktionärs, Mircea Snegur, der im Dezember 1991 sogar durch eine Volkswahl als Präsident der unabhängigen Republik Moldova bestätigt wurde, beschloß das Parlament in der Hauptstadt Chişinau – Kischinew auf russisch – den Beitritt zur Gemeinschaft Unabhängiger Staaten, aber auch die Aufstellung einer eigenen moldavischen Armee.

Dabei hatte Snegur die Rechnung ohne die moskautreuen Instinkte und die Renitenz der Russen von Transnistrien gemacht, die – gestützt auf herbeigeeilte Kosakenverbände und die einschüchternde Präsenz der sowjetischen 14. Armee – ihre Loslösung von Moldova vollzogen und am Ostufer des Flusses, in einem absurden Schlauchgebilde mit der Hauptstadt Tiraspol, eine separate »Dnjestr-Republik« ausriefen. An die Spitze dieses Gebildes hievte sich mit List und Brutalität ein anderer KP-Apparatschik, ein gewisser Igor Smirnow, der in den Jahren 1991 und 1992 seinen Privatkrieg gegen den ehemaligen Parteigenossen Snegur in Kischinew geführt hatte. Die russischen Freischärler überschritten sogar den Dnjestr in westlicher, bessarabischer Richtung. Sie eroberten dort den Brückenkopf Bender. Seitdem haben sich die Dinge recht und schlecht beruhigt, aber von Normalisierung kann hier nicht die Rede sein, zumal die benachbarte großräumige Ukraine ebenfalls von heftigen zentrifugalen Kräften erschüttert wird.

Es ist gar nicht so einfach, von der moldavischen Hauptstadt Kischinew zur Hochburg der Dnjestr-Separatisten, nach Tiraspol zu gelangen, obwohl die Entfernung nur achtzig Kilometer beträgt. Die erste Kontrolle wird von moldavischen Polizisten durchgeführt. Sie haben sich, zwecks Betonung der Eigenstaatlichkeit, extravagante Kopfbedeckungen zugelegt, schwarze Sheriff-Hüte amerikanischen Modells, die sie wohl in aller Eile aus USA importiert hatten, um den ersten offiziellen Staatsgast, den türkischen Präsidenten Demirel, zu beeindrucken. Daneben war noch ein Korps von »Carabinieri« aufgestellt worden, die ein braunes Barett zur gleichfarbigen Uniform tragen. Die Sheriffs prüfen den Oldsmobile, den ich im Hotel gemietet habe, ziemlich lässig. Da sie seit zwei Monaten keine Gehaltszahlung erhalten haben, konzentriert sich ihre Aufmerksamkeit auf echte oder vermeintliche Verkehrssünder, die sofort zur Kasse gebeten werden, um die eigene desolate Finanzlage ein wenig aufzubessern.

Der zweite Check-Point befindet sich am Westrand des Brükkenkopfes von Bender. Dort haben wir es bereits mit russischen Soldaten der 14. Armee in Tarnuniform zu tun. Am Arm tragen sie die weiß-blau-roten Farben des ehemaligen Zarenreiches. An dieser Stelle findet auch ein Wechsel der Staatssymbole statt. Die blau-gelb-rote Fahne des Moldau-Staates, die der rumänischen zum Verwechseln ähnlich sieht – nur ein Wappen mit Ochsenkopf unterscheidet sie –, wird von nun an durch das Emblem der ehemaligen Sowjetrepublik gleichen Namens ersetzt: ein rotes Tuch mit grünem Streifen. Lediglich Hammer und Sichel sind entfernt worden.

Eine Stahlbrücke spannt sich über den Dnjestr. Die beiden sandigen Ufer sind mit einer dichten Schar Badender gefüllt. Es herrscht eine tropische Hitze von 37 Grad Celsius im Schatten, und da wirkt selbst das schokoladenbraune Wasser des Flusses verlockend. Die Gegend trägt die Spuren großer kriegerischer Vergangenheit. Wer immer – aus den Tiefen Asiens oder Rußlands kommend – sich in Richtung auf Konstantinopel und die

Meerengen in Bewegung gesetzt hatte, mußte diesen strategischen Übergang benutzen. Ein mächtiges Fort aus dem achtzehnten Jahrhundert, im Vauban-Stil errichtet, ist wohl abwechselnd von den Soldaten des Zaren und denen des Sultans als Offensivbasis oder Auffangstellung benutzt worden. Die Festung schirmt weiterhin das westliche Dnjestr-Ufer ab. Seit den Kämpfen von 1991 ist sie durch ein paar Betonbunker ergänzt worden, die mit russischem Militär bemannt sind. Tarnnetze sind über Panzer und Artilleriestellungen gebreitet. An dieser Stelle werden wir von den Grün-Mützen, von der Grenztruppe des ehemaligen KGB, in Empfang genommen, und dabei kommen instinktiv unangenehme Erinnerungen hoch. Die »Tschekisten« begnügen sich mit dem Kassieren von zehn US-Dollar. Die Sichtung der Reisepapiere, die hinter geheimnisvollen Schaltern in einem Container des Gegenufers vorgenommen wird, beendet diesen Hindernislauf, der lästig, aber in keiner Weise einschüchternd ist.

Die Straße nach Tiraspol steht uns offen. Wie in Bessarabien wird die Asphaltbahn auf beiden Seiten von Mais- und Sonnenblumenfeldern gesäumt. Auch die Architektur der Chruschtschow- und Breschnew-Zeit ist die gleiche. Riesige weiße Wohnburgen zeichnen sich ab, die aus der Ferne sogar ganz imposant wirken, beim Näherkommen jedoch eine schändliche Bauqualität und einen fortgeschrittenen Zustand des Verfalls offenbaren. Die sanft gewellte Landschaft und die trostlose Besiedlung hätten ebensogut in den Raum zwischen Novosibirsk und Khabarowsk gepaßt. Die sowjetische Monotonie hat uns aufgenommen. Auch die Menschen sind undifferenziert, wirken, am rumänischen Brudervolk gemessen, bereits ost-slawisch.

Die Stadt Tiraspol, von dem Napoleon-Gegner Marschall Suworow gegründet, ist eine Art »Marzahn am Dnjestr«. Suworow blieb offenbar der Schutzpatron dieser artifiziellen und etwas heimtückischen Separat-Republik, der im Auftrag Moskaus die Rolle zufiel, sowohl Moldova als auch die Ukraine zu destabilisieren. In dem schmalen Streifen von Tiraspol – die Bevölkerung wird auf knapp eine halbe Million geschätzt, während Moldova immerhin 3,8 Millionen Staatsbürger für sich beansprucht – gilt sogar eine gesonderte Währung. Die Regierung Smirnows hat alte, längst entwertete Rubelscheine aus der ehemaligen Sowjetunion durch Aufkleben einer Art Briefmarke mit dem Suworow-Kopf in ein eigenes Zahlungsmittel umgewandelt. Aus Fünfrubelnoten hatte man kurzerhand fünftausend Rubel gemacht, und damit ließ sich etwa ein halbes Päckchen Zigaretten bezahlen.

Schließlich kommt die als Treffpunkt vereinbarte Lenin-Statue in Sicht. Der Gründer des Sowjetstaates beherrscht in dinosaurischem Ausmaß den Vorhof eines Verwaltungsgebäudes, in dem nunmehr die Ministerien der »Djnestr-Republik« tagen. In Kischinew hat man mit diesen Symbolen der Vergangenheit Schluß gemacht, aber hier in Tiraspol ist nicht einmal der Anschein eines ideologischen Wandels zu spüren. Da erspähe ich auch schon die hohe, imposante Figur des Oberst Platicyn. Er ist mit einem blauen BWM gekommen, was ihn als Angehörigen einer sehr privilegierten Schicht ausweist. Anatolij Platicyn gewinnt auf Anhieb meine Sympathie. Er erinnert mich stark an meinen Moskauer Freund Jewgenij, mit dem ich die ganze Ex-Sowjetunion – von Lemberg bis Wladiwostok, von St. Petersburg bis nach Nachitschewan – durchstreift habe. Man merkt dem großen Russen seine militärische Erziehung an. Seine Art ist von erfrischender Direktheit. Er spricht ein hervorragendes Deutsch, hat Sinn für Humor und macht gar kein Geheimnis daraus, daß er lange Jahre als Berater der Nationalen Volksarmee der DDR – wohl in sehr spezieller Mission – gewirkt hat. Welches seine genaue Funktion bei der russischen 14. Armee ist, versuche ich gar nicht zu ergründen, aber als Platicyn das Hauptquartier dieser ominösen Truppe betritt, salutieren die Wachen stramm. Anatolij hat mir ein Gespräch mit General Alexander Lebed arrangiert, und ich bin hoch interessiert, diesen vieldiskutierten Kommandeur der Luftlandetruppen kennenzulernen, der den ambitioniertesten politischen Heerführern Rußlands zugerechnet wird und seine Eigenwilligkeit gegenüber dem Kreml bereits mehrfach betont hat.

Zuvor lädt mich Platicyn jedoch ins »Haus der Offiziere« ein. Während wir unseren Kaffee trinken, mustere ich die Galerie russischer Heroen und Heerführer, die die Korridorwand schmückt. Neben Alexander Newski, dem Sieger über den

Deutschen Orden, hängt natürlich der Lokalheld von Tiraspol, Marschall Suworow, und etwas weiter General Nachimow, der hochgefeierte Verteidiger Sewastopols im Krim-Krieg gegen Engländer und Franzosen. Marschall Kutusow, der Bezwinger Napoleons, hat hier natürlich seinen Ehrenplatz und auch Marschall Schukow, der bedeutendste sowjetische Stratege des Zweiten Weltkrieges.

Die Verabredung mit Lebed zögert sich hinaus. So fordert mich mein Gastgeber zu einer Rundfahrt durch Tiraspol auf. Im achtzehnten und neunzehnten Jahrhundert ist diese Festung immer wieder ein Sprungbrett für die zaristischen Balkan-Ambitionen und das heiß erträumte Vordringen auf Konstantinopel gewesen. Noch früher hatten die Krim-Tataren sich an dieser Stelle als wackere Verbündete des türkischen Padischah erwiesen und die Dobrudscha-Pforte gen Norden abgeschirmt. In Tiraspol, so wird in Kischinew und Bukarest gemunkelt, stehe General Lebed mit seiner 14. Armee in Wartestellung, um notfalls »manu militari« in die Moskauer Machtkämpfe und die Intrigen der Duma einzugreifen.

In einem stickigen Restaurant, das weiterhin als Staatsbetrieb funktioniert, verspricht mir Anatolij Kaviar und Wodka, aber wir müssen uns mit zähem Rindfleisch und einer süßlichen Chemieflüssigkeit begnügen. Immerhin gibt es am Ende ein Glas moldavischen Kognaks, der gar nicht schlecht schmeckt. Wir besichtigen anschließend flüchtig ein riesiges Textilkombinat, das man zwangsläufig stillgelegt hat. Die Baumwollfasern aus Usbekistan treffen seit zwei Jahren nicht mehr ein. Ähnlich geht es den hochspezialisierten Rüstungsbetrieben, die vor dem Zusammenbruch Elektronikteile für die Schwarzmeerflotte produzierten. Das Schicksal dieser allmählich verrostenden Armada ist zwischen den russischen und den ukrainischen Ansprüchen weiterhin umstritten. Schließlich landen wir in einem kleinen sympathischen Privat-Café, einer Art Bistro, wo junge Leute zusammenkommen und die Frauen, die aufgrund der brütenden Hitze spärlich bekleidet sind, durch angenehme Proportionen und schöne Gesichter auffallen.

*

Alexander Lebed ist ein Mann nach meinem Geschmack. Man würde sich mehr Bundeswehr-Offiziere von diesem Format wünschen. Im Hauptquartier der 14. Armee geht es nicht übertrieben zackig zu. Die Sicherheit, die in dieser ganzen Gegend großgeschrieben wird, liegt hier meist in den Händen stämmiger Militärpolizisten in Zivil, die die Pistole offen im Gürtel tragen. Das Arbeitszimmer Lebeds ist geräumig, aber spartanisch. Hier gibt es weder eine moldavische noch eine Dnjestr-Fahne. Neben dem Schreibtisch ist nur eine russische Flagge aufgepflanzt. Der Generalleutnant der Garde, so wird mir Lebed von Platicyn vorgestellt, ist erst vierundvierzig Jahre alt. Er trägt Tarnuniform, und im Brustausschnitt ist das blau-weiß gestreifte Unterhemd zu sehen, mit dem sich die Luftlandetruppen und »Speznatz« der ehemaligen Roten Armee zu erkennen geben.

Lebed wirkt sympathisch und geradeheraus mit seinem drahtigen Auftreten, dem runden Katzenkopf und dem harten blauen Blick. Er hat etwas von einem Raubtier, einem Geparden an sich. Anatolij, der dem General voll ergeben ist, hatte mir erzählt, Lebed sei der beste Schütze seiner Armee, führe regelmäßig seine Fallschirmabsprünge durch und absolviere ein eisernes Kampfsporttraining. Ich bin beeindruckt von der rückhaltlosen Offenheit, mit der der General allen meinen Fragen begegnet. Er sei alter Afghanistan-Kämpfer, sagt er gleich zum Eingang, und dieses Erlebnis habe ihn geprägt.

»Ich habe von Anatolij vernommen, daß Sie mit Ausnahme Nord-Koreas und Grönlands alle Länder der Welt besucht haben«, beginnt er lächelnd. »Bei mir ist es genau umgekehrt. Ich kenne überhaupt nur zwei Staaten: die ehemalige Sowjetunion und Afghanistan.« Mit seinen Fallschirmjägern war er in die schwersten Kämpfe am Hindukusch verwickelt, stand damals unter dem unmittelbaren Befehl des heutigen russischen Verteidigungsministers Gratschow. Dreimal war er hinter den feindlichen Linien vermißt, einmal wurde er sogar totgesagt. Seine hübsche junge Frau habe in jenen Tagen weiße Haare bekommen, verriet mir Platicyn.

Ich spreche Lebed direkt auf die Lage in der Republik Dnjestr an. Er nimmt kein Blatt vor den Mund. »Das ist hier natürlich eine aberwitzige Situation«, sagt er. »Wir sind eingeklemmt zwischen zwei Phantomstaaten: Moldova und Ukraine. Meine 14. Armee verfügt nur noch über einen Restbestand der ursprünglichen Truppenstärke. Wir haben gerade die Mannschaftsstärke einer Division.« Die Schätzung liegt bei achttausend Mann und vierzig Panzern. »Diese erbitterten Kämpfe am Brückenkopf von Bender und am Djnestr in den Jahren 1991 und 1992 waren total überflüssig«, fährt der General fort. »Auf beiden Seiten wurden gravierende Fehler gemacht. Es wurde heftig geschossen, und es gab erhebliche Verluste. Die Moldavier haben ganz kräftig mit Artillerie und Raketen in unsere Stellungen hineingehalten. Es ist mir, Gott sei Dank, gelungen, diesem Spuk ziemlich schnell ein Ende zu bereiten.«

Von dem Präsidenten der Republik Dnjestr, Igor Smirnow, hält er überhaupt nichts. Zwischen den beiden Männern hat sich offene Feindschaft entwickelt. Mit Widerwillen beobachtet Lebed, wie der regierende Altkommunist willkürliche Verhaftungen und sogar Folterungen vornehmen läßt. »Aber soll ich die Gefängnisse stürmen?« fragt er. Ich spreche ihn auf die Kosaken an, die am Dnjestr der großrussischen Seite zu Hilfe geeilt sind. Da lächelt er geringschätzig. »Komödianten waren das, aber keine Kosaken. Sie haben Folklore vorgespielt und waren ein undisziplinierter Haufen. Ich bin froh, daß ich diese Kerle losgeworden bin. Jetzt treiben sie ihr Unwesen auf der Krim.«

Anatolij hatte mir zu verstehen gegeben, daß Lebed sich in dieser abgelegenen Dnjestr-Garnison auf Abstand von den Moskauer Wirren und in Reserve hält. »Sie können ihn mit Napoleon in Ägypten vergleichen«, sagte er lachend. Tatsächlich geht von diesem dynamischen Paratrooper eine fast bonapartistische Aura aus. Über das russische Spitzenpersonal hat er eine dezidierte Meinung und hält damit nicht hinter dem Berg. Am heftigsten ist er gegen Michail Gorbatschow aufgebracht. »Dieser Mann, den man in Deutschland so bewundert, war nie fähig, eine klare Entscheidung zu treffen, und wenn er Weisungen erteilte, stand er nicht dazu.« Er, Lebed, habe auf Gorbatschows Befehl eine Einheit seiner Elitesoldaten nach Litauen geschickt mit dem ausdrücklichen Auftrag, den dortigen nationalen Aufstand notfalls mit Waffengewalt niederzuschlagen. Als es dann zum Blutvergießen gekommen sei, habe Gorbatschow seine

Hände in Unschuld gewaschen und sei seiner eigenen Truppe in den Rücken gefallen.

Ähnlich habe er sich gegenüber Georgien verhalten, als die russischen Fallschirmjäger auf höchsten Befehl mit scharfen Spaten gegen die Gefolgsleute Präsident Gamsakhurdias in Tiflis vorgegangen sind. »Mir ist die undankbare und blutige Aufgabe zugefallen, im Winter 1990/91 dem Massaker der Armenier durch die rasenden Aserbeidschaner im Industriekombinat Sumgait am Schwarzen Meer ein Ende zu setzen und – nach der offenen Rebellion der aserbeidschanischen ›Volksfront‹ – die Hauptstadt Baku zurückzuerobern. Immer wieder bin ich von Gorbatschow vorgeschickt und dann desavouiert worden.«

Von Boris Jelzin hat er auch keine hohe Meinung. »Das ist ein alter kommunistischer Apparatschik und Opportunist«, kommentiert er frei weg. »Wenn jemand über fünfzig Jahre ist, ändert er sich nicht mehr grundlegend. Ich kann nur über die westlichen Politiker staunen, die in Jelzin einen ›Reformer‹ sehen. Dieser Mann hat als Parteichef von Swerdlowsk als strammer Parteibonze amtiert, und vergessen Sie nicht, daß er persönlich den Befehl gab, das Ipatjew-Haus, wo die Familie des letzten Zaren ermordet wurde, dem Erdboden gleichzumachen, damit dort keine Gedenkstätte entstehen könne.«

Lebed hat mit seiner Luftlandedivision in Moskau eine Schlüsselrolle beim Scheitern des Putschversuchs im August 1991 gespielt. Er sei gerade dabei, eine Broschüre über diese Ereignisse zu veröffentlichen. In Wirklichkeit habe es sich um ein groß inszeniertes Spektakel, um eine Farce gehandelt. Er habe damals auf seiten Jelzins gestanden, und der habe sich dafür offiziell bedankt. Aber es sei doch alles ganz anders verlaufen, als die westlichen Medien berichteten. Ganz bestimmt habe er das »Weiße Haus« nicht schützen lassen, um Gorbatschow vor den angeblichen Putschisten zu retten. Die Naivität der ausländischen Beobachter habe damals bei seinesgleichen nur bitteres Gelächter ausgelöst. »Wenn im August 1991 eine Komödie vorgeführt wurde, dann waren Beschuß und Massaker am Weißen Haus von Moskau im Oktober 1993 eine echte Tragödie. Diese tiefe psychologische Wunde hat unsere Armee noch längst nicht verkraftet.«

Das unvermeidliche Stichwort »Schirinowski« kommt auf. Für Lebed ist Wladimir Schirinowski ein gefährlicher Clown, dessen Agitation man nicht auf die leichte Schulter nehmen dürfe. »Unsere Situation eignet sich für hemmungslose Demagogen«, meint er. »Die ehrlichen kleinen Leute darben, hungern sogar, und eine schmarotzende Oberschicht bereichert sich schamlos mit Schiebereien, ohne irgendeine Produktion in Gang zu bringen. Die Mafia ist überall. Da wundern Sie sich nicht, daß im ganzen Land Wut und Entrüstung hochbrodeln. Wir können weder Putschversuche noch einen Bürgerkrieg gänzlich ausschließen.«

Mir fällt dabei ein Gespräch mit dem ehemaligen litauischen Staatschef, dem Musikprofessor Vytautis Landsbergis, in dessen Wohnung in Wilna ein. Es war im Sommer 1992. »Ich kann nicht ausschließen«, hatte der unscheinbare, aber resolute Vater der litauischen Wiedergeburt prophezeit, »daß in Rußland eines Tages ähnliche Zustände entstehen wie unmittelbar nach dem Ersten Weltkrieg. Damals gab es die separaten Armeen der Weißgardisten unter dem Befehl der Generale Denikin und Wrangell sowie des Admirals Koltschak in Sibirien. Etwas Ähnliches könnte sich wiederholen.«

Ich komme noch einmal auf Wladimir Wolfowitsch Schirinowski zurück. Ob dessen vermutete jüdische Abstammung ihm bei dem vorherrschenden antisemitischen Klima in Rußland nicht schaden werde, frage ich. Lebed lacht nur. »Schauen Sie sich die marxistischen Väter der Sowjetunion doch an, angefangen mit Trotzki, Kaganowitsch, Swerdlow und unzählige andere. Sie waren doch mehrheitlich Juden.« Bei der Neudefinition des russischen Staatsgebietes zeigt sich der General nuanciert. Er stimmt pauschal dem Solschenizyn-Vorschlag zu, daß die drei ost-slawischen Völker – Großrussen, Kleinrussen, gemeint sind die Ukrainer, und Belorussen – zumindest in einer Konföderation zusammengeschlossen sein müßten. Der Norden Kasachstans, der zu achtzig, ja neunzig Prozent slawisch bevölkert sei, solle einem solchen Gebilde angegliedert werden, denn es seien ja russische Komsomolzen gewesen, die dieses fast menschenleere »Neuland« erschlossen hätten. Georgien nehme eine strategische Schlüsselstellung ein und könne nicht einfach preisgegeben werden. Den muslimischen Völkern der ehemaligen Sowjetunion hingegen begegnet er mit größter Vorsicht.

»Ich habe diese Menschen in Afghanistan als Gegner kennengelernt. Glauben Sie mir, es war eine zutiefst beklemmende Erfahrung. Diese Mohammedaner waren durch ihre Religion so fanatisiert, daß sie jede Gefahr verachteten, daß sie bereitwillig, fast glücklich in den Tod gingen. Man muß wirklich ein verantwortungsloser Narr wie Schirinowski sein, um die russischen Soldaten aufzufordern, ihre Füße im warmen Wasser des Indischen Ozeans zu baden. Die afghanischen Wirren haben ja schon auf Tadschikistan übergegriffen. Bei den dortigen Gemetzeln sind nicht fünfundzwanzigtausend Menschen umgekommen, wie bei uns behauptet wird, sondern fünfzigtausend.« Im Kaukasus solle man behutsam taktieren und einen Mann wie den Tschetschenen-Präsidenten Dudajew, einen früheren General der sowjetischen Luftwaffe, ins Leere laufen lassen. Geduld sei im Umgang mit diesen schwierigen allogenen Völkern angebracht.

Ich hüte mich, von Demokratie und politischem Pluralismus zu reden. In dieser Hinsicht habe ich mir meine Meinung längst gebildet. Was Rußland braucht, ist eine straffe Führung, wenn nötig einen starken Mann, aber – wenn es geht – einen »wohlwollenden Despoten«. Lebed ist sich seiner prekären Lage am Rand der ehemaligen Sowjetunion bewußt. Über General Ruzkoi, den er aus Afghanistan kennt, bemerkt er nur, er sei ein wackerer Fliegeroffizier gewesen. Politisch traut er ihm wohl nicht viel zu. Mit Verteidigungsminister Pawel Gratschow, dem er in langen Dienstjahren sekundierte, hat er sich offenbar überworfen.

Es gibt vermutlich eine ganze Reihe von anderen Truppenkommandeuren in der Provinz, die über weitgehende Selbständigkeit verfügen. Die 14. Armee wird regelmäßig durch Antonow-Transporter mit allem Nötigen versorgt. Die inneren Strukturen Rußlands bleiben geheimnisvoll wie eh und je. Noch einmal entrüstet sich Lebed, als die Rede auf die Spitzentechnologie des »militärisch-industriellen Komplexes« kommt. Es sei doch eine Schande, daß irgendwelche Reformpolitiker die hochqualifizierten Waffenproduzenten Rußlands auf die Herstellung von Kochtöpfen und Küchengeschirr umstellen wollen.

Es fehlt nicht viel, und ich teile die Zuneigung Anatolijs für »seinen General«. Die zweistündige Konversation ist locker, fast heiter verlaufen. Wenn eines Tages der Bonapartismus ein letzter Ausweg für Rußland wäre, dann sollte man vielleicht diese Alternative den reaktionären Machenschaften roter Betonköpfe oder den Mordparolen brauner Radikalinskis vorziehen. Andererseits erscheint ein solches Wagnis riesengroß. Warum kommt mir der Gedanke an jenen Marschall Tuchatschewski, den Stalin hinrichten ließ, ehe er ihm gefährlich werden konnte? Tuchatschewski hatte nach dem Ersten Weltkrieg enge Beziehungen zur Reichswehr aufgenommen, die damals – in Umgehung der Bestimmungen des Versailler Vertrages – Panzer und Flugzeuge auf dem Boden der Sowjetunion erprobte. Bei einem Gelage mit deutschen Offizieren, darunter der spätere General Speidel, soll Tuchatschewski nach heftigem Wodkagenuß auf den Tisch gestiegen sein, um die Richtung zu weisen. »Eines Tages«, so hatte er sich gebrüstet, »werden wir eben doch die russischen Fahnen über den Mauern von Konstantinopel hissen.« Für General Lebed fällt mir eine Bewertung ein, die bei der französischen Armee üblich ist, um vielversprechende junge Offiziere hervorzuheben: »A suivre et à étudier«, zu deutsch: »Beobachten und fördern«.

Die Rückfahrt nach Kischinew verläuft ohne Zwischenfall. Wieder werde ich viermal angehalten und überprüft. An der Stadtausfahrt von Tiraspol fällt mir das riesige Sowjetemblem mit Hammer und Sichel auf. Erst jenseits von Bender wird die kyrillische Schrift nach und nach durch lateinische Buchstaben abgelöst, die die Republik Moldova in Anlehnung an das rumänische Modell wieder eingeführt hat. Die Felder zwischen Djnestr und Pruth sind ordentlich bestellt. Die Kolchosen, als Kooperativen getarnt, existieren in der alten Organisationsform weiter. Gelegentlich leuchtet eine neuerrichtete Kirche mit strahlend goldenen Kuppeln auf. Der orthodoxe Klerus der Moldau-Republik bleibt trotz staatlicher Unabhängigkeit der Autorität des Moskauer Patriarchen unterstellt. Wir überholen ein paar Lastwagen mit Soldaten. Mehr als zehntausend Mann zählt die Armee von Kischinew nicht, und sie verfügt über keinen einzigen Panzer.

Im Hotel »Seabecu-Moldova«, erst 1990 vollendet und doch schon sehr sowjetisch verschlampt, spricht die Etagenwärterin, die »Dežurnaja«, nur Russisch. Die Gäste kommen aus Japan, Deutschland und den USA. Man fragt sich, welche Geschäfte wohl in diesem schläfrigen Agrar-Staat abgeschlossen werden. Böse Zungen behaupten, es gehe nur um Transitoperationen, und die türkische Mafia treffe sich hier mit den Kollegen aus Kiew. Nach Einbruch der Dunkelheit liegt Kischinew wie erstorben. An allen Ecken lauern schwerbewaffnete Polizisten und »Carabinieri«. Die grellblond gefärbten Prostituierten, die um zehn Uhr noch keinen Kunden für die Nacht gefunden haben, kehren mißmutig in ihre Wohnhöhlen zurück.

Rumänische Zerrissenheit

Bukarest, Anfang Juli 1994

Meine Beziehungen zu Bukarest gehen auf das Frühjahr 1964 zurück. Da stand auf einmal der Presseattaché der rumänischen Botschaft, ein gewisser Michailescu, in unserem ARD-Studio von Paris und gab mir in kaum verhüllten Wendungen zu verstehen, daß der neue kommunistische Staatschef seines Heimatlandes, Gheorghiu-Dej, auf Distanz zu Moskau gehen wolle. Diskrete Kontakte zum Westen seien deshalb angebracht, und eine Dokumentation im deutschen Fernsehen über »Rumäniens neuen Weg« wäre zweifellos ein nützlicher Beitrag zu dieser Annäherung. Von einschlägiger französischer Seite erfuhr ich, daß ich es mit einem Repräsentanten des Bukarester Nachrichtendienstes, also einem durchaus seriösen Gesprächspartner zu tun hatte.

Der Film ist damals wirklich zustande gekommen. Die Dreharbeiten haben sogar Spaß gemacht in diesem streng abgeriegelten Land. Der kommunistische Generalsekretär Gheorghiu-Dej, ein bewährter Alt-Stalinist, der unter der Monarchie und der Diktatur Antonescus viele Jahre im Gefängnis verbracht hatte, nutzte die damals voll entbrannte Rivalität zwischen Moskau und Peking. Er stützte sich ostentativ auf die Freundschaft Mao Tsetungs und Chou Enlais. Immerhin hatten die Rumänen als einziger Ostblockstaat durch kluges Taktieren erreicht, daß sich kein sowjetischer Soldat mehr auf ihrem Staatsgebiet befand. In der nördlichen Moldau, wo die Moskowiter ungeniert die Grenzpflöcke auf Kosten der Rumänen nach Süden versetzten, sprach Gheorghiu-Dej ein Machtwort. Sonst wären womöglich die nationalen Heiligtümer dieser Region – herrliche Holzkirchen und die Gräber streitbarer Fürsten – in russische Hände geraten. Unter den Komplizen des Kreml räumte der rigorose Parteichef, ein ehemaliger Eisenbahnarbeiter, unerbittlich auf. Kurz nach Ausstrahlung unseres Films erlag er einem plötzlichen Tod, und jedermann in Bukarest war überzeugt, daß er von Agenten des KGB ermordet worden war.

Bukarest gefiel mir auf den ersten Blick, weil es mich in manchen Vierteln stark an Paris erinnerte. Die Parks mit ihren üppigen Villen hatten ein Flair von »Bois de Boulogne«. Der große Steinbogen zu Ehren der Gefallenen des Ersten Weltkrieges war eine getreue Kopie des Arc de Triomphe. Die rumänische Hauptstadt wurde zu jener Zeit ihrem überlieferten Ruf als Sündenpfuhl noch in bescheidenem, volksdemokratischem Maßstab gerecht. Die Bars der Ausländerhotels waren intensiv mit Damen des einschlägigen Gewerbes besetzt. Rüdiger von Wechmar, in jenen Tagen noch Balkan-Korrespondent des ZDF, machte mich darauf aufmerksam, daß diese beflissenen Verführerinnen samt und sonders im Dienste der allmächtigen Securitate stünden und ich deshalb auf die Mitglieder meines Kamerateams ein wachsames Auge werfen solle. Einerseits war mir diese Verstrickung von käuflicher Liebe und Sicherheitsdienst längst bekannt, andererseits sah ich auch nicht, welcher Schaden meinen Mitarbeitern oder gar der Bundesrepublik Deutschland aus eventuellen erotischen Eskapaden erwachsen könnte. Ich mußte allenfalls an den verzweifelten Ausruf des Generals von Mackensen denken, der im Ersten Weltkrieg die rumänische Armee in Rekordzeit aus dem Felde geschlagen hatte. Im Bukarester Quartier war es wohl extrem zügellos zugegangen, und der preußische Heerführer beklagte, daß er an der Spitze einer Armee Soldaten in Rumänien einmarschiert sei und daß er das Land mit einer Herde von Säuen verlasse.

Bei meinen Recherchen, die mich von den Karpaten bis zum Schwarzen Meer führten, ging ich unter anderem den Spuren nach, die das römische Imperium in dieser fernen dakischen Außenbastion hinterlassen hatte. Da war zunächst die Sprache, die weit lateinischer klang als Französisch oder Portugiesisch, auch wenn ein knappes Drittel des Vokabulars sich nun aus slawischen Lehnwörtern zusammensetzte. Ich verweilte in Constanza vor dem Denkmal des römischen Dichters Ovid, der von Augustus wegen Libertinage und unsittlicher Poetik an das ferne Gestade des »Pontus Euxinus« verbannt worden war. In seinen *Pontica* beklagte der verwöhnte Römer die rauhen Existenzbedingungen dieses Balkan-Exils, wo die Winter von klirrender Kälte waren. Bei Nacht halle das Gebrüll der Barbaren, so schrieb er, drohend und unheimlich vor den Mauern der lateinischen »oppida«.

Bei diesem Rückblick möchte ich auch die Rumänien-Reise von General de Gaulle im Frühjahr 1968 nicht auslassen. Nicolae Ceauşescu, der Nachfolger von Gheorghiu-Dej, versuchte recht und schlecht den nationalkommunistischen Kurs rumänischer Unabhängigkeit gegenüber dem übermächtigen sowjetischen Nachbarn weiterzusteuern. Charles de Gaulle war nach Bukarest gekommen, weil er die alten Bande der »Kleinen Entente« wiederbeleben, den örtlichen Machthabern den Rücken gegen die Russen stärken und das gemeinsame lateinische Erbe pflegen wollte. Aber sein Ansprechpartner war keineswegs auf der Höhe solcher Ambitionen. Ceauşescu war zu jener Zeit noch nicht der größenwahnsinnige Diktator, der sich mit dem Zepter in der Hand als »Genie der Karpaten« feiern ließ. Er hatte sich auch noch nicht den Titel »Conducator« zugelegt, den er dem faschistischen Vorgänger General Antonescu entlieh. Der Parteichef, ein Mann schmächtiger Figur und verschlagener Mimik, war zweifellos durch die imposante Erscheinung de Gaulles eingeschüchtert, und seine Ansprachen, in verkrampftem Pathos und stotternd vorgetragen, gerieten zur kabarettistischen Darbietung.

Der französische Staatschef tat so, als nehme er diese Unzulänglichkeiten nicht wahr, wurde aber seinerseits vom Schicksal ereilt. Die Pariser Studentenrevolte, die als relativ harmloser »monôme« im Quartier Latin begonnen hatte, griff um sich, lähmte den Staatsapparat der Fünften Republik, löste den Generalstreik aus. Der General mußte – zu seiner tiefen Demütigung – die Staatsvisite vorzeitig abbrechen und fand deshalb nicht mehr die Gelegenheit, jene große Abschlußrede zu halten, in der er »la Roumanie tout entière« hochleben lassen wollte. Mit anderen Worten: de Gaulle hatte beabsichtigt, an die willkürliche Annexion der rumänischen Provinz Bessarabien zu erinnern und deren Rückgabe an Bukarest behutsam anzumahnen.

*

Im Dezember 1989 wurde Nicolae Ceauşescu, der »Gigant der Donau«, das »Genie der Karpaten« – durch den grenzenlosen Ehrgeiz seiner Frau Elena jeder Realitätswahrnehmung beraubt – bei Ausbruch der »rumänischen Revolution« in den Orkus gestürzt. Unmittelbar nach meiner Ankunft in Bukarest in diesen schwülen Juli-Tagen 1994 lasse ich mich zum Schauplatz des Umsturzes fahren. Verschiedene Repräsentationsgebäude sind dort noch ausgebrannt. Die Restaurierungsarbeiten gehen langsam voran. Mein rumänischer Begleiter zeigt auf den Balkon, von dem der »Conducator« zur Masse sprechen wollte. Wenige Monate zuvor hatte er mit Erich Honecker beratschlagt, wie man der zersetzenden Tätigkeit Michail Gorbatschows und dessen Illusionen über die Errichtung von reform-kommunistischen Regimen entgegenwirken könne. Aber nun war es zu spät. Der Protest der Menge war vom eigenen Sicherheitsapparat, der Securitate, ausgelöst worden. Die Armee-Einheiten, die sich plötzlich gegen den Diktator stellten, feuerten nur, wenn die Kameras der westlichen Medien auf sie gerichtet waren. Vorher hatte die makabre Inszenierung von Temesvar stattgefunden, wo die Leichen des städtischen Totenhauses als angebliche Terroropfer auf einen verschneiten Acker gelegt und ausgiebig gefilmt worden waren. Als Nicolae Ceauşescu mitsamt der »Hexe« Elena den Hubschrauber bestieg und sich schon in Sicherheit wähnte, wurde er von den Verschwörern seines eigenen Parteiapparates direkt an die Stelle seiner geplanten Exekution transportiert. Dort hat man ihn und seine Frau nach einer grotesken Gerichtsverhandlung durch Genickschuß liquidiert. Später erst wurden die Leichen vor jene Mauer gezerrt, wo ein überflüssiges Exekutionspeloton das Ehepaar mit zusätzlichen Kugeln durchsiebte.

Bei seiner »Verurteilung« – auch diese Szene wurde törichterweise von den »Freiheitshelden« über das staatliche Fernsehen ausgestrahlt – war der »Conducator« seinen Henkern, die zu seinen engsten Mitarbeitern und Vertrauten gezählt hatten, mit abgrundtiefer Verachtung begegnet. Er hatte in der Todesstunde eine recht stolze Figur abgegeben.

Jedenfalls war das eine grauenhafte Dracula-Parodie, die jedem Horrorfilm aus der finstersten Karpaten-Welt zur Ehre gereicht hätte. Der ganze Betrug wurde endgültig entlarvt, als das Oberkommando der rumänischen Streitkräfte – auch hier war die Television live zugegen – einen überraschenden Anruf aus Moskau erhielt. Irgendeine Befehlsstelle fragte in Bukarest an, wann denn der Hilferuf der »Revolutionäre« an die sowjetischen Brüder erfolge. Die russischen Luftlande-Einheiten stünden doch zur Intervention gegen Ceauşescu und dessen letzte Gefolgschaft bereit. Ganz eindeutig ging aus diesem blutigen Rüpelspiel hervor, daß die Beseitigung Ceauşescus und seine Ablösung durch den »Reform-Kommunisten« Ion Iliescu, den jetzigen Staatschef Rumäniens, von Gorbatschow und dem sowjetischen KGB in allen Einzelheiten geplant und organisiert worden waren.

Seitdem existieren ernstzunehmende Vermutungen, daß auch bei den Leipziger Kundgebungen gegen Erich Honecker eine Fraktion des Staatssicherheitsdienstes – ermutigt und beraten durch russische KGB-Experten – ihre Hand im Spiel hatte. Es kann nicht mehr ausgeschlossen werden, daß das kleine Fähnlein der Aufrechten in der DDR – ein paar Pastoren und Bürgerrechtler – ohne ihr Wissen für ein Unternehmen eingespannt wurde, das auf eine Ablösung Honeckers durch Modrow, Krenz oder Schabowski hinzielte und in Ost-Berlin eine international akzeptable kommunistische Führung installieren sollte. Das Manöver schlug fehl, als die Sprechchöre von Leipzig und anderen DDR-Städten von der vorgegebenen Losung »Wir sind das

Volk!« abwichen und die Wiedervereinigungsformel »Wir sind ein Volk!« anstimmten.

Wie stabil die Herrschaft der SED und wie allgegenwärtig das Ministerium für Staatssicherheit damals noch waren, läßt sich rückblickend an der Tatsache ermessen, daß bei den Kommunalwahlen im Juni 1994 die Nachfolgepartei PDS – obwohl sie nunmehr des stählernen Netzes der Stasi beraubt war – in den neuen Bundesländern noch auf fünfundzwanzig Prozent der demokratisch abgegebenen Stimmen, in Ost-Berlin sogar auf vierzig Prozent kam. So kann eine balkanische Putsch-Episode in Bukarest ein grelles und für das nationale Selbstbewußtsein der Deutschen schmerzliches Licht auf die revolutionären Vorgänge in der ehemaligen DDR werfen.

Von meinem Hotelzimmer schweift der Blick über die Bukarester Neustadt. Da liegt das Kolossalgebäude, jener gigantische Palast, Wahnvorstellung eines Megalomanen, dem so viele Artikel und TV-Reportagen gewidmet wurden. Angeblich hat Ceauşescu bei der Errichtung dieses »Balkan-Versailles« die ehrwürdige Altstadt Bukarests vernichtet. Das ist nur partiell richtig. West-europäische Experten hatten die Abbruchgebäude, die bei diesem Monumentalvorhaben platt gewalzt wurden, auf ihren architektonischen Wert und ihre Bausubstanz überprüft. Absolut Unersetzliches ist wohl kaum zerstört worden, und die Sanierung dieser heruntergekommenen Viertel wäre extrem aufwendig gewesen. Es sollte auch erwähnt werden, daß Ceauşescu im weiten Umkreis seines Palastes breite, baumbestandene Avenuen angelegt hat, deren Häuser durch ihre harmonischen Fassaden und handwerkliche Qualität sich äußerst vorteilhaft von den urbanistischen Fehlleistungen des übrigen Ostblocks unterscheiden. Gelegentlich scheint mir, als sei in dem neuen Luxusviertel von Bukarest ein rumänischer Baron Haussmann am Werk gewesen.

Dem grotesken »Conducator« sind gewiß nicht viele Tränen nachgeweint worden, aber angesichts des weiterhin autoritären Regierungsstils des Nachfolgers Ion Iliescu, der wirtschaftlichen Mißstände und einer peinlichen Unterwürfigkeit gegenüber Moskau regen sich auch manche Stimmen, die aller Vernunft zum Trotz behaupten, so schlimm sei es unter Ceauşescu ja schließlich auch nicht gewesen, und die Hauptschuld an den Entgleisungen des Karpaten-Genies trage die böse Ehefrau Elena.

*

Rumänien hat auf dem Balkan stets eine zwielichtige Sonderstellung eingenommen. Ein schmächtiger, unscheinbarer, aber blitzgescheiter Historiker der Akademie der Wissenschaften hat sich zum ausführlichen Gespräch in einer jener luxuriösen Villen bereit gefunden, die die Ausfahrt zum Flugplatz säumen. Professor G. spricht ein perfektes, fast akzentfreies Französisch.

Was die osmanischen Sultane bewogen hatte, den beiden Donau-Fürstentümern Moldau und Walachei einen Sonderstatus einzuräumen, ihnen als Vasallen-Staaten eine relative Selbständigkeit zu belassen, diese Frage beschäftigte mich seit geraumer Zeit. Das Königreich Ungarn hingegen war nach der vernichtenden Niederlage von Mohács dem administrativen System der Pforte und der damit verbundenen Landverteilung unter den osmanischen »Timarioten« ebenso konsequent wie Bulgarien oder Serbien angepaßt worden. Aus welchem Grund beließ man die rumänischen Bojaren und Hospodare in ihren feudalen Privilegien? Warum verzichtete der Sultan sogar darauf, die Donau-Fürstentümer dem »dar-ul-Islam« einzuverleiben, was zur Folge hatte, daß in den Kernlanden des heutigen Rumänien weder Muslime angesiedelt noch Moscheen gebaut werden durften? Nur in der Dobrudscha hatten die Türken ein unmittelbar verwaltetes Paschalik geschaffen, das die Verbindung zu ihrer Einflußzone in der Süd-Ukraine und die enge Zusammenarbeit mit den verbündeten Krim-Tataren gewährleistete.

»Sie berühren da einen Kernpunkt unserer Geschichte«, stimmt der Professor zu. »Es gibt verschiedene Theorien. Die Hauptstoßrichtung des osmanischen Vordringens nach Mittel-Europa entfaltete sich in Richtung Nordwesten entlang der Donau. Das Eroberungsziel im sechzehnten und siebzehnten Jahrhundert war wohl die damalige Metropole des Heiligen Römischen Reiches, das habsburgische Wien, der ›Goldene Apfel‹. Vielleicht sollten die rumänischen Vasallenstaaten, die trotz ihrer Sonderstruktur der Willkür des Padischah ziemlich wehrlos ausgeliefert waren, auch einen Puffer bilden gegen die damals noch rührige Expansionspolitik der Polen in Podolien und in der Ukraine. Andere behaupten, die Tributleistungen, die von den rumänischen Statthaltern erbracht wurden – insbesondere die Lieferung von Schlachtvieh und Getreide für die riesige, gefräßige Metropole Istanbul –, seien für die Türken weit einträglicher gewesen als die Leistungen, zu denen sich die muslimischen »Timarioten« bereit fanden. Moldau und Walachei – in einer letzten Phase durch die skrupellose Raffgier griechischer »Phanarioten« zusätzlich ausgebeutet – hätten für die Pforte weit höheren Gewinn und Nutzen abgeworfen als die voll integrierten Regionen der islamischen Despotie. »Unsere Bojaren«, lächelt der Historiker, »haben sich ganz wacker gegen die Mohammedaner behauptet, und je schrecklicher ihr Ruf in der Nachwelt klingt, desto erfolgreicher waren sie. Denken Sie nur an den Fürsten Dracul, der in den Karpaten hinhaltenden Widerstand leistete, oder an Vlad Tepeş, ›der Pfähler‹ genannt, der die Abgesandten des Sultans rektal aufspießen ließ und sich dadurch seinen Namen verdiente.«

Die Burgruine dieses legendären Dracula ist übrigens in den abgelegensten Nord-Karpaten versteckt und durchaus nicht identisch mit jenem Vorzeigeschloß, das die Touristen aus dem Ausland mit heimlichem Gruseln besichtigen.

»Wir sind uns des geschichtlichen und sprachlichen Wunders voll bewußt, das sich auf unserem Boden vollzogen hat«, fährt Professor G. fort. »Im Strudel der Völkerwanderungen, die in unablässigen Fluten über unsere Heimat hinweggespült sind – Germanen, Turkvölker, Petschenegen, Kumanen, Slawen, Bulgaren –, schien jede völkische Identität gelöscht, geradezu ausradiert zu sein. Und plötzlich – etwa im elften Jahrhundert – taucht ein Volk von Hirten und armen Gebirgsbauern aus der Nacht der Geschichte auf. Diese Überlebenden der sukzessiven Invasionen sprachen eine fast rein lateinische Sprache, die sie gar nicht mehr zu schreiben vermochten, und vermehrten sich so stark, daß vorübergehend im Osmanischen Reich das Wort ›Walache‹ gleichbedeutend für ›Christ‹ stand.«

Wie es denn gekommen sei, daß diese römisch geprägten Epigonen sich der byzantinischen Orthodoxie und nicht dem

Östlicher Balkan
mit Republik Moldova
UKRAINE
MOLDOVA
"DNJESTR-REPUBLIK"
Gagausien
RUMÄNIEN
UNGARN
JUGOSLAWIEN
Serbien
Kosovo
Mont.
ALBANIEN
MAZEDONIEN
GRIECHENLAND
BULGARIEN
TÜRKEI
TÜRKEI
Krim
Schwarzes Meer
Siebenbürgen
Ostkarpaten
Südkarpaten
Moldau
Schipka-Paß
Budapest
Debrecen
Szeged
Subotica
Oradea
Arad
Timişoara
Baia Mare
Cluj-Napoca
(Klausenburg)
Tirgu Mureş
Sibiu
(Hermannstadt)
Braşov
(Kronstadt)
Botosani
Černivci
Jaşi
Bacău
Galaţi
Brăila
Ploieşti
Bukarest
Craiova
Giurgiu
Constanţa
Bălti
Ribnita
Dubasari
Chişinău
(Kischinew)
Tiraspol
Bender
Comrat
Cahul
Izmail
Odessa
Mykolajiv
Krivij Rih
Zaporižža
Simferopol
Sevastopol
Jalta
Kerč
Belgrad
Kragujevac
Novi Pazar
Niš
Priština
Vidin
Skopje
Ohrid
Bitola
Strumica
Ruse
Pleven
Sofia
Plovdiv
Varna
Burgas
Edirne
Istanbul
Sinop
Donau
Theiß
Mureş
Save
Olt
Sereth
Pruth
Dnjestr
Bug
Don
Morava
Vardar
Maritza
0
100
200
300 km

In den Klöstern von Ohrid in Mazedonien entstand die große slavonische Kirchentradition, die mit dem Namen der Mönche Kyrill und Method verbunden ist.

Oben: Das Panier der mazedonischen Könige des Altertums, die Sonne von Vergina, ist zum Streitpunkt zwischen der neugegründeten Republik Mazedonien und Griechenland geworden.

Rechts: Präsident Gligorow von Mazedonien bemüht sich unter schwierigen Umständen um die Konsolidierung seines jungen Staates.

Im strittigen Grenzgebiet zwischen Mazedonien und Serbien sind amerikanische GIs als Beobachter postiert worden.

Oben: Der Anteil der muslimischen Albaner an der Bevölkerung Mazedoniens wird je nach Standpunkt auf dreißig oder vierzig Prozent geschätzt.

Rechts: Im Zentrum von Sofia symbolisiert das Standbild des Befreierzaren Alexander II. die russisch-bulgarische Waffenbrüderschaft.

Marschall Antonescu, der seine Armee für den deutschen Rußlandfeldzug zur Verfügung gestellt und sich zum Protektor der orthodoxen Kirche Rußlands proklamiert hatte, genießt heute bei seinen Landsleuten wieder großes Ansehen.

König Carol II. hier in Begleitung der ominösen Madame Lupescu, verkörpert einen Tiefpunkt der jüngeren rumänischen Geschichte.

In den Jahren 1991 und 1992 entbrannten am Ufer des Dnjestr heftige Gefechte zwischen Soldaten der neuen Republik Moldova und Angehörigen der 14. russischen Armee.

Die Forderungen Moldovas nach Wiedervereinigung mit der rumänischen Schwesterrepublik sind auf Grund der politischen und wirtschaftlichen Mißstände in Bukarest verstummt.

lateinischen Papsttum zugewandt hätten, forsche ich weiter. Da hebt der kleine Professor seine Arme in einer Geste der Verzweiflung. »C'est là notre déchirement«, ruft er aus, »das ist unsere tiefe Zerrissenheit. Wieviel besser stünden wir heute da, wenn unsere Vorfahren – getreu ihrer lateinischen Erinnerung – sich mit dem Pontifex von Rom verbunden hätten und wir uns auf die immer noch beeindruckende Kraft der katholischen Kirche stützen könnten. Aber in den Jahrhunderten der Finsternis, der rumänischen Geschichtslosigkeit haben die bulgarischen Missionare im Auftrag des Basileus und des Patriarchen von Konstantinopel unsere Christianisierung vorgenommen. Das ging so weit, daß unsere Popen erst im neunzehnten Jahrhundert die Ablösung der kyrillischen Schrift durch das lateinische Alphabet zuließen und die slavonische Kirchensprache durch das Rumänische ersetzten.« Die Ungarn und die Habsburger trügen an dieser konfessionellen Verirrung eine zusätzliche Verantwortung. In Siebenbürgen, das jahrhundertelang in ungarischer und österreichischer Abhängigkeit gestanden habe und das erst 1920 nach dem Ersten Weltkrieg durch den Vertrag von Trianon mit kurzer Unterbrechung Rumänien angegliedert wurde, wären früher nur drei Nationalitäten anerkannt gewesen: die Ungarn, die den Magyaren eng verwandten Szekler und die Deutschen, die man als Sachsen bezeichnete. Die Masse der rumänischen Pächter und Leibeigenen sei von jeder politischen oder konfessionellen Mitsprache ausgeschlossen gewesen und hätte sich daraufhin in ihrer orthodoxen Eigenart verkapselt. Erst zur Zeit der Gegenreformation seien die Jesuiten auf den Gedanken gekommen, in Siebenbürgen eine mit Rom unierte griechisch-katholische Kirche ins Leben zu rufen – ähnlich wie in der benachbarten West-Ukraine.

Als ich das Thema der letzten rumänischen Dynastie Hohenzollern-Sigmaringen anschneide, gerät Professor G. in Rage. »Hochadeliges Pack haben die europäischen Mächte nach Rumänien exportiert. Diese volksfremden Monarchen haben nur Unglück verursacht.« Carol II., der von 1930 bis 1940 regierte, sei noch verachtungswürdiger gewesen als Ceauşescu. Dieser König sei vom Priapismus, von einem krankhaften Sexualtrieb, besessen gewesen. Er habe die Verschwendungssucht auf die

Spitze getrieben und es nicht für nötig befunden, die zurückgewonnene Provinz Bessarabien auch nur einmal zu besuchen. Zudem sei er in die Abhängigkeit der berüchtigten Madame Lupescu, die ursprünglich Magda Wolf hieß, geraten und ihr bis zum Tod hörig geblieben. Gemessen an diesen rumänischen Dynasten seien die Bulgaren mit ihren Zaren aus dem Hause Sachsen-Coburg noch relativ gut gefahren. Für den letzten Monarchen Boris habe das größte Vergnügen darin bestanden, sich als Lokomotivführer zu betätigen. Der Wittelsbacher Otto I., der den Griechen schon Anfang des neunzehnten Jahrhunderts als König aufoktroyiert wurde, könne immerhin noch ein bleibendes Verdienst für sich buchen. Die Neu-Hellenen, denen das Parthenon wenig, die Hagia Sophia jedoch alles bedeutete, hätten sich schon angeschickt, die Hauptstadt ihres eben befreiten Vaterlandes auf den Peloponnes, nach Nauplion, zu verlegen, da habe Otto – in Schwärmerei für die Antike erzogen – 1835 die Entscheidung zugunsten Athens durchgesetzt. Geradezu karikatural hatte sich die Berufung eines Prinzen von Wied zum Fürsten, zum »Mbret« der Skipetaren ausgewirkt. Schon nach sechs Monaten wurde er 1914 durch die aufgebrachten albanischen Stämme verjagt. »Da haben sich die Serben würdiger verhalten«, meint der Historiker verschmitzt, »als sie ihre Krone den bodenstämmigen Sippen der Obrenović und der Karageorgević anboten, auch wenn diese Kraftmenschen – ehemalige Ochsenknechte und Schweinezüchter – hundert Jahre lang vorrangig damit beschäftigt waren, sich gegenseitig auszurotten.«

*

Allmählich frage ich mich selber, ob ich nicht einer religiösen Zwangsvorstellung bei der Interpretation der Balkan-Geschichte erliege. Aber da bin ich zum Diner bei Botschafter Roßbach im herrlichen Garten der deutschen Residenz eingeladen, und wer nimmt neben dem Diplomatenpaar an diesem informativen Abendessen teil? Ein orthodoxer Bischof, der Provinzial des Jesuiten-Ordens und ein junger deutscher Pater der Gesellschaft Jesu. Episkop Teofan Sinaitul ist Vikar des orthodoxen Patriarchen Rumäniens und mit der Funktion eines kirchlichen Außenministers beauftragt. Er ist höchstens fünfzig Jahre alt. Mit seinem Apostelkopf, dem schwarzen Vollbart und der elegant geschneiderten Soutane präsentiert er sich als blendende Erscheinung. Die Stimme hat ein angenehmes, melodisches Timbre. Der Episkop unterscheidet sich wohltuend von der schmuddeligen Verwahrlosung, die oft das Merkmal seiner orthodoxen Glaubensbrüder ist. Emil Puni, der Provinzial des Jesuiten-Ordens ist ebenfalls Rumäne, aber er wurde durch den langen Aufenthalt in Rom und die militärische Disziplin, die Ignatius von Loyola seinen Gefolgsleuten auferlegte, geprägt. Er trägt einen schwarzen Anzug mit römischem Kragen. An den Füßen fallen mir die offenen Sandalen auf. Der Provinzial ist glattrasiert; er mag an die siebzig Jahre sein. Eine gewisse Streitbarkeit geht von ihm aus. Der dritte Priester, Pater Georg, ist ein junger deutscher Jesuit, wohl schon der neuen Schule zugehörig. Auch er ist strikt als »clergyman« gekleidet, hat sich jedoch einen Bart wachsen lassen, vielleicht um älter zu wirken. Er erklärt mir gleich, daß er sich um ein Hilfswerk für völlig verwilderte Kinder kümmert. In der Umgebung des Bukarester Hauptbahnhofs wird ihm Tag für Tag das ganze Elend dieser Welt, aber auch die Verworfenheit selbst der Jüngsten vor Augen geführt. Die Konversation wird auf französisch geführt, und in der Sprache Corneilles rezitiert der Provinzial das »Vaterunser« als Tischgebet: »Notre Père qui êtes au ciel ...«

Mein Interesse gilt vorrangig dem orthodoxen Bischof. Er bestreitet nicht, daß sein Patriarch dem Ceauşescu-Regime weitgehende Zugeständnisse machen mußte, aber er selbst fühlt sich durch diese mühsame Vergangenheit nicht belastet. Das Gespräch kommt auf die Republik Moldova, die Teofan Sinaitul gut kennt. Hierbei handele es sich um ein unverzichtbares Kernland Rumäniens. Von dort stamme Michail der Tapfere, der hochverehrte Nationalheld, der die Türken in Schach hielt. Der Episkop ist sogar in die Dnjestr-Republik gereist und hat versucht, den politischen Gefangenen, rumänischen Patrioten, die sich gegen die Willkürherrschaft des »russischen Präsidenten« Smirnow aufgelehnt hatten, am Weihnachtstag die Kommunion zu spenden. Das sei ihm verwehrt worden. Aber er habe im Gefängnis den Häftlingen wenigstens aus der Entfernung ein wenig Mut machen können.

Die Kirche Rumäniens ist von starkem Patriotismus durchdrungen. Die russische Annexion Bessarabiens durch Zar Alexander I. im Jahr 1812 ist noch längst nicht verwunden. Die artifizielle Republik Moldova habe unter fortwirkender Russifizierung gelitten. Infolge dieser systematischen Entfremdung sei eine nationale Wiedervereinigung in weite Ferne gerückt. Die Lokalgrößen von Kischinew, die Snegurs und andere Apparatschiks, zeigten natürlich nicht die geringste Neigung, ihre Privilegien an der Spitze eines Separatstaates preiszugeben. Sogar die Kirche sei in Bessarabien noch dem Moskauer Patriarchat zugeordnet. Man habe dort jedoch nicht vergessen, daß die stalinistischen Sturmtruppen, die 1940 in Windeseile bis zum Pruth vorstießen, rumänische Geistliche mit ihren Bajonetten gepfählt hätten.

Sinaitul überrascht mich durch seine positive Einstellung zu Marschall Antonescu, der als Verbündeter Hitlers am Rußlandfeldzug teilgenommen hatte und somit Bessarabien zurückgewinnen konnte. Diese Sympathie für den faschistischen »Conducator«, der von den Kommunisten hingerichtet wurde, ist offenbar weit verbreitet. In der Provinz wurde Antonescu ein weithin sichtbares Denkmal errichtet. »Es war schon ein großes nationales Erlebnis«, meint der Bischof, »als unsere Armee 1941 tief nach Rußland vordrang, als wir – die ewigen Verlierer – vorübergehend auch einmal eine offensive Rolle spielen durften.«

Das Tischgespräch wendet sich den neuen Balkan-Ambitionen Moskaus zu. Die beleidigenden Worte Wladimir Schirinowskis, der die Rumänen als »italienische Zigeuner« bezeichnete und auf einer von ihm entworfenen Landkarte das rumänische Staatsgebiet auf die Umgebung von Bukarest reduzierte, wirkt in der breiten Öffentlichkeit nach. Zwischen Orthodoxen und Katholiken ist man sich einig, daß von den Russen nichts Gutes zu erwarten sei und daß Präsident Iliescu, wenn er an der Macht bleiben wolle, mit seiner Demokratisch-Sozialen Partei, der Nachfolgerin der Kommunisten, auf deutlichere Distanz zum Kreml achten müsse. Wie es denn um die Beziehungen unter den Konfessionen bestellt sei, frage ich Pater Puni. Der weicht natürlich in Gegenwart des orthodoxen Confraters jeder

Konfrontation aus. Im theologischen Bereich sei die Negierung des Fegefeuers durch die Orthodoxen ein ernsteres Problem als die Dreifaltigkeits-Debatte um das Wörtchen »filioque«. Aber selbst in diesem Punkt gebe es Ansätze zum Kompromiß. Da auch die orthodoxe Kirche für die Erlösung der Sünder nach dem Tode bete, erkenne sie doch implizit eine Art Fegefeuer an. Der Episkop bestätigt, daß nur die schwersten Sünden durch ewige Höllenstrafen geahndet würden, während die läßlichen Vergehen die Aufnahme in die ewige Seligkeit nach einer Übergangszeit der Prüfung nicht verschlösse. Wir sind wieder mittendrin im endlosen konziliaren Disput.

Gemeinsame Front machen die drei Kleriker gegen das Vordringen der protestantischen Sekten aus den USA. Mit materiellen Verlockungen, die an Bestechung grenzen, so berichten sie, erzielen die Zeugen Jehovas und die Baptisten beachtliche Bekehrungserfolge in allen sozialen Schichten Rumäniens. Dazu geselle sich ein Hang zur eifernden, chiliastischen Mystik, dem eindeutig fundamentalistische Züge anhafteten. Ich kann bestätigen, daß ähnliche Phänomene in der ganzen ehemaligen Sowjetunion zu beobachten sind. Der Jesuiten-Provinzial macht sich große Sorgen um seine griechisch-katholische Gemeinde in Siebenbürgen. Diese mit Rom unierten Rumänen waren unter dem kommunistischen Regime einer konsequenten Vernichtungs- und Assimilationspolitik ausgesetzt. Im Gegensatz zu ihren ukrainischen Glaubensbrüdern in der Umgebung von Lemberg haben sie sich davon nicht erholt. »Es gab einst zwei Millionen katholische Uniaten in Siebenbürgen«, beklagt sich der katholische Geistliche mit leiser Stimme, »heute sind es höchstens noch fünfhunderttausend. Die Gotteshäuser hat man uns geraubt. Bis auf den heutigen Tag wurden sie nicht zurückgegeben, so daß wir unsere Meßopfer auf offenem Feld abhalten müssen.«

Wir streifen nur am Rande die dornige Frage der ungarischen Minderheit in Transsylvanien, die sich teilweise zur römisch-katholischen, teilweise zur calvinistisch-reformierten Kirche bekennt. Der Volkstumskampf zwischen Rumänen und Magyaren droht jederzeit neu aufzuflackern.

Der Provinzial erwähnt, daß er noch in dieser Nacht in die

Stadt Sibiu jenseits der Karpaten reisen müsse, um inmitten seiner standhaften Getreuen einen verspäteten Gottesdienst zu Ehren der Apostel Petrus und Paulus zu zelebrieren. Mir war aufgefallen, daß er sich beim Tischgebet auf byzantinische Art bekreuzigt hatte, wie das der griechisch-katholischen Praxis entspricht. »Wir sind da geschmeidig«, sagt Pater Puni, »unser Ordensgeneral, der Holländer Peter-Hans Kolvenbach, hat sich dem armenischen Ritus angeschlossen und offiziert in dieser orientalischen Liturgie.« Hingegen sind die Kenntnisse der anwesenden Theologen über den Islam recht bescheiden, und der aufkommenden koranischen Revolution begegnen sie mit den üblichen Vorurteilen. Die abendliche Runde ist sich einig, daß die Balkan-Krise keineswegs ausgereift sei, daß die bösen Geister der Vergangenheit wieder umgehen. Alte Abgrenzungen werden sichtbar. Die rumänischen Politiker, die mit den Serben sympathisieren, wissen um die Verlogenheit der gegen Belgrad verhängten Wirtschaftssanktionen der Vereinten Nationen und werden dadurch in ihrer ererbten Neigung zum Zynismus bestätigt.

Der Provinzial mahnt höflich zum Aufbruch. Dieses Mal spricht der orthodoxe Episkop das Dankgebet, ebenfalls in französischer Sprache. Zum Abschied umarmen sich der Sendbote des Papstes und der Vikar des Patriarchen. Sie geben sich den Bruderkuß.

Bosnien

Granateinschläge in Tuzla

Tuzla, Ende Juli 1994

Gegen Mittag schlagen serbische Panzergranaten in Tuzla ein. Die Sirenen heulen, aber die wenigen Menschen, die im Stadtzentrum flanieren, beschleunigen nicht einmal ihren Schritt. An das Geräusch der Detonationen hat man sich gewöhnt, und selbst die Frauen schätzen die Entfernung der explodierenden Geschosse ziemlich präzise ein. Ein paar Grüppchen sammeln sich jetzt doch hinter schützenden Mauervorsprüngen oder unter Betonpfeilern. Nur eine junge Mutter geht seelenruhig mit ihrem vierjährigen blonden Kind über die breite Avenue vor dem Hotel »Bristol«. Das Wetter ist schwül. Die Wolkendecke hängt niedrig. Deshalb sind auch die Kampfmaschinen der westlichen Allianz nicht zu erkennen, die fast im Tiefflug über die Dächer von Tuzla donnern.

Für diese vermutlich amerikanischen Flieger wäre es eine Kleinigkeit, die feuernden serbischen Tanks am Stadtrand anzuvisieren und zu vernichten. Aber dazu bedürfte es einer ausdrücklichen Genehmigung des Weltsicherheitsrates in New York, und falls diese tatsächlich zustande käme, hätten die serbischen Artilleristen längst neue Positionen bezogen. Dabei gilt Tuzla im UN-Jargon offiziell als »Schutzzone«. Dennoch ist der Flugplatz, der gelegentlich unter dem Feuer der »Tschetniks« liegt, für alle Hilfs- und Versorgungsflüge gesperrt. Nicht nur die Ohnmacht, auch die schändliche Heuchelei der Weltorganisation wird an dieser Krisenstelle Nord-Bosniens exemplarisch demonstriert.

Während die Granaten einige hundert Meter entfernt krachen, sitze ich im Hauptquartier des Zweiten Armeekorps der bosnischen, das heißt der muslimischen Streitkräfte. Die Stabsoffiziere – in der Mehrzahl Grubeningenieure von Beruf – sind an solche Überfälle gewöhnt. Aus dem Radio kommen Nachrichten über die Verhandlungen der sogenannten »Internationalen Kontaktgruppe«, und was sie dort hören, ergrimmt die bosnischen Militärs viel mehr als die flagrante Verletzung der Waffenruhe, die sich gerade in Tuzla abspielt. »Manchmal beschleicht mich das Gefühl, daß wir zum Untergang verurteilt sind«, sagt ein Major, der zur grün-gefleckten Tarnhose ein buntes Zivilhemd trägt. »Wir sind wirklich von allen im Stich gelassen.«

Nach einer halben Stunde ertönen wieder die Sirenen und signalisieren Entwarnung. Viel Sinn macht dieses Geheul nicht, denn jederzeit kann eine neue Granate irgendwo zerplatzen. Die kleine Gruppe Militärbeobachter der UNO – ein Ukrainer, ein Ghanaer, ein Norweger und ein Belgier – hatten, ihrer Vorschrift gemäß, am Kellereingang eine einigermaßen sichere Abschirmung aufgesucht. Jetzt kommen sie wieder in die erste Etage und palavern mit ihren bosnischen Counterparts. Genehmigungen, die Frontlinien zu besuchen, werden vom muslimischen Oberbefehlshaber, General Rasim Delić, strikt abgelehnt, und so verlassen die »Observers« mit jovialem Handschlag und verlegenem Lächeln das Kartenzimmer.

Bei allen Anflügen von Niedergeschlagenheit hat sich bei den kämpfenden Muslimani etwas Grundlegendes geändert. Im Oktober 1992 war es um diese buntgescheckte, kaum bewaffnete Truppe wirklich traurig bestellt. An Mut fehlte es den Verteidigern von Sarajevo nicht, aber sie hatten es mit einer erdrückenden serbischen Übermacht zu tun. Ob es damals überhaupt ein einheitliches Oberkommando gab? Bei meinen Kontakten mit den diversen Bandenchefs, die – in Ermangelung regulärer Einheiten – ihre Milizen in ihren jeweiligen Stadtvierteln oder auch nur einem Straßenzug ziemlich willkürlich rekrutierten, hatten mir diese Desperados zwar imponiert, aber eine koordinierte Aktion war ihnen kaum zuzutrauen, geschweige denn eine strategische Gesamtperspektive. Typisch für den damaligen Zustand war die »Gang« eines gewissen Jusuf Pražina, der sich unter dem Spitznamen »Yuka« in den düsteren Stunden der Belagerung als patriotischer Bandit gebärdete und bei den Straßenjungen von Sarajevo hohes Ansehen genoß. Den Männern Yukas, der aus dem Verbrechersystem stammte, sich jedoch durch sagenhafte Tapferkeit bewährt hatte, bin ich damals im »Holiday Inn« regelmäßig begegnet. Es waren breitschultrige Kerle, denen man jede rohe Gewalttat zutraute. Sie waren schwarz uniformiert, mit diversen Schießeisen und Handgranaten behängt. An der Leine führten sie riesige schwarze Doggen, und die eingeschüchterten Kellner ließen den schweren Jungs und den grell bemalten Huren in ihrer Begleitung eine bevorzugte Bedienung angedeihen. Es ging damals hoch her bei Yukas Bande.

Die Tatsache, daß eine nationale oder religiöse Widerstandsgruppe sich in ihrer ersten Phase auf die Erfahrung und Einsatzbereitschaft von kriminellen Elementen stützen muß, ist nichts Neues. Die französische »Résistance« hat auf diese »Experten« des Untergrundes ebensowenig verzichten können wie die Befreiungsfront Algeriens, deren legendärer Held vorübergehend ein ehemaliger Zuhälter war: »Ali-la-Pointe – Ali das Messer« genannt. Diese Brechtsche Gestalt hat aus dem Gassengewirr der Kasbah von Algier heraus die bewaffneten Überfälle gegen die Franzosen und vor allem die mörderischen Bombenattentate dirigiert, mit denen er unschuldig blickende Mädchen beauftragte. Aber im Maghreb wie jetzt in Bosnien schlug irgendwann einmal die Stunde der ehrbaren, unbestechlichen Vaterlandsverteidiger, und dann wurden die zwielichtigen Elemente zu einer Belastung, ja zu einem Sicherheitsrisiko. So standen schließlich Yuka und seine Männer, die mit Löwenmut in die Schlacht gegangen waren, der Aufstellung einer halbwegs regulären »Armija« im Wege. Jusuf Pražina war ohnehin an Arm und Bein so schwer verwundet worden, daß diese Glieder nur noch mit stählernen Klammern zusammengehalten wurden und er die Pistole, von der er sich nie trennte, in der linken Hand trug. Die regulären muslimischen Offiziere, die früher in den Streitkräften Titos gedient hatten, mußten sich von diesen zwielichtigen Gestalten trennen. Sie standen jeder Disziplinierung im Wege. Die Bandenchefs trugen sogar untereinander ihre Privatfehden aus, wenn es um die Verteilung von Beute und Schwarzmarkt-Monopolen ging. Während ich mich im Oktober 1992 in Sarajevo aufhielt, kam es zum offenen Bruch, und der wieder einmal schwerverletzte Yuka wurde auf mysteriöse Weise ausgeflogen. Im Frühjahr 1993 tauchte er erneut auf, dieses Mal in der Herzegowina. Dort kämpfte er plötzlich auf kroatischer Seite gegen seine eigenen muslimischen Glaubensbrüder, ehe er definitiv von der Bildfläche verschwand. Vermutlich betätigte er sich in den folgenden Monaten als Waffenschieber und wurde im Sommer 1993 in Frankfurt gesichtet. In Belgien erreichte ihn dann sein Schicksal. Mit zwei Schüssen in den Kopf wurde er von irgendeiner rivalisierenden Gang auf einem Parkplatz der Autobahn Lüttich–Aachen endgültig aus dem Weg geräumt.

Inzwischen geht es bei den streitbaren Muslimani sehr viel seriöser zu. Ihr militärisches Einflußgebiet ist zwar wie ein Chagrin-Leder geschrumpft, und die verhängnisvolle Auseinandersetzung mit den kroatischen »Verbündeten«, die ihnen plötzlich in den Rücken fielen, brachte sie fast an den Rand des Abgrundes. Während Major Smail im Kartenzimmer von Tuzla ein kurzes Briefing vornimmt, werden mir die Schwächen, aber auch die Vorteile des muslimischen Dispositivs bewußt. Ihre Haupt-Verteidigungszone erstreckt sich vom Ost-Teil Mostars entlang der Neretva bis zum Knotenpunkt Jablanica. Im Osten stehen sie fast in Sichtweite der belagerten bosnischen Hauptstadt Sarajevo, deren Verteidiger ihre Stellungen stark ausgebaut haben. Nach Westen behaupten die Muslime bei Gornji Vakuf den Vorsprung von Bugojno. Im Umkreis der Industriestadt Zenica nimmt das muslimische Territorium die groteske Form einer gespreizten Hand an, und südlich von Doboj öffnet sich eine tiefe Daumenlücke. Ganz im Norden schiebt sich dieses eigenartig artikulierte Verteidigungsareal jenseits der Stadt Tuzla, in der ich mich gerade befinde, bis in die Nähe der entscheidenden strategischen Stellung von Brčko am Süd-Ufer des Save-Flusses heran. Dazu kommen wie Inseln im feindlichen Meer – die oft genannten Ortschaften Srebrenica, Goražde und Žepa in Ost-Bosnien entlang der Drina sowie – fast in Reichweite von Zagreb – der Kessel von Bihać in West-Bosnien. Diese isolierten Enklaven können nur mit Hilfe der Vereinten Nationen am Leben erhalten werden.

Im Stab des Zweiten Armeekorps von Tuzla gibt man sich trotzdem zuversichtlich. Zwar verfügen die Serben mit mehr als dreihundert schweren Panzern, mit einem fast unbegrenzten Artillerie-Park noch über erdrückende materielle Mittel. Aber auch die Muselmani sind nicht mehr auf Jagdgewehre und verrostete Kalaschnikows angewiesen. Aus dem islamischen Ausland – vor allem aus Saudi-Arabien, aus Iran und aus der Türkei – wurden dem Regime Izetbegović beachtliche Finanzmittel zur Verfügung gestellt. Zumindest in dieser Hinsicht bewährt sich ein gewisser Zusammenhalt der »Umma«, und für Geld ist auf dem Balkan fast alles zu haben. Es passiert auch, daß kroatische und sogar serbische Freischärler je nach Kampflage die bedrängten Muslime gegen harte Valuta mit Granatwerfen und Bazookas versorgen. Feldhaubitzen stehen in wachsender Anzahl zur Verfügung. Etwa dreißig Panzer – allerdings veraltete Modelle – hält die »Armija« in Reserve. Es scheint, als würden die amerikanischen Überwachungsdienste, die noch offiziell an die Einhaltung des »Waffen-Embargos« für Ex-Jugoslawien gehalten sind, immer häufiger beide Augen zudrücken. Jedenfalls ist die Phase der unerträglichen Wehrlosigkeit zu Ende, und mit jedem Monat verstärken sich die Kämpfer unter dem bosnischen Halbmond.

Aus Teheran war das Angebot gekommen, zehntausend »Pasdaran«, kampferprobte Revolutionswächter, einzufliegen. Aber dagegen haben Amerikaner und Russen sofort Front gemacht. Statt dessen ist es den iranischen Kontaktstellen des Ayatollah Mohtashemi gelungen, für gutes Geld russische Transportflugzeuge zu chartern und vor allem panzerbrechende Waffen, Mörser, Minen auf verschwiegenen Landeplätzen der dalmatinischen Inseln auszuladen. Seit zwischen Kroaten und Muslimen die Waffen schweigen und sogar eine Föderation vereinbart wurde, rollt der Nachschub ziemlich ungehindert von der Adria an die Front. Instrukteure für die Ausbildung am Spezialgerät kommen angeblich aus der Türkei und aus Deutschland. Sogar Flugabwehr-Raketen vom Typ »Stinger«, die sich im Afghanistan-Konflikt als kriegsentscheidend erwiesen haben, sollen in bescheidener Zahl vorhanden sein. Unlängst wurden zwanzigtausend moderne Sturmgewehre geliefert. Bleibt natürlich als Passiv-Posten der bosnischen »Armija« ihr Mangel an einer halbwegs ebenbürtigen Panzerwaffe. Aber seit dem fehlgeschlagenen Abenteuer am Hindukusch haben die Tanks viel von ihrem Nimbus verloren. In unübersichtlichem Terrain geben sie ein hilfloses Ziel für handliche Präzisionsraketen ab.

Schon im Herbst 1992 hatten mich französische Offiziere in Sarajevo auf den verhängnisvollen Schwachpunkt der Belgrader Kriegsführung hingewiesen. Die Serben verfügen zwar mit ihrem Befehlshaber in Bosnien, General Ratko Mladić, über den vermutlich besten Strategen des Balkans, aber das ändert nichts an der unerträglichen Verzerrung ihrer Linien, die von der kroatischen Krajina im Hinterland Dalmatiens über Nordwest-Bosnien bis Slavonien reichen. Diese »Front« von etwa zweitausend Kilometern muß rundum gegen die Kroaten und vor allem gegen die Muslime nach allen Himmelsrichtungen abgeschirmt werden. Zugleich sind beachtliche Kräfte durch die explosive Situation im Kosovo gebunden. Den Serben fehlt es an Infanterie, und wenn es wirklich zu einer koordinierten Gegenoffensive von Muslimen und Kroaten käme, gekoppelt mit einem Aufstand der Albaner des Kosovo, dann könnte für Präsident Milošević ein militärisches Debakel drohen.

Mit größter Sorge blicken die Belgrader Strategen auf ihre extrem kritische Position, die sich knappe fünfzig Kilometer nördlich von Tuzla befindet. In meinem Buch *Eine Welt in Auflösung* hatte ich bereits darauf verwiesen, daß der schmale Korridor, über den er südlich der Save verfügt, General Mladić vor ein unlösbares Problem stellt. An dieser Stelle befindet sich nämlich die einzige terrestrische Kommunikation zwischen dem eigentlichen serbischen Staatsgebiet, dem okkupierten Teil Slavoniens, dem eroberten Ost-Bosnien einerseits und dem umfangreichen Territorium rund um Banja Luka, das die Serben in West-Bosnien halten, sowie der Krajina im Halbbogen von Knin andererseits. (Ein Blick auf die Karte verdeutlicht die ungewöhnliche Situation.) Dieser Schlauch der nördlich von Gradačać beginnt, verengt sich bei Brčko zu einem Nadelöhr von höchstens fünf Kilometer Breite. Jeglicher Verkehr – militärischer oder ziviler Natur – zwischen den beiden eben beschriebenen serbischen Herrschaftsgebieten ist auf diesen winzigen Durchlaß angewiesen. Im Herbst 1992 wurde in Sarajevo noch die Frage erörtert, ob die Regierung von Belgrad und die bosnischen Gefolgsleute des serbischen Scharfmachers Radovan Karadžić durch gezielten Einsatz von NATO-Kampfflugzeugen zu ernsthaften Konzessionen, zu ehrlicher Kompromißbereitschaft gezwungen werden könnten. Dafür boten sich weniger vereinzelte Schläge gegen die verstreuten Artillerie-Stellungen der Serben rund um die belagerten muslimischen Enklaven an als ein massives Bombardement der Nachschubwege über die Drina oder – weit mehr noch – die Blockierung des extrem verwundbaren Korridors von Brčko. Fast zwei Jahre haben die westlichen Medien gebraucht, ehe sie diese serbische Achillesferse in der Save-Niederung entdeckten. Aber jetzt ist es für eine solche Aktion wohl zu spät. Ein großangelegter Luftangriff bedürfte der Zustimmung des Weltsicherheitsrates, und das Veto Rußlands wäre in diesem Falle fast unvermeidlich. Andererseits wären die schlecht bewaffneten, weit verstreuten UNPROFOR-Bataillone einem verzweifelten Ansturm der serbischen Armee nicht gewachsen. Die Blauhelme werden ja heute schon gelegentlich als Geiseln vorgeführt.

Ich frage Major Smail, warum sich denn die bosnischen Muslime im Verbund mit ihren kroatischen »Alliierten«, die überdies einen Brückenkopf südlich der Save im Raum von Orašje besetzen, bisher nicht dazu aufgerafft hätten, unter Einsatz aller verfügbaren Kräfte diese serbische Nabelschnur zu durchschneiden. Im Stab des Zweiten Korps von Tuzla waren keine Phantasten am Werk. »Die Serben würden uns dann an anderen Frontabschnitten, und zwar vor allem in unseren isolierten Außenposten unter extremen Druck setzen«, war die Antwort; »die Folgen wären unkalkulierbar. Noch sind wir ›Bosniaken‹« – der Major vermied das Wort »Muslime« – »extrem verwundbar. Dennoch – ob Sie es glauben oder nicht, die Zeit arbeitet für uns. Sobald sich unsere Arsenale gefüllt haben, werden wir in der Lage sein, auf unserem zusammengedrängten Territorium zweihunderttausend Soldaten zu bewaffnen. Noch treffen die Lieferungen zögerlich ein, so daß unsere Streitkräfte auf siebzigtausend passabel ausgerüstete Kämpfer begrenzt sind. Heute gilt das ehemalige Jugoslawien als der größte Waffenmarkt der Welt, und wir wissen, daß wir über den Vorteil der inneren Linie, der strategischen Konzentration verfügen, während die Serben mit extrem auseinandergezogenen Elementen operieren müssen und vor bösen Überraschungen in der Krajina oder im Kosovo nicht gefeit sind. Wir verfügen über die bessere Kampfmoral, die höhere Motivation. Das hat man bei unseren Zusammenstößen mit den Kroaten in Zentral-Bosnien unlängst gemerkt. Wir Muslime stehen mit dem Rücken zur Wand, und Erholungsressorts im friedlichen Hinterland – wie Split für die Kroaten oder Belgrad für die Serben – stehen uns nicht zur Verfügung.« Warum denn die Serben nicht alle ihre Mittel darauf verwendet hätten, den Flaschenhals von Brčko nach Süden auszuweiten, wollte ich wissen und erhielt eine merkwürdige Antwort. Südlich von Brčko, so meinte Smail, sei das Gelände zwar flach und eigne sich auch für eine Panzeroffensive großen Stils. Doch dort befände sich überhaupt kein serbisches Siedlungsgebiet, nicht einmal eine serbische Minderheit. Daran halte man sich offenbar in Belgrad und in Pale. Vermutlich hatten die Muslime das fragliche Terrain – das mochte schwerer wiegen – in ein einziges Minenfeld verwandelt.

*

Tuzla ist eine seelenlose Industriestadt und deshalb auf keinem Touristenprospekt zu finden. Riesige chemische Komplexe sind in den Außenvierteln verstreut. In Zeiten äußerster Bedrängnis hatte die muslimische Verteidigung mit der Auslösung einer ökologischen Katastrophe gedroht. Sie war angeblich bereit, hochgiftige Substanzen explodieren oder in die Wasserläufe abfließen zu lassen. In der weiteren Umgebung trugen vor Kriegsausbruch Kohle- und Salzbergwerke zum relativen Wohlstand dieser Ortschaft bei.

Das Hotel »Bristol«, in dem ich logiere, ist ein düsterer Kasten. Es trägt Spuren von Einschüssen. Im Erdgeschoß wird in einem riesigen Konferenzraum gerade ein Schachturnier ausgetragen, an dem etwa dreihundert Männer mit ernster, konzentrierter Miene teilnehmen. Gleich nebenan werben abscheuliche, riesige Wandmalereien für die Heilbäder und Thermalquellen von Tuzla: ein schwarzer Muskelprotz massiert dort eine üppige Blondine; daneben lassen sich leichtgeschürzte fette Frauen von gesundheitsfördernden Duschen bestrahlen. Die islamische Prüderie hat an dieser Geschmacklosigkeit offenbar noch nicht Anstoß genommen, oder sie ist noch zu schwach, um deren Beseitigung zu erwirken. Mit Branko, dem jungen kroatischen »Field-Officer« des Internationalen Komitees vom Roten Kreuz (IKRK), bin ich in das exklusivste Restaurant von Tuzla, in den »Tennis-Club«, gegangen. Das Essen ist mäßig. Die Serviererinnen sind so auffallend geschminkt, begegnen den Gästen mit einer so lasziven Vertraulichkeit, daß ich meinen Begleiter frage, ob wir uns nicht in ein Bordell verirrt hätten. Tuzla ist nun einmal dafür bekannt, trotz der unmittelbaren Frontnähe, eine zutiefst tolerante Stadt geblieben zu sein. Natürlich sind die Muslimani in der erdrückenden Mehrheit. Aber Kroaten und sogar Serben bleiben hier scheinbar wohlgelitten. Als eine serbische Granate die orthodoxe Kirche beschädigte, wurde diese von der Stadtverwaltung – unter Zustimmung der Imame und Hodschas – wieder repariert. Das Ausbleiben von akuten interkonfessionellen Spannungen führt Branko darauf zurück, daß in Tuzla nicht die Gefolgsleute des bosnischen Präsidenten Izetbegović und der Partei der Demokratischen Aktion, SDA, vorherrschend sind, sondern die geläuterten Kommunisten des Titoismus, die sich in der Partei für Demokratische Veränderung, SDP, sammeln.

Doch auch hier hüte man sich vor voreiligem Optimismus. Vor dem Krieg hatte Tuzla hundertfünfzigtausend Einwohner. Davon sind inzwischen hunderttausend – überwiegend Serben und Kroaten – geflüchtet. Aus dem weiteren Umkreis Nord- und Mittel-Bosniens – sind wiederum hundertfünfzigtausend muslimische Opfer der »ethnischen Säuberung« in die Stadt geströmt. Es ist nur eine Frage der Zeit, bis diese zutiefst verbitterten Zuwanderer, die aufgrund ihrer bisherigen ländlichen Abgeschiedenheit den koranischen Bräuchen treu geblieben sind, das freundliche menschliche Klima von Tuzla nachhaltig verändern werden. Es gibt zu denken, daß in dieser einst weltoffenen, multikulturellen Stadt die Koran-Gläubigen nunmehr achtzig Prozent, die Kroaten jedoch nur fünfzehn Prozent ausmachen, während die Serben sogar auf fünf Prozent geschrumpft sind.

Täglich kommt neues Leid hinzu. Nordöstlich von Tuzla, in dem Flecken Bijeljina, haben die Serben vor wenigen Tagen wieder das »ethnic cleansing« aufgenommen. Die energischen jungen Schweizerinnen des IKRK, die in den umkämpften Städten des Balkans mit Kaltblütigkeit, Effizienz und Charme ihre humanitäre Aufgabe versehen, haben Berichte darüber erhalten, daß hunderte muslimischer Zivilisten willkürlich verhaftet wurden. Die serbischen Lokalbehörden hatten die Listen aufgestellt, und die Männer wurden sofort in Konzentrationslager verschleppt. Die Häuser wurden beschlagnahmt. Jeglicher persönliche Besitz, einschließlich Ausweisen und Schmuck, den sie bei sich trugen, wurde den Opfern abgenommen. Zahlreiche Frauen und Kinder wurden an die Front transportiert und quer durch die Linien in Richtung Tuzla gehetzt.

So eskaliert die Feindschaft unerbittlich. Beim Roten Kreuz in Split habe ich erfahren, daß etwa zweitausend Gefangene noch auf beiden Seiten einsitzen und daß sie für einen Austausch vorgesehen sind. Während es sich bei den Muslimen jedoch um zufällig aufgegriffene Zivilisten handelt, wurden die meisten Serben mit der Waffe in der Hand zur Übergabe gezwungen. Die schweizerischen Unterhändlerinnen verweisen darauf, daß ihre Kontakte und Gespräche mit den Muslimen in einer angenehmeren Atmosphäre verlaufen als mit den Orthodoxen und Katholiken. Da wirkt offenbar eine koranisch anerzogene Höflichkeit nach. Andererseits gehören die Sprecher der islamischen Gemeinde oft jener alten Oberschicht an, der von Haus aus bessere Manieren beigebracht wurden.

Die Dämmerung senkt sich auf Tuzla. Mir sind die zahlreichen Kriegsverwundeten aufgefallen, die sich auf Krücken bewegen. Jetzt gesellen sich schwerbewaffnete Streifen der Militärpolizei dazu. Die »Commandos«, die Elite-Einheiten der »Armija«, so hat Branko gehört, haben bei ihrem Versuch, die Straße nach Zavidovići im südlichen Beutel von Doboj freizukämpfen, empfindliche Verluste erlitten. Nun werden die flanierenden jungen Männer überprüft, ob sie sich vielleicht der Wehrpflicht entzogen haben. Mein junger sympathischer Begleiter hat sich mit einem Freund in einem für dortige Verhältnisse schicken Lokal verabredet, wo sich die örtliche »jeunesse dorée«, falls der Ausdruck hier Sinn macht, ein Stelldichein gibt. Es sind überwiegend Studenten und Kinder wohlhabender Eltern, die sich in dieser Musik-Bar treffen. Wir brauchen einige Zeit, bis wir die bescheidene Vergnügungsstätte aufspüren, denn sie hält sich in einem Hinterhof vor den Häschern der Feldgendarmerie verborgen. In der bescheidenen Disko herrscht eine völlig entspannte, frivole Atmosphäre. Es wird mäßig getrunken – meist Wein oder Coca-Cola –, hingegen heftig geflirtet. Die Mädchen sind hübsch und die jungen Männer von urwüchsiger Kraft.

Wie es denn möglich sei, daß diese jungen Leute sich psychisch so schnell von den Schrecken der Belagerung, des Beschusses, des Darbens erholt haben, frage ich Branko. »Die Bosnier sind eine starke, lebensfrohe Rasse«, antwortet er. »Die bekommt man nicht so schnell klein. Gegenüber dem Grauen und der Depression des vergangenen Winters hat sich ein so grundlegender Wandel vollzogen. Die Sommerabende sind doch warm und schön. In den Läden ist wieder fast alles zu finden, von den Bananen bis zum dalmatinischen Schinken. Die Mädchen kaufen Modeartikel aus Split. Das Leben ist wieder erträglich, und das genießt man in vollen Zügen.« Darüber hinaus stellt der Kroate Betrachtungen über die enge, oft besungene Verwandtschaft zwischen Liebe und Tod an, von Blut und Sperma – so könnte man es auch ausdrücken –, über das instinktive Bedürfnis der Menschen, in der Stunde existentieller Bedrohung im Sexualtrieb einen Ausgleich zu finden, dem bevorstehenden Untergang gewissermaßen noch mit einem Akt der Prokreation zu begegnen. Ich hatte Branko gar nicht soviel hintergründige Nachdenklichkeit zugetraut.

An einem dichtbesetzten Tisch entdecken wir Tane und dessen Freundin. Der junge Bosnier, er mag Anfang Zwanzig sein, spricht vorzüglich Englisch. Auf den ersten Blick kommt er mir mit seinem modischen Outfit und dem blonden Pferdeschwänzchen, das er sich hat wachsen lassen, etwas dubios vor. Aber die Augen sind wach und freundlich. Irgendwie scheint er erleichtert zu sein, seine Geschichte erzählen zu können. Als

Sohn des Besitzers des »Tennis-Clubs« gehört der junge Bosniake zur gehobenen Gesellschaft. Er hat sechs Monate in einem »Commando« der muslimischen »Armija« gedient und ist stolz darauf. Bei Nacht seien er und seine Kameraden in einem Terrain, das ihnen von Kindheit an vertraut ist, durch die serbischen Linien gesickert und hätten in den rückwärtigen Stellungen des Feindes mit dem Bajonett oder dem Messer aufgeräumt. Die Stoßtrupps seien vor allem darauf aus gewesen, Waffen zu erbeuten. Die Muslime blieben zwar materiell unterlegen, aber sie hätten die Serben das Fürchten gelehrt. »They have guns, and we have guts – sie haben Kanonen und wir haben Schneid«, kommentiert er. Es sei ein blutiges, grausames Geschäft gewesen, gibt Tane zu. Aber unter Alpträumen, in denen sich diese Nahkämpfe wiederholen, leide er nie. Hingegen träume er gelegentlich von der Flucht, die er bei Ausbruch der Feindseligkeiten vor drei Jahren aus einem überwiegend serbisch bevölkerten Gebiet, in einem Lastwagen hinter Zementsäcken versteckt, gewagt hat. Damals hätte er bei Gefangennahme mit den gräßlichsten Torturen rechnen müssen.

Tane ist zwar von Geburt Muslim, aber mit der Religion des Propheten will er nichts zu tun haben. Das sei eine Sache für alte Leute. Die nette Freundin, die neben ihm sitzt, ist Kroatin, das heißt Katholikin. Im Gegensatz zu dem blonden Tane hat sie pechschwarzes Haar und tief dunkle Augen. Sie könnte Sizilianerin sein. Auch sie spricht Englisch, ist Studentin, mischt sich aber selten in das Gespräch ein. Zu der Föderationsbildung zwischen Muslimani und Kroaten bemerkt Tane, er und seine Gefährtin böten doch ein beredtes Beispiel für die wiedergefundene Harmonie. Dem militanten Islamismus, oder gar dem Fundamentalismus räumt er nicht die geringste Chance ein. »Wir hier in Tuzla warten nicht auf das Wohlwollen Allahs. Mit unseren eigenen Händen schaffen und erkämpfen wir uns unsere bessere Zukunft.«

Natürlich hat auch er von der Ankunft des türkischen UN-Kontingents, des sogenannten »Turk-Bat«, in Zenica gehört, aber das berührt ihn nicht sonderlich. »Na gut«, meint er, »es macht mir mehr Spaß, einen Türken mit ›marhaba‹ als einen Amerikaner mit ›Hi‹ zu begrüßen, aber damit hat es sich auch schon.« Meine beiden jungen Gesprächspartner geben zu, daß man in dieser Situation ohne einen Schuß Humor oder Zynismus nicht auskommt. Branko erzählt einen Witz aus Zagreb. Dort saßen zwei blinde Bettler vor einer Kirchenmauer und warteten auf eine Spende. Der eine trug ein Schild um den Hals. »Ich bin kriegsverletzter Kroate und bin dankbar für jede gute Tat.« Der andere trug ebenfalls ein Schild auf der Brust, aber dieses Mal hieß es: »Ich bin kriegsverletzter Serbe.« Natürlich füllte sich der Hut des Kroaten mit überreichlichen Spenden, während der Serbe völlig leer ausging. Schließlich trat ein wohlmeinender Passant auf den serbischen Bettler zu und sagte: »Du bist ein Narr, daß du dich hier als Feind unseres Landes zu erkennen gibst. Du wirst nie einen einzigen Groschen erhalten.« Da nahm der vermeintlich blinde Serbe seine dunkle Sonnenbrille herunter, sah den Passanten scharf an, lächelte geringschätzig und sagte: »Sie haben wohl nie etwas von ›Marketing‹ gehört.«

Die Stunde der Nachtsperre naht. Ab elf Uhr herrscht »curfew« in Tuzla, und damit wird nicht gespaßt. Die Gäste der kleinen Kneipe machen sich auf den Weg nach Hause. Mit Branko kehre ich zum »Bristol« zurück. Vor dem Hotel werde ich von zwei bettelnden Kindern angehalten und auf englisch angesprochen. Ich stelle erschreckt fest, daß einer der Knaben, der etwa zehn Jahre alt sein mag, uns mit einem uralten und irgendwie bösartigen Blick mustert. An der nahen Mauer prangt in riesigen Lettern der Schriftzug »Fuck politics!«

Sein Freund Tane mache es sich etwas leicht, meint Branko, sobald er mit mir allein ist. Ob ich nicht gesehen hatte, daß neben den lockeren Mädchen, die so angenehm auffielen, auch viele Frauen in Tuzla schon weitgehend verschleiert gingen, daß die alten türkischen Pumphosen wieder in Mode kämen. »Gerade die Frauen sind in Zeiten der Bedrängnis anfälliger für eine Rückwendung zur Religion, und das gilt insbesondere für das koranische Bekenntnis, obwohl es doch angeblich alle feministischen Rechte ignoriert. Warum kämpfen denn die jungen Muslime wie Tane mit solchem Todesmut? Wenn ihnen der Islam gar nichts bedeutet, dann könnten sie sich ja auch – den Glauben wechselnd – als Serbe oder Kroate registrieren lassen.« Im übrigen habe die aktive Teilnahme hoher orthodoxer Geistlicher an den Beratungen des bosnisch-serbischen Parlaments von Pale ein extrem negatives Gefühl bei den Mohammedanern hinterlassen. Die Popen aus Belgrad, Banja Luka und Knin hätten sich mit Nachdruck gegen jeden territorialen Kompromiß gewendet, die serbo-bosnischen Abgeordneten und deren Wortführer Radovan Karadžić in ihrer Sturheit bestärkt, ja geradezu aufgehetzt. Der alte und schwächliche Patriarch Pawle habe wohl jede Autorität über seinen Klerus verloren.

*

Am folgenden Tag bin ich beim Generalsekretär der Imame und Muftis von Tuzla angemeldet. »Muftijstvo u Tuzli« steht auf dem Messingschild an dem Bürohaus. Ich habe einen bärtigen Turbanträger erwartet, nachdem mir zwei freundliche, aber tief verschleierte Sekretärinnen die Tür zum Besprechungsraum öffneten. Statt dessen treffe ich auf einen drahtigen, glattrasierten Mann von etwa vierzig Jahren. Sein Haar ist weizenblond, und die Augen sind hellblau. Er trägt ein grüngefärbtes Hemd und eine grüngetönte Hose, so daß man ihn für einen skandinavischen Offizier halten könnte. In devoter Entfernung wartet eine weniger moderne Gestalt, ein Adlatus, der den Arafat-Bartwuchs trägt und sehr viel orientalischer wirkt. Der Generalsekretär überreicht mir seine Visitenkarte mit dem grünen Halbmond. Er heißt Besim Čanić und trägt den Titel eines »Effendi«. Als solcher wird er auch angeredet.

Der Mufti, das erklärt er gleich einleitend, hat fünf Jahre auf der berühmten islamischen Hochschule El Azhar in Kairo studiert und spricht fließend Hoch-Arabisch. Wir kommen sofort zur Sache, nämlich zum Niedergang des Islam in Bosnien. »Das ist doch ganz natürlich«, sagt der Effendi, »schon im Kindergarten wurden die Kleinen in Gottlosigkeit, ja in Gottesfeindschaft erzogen. Bei uns hat sich der Atheismus schlimmer ausgewirkt als etwa im ehemals sowjetischen Zentral-Asien, obwohl bei uns der Kommunismus nur vierzig Jahre und dort siebzig Jahre gedauert hat. Aber im Gegensatz zu den Usbeken und Turkmenen waren wir hier von dem vorherrschenden Staatsvolk – bei uns die orthodoxen Serben, in Zentral-Asien die Russen – durch keine Schranke der Rasse oder der Sprache getrennt. Hinzu kam, daß das Tito-Regime einen gewissen Wohlstand gebracht und dadurch auch bei den Muslimen Anhänger des leichten, des frivolen Lebens gezüchtet hat.« Die beiden verschleierten Vorzimmerdamen bringen türkischen Kaffee. Ein UN-Kampfflugzeug donnert über die Dächer und erstickt vorübergehend die Verständigung. Dann klingt der Gesang des Muezzins vom Turm einer benachbarten Moschee herein.

An der Wand hinter Besim Čanić hängen zwei Fahnen: die bosnischen Lilien auf blauem Tuch und das grüne Tuch des Islam mit dem Halbmond. Er plädiere dafür, nimmt der Mufti den Faden wieder auf, daß man seine Landsleute nicht länger als »Muslime«, sondern als »Bosniaken« bezeichnen solle. So sei es ja auch in anderen islamischen Ländern üblich, daß man von Marokkanern, Ägyptern oder Irakern spräche. Zur Schaffung der weltweiten islamischen »Umma«, wie der Prophet sie in seiner Lehre visionär angekündigt habe, sei ja noch ein weiter Weg. »Die Kommunisten haben Tuzla zu einem Zentrum der Gottlosigkeit gemacht, aber die Rückkehr der wahren Religion wird sich schneller vollziehen als ihre Vertreibung.« Ich zeige ihm – wie stets bei solchen Gelegenheiten – ein Foto, das mich im Gespräch mit dem Ayatollah Khomeini zeigt. Der Effendi sieht es sich aufmerksam an und sagt nur ein Wort: »Mabruk«. »Er ist von Gott gesegnet«, so könnte man den Ausdruck übersetzen. Die bislang vorhandenen UN-Kontingente aus islamischen Ländern – es ist immerhin ein beachtliches Aufgebot: Jordanier, Ägypter, Malaysier, Pakistani, Türken – seien den kämpfenden Muslimen nicht zugute gekommen, meint Besim Čanić. »Die UNO tut alles, um eine solche Hilfeleistung zu lähmen.«

Der Effendi wehrt sich nachhaltig gegen den Verdacht, die Gründung eines islamischen Staates in Bosnien zu betreiben. »Wir wollen mit den anderen Konfessionen brüderlich zusammenleben. Wir zerstören keine Kirchen. Wir haben sogar mitgeholfen, das zerschossene orthodoxe Gotteshaus in Tuzla zu reparieren. Aber schauen Sie sich die serbischen und auch die kroatischen Gebiete an. Dort sind alle Moscheen zertrümmert.« Ich muß ihm leider beistimmen. Welches denn seiner Ansicht nach ein halbwegs vorbildlicher islamischer Staat sei, frage ich.

»Bestimmt nicht Saudi-Arabien oder Libyen«, kommt die Antwort, aber dann schweigt er zu diesem Thema. Zunächst gehe es darum, den von der UNO anerkannten Staat Bosnien-Herzegowina in seiner Integrität und Souveränität wiederherzustellen. Seine persönliche Aktion ziele primär auf die Jugend. Der Alkohol und die Ausschweifungen in den Nacht-Clubs seien gezielt als Verführung zur Gottlosigkeit eingesetzt worden. Damit betreibe er keine Frontstellung gegen den Westen – im Gegenteil. Die Muslime müßten bei den hochindustrialisierten Staaten die besten Ergebnisse moderner Technologie studieren und übernehmen. Ich ergänze ihn mit einer Aussage des Propheten: »Utlub el 'ilm hatta fi sin – suche die Wissenschaft bis hin nach China«, was er mit einem zustimmenden Kopfnicken quittiert. »Warum«, so fragt er, »herrscht in der Welt so viel Unordnung, so viel Grausamkeit und Sünde? Woher kommt diese schreckliche Sittenlosigkeit? Warum kann der christliche Westen keine moralischen Normen mehr setzen? Wir sind auf die Barmherzigkeit Gottes angewiesen.«

Auch Branko ist von dem Effendi beeindruckt. »Hier haben wir es mit einer stark engagierten politischen Persönlichkeit zu tun«, meint er. »Dieser Mufti ist klug und vorsichtig in seinen Äußerungen, aber ich ahne seine Hintergedanken. Natürlich plädiert er für ein geeintes unzerstückeltes Bosnien. Heute bilden dort die Muslime mit vierundvierzig Prozent der Bevölkerung erst die relative Mehrheit. Aber dank ihrer extrem hohen Geburtenrate werden sie schon in zehn Jahren mehr als die Hälfte und in zwanzig Jahren werden sie die erdrückende Majorität sein. Dann können sich die Koran-Gläubigen eine Staatsform ihrer Wahl und auch eine ihnen genehme Rechtsprechung beliebig aussuchen.

In der Altstadt von Tuzla haben wir zwischen bescheidenen Moscheen, die kaum besucht sind, vergeblich nach dem »Iranischen Kulturzentrum« gesucht, von dem man uns beim IKRK berichtet hat. Statt dessen treffen wir auf einen Schuppen, der mit der Inschrift »Muslim Aid« gekennzeichnet ist. Dort sitzen zwei träge Kuweitis hinter ihren Schreibtischen. Als ich sie nach den Iranern frage, stellen sie sich taub. Es existiert daneben auch eine landesweite karitative Organisation der islamischen Gemeinde, die unter dem Namen »Merhamet« tätig ist. – Im früheren Türken-Viertel ist mir eine Brücke von seltener Häßlichkeit aufgefallen. An ihrem jeweiligen Ende bücken sich vier Hünengestalten – mit platzenden Muskeln wie Body-Builder ausgestattet – unter dem Gewicht kugelförmiger Lampen.

Die Rückkehr der Osmanen

Zenica, Ende Juli 1994

Etwa zwanzig Kilometer südlich von Tuzla wird unser Landcruiser an einem schwedischen Check-Point gestoppt. Die Skandinavier stehen wie Schildkröten in ihrer Panzerung. Es ist die gefährlichste Stelle unserer Reise. Bei der Hinfahrt waren wir mit einem arroganten schwedischen Hauptmann zusammengeprallt, der uns vorwarf, nicht einem Konvoi gefolgt zu sein. Als der Offizier sich in Wut steigerte und sein blonder Schnurrbart vor Erregung zitterte, als er mit seiner »high pitched voice« betonte, »I am in command here« und von »fucking civilians« sprach, war ihm der sechsundzwanzigjährige Branko mit einer Resolutheit in die Parade gefahren, die ich ihm gar nicht zugetraut hätte. Aber dieses Mal, bei der Rückfahrt, winkten die Männer des »Nord-Bat« uns anstandslos durch. Unser Auto ist über und über mit roten Kreuzen beklebt. Ein zusätzliches Fahrzeug mit dem Fahrer Zeljko und einer weithin sichtbaren Rotkreuz-Fahne ist uns beigegeben worden. Zehn Kilometer lang ist die kritische Strecke, die von dichtbewaldeten Böschungen eingezwängt wird. Im Westen lauern die serbischen Scharfschützen, an einer Kurve sind sie angeblich nur hundert Meter von unserer Straße entfernt. Das undurchdringliche Unterholz mit den mannshohen Farnen bietet vorzügliche Tarnung. Wir haben für diesen Abschnitt die schweren kugelsicheren Westen angelegt. Erst an der nächsten Kontrollstelle, wo die Schweden sogar Minen ausgelegt haben, um unübersichtliche Seiten-Schneisen zu sperren, können wir uns wieder von dem lästigen Körperschutz befreien.

Da die direkte Route durch den bizarren Frontverlauf blokkiert ist, müssen wir auf abschüssige Waldpisten ausweichen, die von UN-Pionieren recht und schlecht planiert wurden. Der aufgewühlte Schotter folgt einem Sturzbach, der auf der einen Seite vom Wald, der wie eine Mauer steht, und auf der anderen Seite vom Gestein, das bedrückend nahe rückt, eingeschnürt wird. Dieses ist ein ideales Gelände für Freischärler. Hier begreift man, warum die großdeutsche Wehrmacht auch unter Aufbietung von dreizehn Heeresdivisionen und einer Vielzahl von Balkan-Verbündeten der Partisanen Titos nicht Herr werden konnte. Den Bündnis-Stäben von NATO und WEU sollte man dringend abraten, auf diesem Terrain eine Entscheidung gegen die Serben zu suchen. Für den Einsatz von Bodentruppen zwecks Befriedung bleibt Bosnien das untauglichste Land, das man sich vorstellen kann.

Immer wieder begegnen uns die weißgestrichenen Geleitzüge der UN-Hilfswerke. Wie Elefanten bewegen die Laster sich schwerfällig über die Schlaglöcher. Die Fahrer müssen mit akrobatischen Kniffen die Kurven umfahren, den entgegenkommenden Fahrzeugen ausweichen. Es rollen auch zahlreiche zivile Lastwagen auf dieser Marter-Strecke. Fast alle stammen aus der Bundesrepublik, tragen noch die Nummernschilder rheinischer oder schwäbischer Städte. Nicht einmal die Firmenzeichen sind übertüncht worden. Da werden mitten im bosnischen Busch Fleisch- und Wurstwaren aus Westfalen, Milchprodukte aus Bayern und Elektrogeräte aus Baden angepriesen. Was diese riesigen Lkws tatsächlich transportieren, entzieht sich der allgemeinen Kenntnis. Die UN-Kontrolleure haben keine Befugnis nachzuprüfen, ob da nicht auch Granaten oder demontierte Raketenwerfer für die muslimische »Armija« herangeschafft werden.

Zwischendurch öffnen sich Lichtungen. Winzige Felder mit Mais und Gemüse umgeben schmucke Häuschen, und man fragt sich, wie diese von jeher notleidende Bevölkerung sich eine solche Wohnkultur leisten konnte. Die einzige Erklärung sind die Gastarbeiter in Mittel-Europa, vor allem in Deutschland, und deren Überweisungen in die Heimat. Flachsblonde Kinder mit blauen Augen grüßen uns mit freundlichen Rufen. Es sind ausnahmslos kleine Muslime, und wieder einmal wundere ich mich über die Unvermischtheit des slawischen, fast möchte man sagen,

»nordischen« Typus, der sich im Völkermosaik der Dörfer erhalten hat. Gelegentlich taucht eine Moschee auf. Fast immer ist das Minarett zerschossen oder gesprengt. Männliche Zivilisten begegnen uns auf Maultieren. Nach einem besonders qualvollen Wegabschnitt weitet sich das Tal. Wir erreichen eine Asphaltstraße und die Bergwerk-Stadt Vareš. In normalen Zeiten wurde hier Kohle gefördert. Mietskasernen für Grubenarbeiter reihen sich aneinander. Kaum eine Behausung ist unversehrt. Überall stoßen wir auf Spuren von erbittertem Häuserkampf.

In Vareš hatten mehrheitlich Kroaten gelebt, und die hatten zu Beginn ihres fast einjährigen Krieges gegen die Muslime schon gehofft, die Oberhand gewonnen zu haben. Aber da rückte eine seltsame Truppe von Süden heran. Islamische Freiwillige aus aller Herren Länder, sogenannte »Mudschahidin« – überwiegend wohl Afghanen, Türken, Iraner und ein paar Araber – waren aus ihren Quartieren in Zenica ausgerückt und fielen mordend und plündernd über die in Panik flüchtenden Kroaten her. Wie stark diese »Islamische Legion« gewesen ist, läßt sich nicht exakt feststellen. Es geht die Rede von sechstausend Mann. Branko ist über alle Einzelheiten dieses unerbittlichen Bürgerkrieges, der von April 1993 bis März 1994 dauerte, bestens informiert. Er hat zahlreiche Konvois durch die ethnischen Flecken dieses »Leopardenfells« geleitet und verfügt über eine perfekte Ortskenntnis. Die »Mudschahidin« seien auf höchsten Befehl wieder abgezogen worden, und die bosnische »Armija« habe einmal mehr betont, daß es ihr ja nicht an Soldaten fehle, sondern an Waffen. Auf internationale Freiwillige oder Söldner sei sie nicht angewiesen, um die strategische Wende zu ihren Gunsten herbeizuführen, wohl aber auf die Beendigung des Rüstungsembargos.

Das Grubenzentrum Vareš ist wie ausgestorben. Von nun an sind praktisch alle Dörfer zerstört. Es bietet sich das endlose Bild einer planmäßigen Vernichtung, das Werk von Geistesgestörten. Aber der Wahnsinn hatte hier Methode, und der unverantwortliche Konflikt zwischen Kroaten und Muslimen, der ein einziges Trümmerfeld hinterließ, hat klare konfessionelle Umgruppierungen geschaffen. Die mühsame Aufbauarbeit von Generationen, die verdienstvolle Schaffung bescheidenen Wohlstandes und bequemer Wohnverhältnisse wurde in wenigen Stunden der Raserei zunichte gemacht. Man erzähle mir nicht, daß die Rückkehr zum Alltag sich hier hoffnungsvoll ankündige, daß sich zwischen den Männern des kroatischen Verteidigungsrates »HVO« und der bosnisch-muslimischen »Armija« echte Entspannung eingestellt habe. Mag sein, daß früher einmal ein harmonisches Nebeneinander existierte. Aber schon damals hielt man sich auf dem Land an getrennte Wohnviertel. Heute will kein Katholik mehr einen Koran-Gläubigen zum Nachbarn haben und umgekehrt.

Bei der Einfahrt nach Zenica deutet Branko auf ein schäbiges hohes Haus, das rötlich bemalt ist. »Hier war noch bis vor kurzem das Hauptquartier einer radikal-muslimischen Kampfgruppe, die unter den Initialen MOS viel Schrecken verbreitet hat. Vor ein paar Monaten war dieses Haus mit grünen Fahnen und Spruchbändern in arabischer Schrift von oben bis unten zugedeckt. In den Kellern sollen Verhöre und sogar Folterungen politischer Gegner stattgefunden haben. Es waren nur ein paar hundert Fanatiker, die sich in dieser Organisation zusammengeschlossen hatten. Die meisten stammten aus dem Sandschak von Novi Pazar, wo sich die islamische Frömmigkeit viel vehementer erhalten hat als in Bosnien. Gemeinsam mit den ausländischen Mudschahidin haben diese bärtigen Turbanträger eine Art Sittenpolizei in Zenica einzuführen versucht. Mädchen in Miniröcken wurden tätlich angegriffen, Konsumenten alkoholischer Getränke öffentlich verprügelt. Den Frauen war noch im vergangenen Jahr das Baden im Fluß verboten. Schließlich kam ein Machtwort aus Sarajevo. Der pro-westlich orientierte Ministerpräsident Haris Silajdžić hat die ›Armija‹ eingesetzt, um diesem Spuk ein Ende zu setzen. Die Extremisten und Fanatiker haben sich daraufhin auf verschiedene Dörfer verteilt oder sind an die Front gegangen.«

Auch Zenica ist eine überwiegend industrielle Zweck-Schöpfung der Tito-Zeit. Doch an diesem Abend senkt sich die Sonne mit goldenem Schein über den Fluß Bosna, der dem Land den Namen gegeben hat. Auf den tiefgrünen Wiesen und unter herrlichen Trauerweiden haben sich Familien zur Erholung von der Tageshitze versammelt. Ein paar Hammel braten am Spieß.

Sogar die Häßlichkeit der rechteckigen Hochhäuser und Wohnwaben zerschmilzt in der Milde dieser Stimmung. Zum ersten Mal seit meiner Ankunft in Ex-Jugoslawien serviert man uns vorzüglich gegrillte Fleischsorten, eine Hajduken-Platte, die nach den serbischen Wegelagerern und Volkshelden der Türkenzeit benannt ist. Der religiöse Zwang hat sich so weit gelokkert, daß Wein und Slivovitz auf der Karte stehen. Wir mustern die Spaziergänger der Ufer-Promenade. Es geht dort sehr gemischt zu, extrem europäisch und recht orientalisch. Ein Patriarch mit Baskenmütze weist einer Gruppe verhüllter Frauen die Richtung. Plötzlich bin ich von einer verblüffenden Erscheinung fasziniert. Eine hochgewachsene Frau, in einen wertvollen blauen Umhang gehüllt, schreitet mit königlichen Bewegungen und wiegenden Hüften vorbei. Es geht eine stark erotische Wirkung von ihr aus, obwohl sie den ganzen Kopf und die Schultern unter einem schwarzen Tuch verborgen hat, das wohl von innen transparent sein muß. Auch bei den Einheimischen erregt die seltsame Figur Aufsehen.

Es ist dunkel geworden. »Jetzt will ich Ihnen einmal zeigen, was ›Saturday-Night-Fever‹ in Zenica ist«, kündigt Branko an. Wir fahren zur osmanischen Altstadt, wo sich flache türkische Holzhäuser und ein paar Moscheen erhalten haben. Dazwischen – auf dem Kopfsteinpflaster der Gassen – spielt sich ein hektisches, vergnügungssüchtiges Treiben ab. Hier tobt sich die Jugend von Zenica aus. Da knallt der Hard-Rock aus diversen Diskotheken. In den Imbiß-Stuben wird hemmungslos geflirtet. Hier ist Gelegenheit für schnelle und intensive Begegnung der Geschlechter. »Als ich noch nicht verlobt war, habe auch ich mich als Playboy gefühlt«, erzählt Branko. »Aber bei gewissen Mädchen bin ich anfangs nicht zum Zuge gekommen. Das hat sich dann in dem Maße geändert, wie die tödliche Gefahr der Einkesselung und des Beschusses zunahm, wie das Überleben fragwürdig wurde. Plötzlich wurden manche Widerspenstige nachgiebig, und ich habe sie ohne viel Überredungskünste ins Bett gekriegt.« Die eifernden »Mudschahidin« haben gut daran getan, dieser sinnlichen Stadt den Rücken zu kehren. Gewiß, hier entfaltet sich ein großer mediterraner Corso, wo die Jünglinge und die Mädchen oft noch in säuberlich getrennten Gruppen

flanieren und sich nur versteckte, werbende Blicke zuwerfen. Aber da gibt es auch enthemmte Paare, die aus ihren Intimbeziehungen keinen Hehl machen und eng umschlungen auf den Bänken sitzen und sich hingebungsvoll küssen. Die Mode ist lasziv, die Körpersprache eindeutig. Sehr lang kann diese balkanische Walpurgisnacht ohnehin nicht mehr dauern; dann wird die Sperrstunde verhängt, und bewaffnete Patrouillen werden dem erotischen Spuk ein Ende setzen. Bis dahin schlürft die Jugend von Zenica »die Neige der köstlichen Zeit«.

Mitten im Trubel entdecken wir eine bescheidene, formschöne Moschee. Das Abendgebet ist wohl gerade zu Ende gegangen. Eine immerhin beachtliche Gruppe von Gläubigen verläßt die Dschami', die von einem winzigen Friedhof mit Turban-gekrönten Grabsteinen umgeben ist. Wir ziehen unsere Schuhe aus und betreten den Sakralraum. Ein Hodscha kommt gleich auf uns zu. Ich murmele eine fromme Formel auf arabisch, und das stellt Vertrauen her. Ibrahim Basić, so heißt der Imam dieser Sultan-Ahmed-Moschee, ist ein grauhaariger, würdiger Mann. Sein Bart ist säuberlich geschnitten, und er läßt unentwegt die Perlenkette, die der Anrufung der Namen Allahs dient, durch die Finger gleiten. Der Hodscha begleitet uns zu einem Nebenzimmer, wo wir uns auf einen Teppich hocken. Natürlich zeigt er sich durch die ungezügelte Fleischeslust, die an die Mauern seiner Moschee brandet, zutiefst geschockt und betrübt. Der Teufel habe sich dieser Jugend bemächtigt. Die islamische Welt werde durch die Permissivität des Westens verdorben. Selbst die meisten arabischen Staaten und die moderne Türkei seien ja dieser Verführung erlegen. Die frommen Gläubigen müßten in einer Umgebung leben, wo die »Taghuti«, die Satanischen, die Verfluchten, den Ton angeben. Das Wort »Taghuti« ist mir noch aus den Tagen der Khomeini-Revolution in intensiver Erinnerung.

Dennoch ist Ibrahim alles andere als ein blindwütiger Fanatiker. Der Mann besticht durch seine Aufrichtigkeit, seine fromme Naivität. Sein Blick ist traurig. »Der wirkt ja viel ehrlicher und frommer als der gewandte Effendi, dem wir in Tuzla begegnet sind«, meint auch Branko, der trotz seiner jungen Jahre über psychologische Beobachtungsgabe verfügt. Ich er-

zähle von meinem Studium im Libanon und gestehe ein, daß ich viel von meinen arabischen Kenntnissen vergessen und verlernt habe. Da lächelt der Imam gütig: »Ana aidan«, sagt er, »ich auch.« Sein Name Ibrahim, so unterrichtet er Branko, weise auf den Stammvater aller Muslime und Juden, den Erzeuger von Ismail und Isaak hin. Ibrahim oder Abraham habe das Heiligtum von Mekka gegründet und in Jerusalem, »El Quds«, das symbolische Sühneopfer an der Stelle vorgenommen, wo sich heute der Felsendom erhebe.

In dieser ausgelassenen, frivolen Umgebung kommt mir der Hodscha ein wenig wie der »Pfarrer von der Reeperbahn« vor, der in irgendeiner deutschen TV-Serie auftrat. Er leidet wohl unter Anwandlungen zorniger Verzweiflung. Basić macht sich seine eigenen Gedanken über die Weltpolitik. Deutschland sei heute das mächtigste Land Europas, und er begrüße die Ankunft des Administrators Koschnick in Mostar. Schon die Osmanen seien die Verbündeten des Kaisers gewesen. »Aber die Amerikaner«, so ereifert er sich, »im Verbund mit Engländern und Franzosen, stellen sich den Deutschen in den Weg und spielen ihre eigenen Ränke und Intrigen auf dem Balkan aus.« In einer Geste des Unmuts hat er seinen »Rosenkranz« auf den Boden geworfen, und seine grauen Augen haben sich getrübt: »In unseren eigenen muslimischen Reihen müssen wir uns vor allem vor den Verrätern, den Knechten Amerikas, in acht nehmen; unsere schlimmsten Feinde sind die Heuchler, ›el munafiqun‹.«

Ibrahim geleitet uns bis zum Ausgang und umarmt mich. Ein Dutzend Knaben hat sich mit dicken Büchern in der Hand vor dem Mihrab versammelt. Sie warten auf den Koran-Unterricht. Der eine oder andere hat bereits mit seinem fehlerhaften, stokkenden Suren-Gesang begonnen und beugt den Oberkörper im vorgeschriebenen Rhythmus. Über der Stadt Zenica steht der Vollmond wie eine riesige Orange. Ich frage mich, wer am Ende stärker sein wird, dieser vereinsamte heilige Mann mitsamt seiner göttlichen Offenbarung oder die große lärmende Schar der Genießer und Frevler.

Am frühen Morgen finde ich mich am Fabriktor Nr. 9 der »Iron Steel Work Factory« ein. So heißt das gewaltige Stahlwerk am Rande von Zenica, das früher mindestens zwanzigtausend

Hüttenarbeiter beschäftigte und jetzt völlig stilliegt. Wir fahren etwa eine halbe Stunde rund um das endlose Fabrik-Areal, das dem türkischen Bataillon von UNPROFOR als Standpunkt zugewiesen wurde. Major Yilmaz, der Verbindungsoffizier des »Turk-Bat«, hat mich am Abend zuvor angerufen und mir die präzise Uhrzeit des Treffens eingeschärft. Offenbar hatte der Draht nach Ankara funktioniert, denn die türkische Armee gilt nicht als sonderlich pressefreundlich, und sie hat gute Gründe für ihre Zurückhaltung. Rund um das Stahlwerk verstehen die Wachtposten keinen Spaß. Es herrscht eiserne Disziplin unter der roten Fahne mit dem weißen Halbmond. Die Truppe – obwohl sie sich fast ausschließlich aus Wehrpflichtigen zusammensetzt – macht einen vorzüglichen Eindruck.

Major Yilmaz begleitet mich in das Büro des Kommandanten der Task-Force, Oberst Erdogan. Der etwa fünfzigjährige Offizier überrascht mich durch seine herzliche und fröhliche Art. Erdogan, der das europäische Ausland als Militärattaché kennengelernt hat, gibt sich locker und weltgewandt. Dazu sieht er blendend aus. Wir sympathisieren schnell. Was er denn als Türke empfunden habe, als er nach einer Abwesenheit von hundertsechzehn Jahren mit seiner Truppe nach Bosnien zurückgekehrt sei, frage ich. Der Oberst lächelt. Die Bedingungen der jetzigen Präsenz seien wohl mit der Zeit des Osmanischen Reiches nicht zu vergleichen. Er hat gleich nach seinem Eintreffen in Ex-Jugoslawien höchste Unterstützung aus Ankara erhalten. Der türkische Staatspräsident Suleiman Demirel konnte aufgrund serbischer Weigerungen nicht in Sarajevo landen. So hatte der Staatschef seinen Besuch nach Zenica verlegt und dort das türkische Bataillon inspiziert. Über dem Schreibtisch Erdogans hängt ein großes Porträt des Republikgründers Atatürk. In UNPROFOR-Kreisen wird gemunkelt, das »Turk-Bat« sei speziell nach Zenica verlagert worden, weil diese Soldaten einer streng laizistischen Armee am besten in der Lage wären, die exaltierten »Fundamentalisten« und »Hizbullahi«, die die Stadt vorübergehend belästigt hatten, in Zaum zu halten. Aber es macht keinen Sinn, diese Frage bei Erdogan anzuschneiden.

Ich vermeide es auch, den Oberst auf die jüngste Berufung des Sozialdemokraten Mümtaz Soysal zum Außenminister im Kabinett Çiller anzusprechen. Ich hatte diesen Verfechter eines linken Nationalismus im Sommer 1982 in der Universität Ankara, wo er Verfassungsrecht lehrte, kennengelernt. Damals wurden die türkischen Hochschulen, wie auch die Slum-Viertel der »Gecekondus«, von Terrorismus und von blutigen Bandenkämpfen heimgesucht, die die linksextremistischen Revolutionäre des »Dev Yol« und die nationalistische Schlägertruppe der »Grauen Wölfe« untereinander austrugen. General Evren hatte mit Hilfe der Armee die Macht an sich gerissen, um dieser Anarchie ein Ende zu setzen, und räumte unter den Unruhestiftern auf. Auch Mümtaz Soysal mußte 1982 mit seiner Verhaftung rechnen. Er hatte im Gespräch mit mir progressistische und auch anti-amerikanische Meinungen vertreten. Er galt ohnehin als bevorzugte Kontaktperson für jene westlichen Menschenrechts-Verfechter, die die Türkei unentwegt im Visier haben. Die Tatsache, daß dieser hochgebildete Intellektuelle, der heute den Anschluß an die Europäische Union skeptisch beurteilt, hingegen die Beziehungen zum Irak voll normalisieren möchte, von seiner Sozialdemokratischen Volkspartei im Sommer 1994 mit der Leitung der türkischen Diplomatie beauftragt wird, könnte die existierende Regierungskoalition unter Frau Tansu Çiller sehr bald in Frage stellen, zumal Soysal von seinen sozialistischen Überzeugungen nicht abzurücken gedenkt.

Aber das ist kein Thema, das ein kommandierender türkischer Offizier kommentieren würde. Es ging mir ja auch vor allem darum, mir einen persönlichen Eindruck zu verschaffen. Ich wollte zugegen sein bei dieser historischen »Rückkehr der Osmanen«. So sprechen wir in Zenica über die Notwendigkeit einer engen deutsch-türkischen Zusammenarbeit und kommen nicht umhin, ein paar kritische Beurteilungen über die Tätigkeit der Vereinten Nationen in Ex-Jugoslawien auszutauschen. Branko hat indessen mit zwei Hauptleuten auf dem Fabrikgelände geplaudert. Die Familie eines dieser Offiziere stammte aus Mazedonien, so hat er erfahren, und war erst 1913 von dort nach Anatolien ausgewandert. Nun, ich hatte die Türken in Bosnien gesehen und einen Vorsatz meiner Reise erfüllt. Vor meinem Treffen in dem Stahlwerk hatte ich in meinem Buch *Allah ist mit den Standhaften* eine Passage nachgelesen, die ich im Jahr

1982 in Ankara niedergeschrieben hatte: »Nicht von ungefähr war Atatürk in Saloniki geboren worden«, heißt es dort, »und General Evren hatte bei seinem letzten Jugoslawien-Besuch vergeblich darum gebeten, das Grab seines Großvaters in Mazedonien zu besuchen. Irgendwie scheinen sich die kemalistischen Offiziere auch heute noch weit mehr für das Beharrungsvermögen der islamischen Volksgruppen in Bosnien und im Kosovo – hier als Begleiterscheinung des albanischen Nationalismus – zu interessieren als für die geographisch weit näher gelegenen Spannungen im ›Fruchtbaren Halbmond‹ der Araber.«

*

Über Sprechfunk ist Branko mit den verschiedenen IKRK-Stationen verbunden. Auf diese Weise sind wir ständig über die Kämpfe in Bosnien informiert. Die Lage rund um Sarajevo hat sich wieder angeheizt. Die Serben des Psychiaters Radovan Karadžić haben den Beschuß der Stadt unter Mißachtung aller Vereinbarungen wieder aufgenommen. Die Muslimani ihrerseits, die an Kampfkraft gewonnen haben, versuchen im Gebiet der Ozren-Berge Terrain zu gewinnen. Doch die Einschließung können sie nicht durchbrechen. Im äußersten Nordwesten Bosniens – ungefähr zweihundert Kilometer vom steirischen Graz entfernt – versucht Fikret Abdić, der mohammedanische Großunternehmer von »Agrocomerc«, seine Position rund um das Städtchen Velika Kladuša zu behaupten. »Er hat da keine Bananen-Republik, sondern eine Hühnchen-Republik gegründet«, kommentiert Branko. Natürlich kann sich dieser Separatist gegen die »Armija« Bosniens, die von Bihać gegen ihn vorgeht, nur noch mit massiver serbischer Hilfe halten. Verrat ist an der Tagesordnung, und vielleicht möchte der agile Trafikant Abdić es jenem Regionalfürsten Ali Pascha Tepeleni gleichtun, der sich im frühen neunzehnten Jahrhundert in Epirus und Süd-Albanien mit seinen rebellischen Arnauten gegen den Sultan auflehnte und vorübergehend als selbstherrlicher Tyrann gewütet hatte. Irgendwie sind sich die beiden Männer tatsächlich ähnlich, wenn man der Beschreibung Lord Byrons glaubt, der Ali Pascha als einen trügerisch sanften Despoten mit hellblauen Augen und einem Puppengesicht schilderte. Mit seinen politischen Gegnern

Unter dem Beschuß der Serben finden viele bosnische Muslimani zu ihrer angestammten koranischen Religion zurück.

Die Schlacht um Sarajewo trieb die interkonfessionellen Gegensätze in Bosnien auf die Spitze und offenbarte die Ohnmacht der Vereinten Nationen.

Provisorische militärische Situation 1994

Teilungsplan für Bosnien-Herzegowina

Zur Lösung der Bosnienfrage wurde im Auftrag der vereinten Nationen ein System der Aufteilung nach ethnischen oder konfessionellen Kantonen ausgearbeitet, dessen Durchführung auf größte Schwierigkeiten stößt.

Die muslimische Bevölkerung Bosniens behauptet sich bis zu ihrer endgültigen Annektion durch Österreich im Jahre 1908 als vorgeschobenes und treues Bollwerk des Osmanischen Reiches.

Oben und unten: Ethnische Säuberungen – hier auf Kosten der türkischen Bevölkerung – fanden auf dem ganzen Balkan schon zu Beginn unseres Jahrhunderts statt.

Die UNO evakuiert Flüchtlinge aus den umkämpften Gebieten Bosniens.

Zu Beginn des Krieges waren die »Muslimani« kaum bewaffnet und auf sich selbst gestellt. Inzwischen hat sich die »Armija« der Bosniaken, wie sie sich heute nennen, erheblich verstärkt.

Die alte osmanische Brücke von Mostar hatte der Zeit vierhundert Jahre lang getrotzt. Im März 1994 wurde sie durch den Krieg zerstört.

ist auch der Zaunkönig Fikret Abdić rücksichtslos umgesprungen, und er dürfte demnächst wie sein albanischer Vorgänger ruhmlos untergehen.

Im mittel-bosnischen Vitez hatte ich im Oktober 1992 auf meiner Fahrt nach Sarajevo übernachtet und mich für die Durchquerung der serbischen Linien gerüstet. In der Zwischenzeit hat der wahnwitzige Konflikt zwischen Kroaten und Muslimen auch in dieser Gegend die meisten Dörfer in Schutt und Asche gelegt. Der türkische Oberst Erdogan hatte mir von der Verwunderung seiner Soldaten und Offiziere erzählt, als sie den gehobenen Wohnstil der meisten Bosnier in ihren ansehnlichen Villen entdeckten. Dabei hatten sie nur noch spärliche Überreste dieses Wohlstandes zu sehen bekommen. Auf den verkohlten Mauern sind häufig die Buchstaben HDZ, Abkürzung für die Partei Franjo Tudjmans, zu erkennen. Hingegen sind die Initialen der faschistischen HOS, einer Nachfolge-Organisation der mörderischen Ustascha, so gut wie verschwunden. Die kroatischen Posten haben die Bilder ihres »Führers« Ante Pavelić entfernt und grüßen deutsche Autos nicht mehr mit erhobenen Arm. Mehr und mehr geben in Mittel-Bosnien die Muslimani den Ton an.

Wir erreichen Gornji Vakuf und das Flüßchen Vrbas. Über Radio erfahren wir von neuen Versuchen des bosnisch-serbischen »Parlaments« in Pale, den Friedensplan der »Internationalen Kontaktgruppe« zu sabotieren. Branko ist sich nicht schlüssig, ob die zur Schau getragenen Differenzen zwischen dem Belgrader Präsidenten Milošević, der scheinbar auf eine nachgiebige Linie eingeschwenkt ist, und dem bosnischen Serbenführer Radovan Karadžić nur ein abgekartetes Spiel zweier Komplizen sind. Die ganze Balkan-Lage würde sich grundlegend verändern, wenn es tatsächlich zum Bruch zwischen den beiden Männern käme. Aber politische Prognosen zu machen, ist in Ex-Jugoslawien ein müßiges Spiel. Die Situation ist in permanenter Bewegung, total unberechenbar, weil auch die Menschen hier keiner Rationalität zugänglich scheinen und sich nur von Emotionen leiten lassen. Gornji Vakuf ist übel zugerichtet. Hier wurde der Häuserkampf mit Handgranaten ausgetragen. Von echter Versöhnung kann nicht die Rede sein. So werden die kroatischen

Kinder mit Bussen zum Unterricht nach Prozor gefahren, während die kleinen Muslime an Ort und Stelle ihre Behelfsschulen besuchen und in der Religionsstunde mit den elementaren Begriffen des Korans vertraut gemacht werden.

Das Neretva-Tal nimmt uns auf. Bei Prozor zeigt mir mein Begleiter die Stelle, wo Tito während des Zweiten Weltkrieges mit knapper Not dem Zugriff der deutschen Wehrmacht entging, indem er eine Ustascha-Garnison überrumpelte. In dieser zerklüfteten Landschaft wurde der Film *Die Schlacht an der Neretva* gedreht. Am Wegrand erkenne ich drei morsche Panzerfahrzeuge, auf die der Name »Zulfikar« gepinselt ist. Auf einem der Tanks ist das islamische Glaubensbekenntnis, die »Schahada«, in arabischer Schrift zu lesen sowie der Kampfruf »Allahu akbar«. Darüber weht eine grüne Fahne. Es habe sich bei der Zulfikar-Kampfgruppe um besonders radikale Islamisten gehandelt. Die meisten dieser Freischärler stammten aus Novi Pazar. In der Abkürzung wurden sie nur die »Zukas« genannt. Sie hätten mit ihrem selbstmörderischen Einsatz entscheidend dazu beigetragen, daß der wichtige Knotenpunkt Jablanica den Soldaten des kroatischen Generals Rosso entrissen wurde und der Zugang nach Mostar offenblieb.

Auf unserer ganzen Wegstrecke haben sich die verschiedenartigsten Kontingente von UNPROFOR abgelöst. Südlich des Bereichs des skandinavischen »Nord-Bat« schließen sich die Briten an, die eine gute Figur abgeben. Die Engländer leisten beim Straßenbau ganze Arbeit. Flüchtig tauchen belgische Soldaten auf. Pakistani fahren auf weißen Lastwagen an uns vorbei. Bei Jablanica befinden wir uns im Stationierungsgebiet der malaysischen Task-Force. Die kleinen asiatischen Männer in ihren befestigten Stützpunkten erinnern mich an die Lon-Nol-Armee in Kambodscha. Eine slowakische Pioniereinheit hat sich mit dem Bau einer Ponton-Brücke über die Neretva Verdienste erworben. Mit grünen und roten Fahnen regeln die Malaysier den Verkehr. In ihren dicken Schutzwesten und den grünen Uniformen sehen sie wie Frösche aus. Wir nähern uns Mostar von Nordosten und müssen eine weite Schleife fahren, um das westliche Kroaten-Viertel zu erreichen. Dort geht es – im Gegensatz zur verwüsteten osmanischen Altstadt – schon wieder ziemlich normal zu. Die Passanten sitzen an den Kaffeehaus-Terrassen. Die geborstenen Schaufenster der gut belieferten Geschäfte sind repariert. Im Garten des »Ero-Hotels«, wo sich die Euro-Gruppe des Administrators einquartiert hat, entdecke ich ein vertrautes Gesicht. Mein australischer Kamera-Assistent Anthony, der 1992 in Sarajevo für mich gearbeitet hatte, trinkt dort sein Bier. Die Begegnung ist überaus herzlich, schließlich habe ich die besten Erinnerungen an die beiden wackeren und unerschütterlichen »Aussies« bewahrt, die mir damals zur Seite standen.

Es ist kein Problem, zu Hans Koschnick, dem deutschen Europa-Beauftragten für Mostar, vorzudringen. Ich kenne den früheren Bremer Bürgermeister von diversen Medientreffen und habe diesen soliden Sozialdemokraten, der sich so wohltuend von den Angehörigen der sogenannten »Toskana-Fraktion« unterscheidet, von Anfang an geschätzt. Über Koschnicks Auftreten und seine Rolle in Mostar ist so viel Positives berichtet worden, daß ich dem nicht viel beisteuern kann. Der Sicherheitsbeamte hat mich mit dem Administrator im geräumigen Konferenzzimmer allein gelassen. Trotz der brütenden Hitze ist es nicht klimatisiert. Jenseits seiner humanitären Aufgaben fällt dem hochgewachsenen, fülligen Hanseaten eine hochpolitische Rolle zu. Selbst wenn er sich dagegen verwehrt, die Völker des Balkans reihen ihn in eine große historische Tradition ein. Er repräsentiert nolens volens jenen Einfluß, den einst das Heilige Römische Reich und die Habsburger-Monarchie im konfliktreichen und schicksalhaften Kontakt mit dem osmanischen Kalifat und der byzantinischen Orthodoxie ausgeübt haben.

Der Medien-Rummel ist glücklicherweise abgeflaut, als ich im »Ero-Hotel« eine kurze Etappe einlege. »Hassan Koschnick«, wie er bereits genannt wird, ist sich der Schwierigkeiten und auch der Risiken seines Unternehmens bewußt. Seine joviale Ruhe ist sein bester Trumpf in dieser fremden und exaltierten Umgebung. Er ist der rechte Mann am rechten Fleck und hat – der türkischen »Millet«-Praxis getreu – bevorzugten Kontakt zum katholischen Bischof bei den Kroaten und zum Haupt-Mufti bei den Mohammedanern gesucht. »Ich bin jetzt ins Rentenalter gekommen, und Sie wissen selbst am besten, daß damit kein Schlußstrich für sinnvolle Tätigkeit gesetzt ist«, sagt der Administrator lächelnd. Er solle dennoch auf seine Sicherheit achten, rate ich ihm. Sarajevo mit seiner Attentatsmentalität liegt ja nicht weit, und auf dem Balkan gehört der Mord noch zu den Usancen der Tagespolitik. Koschnick, das spürt er wohl schon, wird nicht nur mit den Bürgerkriegsparteien seine Probleme haben. Schon heißt es, das UN-Generalsekretariat in New York sei verstimmt und eifersüchtig auf diese deutsch-europäische Einflußnahme. Insbesondere der Japaner Akashi, der schon in Kambodscha ein gewaltiges Aufgebot an Blauhelmen und Hilfsgütern in den Abgrund gesteuert hat und dennoch weiterhin das Vertrauen Boutros-Ghalis genießt, könnte sich als heimlicher Gegenspieler entpuppen. Zwei Jahre will Koschnick in Mostar bleiben. Er weiß, daß ihm noch manche Überraschung bevorsteht.

Bevor wir unsere Rückfahrt nach Split antreten, will Branko dem Rot-Kreuz-Fahrer Zeljko, der uns von Tuzla nach Zenica begleitet hat, einen Freundschaftsdienst erweisen. Zeljko war als Sohn eines serbischen, also orthodoxen Vaters und einer kroatischen, also katholischen Mutter in Bosnien geboren worden. Er besitzt auch Verwandte in Zagreb und möchte die kroatische Nationalität erwerben. Das Vorhaben wäre aussichtslos, da er als Bosnier gilt, wenn nicht die kroatische Mutter dafür gesorgt hätte, daß der kleine Zeljko katholisch getauft wurde. Mit viel Mühe hat er tatsächlich den Taufschein aufgetrieben, und dieses Dokument überreicht nun Branko in dem Städtchen Čitluk, gleich neben dem marianischen Wallfahrtsort Medjugorje, einem Gewährsmann, der die nötigen Demarchen betreiben soll. Wieder einmal erweist sich, daß die Konfession, das religiöse Bekenntnis, und nicht die angebliche »Nationalität« in diesem Teil des ehemaligen Tito-Staates das ausschlaggebende Kriterium ist. Ich mache Branko darauf aufmerksam, daß Zeljko, seit ihm ein Priester das Weihwasser auf den Kopf träufelte, vermutlich nie mehr eine katholische Kirche betreten habe. Aber der junge »Field-Officer« hat seine Antwort parat. »Wenn man hier Katholik ist, wird man einem gewissen Kulturkreis zugeordnet. Erinnern Sie sich an meinen Freund Tane in Tuzla, der sich mit allen Kräften vom Islam distanziert. Aber wenn er mit seinem Spähtrupp den orthodoxen Serben an die Gurgel geht, dann fühlt er sich doch bis in die Fingerspitzen als Mohammedaner. Glauben Sie denn, die ›katholischen Terroristen‹ der Irisch-Republikanischen Armee von Belfast seien fromme Kirchgänger?«

Wir brauchen keine Stunde, und da leuchtet bei Makarska die blaue Flut der Adria auf. Es ist Sonntagabend, und die Küstenstraße ist durch eine endlose Autokolonne verstopft. In Dalmatien herrscht Frieden. Die Familien haben den freien Tag am Strand verbracht und kehren nach Split zurück. Um schockierende Kontraste ist man in dieser Weltgegend nicht verlegen. Während wir endlich die häßlichen Außenbezirke der großen Hafenstadt mit ihren kastenförmigen Hochhäusern passieren, die die herrliche Landschaft verschandeln, blicke ich zur weißschimmernden Felswüste des Karst auf. Das kahle Gebirge schiebt sich wie eine dräuende Mauer eng an die Palmen- und Oleandergärten des Strandes heran. Dort oben befindet sich die Festung Klis, gegen die die Janitscharen des Sultans im sechzehnten Jahrhundert vergeblich angerannt sind. Auf diesem zum Greifen nahen Gebirgskamm verlief die Scheidewand zwischen islamischem Orient und römischer Christenheit.

*

Split, Ende Juli 1994

Im Hotelzimmer von Split schalte ich das Fernsehgerät ein. Die deutschen Privat-Sender RTL und SAT1 waren sogar in Bosnien zu empfangen gewesen. Dieses ist wieder einmal die Stunde von CNN. Das Elend, das Grauen von Ruanda hat absoluten Vorrang. Vielleicht ist es notwendig, Mitleid und Voyeurismus zu koppeln, um beim Zuschauer den Spenden-Reflex auszulösen. Aber die Würde der Verhungernden und Verdurstenden, der wandernden Skelette, die von Cholera und Dysenterie gezeichnet sind, wird dabei geringgeachtet. Wer möchte schon in der Stunde, da er den Schritt in das Nichts oder in die Ewigkeit vollzieht, dem Gaffer-Instinkt eines stumpfsinnigen, biertrinkenden Fernsehpublikums ausgeliefert sein? Ich habe diese Großaufnahmen sterbender Babys und Greise nie ertragen können. Wo hört bei diesen Übertragungen die ehrliche Anteilnahme auf, und wo beginnt die Sensationsgier? Wenn die Mattscheibe – statt nur aseptische Bilder zu bieten – auch den Gestank der Verwesung und der Exkremente vermitteln könnte, dann würde wohl das morbide Interesse an diesen Horror-Reportagen schlagartig nachlassen.

Über die profunden Ursachen dieser menschlichen Katastrophe hingegen wird kein Wort verloren. Da wird von den schlimmen Folgen des Kolonialismus gefaselt, obwohl diese Behauptung glatter Betrug ist. Kaum einer redet vom jahrhundertelangen Sklaven-Dasein der Hutu unter der Herrschaft ihrer hamitischen Tutsi-Herren, vom Konflikt zwischen ackerbauenden Leibeigenen und jenen viehzüchtenden Edlen, die vor wenigen Jahrzehnten noch die Hoden der erschlagenen Feinde in ihren Sakral-Trommeln sammelten. Entgegen den Thesen eines Alex de Wal war es ja angestammter Haß, uralte Angst, die die Hutu-Unterschicht – immerhin fünfundachtzig Prozent der Bevölkerung Ruandas – zu ihrer kollektiven Mordlust anstachelten und sie gegen die hochmütige Niloten-Kaste der Tutsi Amok laufen ließen. Natürlich gehört es nicht zur »political correctness«, das schändliche Versagen der vielgerühmten »Organisation für Afrikanische Einheit« anzuprangern. Ganz zaghaft werden inzwischen Stimmen laut, die eine internationale Treuhänderschaft für das überbevölkerte Ruanda und wohl auch für Burundi vorschlagen, das heißt die eindeutige Rückkehr zu einer heuchlerisch verpackten Kolonialverwaltung. Seit Joseph Conrad hat man wohl vergessen, daß man sich hier im »Herzen der Finsternis« befindet.

»Politics by CNN« triumphiert nicht nur in den Vereinigten Staaten von Amerika. Dieses Phänomen hat weltweit um sich gegriffen. Die europäischen Medien – darin stehen die Franzosen den Deutschen in keiner Weise nach – gefallen sich ebenfalls im Spiel der Bildfetzen und Emotionen, statt den mühseligen, nicht sonderlich kundenfreundlichen Weg der historisch-gesellschaftlichen Untersuchung zu beschreiten. So geschieht es auch mit dem anderen Reiz-Thema dieser Wochen, das unermüdlich aus dem Fernsehgerät flimmert. Dieses Mal ist maßlose Euphorie, sind rosarote Farben gefragt. Es geht um den »Friedensschluß« zwischen Israelis und Arabern, und keiner der verzückten Kommentatoren oder Korrespondenten nimmt die Bibel oder den Koran zur Hand, um auf die monumentale, unabwendbare Tragik einer mythisch und religiös motivierten Konfrontation zu verweisen. Glauben die Israelis wirklich, sie könnten nach Preisgabe Judäas und der Tempelstätte Jerusalems ein Staatswesen behaupten, das dann im wesentlichen auf den schmalen Küstenstreifen zwischen Haifa und Aschkalon reduziert wäre? Was bliebe vom Zionismus übrig nach einem Verzicht auf Zion, ja welchen Sinn macht dann noch ein jüdischer Staat, der dem Kerngebiet des »Gelobten Landes« den Rücken kehrt und seinen Schwerpunkt an einen Strand verlagert, wo einst die Philister im Süden und die Phönizier im Norden das Sagen hatten. Um es ganz kraß und schockierend auszudrücken: Kann irgend jemand zwischen Jerusalem und Tel Aviv allen Ernstes glauben, daß die gärende Unruhe der religiösen Wiedergeburt, die in den Volksmassen der islamischen »Umma« – nicht in den korrupten oder opportunistischen Regierungskreisen – brodelt, durch irgendwelche Unterschriften fortgezaubert werden kann? Welcher fromme Muslim, dazu braucht er kein »Fundamentalist« zu sein, wird es auf Dauer zulassen, daß ein jüdisches Staatswesen – auch wenn es zu einem schwerbewaffneten Club Méditerranée geschrumpft wäre – sich in einem ehemaligen Bestandteil der unverzichtbaren »dar-ul-Islam« behauptet? Israel ist nun einmal dazu verurteilt, im arabischen Umfeld wie Daniel in der Löwengrube zu überleben oder unterzugehen. Wer mit dieser Deutung nicht zurechtkommt, sollte sich in fünf Jahren an diese Zeilen erinnern.

Das sind anstößige Abschweifungen in einem leeren Hotelzimmer nach einer anstrengenden Fahrt. Aber ist es um den Balkan nicht ähnlich bestellt? Wie selten versucht die Publizistik, den Dingen auf den Grund zu gehen, »rerum cognoscere causas«? Man schreckt davor zurück, den hohläugigen Gespenstern der Vergangenheit ins Antlitz zu sehen. Mir fällt eine Aussage meines Arabisch- und Islamistik-Professors Jacques Berque ein. »En Orient, rien ne se perd«, pflegte dieser berühmte französische Orientalist im libanesischen Bikfaya zu dozieren. Berque hatte noch in engem Kontakt zu Louis Massignon gestanden, auch wenn er dessen »Ephesus-Verheißung« und dessen Schwärmerei für exaltierte, mittelalterliche Sufi nicht teilen mochte. Auch auf dem Balkan geht ja nichts verloren, enthüllt die Historie immer wieder ihr Medusen-Haupt.

Ich bin in die herrliche, venezianisch wirkende Altstadt von Split–Spalato gefahren. Dort habe ich beim Abend-Whisky die Überreste jenes kolossalen Palastes bewundert, den der Imperator Diocletian um das Jahr 300 n. Chr. erbauen ließ. Diocletian war ein Sohn des Balkans, der illyrischen Küste. Er war aus bescheidensten Verhältnissen hervorgegangen, vielleicht der Sohn eines Sklaven. Von seinen Legionären wurde er an die Spitze des allmählich verfallenden Weltreiches gehoben, und er erkannte schnell die Notwendigkeit radikaler Reformen. Durch die Förderung des Kolonats suchte er die Landflucht einzudämmen. Er fixierte rigoros die Höchstpreise für Nahrungsmittel, schuf ein bewegliches Feldheer, erließ Steuerdekrete, eroberte Britannien und Armenien zurück. Vor allem aber schuf er gemeinsam mit dem Neben-Kaiser Maximian die sogenannte »Tetrarchie«, eine Vier-Teilung des Imperium Romanum. Diese Demarkationslinien haben auf dem Balkan bereits die endgültige Grenzziehung des späteren Kaisers Theodosius vorweggenommen. Gleichzeitig verfügte Diocletian mit der Schaffung von Diözesen und Provinzen eine territoriale Neugliederung, die von der nachfolgenden Hierarchie der römisch-katholischen Kirche nahtlos und organisch übernommen werden sollte. So erwies sich Diocletian als unfreiwilliger Wegbereiter päpstlicher Autorität. Welche Ironie der Geschichte! Hatte der Imperator, der strikt darüber wachte, daß ihm göttliche Ehren erwiesen wurden, und der sich mit Jupiter verglich, doch die unerbittlichsten und blutigsten Christenverfolgungen ausgelöst. Völlig illusionslos hatte er erkannt, daß die auf Nächstenliebe, also auf der Lehre menschlicher Gleichheit beruhende Lehre des Nazareners, sich auf den Bestand des Imperiums verheerend auswirken würde. Das ganze Machtgebäude Roms ruhte ja auf dem Fortbestand der Sklavengesellschaft.

Die »Tetrarchie« des Illyrers Diocletian hat fortgewirkt bis auf den heutigen Tag. Aber mindestens ebenso zäh haben die diversen christlichen Irrlehren und Kirchenspaltungen überlebt. Der fortdauernde Dogmen-Streit zwischen Rom und Konstantinopel ist nur ein vordergründiges Beispiel. Die Häresie der Bogumilen, die die Verwurzelung des Islam in Bosnien so stark begünstigt hat, findet sich in der Verballhornung des Volksmundes wieder. Da war mir doch im Städtchen Vitez ein belgischer Capitaine aus den Ardennen begegnet, der mir bestätigte, daß die manichäische Sekte der Katharer sich bis in seine nördliche Heimat verzweigt hatte. Das Kraftwort »un sacré bougre – ein schlimmer Kerl«, das heute noch in Frankreich geläufig ist, habe ursprünglich »un sacré Bulgare – ein verfluchter Bulgare« gelautet, in Erinnerung an die mazedonische Herkunft des Ketzers Bogumil. In der Republik Atatürks treten an nationalen Festtagen kostümierte Krieger mit dem bunten Gewand und der weißen Haube der Janitscharen auf – ein eher folkloristisches Relikt. Doch in den Schluchten Albaniens habe ich die Überreste jenes Bektaschi-Ordens entdeckt, der dieser Elitetruppe des Sultans einst ihre religiöse Inspiration verlieh. Die Erinnerung an das serbische Großreich Dušan des Eroberers setzt sich nostalgisch auf der Walstatt des Amselfeldes fort, und die ehrgeizige bulgarische Staatsgründung des Zaren Simeon hat in den Klöstern am Ohrid-See ihr Denkmal bewahrt. Die Rumänen von heute sprechen fast unverändert die Sprache der Legionäre des römischen Eroberers Trajan. Athen und Skopje treiben die Dinge auf die Spitze, indem sie sich um das Sonnenpanier Alexanders des Großen streiten. Die Dogen-Republik von Venedig prägt heute noch mit ihrer architektonischen Pracht die ganze dalmatinische Küste. Ragusa, das heutige Dubrovnik, das zur Zeit osmanischer Dominanz in türkische Abhängigkeit geriet, dem »dar-ul-Islam« jedoch nie einverleibt wurde, konnte sich gegenüber dem Serail behaupten, weil der Hafen sich als unersetzbarer Umschlagplatz, als kommerzielles Fenster zum Abendland bewährte. Ragusa genoß einen Status, der dem Hongkongs an der Flanke des riesigen chinesischen Reiches nahe kam. Auch Split dürfte eine ähnliche Duldung durch die Pforte erfahren haben.

Was nun die modernen Mächte betrifft, in deren Fadenkreuz der Balkan sich befindet, so gelten ähnliche Gesetze der Beharrlichkeit. Die ausgreifende Einflußnahme der Europäischen Union, vor allem die Wirtschaftsexpansion Deutschlands und Österreichs, reihen sich – wie mehrfach erwähnt – in die Nachfolge konsequenter Wiener Südost-Politik ein. Wenn das wiedererstandene Rußland sich mit den orthodoxen Serben verbündet und nationalistische Abgeordnete der Duma bereits mit heimlicher Begierde auf Konstantinopel blicken, so liegt das in der Logik eines Moskowiter-Staates, der sich nach der Eroberung von Byzanz durch die Türken zum »Dritten Rom« proklamierte. Aus jüngster Vergangenheit – nur dieses Beispiel sei erwähnt – wirken die Rachegeister der kroatischen Ustaschi, der serbischen Tschetniks und ihrer zahllosen Opfer nach. Wie hatte mir ein hoher türkischer Offizier in Istanbul gesagt: »Die Religion ist gut, und ich glaube fest an Allah; aber die Propheten sind fürchterlich.«

Das Ende der Geschichte sei gekommen, hatte Francis Fukuyama behauptet. Eine törichtere Aussage läßt sich schwer erfinden. Die Wirren des Balkans geben zahllose Rätsel auf, und niemand behaupte, er habe sie ganz erforscht. Doch eines ist sicher: Weder die Ideologien noch die Utopien und schon gar nicht die Religionen sind hier abgestorben oder ausgelöscht. Auch der Kommunismus wurde in keiner Weise zu Grabe getragen, und Karl Marx wartet vielleicht auf seine baldige Rückkehr als Verkünder. Angesichts der jüngsten Kräftekonstellationen stellt sich sogar die Frage, ob denn tatsächlich der »Kalte Krieg«, der Ost-West-Gegensatz, endgültig beigelegt wurde oder ob er nicht in leicht veränderter Form auf neue Entfachung wartet.

*

In der Altstadt von Split fühle ich mich bereits in Italien, und es stört ein wenig, daß diese lateinisch wirkende, plappernde, bunte Menge sich in einer slawischen Sprache artikuliert. Die Frauen bemühen sich, schön zu sein wie die Film-Diven von Cinecittá, und sie sind sich ihrer Vorzüge voll bewußt. Mein Blick folgt einer jugendlichen Grazie, einer Kopie der Ornella Muti, die mit abweisendem Blick eine riesige, schwarzweiß gefleckte Dogge an der Leine führt. In Spalato wird unentwegt »commedia dell' arte« aufgeführt. Die wenigen Touristen aus dem ehemaligen Ostblock – Tschechen, Polen, Slowaken – bewegen sich wie Barbaren. Vielleicht berührt mich diese italische Leichtlebigkeit so verzaubernd, weil sie in Reichweite, in unmittelbarer Nachbarschaft des balkanischen Gemetzels floriert. Die venezianische Altstadt, wo der französische Marschall Marmont als illyrischer Statthalter Napoleons mit einem Straßennamen geehrt wird, fügt sich in die zyklopischen Quadern, in das kolossale Bauwerk des diocletianischen Palastes ein.

Er soll ein schwerfälliger, grüblerischer und melancholischer Mann gewesen sein, dieser illyrische Soldatenkaiser Diocletian. Er, der gnadenlose Christenverfolger, mußte entdecken, daß seine Frau sich zum Glauben des Kreuzes bekehrt hatte. Im Jahr 305 Anno Domini dankte er als Kaiser ab und zog sich in seine dalmatinische Heimat, eben in diesen Palast zurück. Er genoß zwar noch göttliche Ehren, aber am liebsten arbeitete er als Gärtner. »Es gibt für mich kein größeres Glück, als meinen Kohl zu pflanzen«, schrieb er an die Senatoren von Rom. Dennoch verfiel er der Schwermut und litt unter der Gewißheit des Reichszerfalls. Er spürte die Last der Zeitenwende. Vielleicht war ihm der fromme Spruch zu Ohren gekommen: »Das Blut der Märtyrer ist der Samen des Christentums – sanguis martyrum semen Christianorum«. So ist er im Jahr 316 unserer Zeitrechnung in seinem selbstgewählten Exil einsam und verzweifelt gestorben. Das Gerücht ging um, er habe Selbstmord begangen. Schon Diocletian war auf seine Weise ein typischer Balkan-Held.

ZEITTAFEL

359–336 v. Chr.	Philipp II., der Vater Alexanders des Großen herrscht über Mazedonien und siegt über ein Militärbündnis der griechischen Städte. Zuvor hatte Demosthenes in seiner dritten Philippika eine Zulassung der mazedonischen »Barbaren« zu den Olympischen Spielen abgelehnt.
2. Jhd. v. Chr.	Beginn der römischen Besetzung der Balkan-Halbinsel. 168 v. Chr. beendet die Niederlage bei Pydna die staatliche Existenz Mazedoniens.
284–305	Der illyrische Soldatenkaiser Diocletian herrscht über das römische Weltreich. Einführung der Tetrarchie und Beginn der Christenverfolgungen. 305 dankt Diocletian ab und zieht sich in seinen Palast in Split zurück, wo er 316 stirbt.
313	Unter Kaiser Konstantin wird das Toleranzedikt für die Christen erlassen. 324 beginnt Konstantin mit dem Bau von Konstantinopel oder Byzanz, ursprünglich »nova Roma« genannt.
395	Kaiser Theodosius ordnet für seine Nachfolger die Teilung des römischen Imperiums in ein Oströmisches und ein Weströmisches Reich an.
476	Untergang des Weströmischen Reiches nach der Absetzung des Kaisers Romulus Augustulus. Ende der Spätantike.
6./7. Jhd.	Slawische Stämme aus Gebieten nördlich der Karpaten wandern auf den Balkan ein und dringen bis zum Peloponnes vor.
527–565	Kaiser Justinian I. schafft ein byzantinisches Großreich das von Nord-Afrika bis zum Balkan reicht.
791–805	Karl der Große erobert Gebiete der slowenischen Stämme und gründet fränkische Marken in Slovenien, Pannonisch-Kroatien, Dalmatien und Istrien.
893–927	Zar Simeon begründet das bulgarische Großreich. Bulgarien ist der erste slawische und zugleich christlich-orthodoxe Staat auf dem Balkan.

9. Jhd. Christianisierung der Balkan-Slawen durch die Mönche Kyrill und Method. Das Alt-Slavonische wird zur Kirchensprache. Einführung der kyrillischen Schrift durch den Mönch Kliment.

925 Tomislav gründet ein vom fränkisch-deutschen Reich unabhängiges Königreich Kroatien.

927 Konstantinopel erkennt das unabhängige Patriarchat in Ohrid an.

967/68 Der Kiewer Fürst Svatoslav führt Krieg gegen die Bulgaren.

997–1038 Stephan der Heilige, König von Ungarn. Ungarn wird 1001 katholisches Königreich.

ab 1000 Venedig setzt sich in Dalmatien fest.

1014 Kaiser Basileios II. von Konstantinopel, genannt der »Bulgarentöter«, besiegt das bulgarische Heer in der Schlacht an der Neretva. Ende des bulgarischen Reiches.

1054 Das große Schisma besiegelt die Spaltung der Christenheit in die katholische West- und die orthodoxe Ostkirche.

1102 In den »pacta conventa« unterstellt sich der kroatische Adel dem König von Ungarn. Diese Personalunion dauert bis 1918.

1170 Stefan Nemanja vereint die serbischen Stammesfürsten.

1180 Fürstentum Bosnien unter Ban Kulin. Die manichäische Sekte der Bogumilen gewinnt entscheidenden Einfluß in Bosnien.

1204 Im vierten Kreuzung wird Konstantinopel von den fränkischen Rittern erobert und geplündert. Bis 1261 ist Byzanz Sitz eines lateinischen Kaisers.

1219 Der heilige Sava, Sohn des Serbenkönigs Stefan II., erringt die Autokephalie der serbischen Kirche.

1346 Stefan Dušan, der Eroberer, gründet das großserbische Reich und läßt sich in Skopje zum Zaren der Serben, Griechen und Bulgaren krönen.

1385 Die Türken erobern Sofia, 1386 Niš.

1389 Schlacht auf dem Amselfeld, Kosovo Polje. Das serbische Heer unter Fürst Lazar wird von den osmanischen Heerscharen unter Sultan Murad I. vernichtend geschlagen. Murad wird während der Schlacht von Lazar ermordet. Serbien wird Bestandteil des Osmanischen Reiches.

1392 Die Türken erobern Skopje und beherrschen fast den ganzen Balkan.

1402 Sultan Bayazid I., genannt der »Blitz«, wird durch den spätmongolischen Eroberer Timur Lenk (Tamerlan) bei Ankara besiegt.

1453 Mehmet II. Fatih erobert Konstantinopel. Ende des Oströmischen Reiches und Beginn der Neuzeit.

1443–1468 Aufstand der albanischen Stämme gegen die türkische Herrschaft unter George Kastriotis, genannt Skanderbeg.
1465 Die Türken stehen vor Belgrad.
1463 Untergang des bosnischen Königsreiches unter Stefan Tomašević nach der Niederlage gegen die Türken bei Jaice.
1529 Die Truppen Suleimans des Prächtigen stehen vor Wien.
1526 Nach der Schlacht von Mohács wird Ungarn osmanische Provinz, Kroatien wird habsburgisch.
1533 Ferdinand von Habsburg akzeptiert Tributzahlungen an den türkischen Sultan.
1535 Österreich beginnt in Kroatien eine Militärgrenze aufzubauen.
1557 Das inzwischen zur Metropolie herabgesetzte serbische Patriarchat von Peć wird vom Groß-Wesir Mehmed Pascha Sokolović retabliert.
1683 Die Türken stehen erneut vor Wien. Sie werden durch ein Ersatzheer unter dem Polenkönig Jan Sobieski geschlagen. Im Frieden von Karlowitz (1699) werden Ungarn und Slavonien habsburgisch.
1689/90 Die große Migration von mehr als 30 000 serbischen Familien aus dem Kosovo in das Gebiet der Habsburger »Militärgrenze«.
1718 Zweiter Habsburger Türkenkrieg. Prinz Eugen von Savoyen besiegt das osmanische Heer. Nachdem er 1717 Belgrad erobert hatte, werden nach dem Frieden von Passarowitz Nord-Serbien sowie die kleine Walachei habsburgisch.
1739 In den von Rußland begonnenen Krieg gegen die Türken greift auch Österreich ein. Die Habsburger Armee wird geschlagen. Im Frieden von Belgrad verliert Österreich Belgrad, Serbien und die kleine Walachei an die Türken.
1767 Aufhebung der autokephalen Metropolie in Ohrid.
1770 Russischer Sieg über die türkische Flotte bei Cesme.
1774 Im Frieden von Kücük-Kainarca übernimmt Rußland das Protektorat über die orthodoxen Untertanen des Osmanischen Reiches.
1797 Der napoleonische Friede von Campo Formio besiegelt das Ende der Seerepublik Venedig. Dalmatien wird französisch, später österreichisch.
1804–1806 Beginn des ersten serbischen Aufstandes unter Kara George, dem »schwarzen Georg«.
1809–1814 Napoleon faßt Slowenien, Kroatien und Dalmatien zu den »Illyrischen Provinzen« zusammen.
1812 Im russisch-osmanischen Frieden von Bukarest wird Bessarabien russisch.
1814/15 Zweiter serbischer Aufstand unter Milos Obrenović, der seinen Gegenspieler Kara George ermorden läßt.

1817 Die Serben gründen einen eigenen Staat, dem 1820 die Türken auf Druck Rußlands Autonomie gewähren. Serbien wird 1867 nach Abzug der noch verbliebenen türkischen Garnisonen frei.

1821–1827 Griechischer Freiheitskampf gegen die türkische Fremdherrschaft. 1832 wird Griechenland unter Otto I. von Bayern eine unabhängige konstitutionelle Monarchie.

1830 Erbliche Fürstenwürde für Milos Obrenović (Obrenović dankt 1839 ab).

1849 Siebenbürgen wird Provinz der Habsburger-Monarchie unter einem direkt der Wiener Hofburg unterstellten Gouverneur in Hermannstadt.

1856 Das osmanische Reichsgesetz Hatti-i-Humayun verfügt die Gleichberechtigung von Christen und Muslimen im Osmanischen Reich.

1859/61 Vereinigung der Donaufürstentümer Moldawien und Walachei zum Fürstentum Rumänien.

1867 Österreichisch-ungarische Doppelmonarchie.

1870 Gründung einer unabhängigen bulgarischen Kirche gegen den Protest des griechischen Patriarchen in Konstantinopel.

1876 Anti-türkische Aufstände in Mazedonien und Bulgarien.

1877/78 Russisch-türkischer Balkan-Krieg. Sieg der russisch-bulgarischen Armee am Schipka-Paß. Zum Dank an die slawischen Brüder wird in Sofia die Alexander-Newski-Kathedrale errichtet.

1878 Berliner Kongreß. Neuordnung des Balkans unter Leitung von Reichskanzler Bismarck. Rumänien und Montenegro werden unabhängig, die Unabhängigkeit Serbiens wird bestätigt, Bulgarien wird ein autonomes Fürstentum, Mazedonien bleibt osmanisch. Österreich-Ungarn erhält das Recht zur Annektierung Bosniens.

1881 Rumänien wird Königreich.

1882 Milan Obrenović läßt sich zum serbischen König proklamieren.

1893 Gründung der Widerstandsorganisation MRO in Saloniki zum Befreiungskampf gegen die Türken, 1896 Umbenennung in IMRO (»Widerstand in Mazedonien«).

1903 Peter Karageorgević läßt König Alexander Obrenović und dessen Frau Draga ermorden und proklamiert sich als Peter I. zum König von Serbien. Er verkündet den Traum eines großserbischen Reiches von Graz bis Saloniki.
Beginn des mazedonischen Aufstandes gegen die Türken. Zehn Tage lang besteht die »Republik von Kruschevo«.

1908 Revolution der Jung-Türken.
Fürst Ferdinand von Sachsen-Coburg nimmt in Bulgarien den Zarentitel an und erklärt die Unabhängigkeit.

1912 Erster Balkan-Krieg. Bulgarien, Serbien, Montenegro und Griechenland verdrängen die Türkei vom Balkan. Die Frage der Aufteilung der Beute löst 1913 den zweiten Balkan-Krieg aus. Bulgarien kämpft gegen Serbien, Griechenland und Rumänien. Das Osmanische Reich wird endgültig aus Südost-Europa hinausgedrängt. Mazedonien wird zwischen Serbien, Griechenland und Bulgarien aufgeteilt.
Albanien wird unabhängiges Fürstentum. Prinz Wilhelm zu Wied residiert sechs Monate in Tirana.

1914 Der bosnisch-serbische Nationalist Gavrilo Princip erschießt den österreichischen Thronfolger Franz Ferdinand und dessen Frau in Sarajevo. Beginn des Ersten Weltkrieges.

1917 Nach Niederlage und Rückzug vereinigen sich die Süd-Slawen unter serbischer Führung auf Korfu.

1918 Nach der Rückeroberung von Belgrad durch Prinzregent Alexander wird das Königreich der Serben, Kroaten und Slowenen proklamiert. Kurz vorher hatte die montenegrinische Nationalversammlung die Vereinigung mit Serbien beschlossen.

1919–1922 Massive Völkervertreibung auf dem Balkan nach dem türkisch-griechischen Krieg. Mustafa Kemal, der sich später Atatürk nennen sollte, siegt über die Griechen. Damit ist die griechische Idee der Wiedererrichtung eines griechisch-byzantinischen Reiches »megali idea« endgültig gescheitert.

1923 Proklamation der türkischen Republik. Der letzte Sultan verläßt das Land.

1925 Ahmed Zogu wird Präsident von Albanien. 1928 ernennt er sich zum König des Skipetaren-Reiches.

1929 Das Königreich der Serben, Kroaten und Slowenen wird in Jugoslawien umbenannt. König Alexander löst das Parlament in Belgrad auf. Beginn der Königsdiktatur.

1934 König Alexander von Jugoslawien wird in Marseille durch IMRO-Mitglieder ermordet.

1936 Achse Berlin–Rom. Sie wird 1940 mit Japan zum Drei-Mächte-Pakt erweitert.

1938 Tod Atatürks.

1939–1945 Zweiter Weltkrieg.

1939 Deutsch-sowjetischer Nichtangriffspakt. Aufteilung der Interessensphären in Ost-, Mittel- und Südost-Europa. Bessarabien wird der Sowjetunion zugesprochen.
Albanien wird am Karfreitag von Italien besetzt.

1940 Der rumänische General Antonescu zwingt König Carol II. zum Thronverzicht.
Mussolinis Armee greift von Italien aus Griechenland an.
Wiener Schiedsspruch: Ein Teil Siebenbürgens fällt an Ungarn, ein Teil der Süd-Dobrudscha an Bulgarien.

1941 Deutscher Balkan-Feldzug. Am 6. April wird Belgrad bombardiert. Die jugoslawische Armee kapituliert am 17. April. Ende des Königreiches Jugoslawien. Gründung des kroatischen Ustascha-Staates unter Ante Pavelić in Agram.
Beginn des Rußland-Feldzuges. Mit deutscher Hilfe gewinnt Rumänien Bessarabien zurück und unterstellt Transnistrien (mit Odessa) der rumänischen Oberhoheit. Marschall Antonescu proklamiert sich zum Protektor der russisch-orthodoxen Kirche.

1942 Bildung des Antifaschistischen Volksbefreiungsrates in Bihać unter Josip Broz, genannt Tito. Partisanenkrieg gegen Deutschland.

1944 In Moskau nehmen Stalin und Churchill die Aufteilung des Balkans in Einflußzonen vor. Die Sowjetunion erhält den Löwenanteil.
Titos Partisanen erobern Belgrad.

1945 Bedingungslose Kapitulation des Dritten Reiches.
Die verfassungsgebende Nationalversammlung in Belgrad proklamiert die Republik Jugoslawien.

1946 Gründung der Volksrepublik Albanien unter Enver Hodscha.

1947 Die Monarchie in Rumänien wird durch eine Volksrepublik abgelöst.
Pariser Friedensverträge der Alliierten mit Italien, Ungarn, Rumänien und Bulgarien. Bessarabien wird als Moldawien sowjetische Teilrepublik.

1948 Bruch Titos mit dem Kominform in Moskau.

1949 Zusammenbruch des Aufstandes der griechischen Kommunisten.

1955 Nikita Chruschtschow gibt bei einem Besuch in Belgrad Fehler der früheren sowjetischen Führung zu.
Gründung des Warschauer Paktes (UdSSR, DDR, Polen, CSSR, Ungarn, Rumänien, Bulgarien, Albanien).

1956 Der Aufstand in Ungarn wird mit sowjetischer Hilfe niedergeschlagen.

1961 Konferenz der Blockfreien Staaten in Belgrad.
Verfassungsreform in Rumänien. Staatspräsident wird Gheorghiu-Dej.

1963 Schweres Erdbeben in Skopje.

1967–74 Militärdiktatur in Griechenland.

1967 Gründung einer autokephalen orthodoxen Kirche in Mazedonien.

1968 Austritt Albaniens aus dem Warschauer Pakt. Nach dem Bruch mit Moskau enge Anlehnung an Peking (bis 1978).

1974 Nicolae Ceauçescu wird Präsident der Sozialistischen Republik Rumänien.

1980 Marschall Tito stirbt.
1981 Studentenunruhen in Priština, in der autonomen Republik Kosovo.
1984 Olympische Winterspiele in Sarajevo.
1985 Tod des albanischen Diktators Enver Hodscha.
1988 Massendemonstrationen der Albaner im Kosovo gegen die serbische Politik.
1989 Aufhebung der regionalen Autonomie durch Belgrad in der Provinz Kosovo und in der Vojvodina.
Der Vorsitzende der serbischen KP, Slobodan Milošević, wird zum Präsidenten der serbischen Republik gewählt.
Proteste in Temesvar weiten sich zum Aufstand aus. Nach Massendemonstrationen in Bukarest werden N. Ceauçescu und seine Frau Elena auf der Flucht festgenommen, von einem Militärsondergericht zum Tode verteilt und hingerichtet. Die Front der nationalen Rettung unter Ion Iliescu übernimmt die Macht.
1990 Beginn neuer Unruhen im Kosovo.
Franjo Tudjman wird zum Präsidenten Kroatiens gewählt.
Belgrad stellt den Kosovo unter Zwangsverwaltung und verfügt die Absetzung der Regierung und die Auflösung des Regionalparlamentes.
Bildung eines serbischen Nationalrates in der Krajina, der die Souveränität des serbischen Volkes in Kroatien verkündet und Selbstverwaltung fordert.
Kiro Gligorow wird zum Präsidenten von Mazedonien gewählt.
Aljia Izetbegović wird Präsident von Bosnien-Herzegowina.
1991 Proklamation der »Serbischen Autonomen Republik Krajina« auf kroatischem Territorium.
15. Mai: Verfassungskrise in Jugoslawien, nachdem der Kroate Stipe Mesić nicht nach dem Rotationsprinzip als Vorsitzender im Staatspräsidium bestätigt wird.
25. Juni: Slowenien und Kroatien proklamieren ihre Unabhängigkeit. Die jugoslawische Bundesarmee rückt mit Panzern gegen Slowenien vor. Beginn des jugoslawischen Bürgerkrieges.
19. August: In Moskau scheitert ein Putschversuch konservativer Kräfte gegen Staatspräsident Michail Gorbatschow.
Die UdSSR löst sich auf, die GUS wird gegründet.
Auflösung des Warschauer Paktes.
27. August: Unabhängigkeitserklärung der moldavischen SSR.
8. September: Unabhängigkeitserklärung der »Republik Mazedonien«.

18. November: Die jugoslawische Bundesarmee erobert nach 87 Tagen das umkämpfte kroatische Vukovar.

Die bosnischen Serben unter Radovan Karadžić rufen die »Serbische Republik Bosnien-Herzegowina« aus.

1992 15. Januar: Anerkennung Sloweniens und Kroatiens durch die EG.

12. Februar: Serbien und Montenegro beschließen die Bildung eines neuen jugoslawischen Staates.

3. März: Bosnien-Herzegowina erklärt seine Unabhängigkeit.

6. April: Die EG erkennt Bosnien als Staat an. Die serbische Armee kesselt Sarajevo ein, Kämpfe im ganzen Land.

Resolution 743 des UN-Sicherheitsrates: UN-Truppen sollen für 12 Monate nach Jugoslawien entsandt werden.

9. April: Das albanische Parlament wählt den Vorsitzenden der Demokratischen Partei, Sali Berisha, zum Staatspräsidenten.

30. Mai: UNO-Wirtschaftsembargo gegen Rest-Jugoslawien.

8. Juni: Der Weltsicherheitsrat beschließt die Entsendung von 1100 Blauhelmen nach Sarajevo.

30. Juni: Start der internationalen Luftbrücke nach Sarajevo.

1993 Von April 1993 bis März 1994: Krieg zwischen Kroaten und Muslimen in der Herzegowina und in Zentralbosnien.

1994 8. April: Kroaten und Muslime unterzeichnen einen Vertrag zur Errichtung einer gemeinsamen Föderation in Bosnien-Herzegowina.

6. Juli: Die »Internationale Kontaktgruppe« legt einen neuen Friedensplan vor. 51 Prozent des Territoriums von Bosnien-Herzegowina sollen der muslimisch-kroatischen Föderation, 49 Prozent den Serben zugesprochen werden.

STICHWORTVERZEICHNIS

BILDNACHWEIS

Die Seitenzahlen beziehen sich auf die sechs Bildteile, die fortlaufend von 1 bis 48 numeriert sind.

Archiv für Kunst und Geschichte, Berlin: 4 unten links; 7 unten
Fototeka: 14
Gamma: 4 unten rechts; 6; 7 oben; 15 unten; 16 oben und unten; 18/19; 23 oben und unten; 24; 25; 26 oben; 28 oben und unten; 29 oben und unten; 32 oben; 35 oben; 40 oben und unten; 46 unten; 47 oben und unten
Piotr Jaxa: 5; 32 unten
Keystone: 12 unten
Cornelia Laqua: 20; 21 oben und unten; 30 oben und unten; 31; 34; 35 unten; 36; 37 oben und unten
RTS: 15 oben
Sipa Press: 3 oben und unten; 4 oben; 8 unten; 41 oben und unten; 48
Sygma: 8 oben; 46 oben
Ullstein: 13; 39
Roger Viollet: 10 oben und unten; 11 oben und unten; 12 oben; 22; 26 unten; 27 oben und unten; 38; 44/45

Vielvölkerstaat Jugoslawien 1992 vor Ausbruch des Krieges